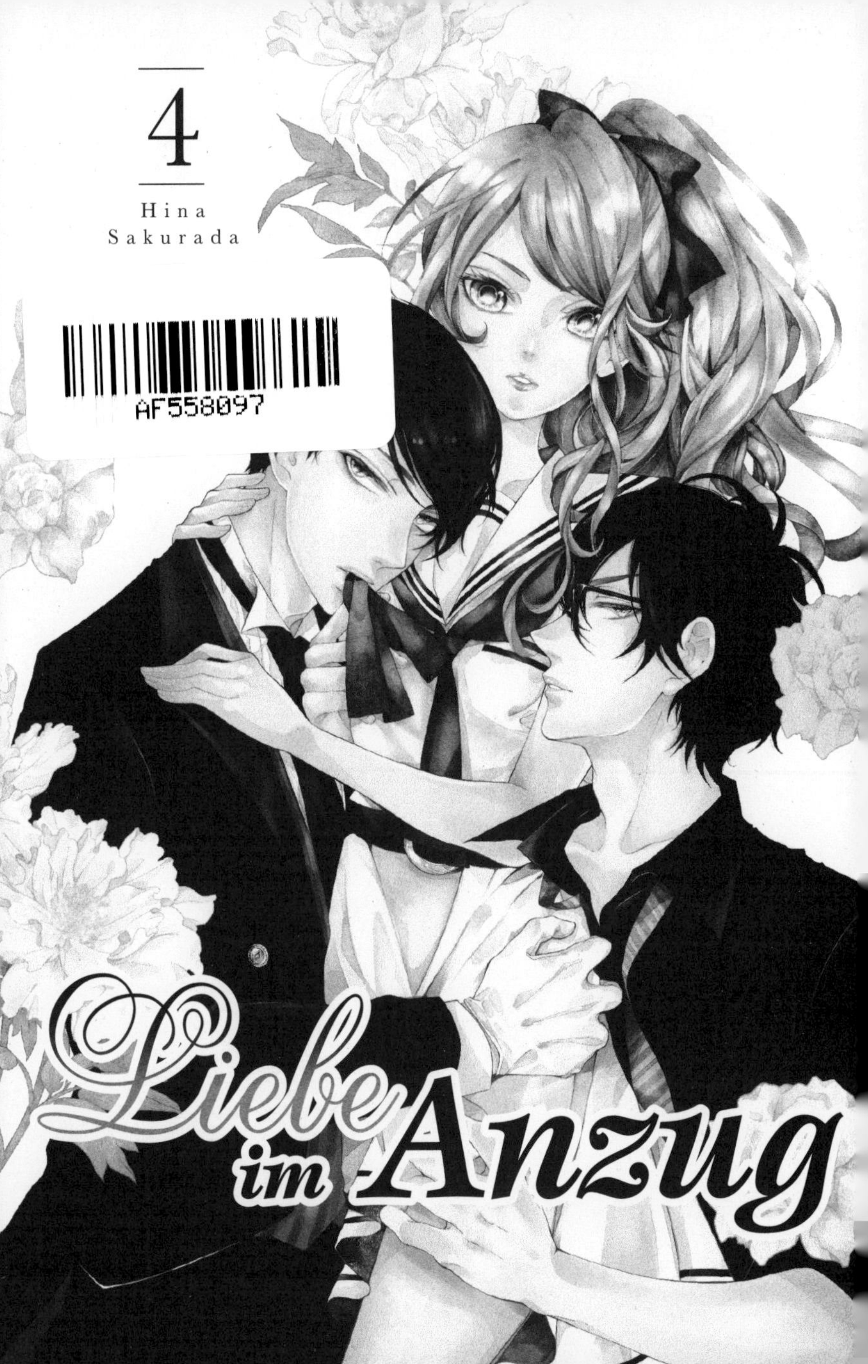
4
Hina
Sakurada
Liebe im Anzug

Figuren & Story

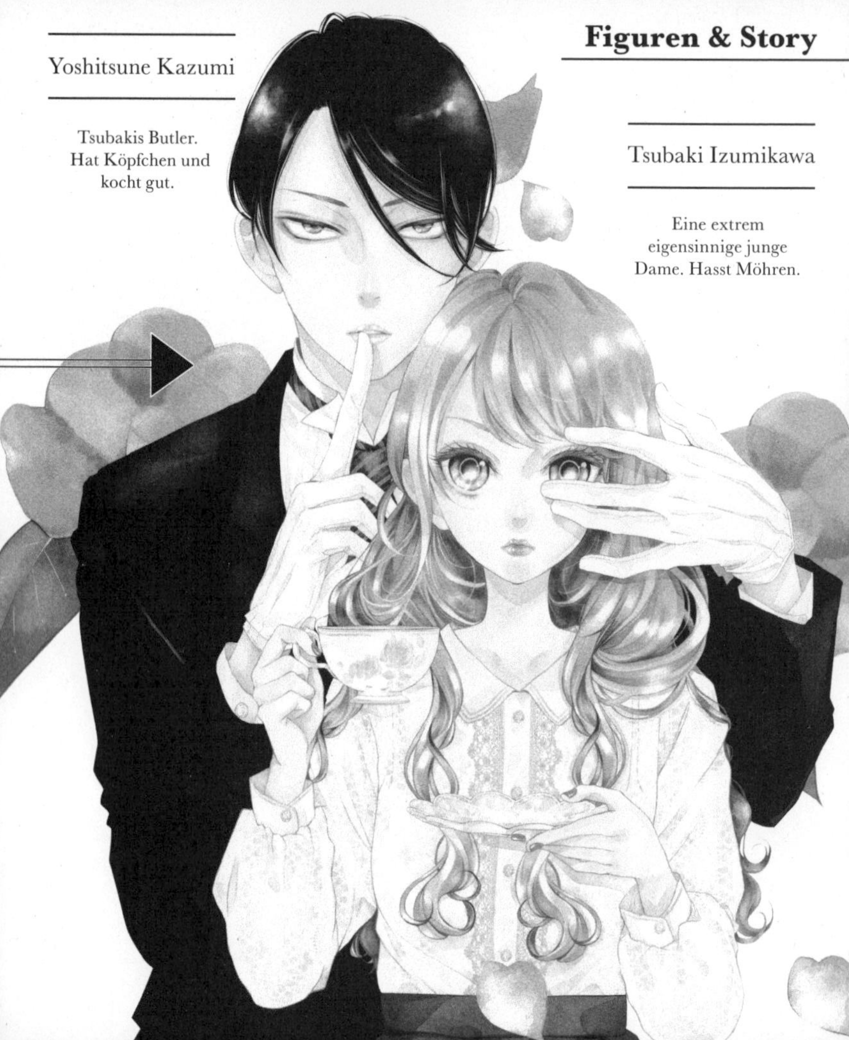

Yoshitsune Kazumi

Tsubakis Butler. Hat Köpfchen und kocht gut.

Tsubaki Izumikawa

Eine extrem eigensinnige junge Dame. Hasst Möhren.

Yoshitsune, ein junger Mann mit gepflegten Umgangsformen, arbeitet als treuer Butler in Diensten der wohlbehüteten Oberschülerin Tsubaki. Doch hinter der Maske des wohlerzogenen jungen Mannes verbirgt sich eine zweite, völlig gegensätzliche Persönlichkeit: Yoshitsune ist ein Lebemann und Tunichtgut, der sich in seiner Freizeit leidenschaftlich gerne mit Glücksspiel und Frauen vergnügt …

Als Tsubaki eines Tages in der Stadt zufällig dem „echten" Yoshitsune über den Weg läuft, kommt es zu einem Kuss. Ohne zu begreifen, wen sie da eigentlich vor sich hat, verliebt Tsubaki sich Hals über Kopf in ihr Gegenüber. Der echte Yoshitsune stellt sich unter dem falschen Namen „Toshizo" vor und hofft, dass sich die Sache damit erledigt hat. Aber Tsubaki wirbt so hartnäckig um ihn, dass er schließlich nachgibt und für die Dauer der Sommerferien ihr Freund wird.

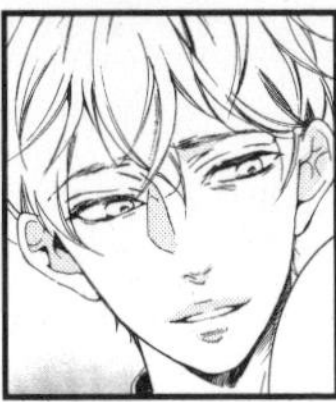

Tsubakis Vater

Sieht gut aus; verwöhnt und behütet seine Tochter.

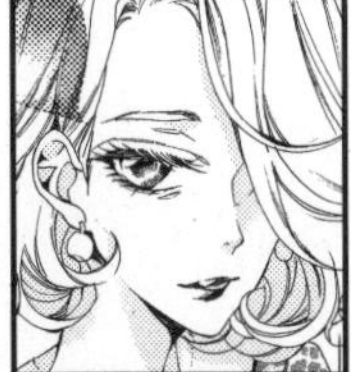

Tusbakis Mutter

Ist von Tusbakis Vater geschieden. Weiß, dass Yoshitsune und Toshizo dieselbe Person sind.

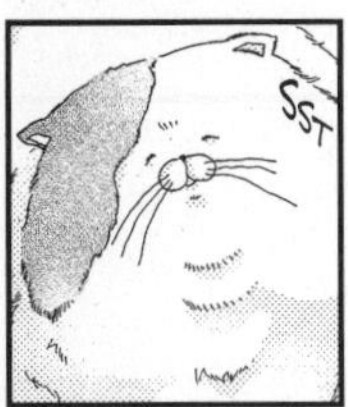

Toshizo

Die Katze der Familie Izumikawa.

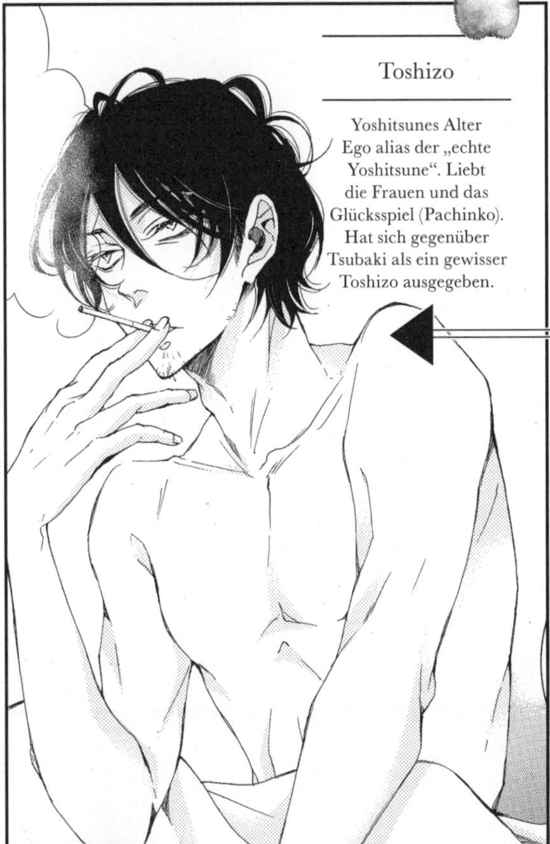

Toshizo

Yoshitsunes Alter Ego alias der „echte Yoshitsune“. Liebt die Frauen und das Glücksspiel (Pachinko). Hat sich gegenüber Tsubaki als ein gewisser Toshizo ausgegeben.

Weil Yoshitsune in der Beziehung eine zunehmende Bedrohung seiner zukünftigen Existenz erkennt, lässt er sein Alter Ego „Toshizo“ mit ihr Schluss machen. Tsubaki ist todunglücklich und bricht immer wieder in Tränen aus. Kurz darauf erfährt Yoshitsune durch Tsubakis Vater von einem Fluch, der angeblich all jene Menschen treffen soll, die seine Tochter zum Weinen bringen. Da Yoshitsune zuletzt tatsächlich immer wieder vom Pech heimgesucht worden ist, macht er einen Rückzieher und wird in seiner Rolle als „Toshizo“ erneut der Geliebte von Tsubaki. Der gelingt es später sogar, Toshizo zu einer gemeinsamen Reise in das Thermalbad Hakone zu überreden.

Inhalt

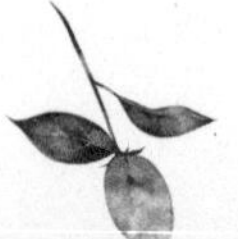

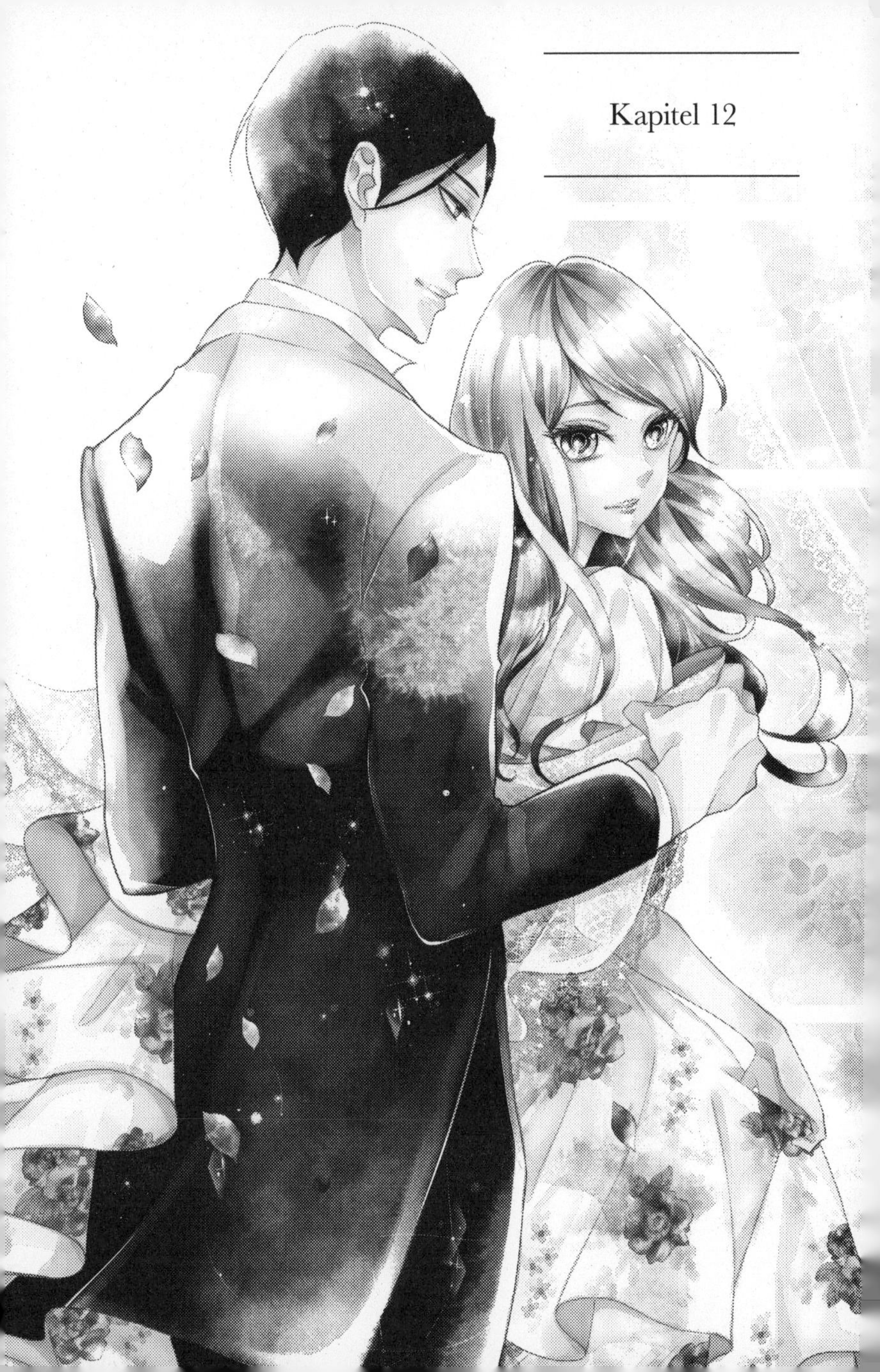

Kapitel 12

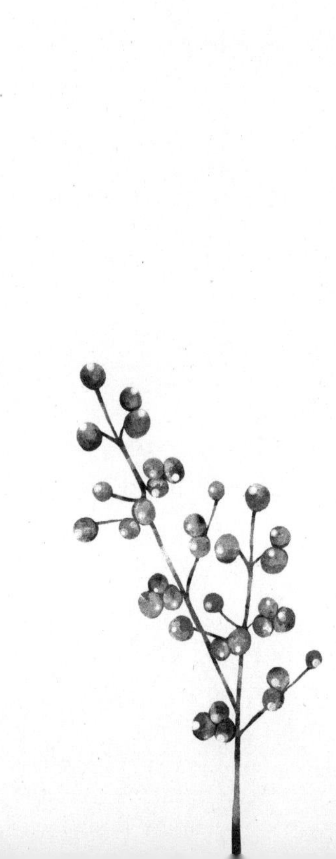

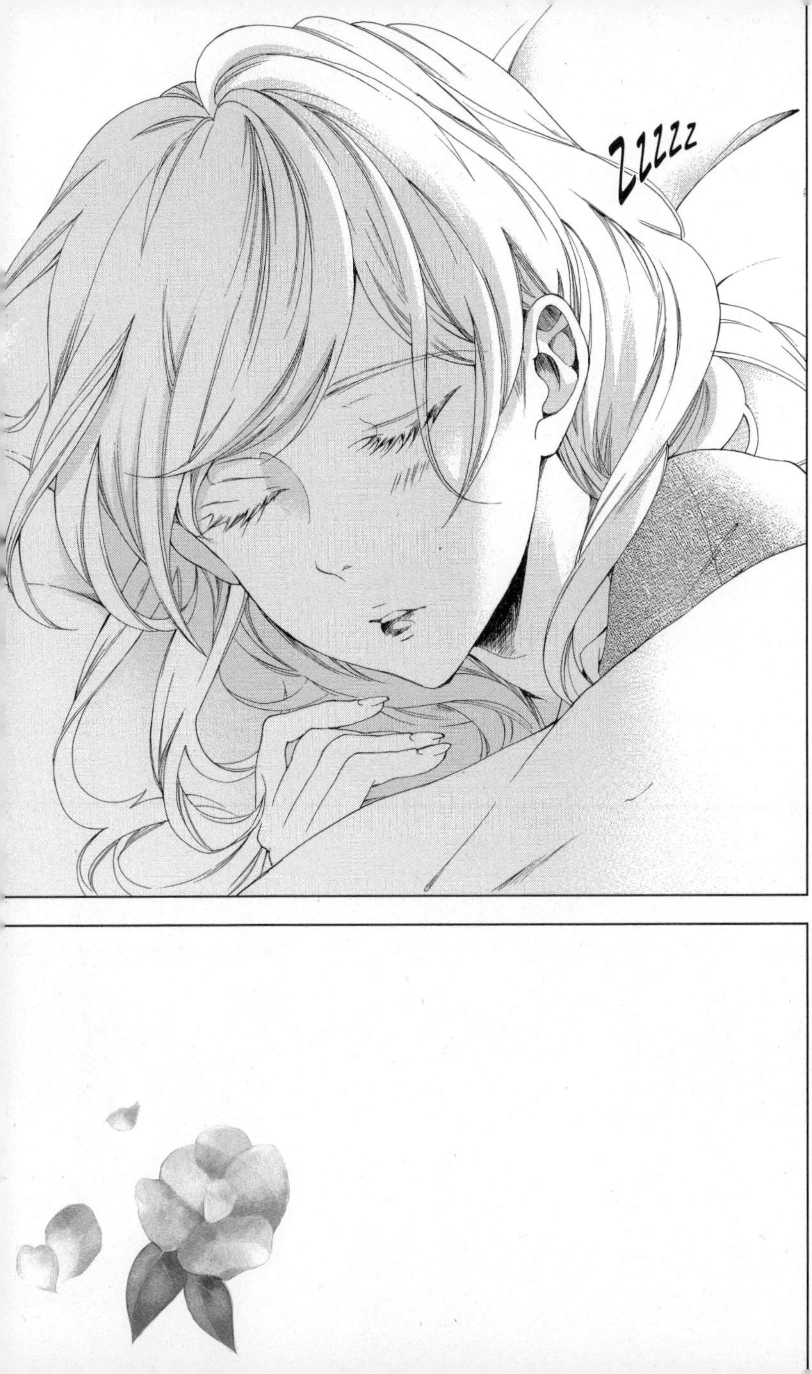

ZZZZz

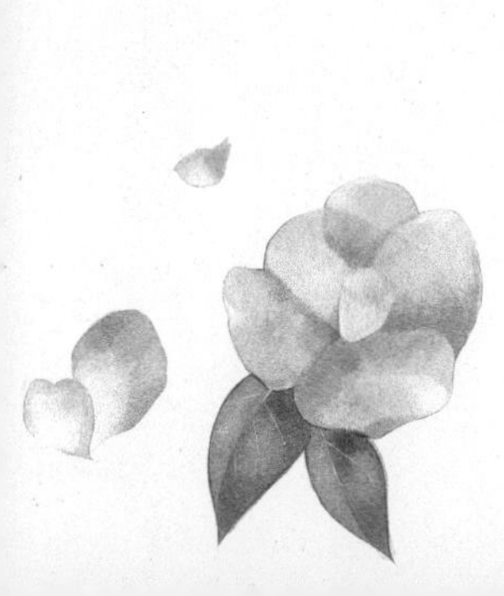

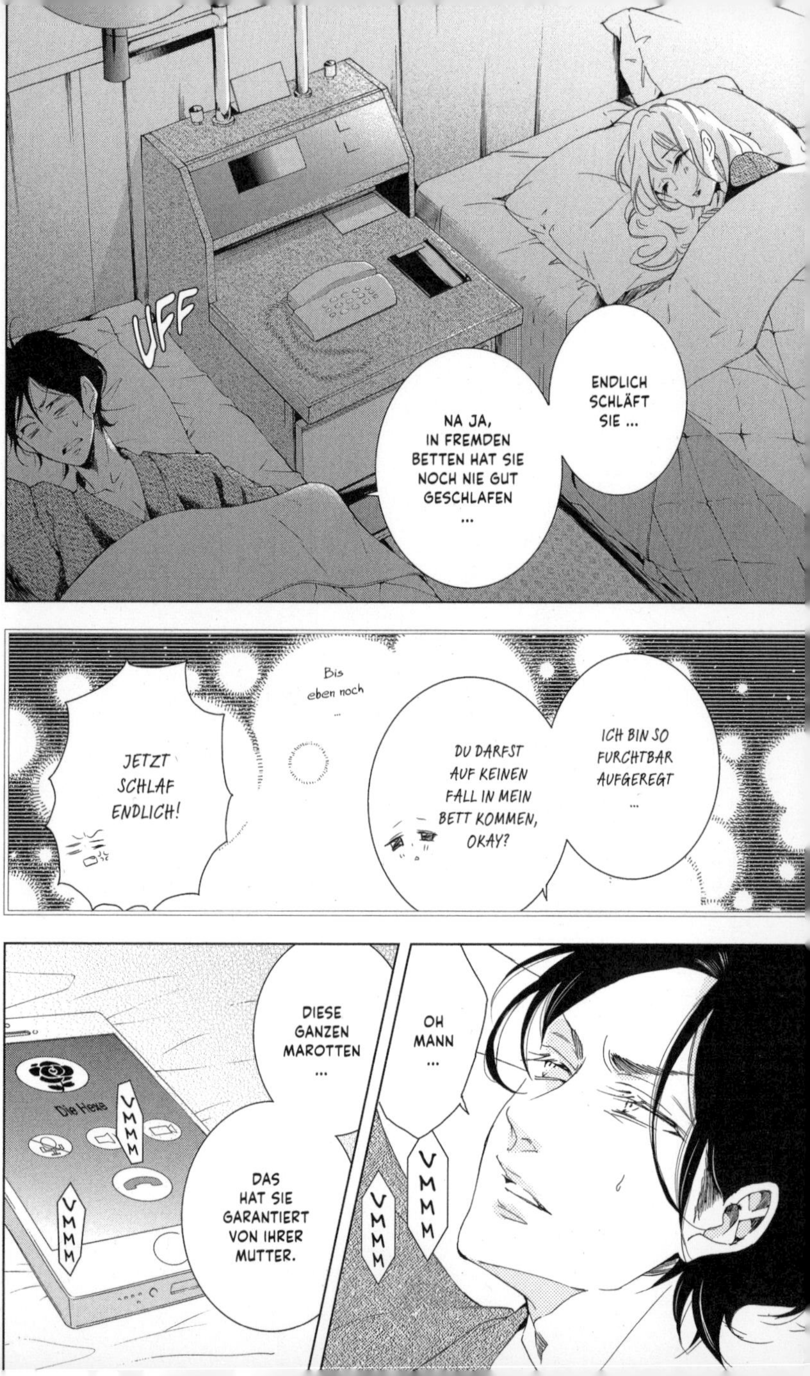

ENDLICH SCHLÄFT SIE ...

NA JA, IN FREMDEN BETTEN HAT SIE NOCH NIE GUT GESCHLAFEN ...

UFF

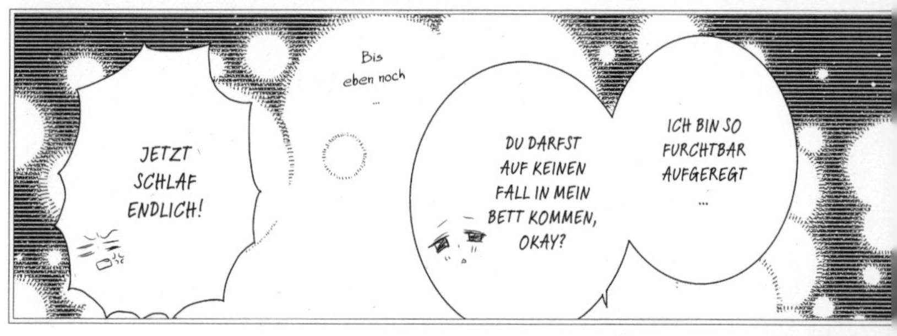

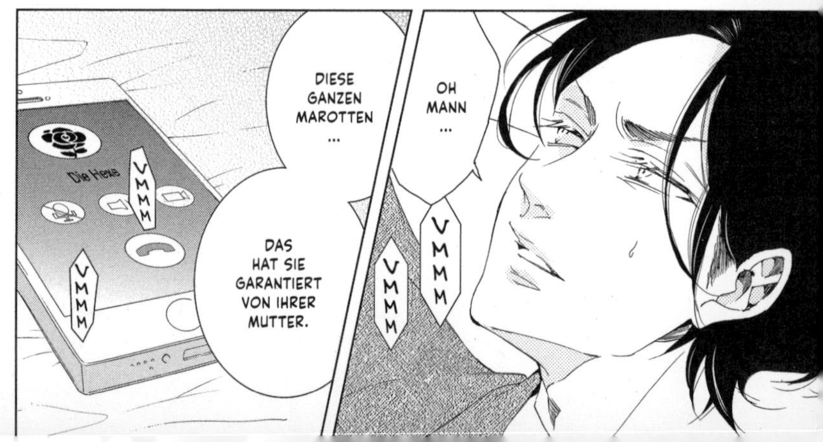

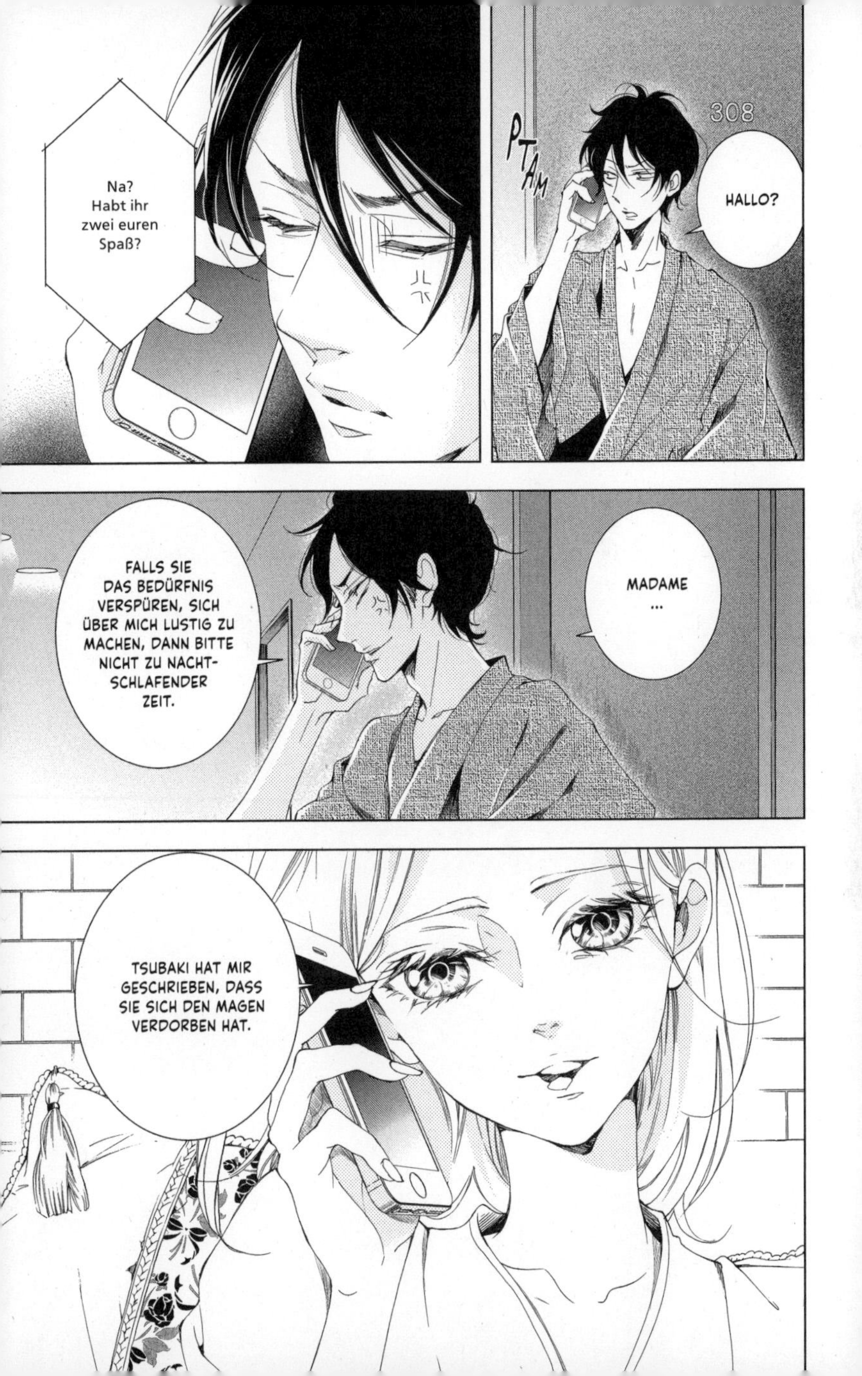

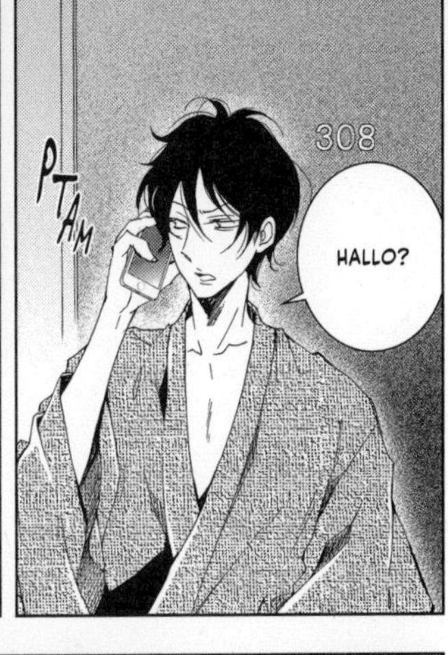
308
PTAM
HALLO?

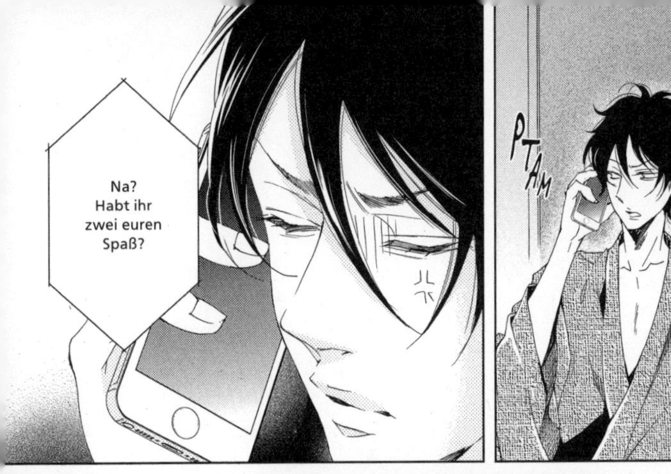
Na?
Habt ihr
zwei euren
Spaß?

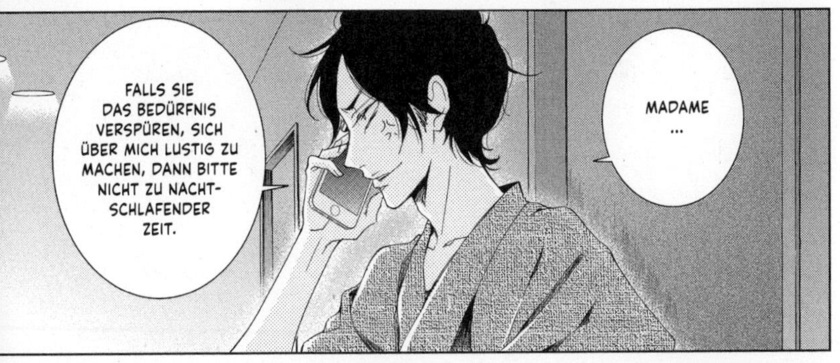
MADAME
...
FALLS SIE
DAS BEDÜRFNIS
VERSPÜREN, SICH
ÜBER MICH LUSTIG ZU
MACHEN, DANN BITTE
NICHT ZU NACHT-
SCHLAFENDER
ZEIT.

TSUBAKI HAT MIR
GESCHRIEBEN, DASS
SIE SICH DEN MAGEN
VERDORBEN HAT.

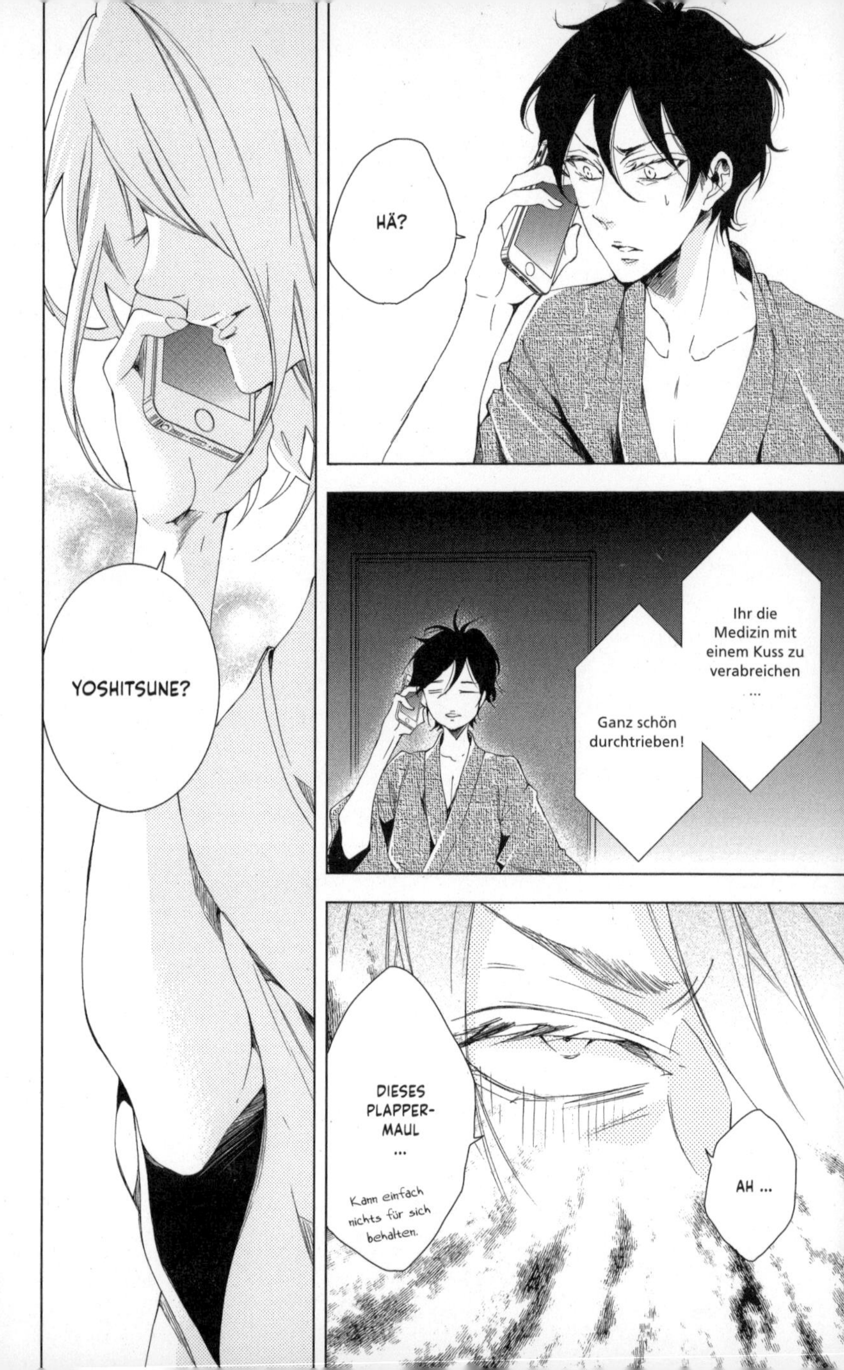
HÄ?
Ihr die Medizin mit einem Kuss zu verabreichen …
Ganz schön durchtrieben!
AH …
DIESES PLAPPER-MAUL …
Kann einfach nichts für sich behalten.
YOSHITSUNE?

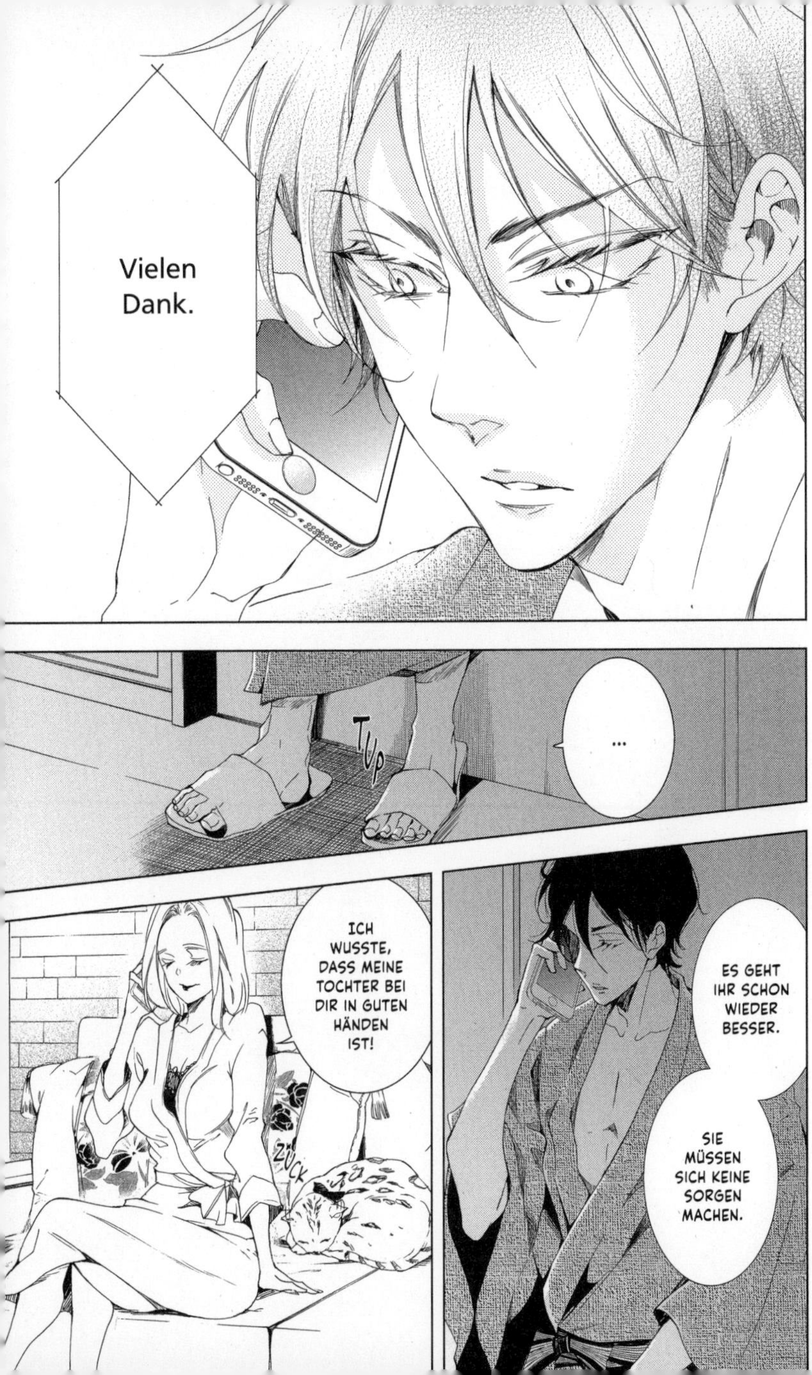

Vielen Dank.

TUP

...

ES GEHT IHR SCHON WIEDER BESSER.

SIE MÜSSEN SICH KEINE SORGEN MACHEN.

ICH WUSSTE, DASS MEINE TOCHTER BEI DIR IN GUTEN HÄNDEN IST!

ZUCK

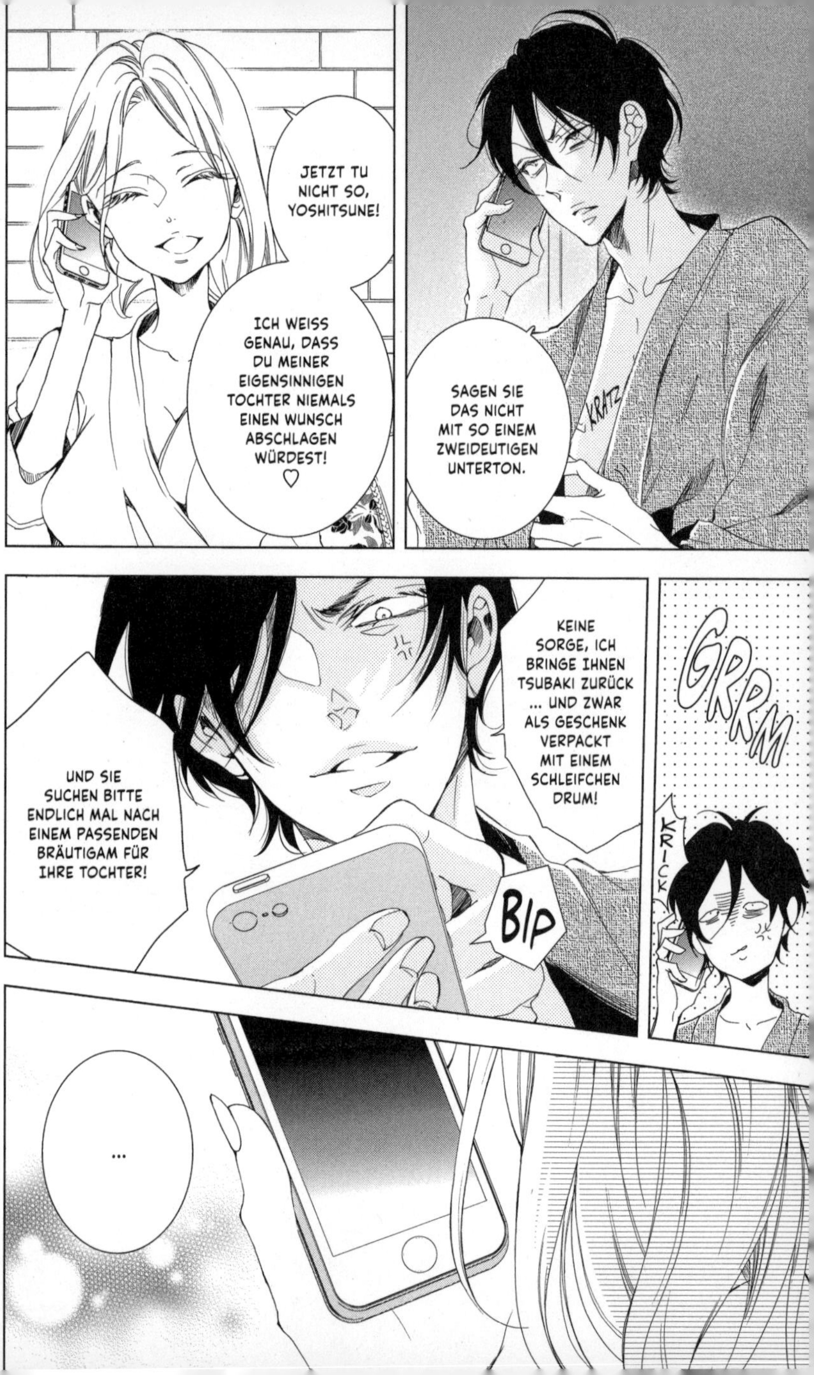

JETZT TU NICHT SO, YOSHITSUNE!

ICH WEISS GENAU, DASS DU MEINER EIGENSINNIGEN TOCHTER NIEMALS EINEN WUNSCH ABSCHLAGEN WÜRDEST! ♡

KRATZ

SAGEN SIE DAS NICHT MIT SO EINEM ZWEIDEUTIGEN UNTERTON.

GRRM

KRICK

KEINE SORGE, ICH BRINGE IHNEN TSUBAKI ZURÜCK ... UND ZWAR ALS GESCHENK VERPACKT MIT EINEM SCHLEIFCHEN DRUM!

UND SIE SUCHEN BITTE ENDLICH MAL NACH EINEM PASSENDEN BRÄUTIGAM FÜR IHRE TOCHTER!

BIP

...

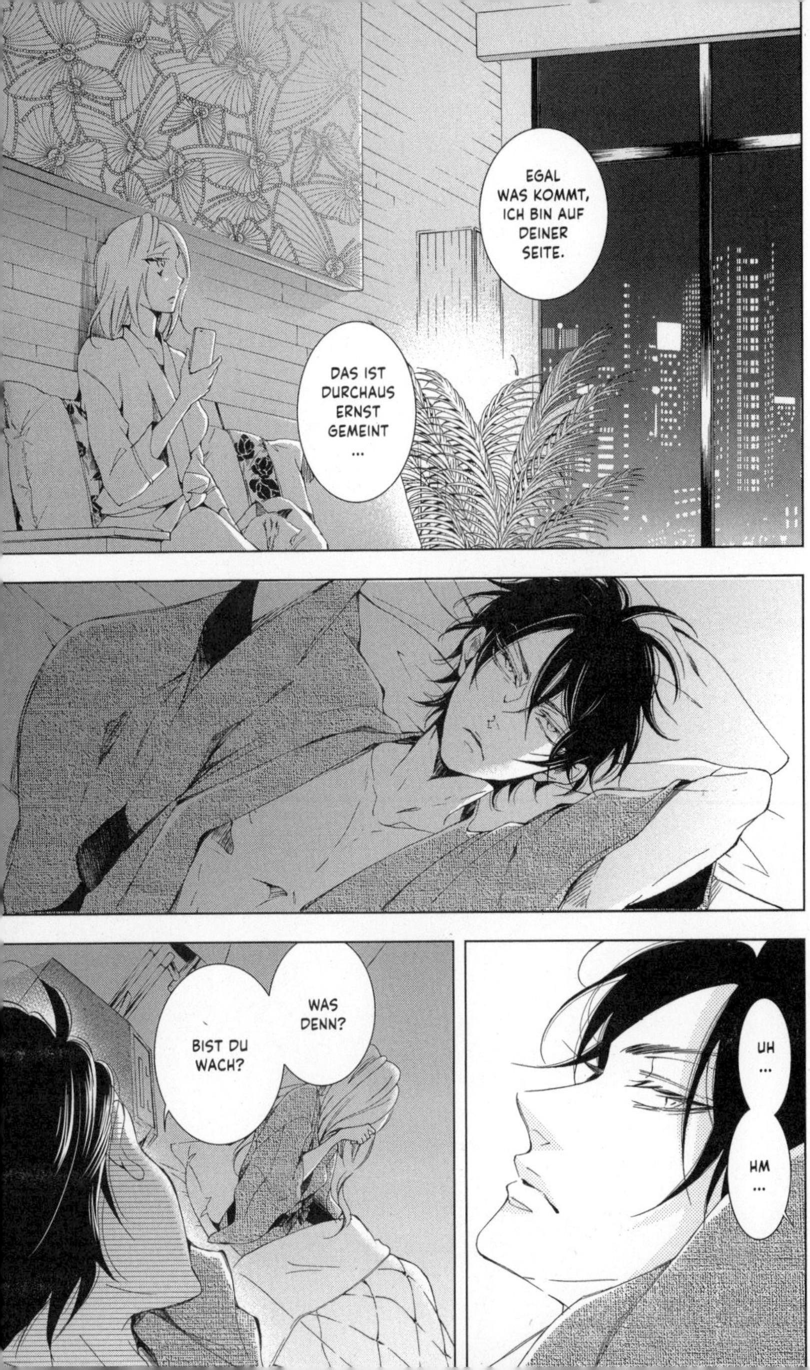

EGAL WAS KOMMT, ICH BIN AUF DEINER SEITE.

DAS IST DURCHAUS ERNST GEMEINT ...

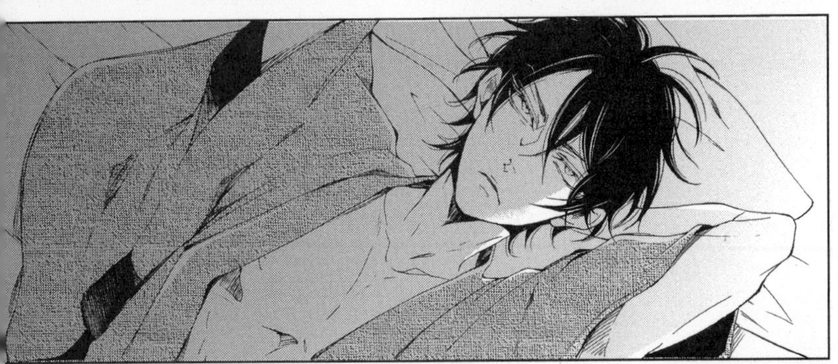

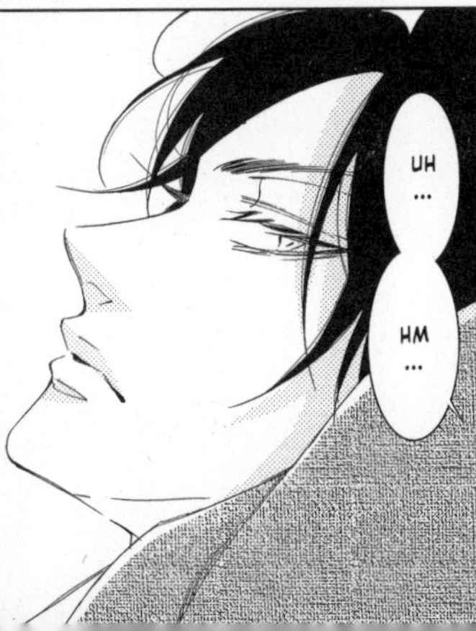

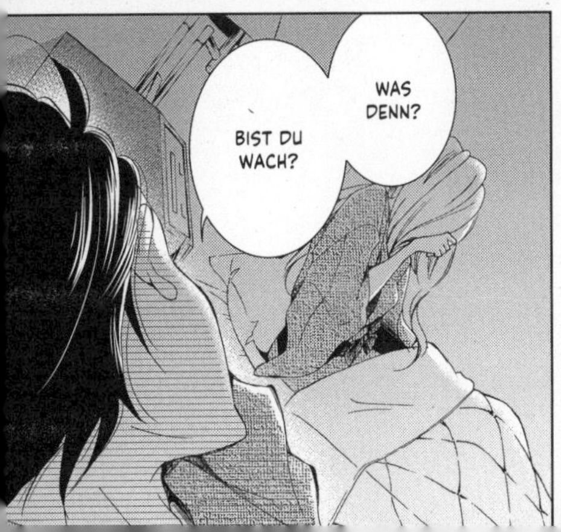

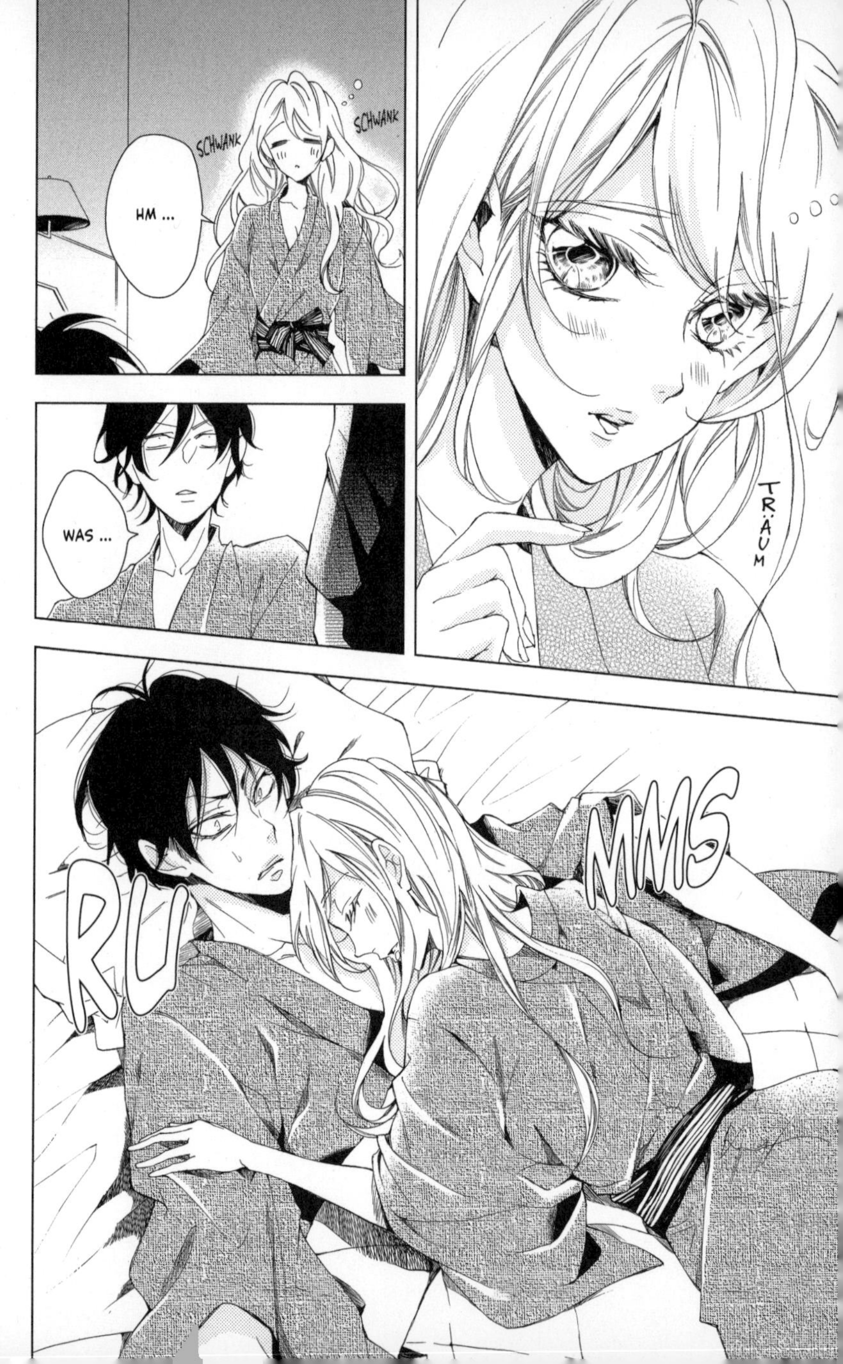
TRÄUM
SCHWANK
SCHWANK
HM ...
WAS ...
RUMMS

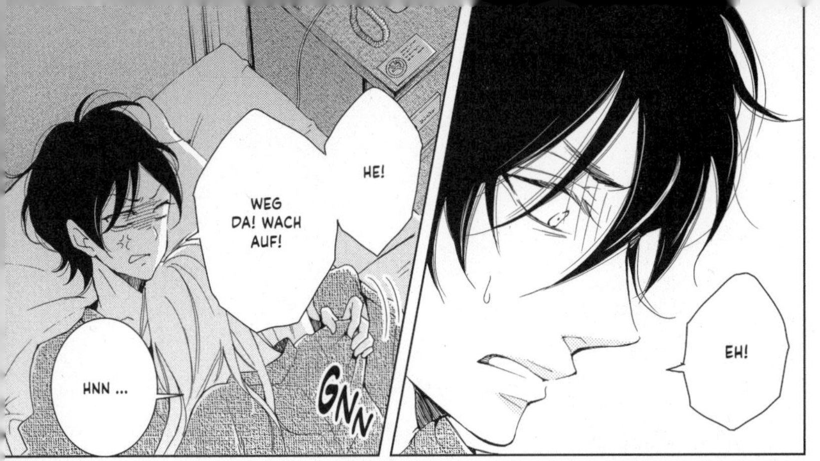

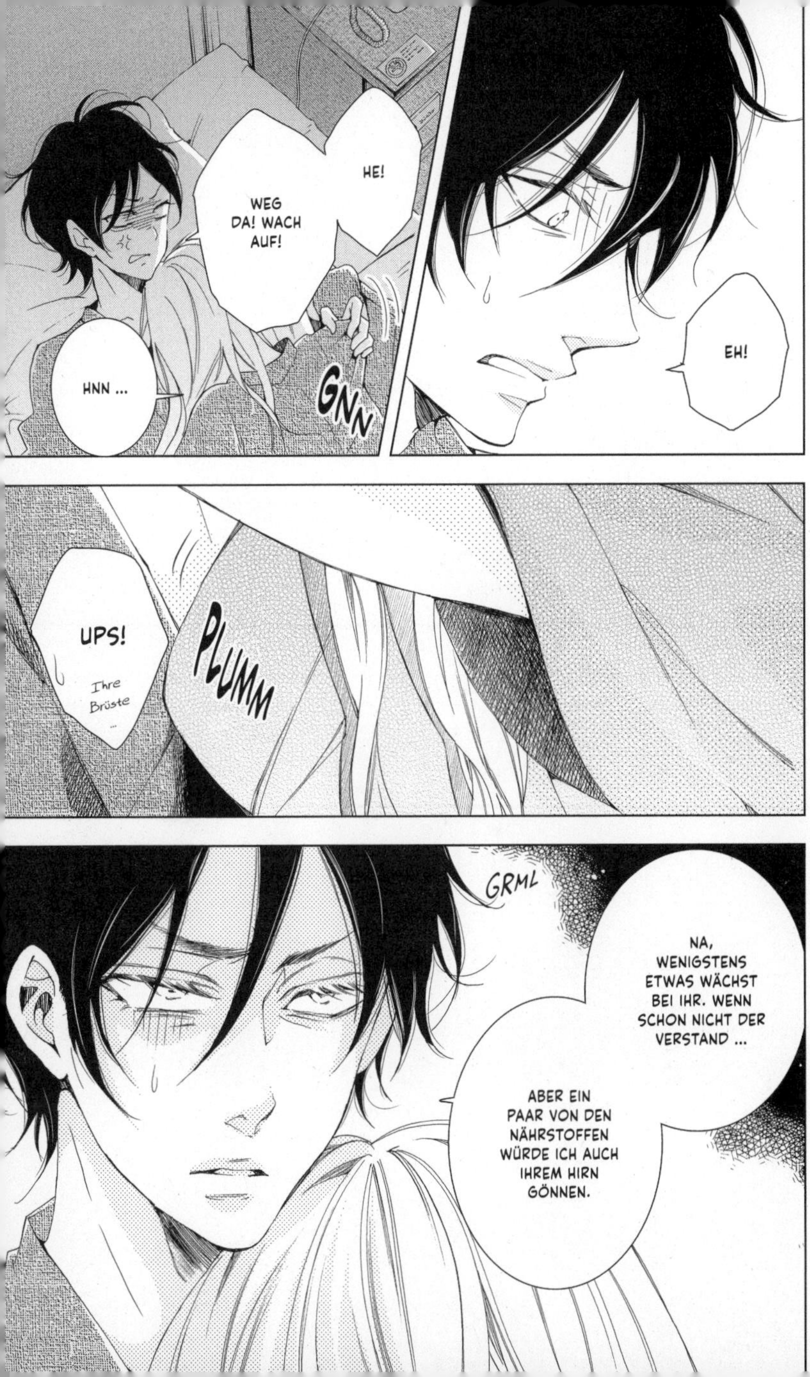

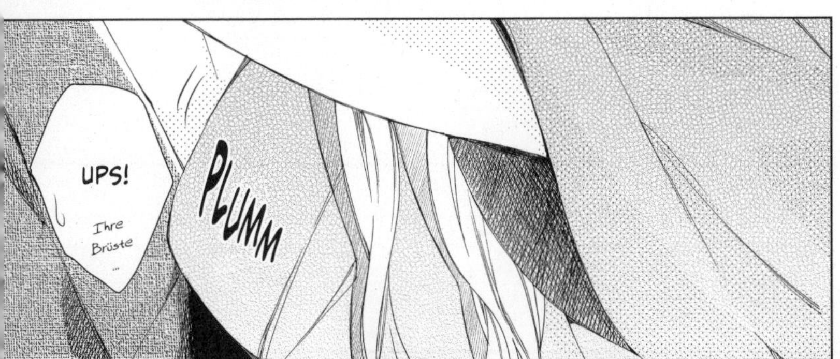

GRML

NA, WENIGSTENS ETWAS WÄCHST BEI IHR. WENN SCHON NICHT DER VERSTAND ...

ABER EIN PAAR VON DEN NÄHRSTOFFEN WÜRDE ICH AUCH IHREM HIRN GÖNNEN.

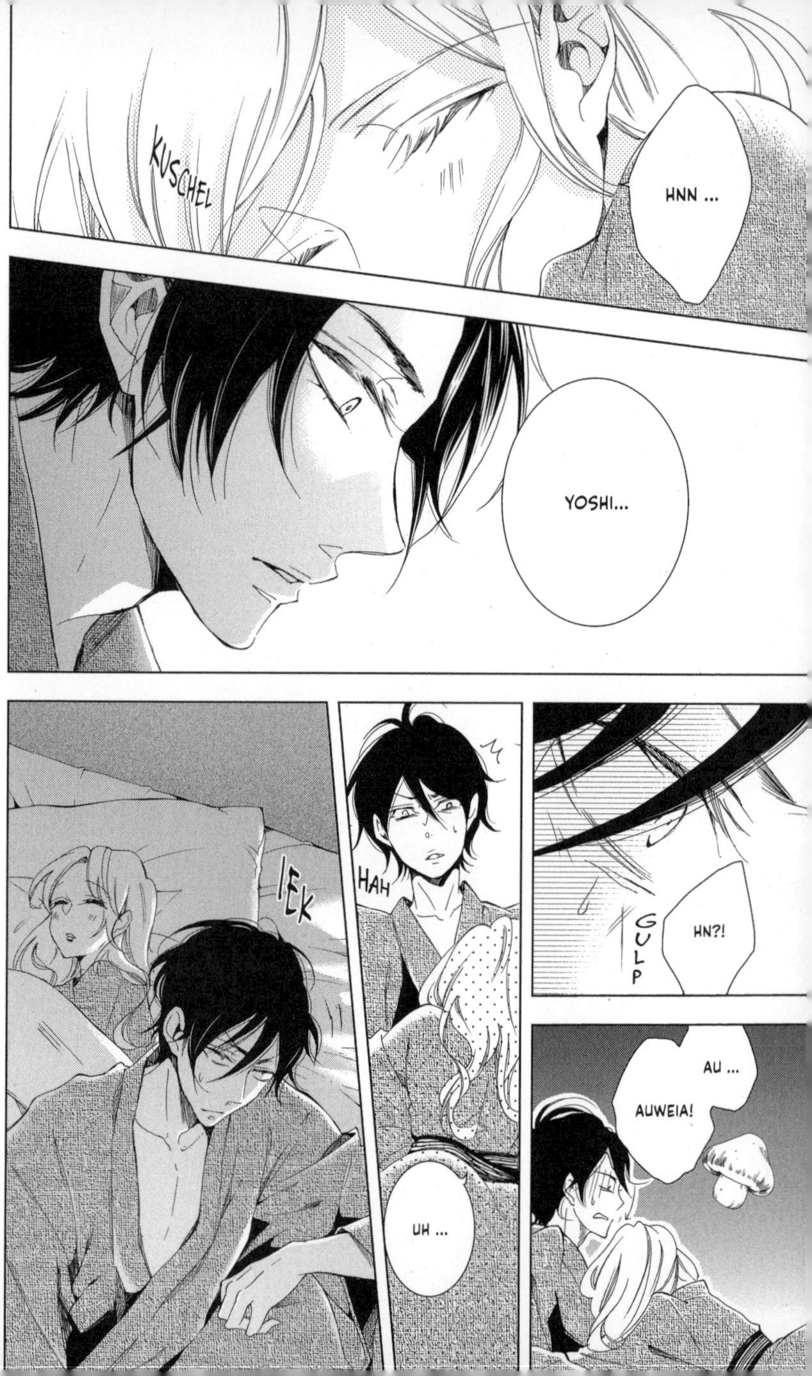

HNN ...

KUSCHEL

YOSHI...

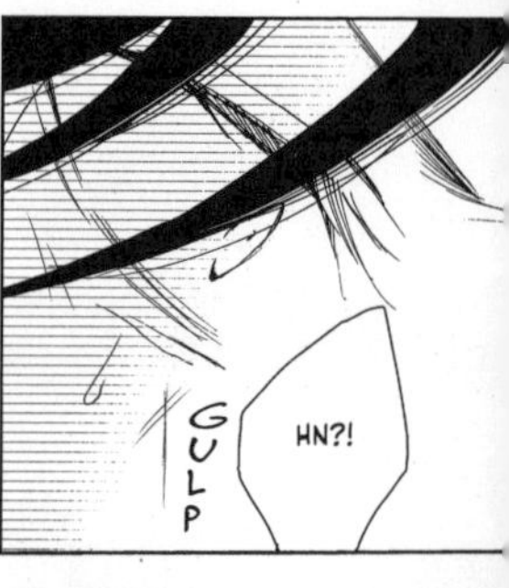

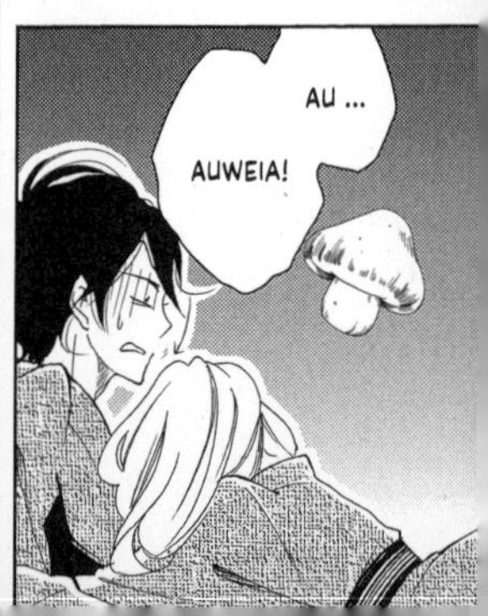

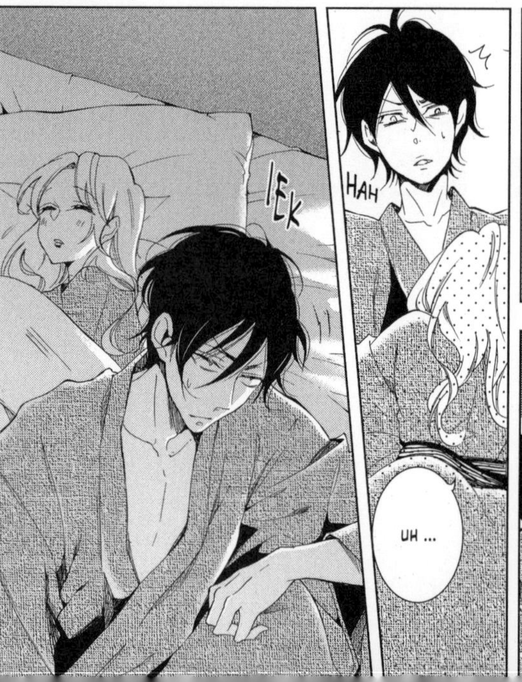

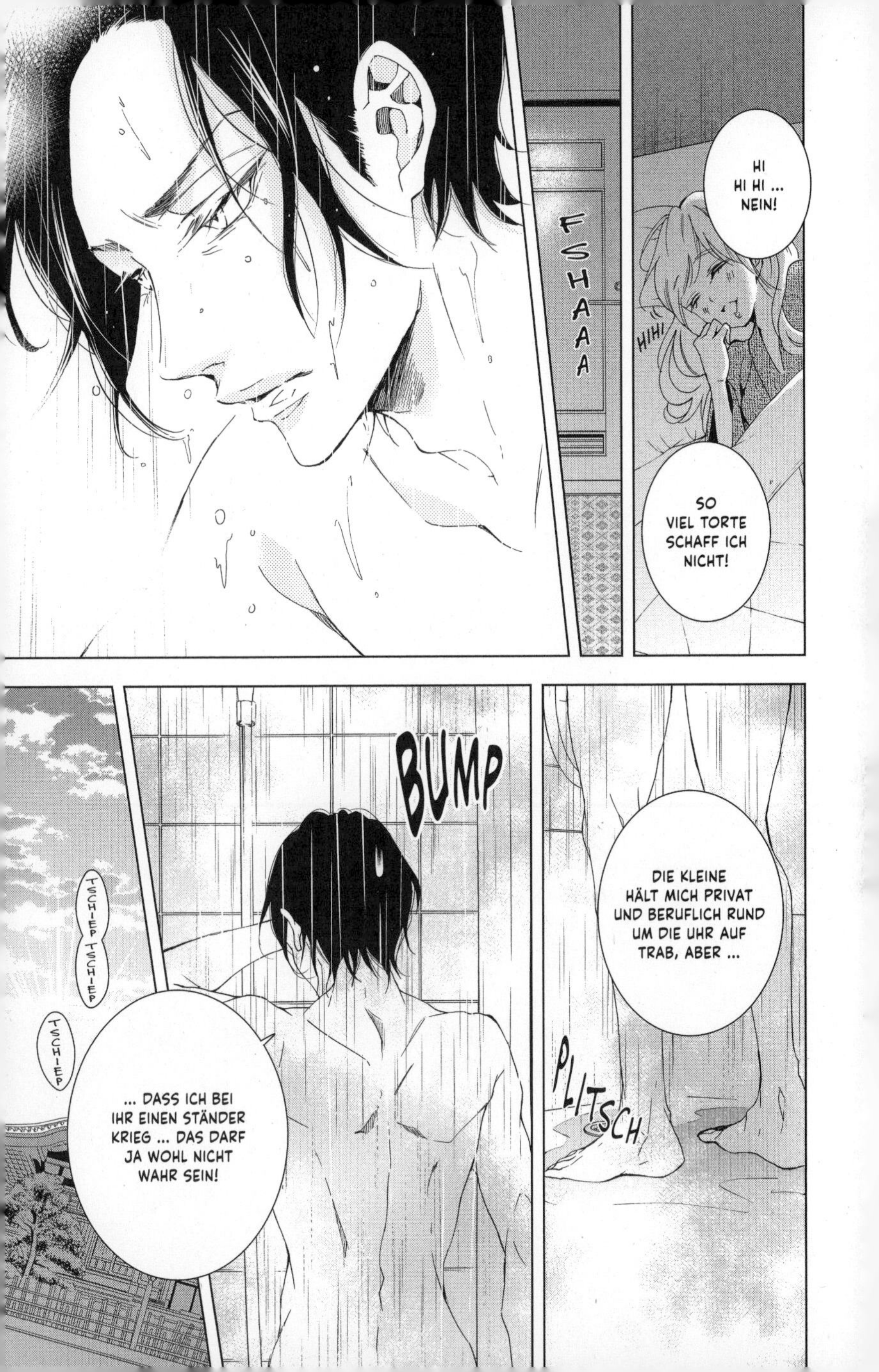

HI
HI HI ...
NEIN!
HIHI
SO
VIEL TORTE
SCHAFF ICH
NICHT!
FSHAAA
DIE KLEINE
HÄLT MICH PRIVAT
UND BERUFLICH RUND
UM DIE UHR AUF
TRAB, ABER ...
PLITSCH
BUMP
... DASS ICH BEI
IHR EINEN STÄNDER
KRIEG ... DAS DARF
JA WOHL NICHT
WAHR SEIN!
TSCHIEP TSCHIEP
TSCHIEP

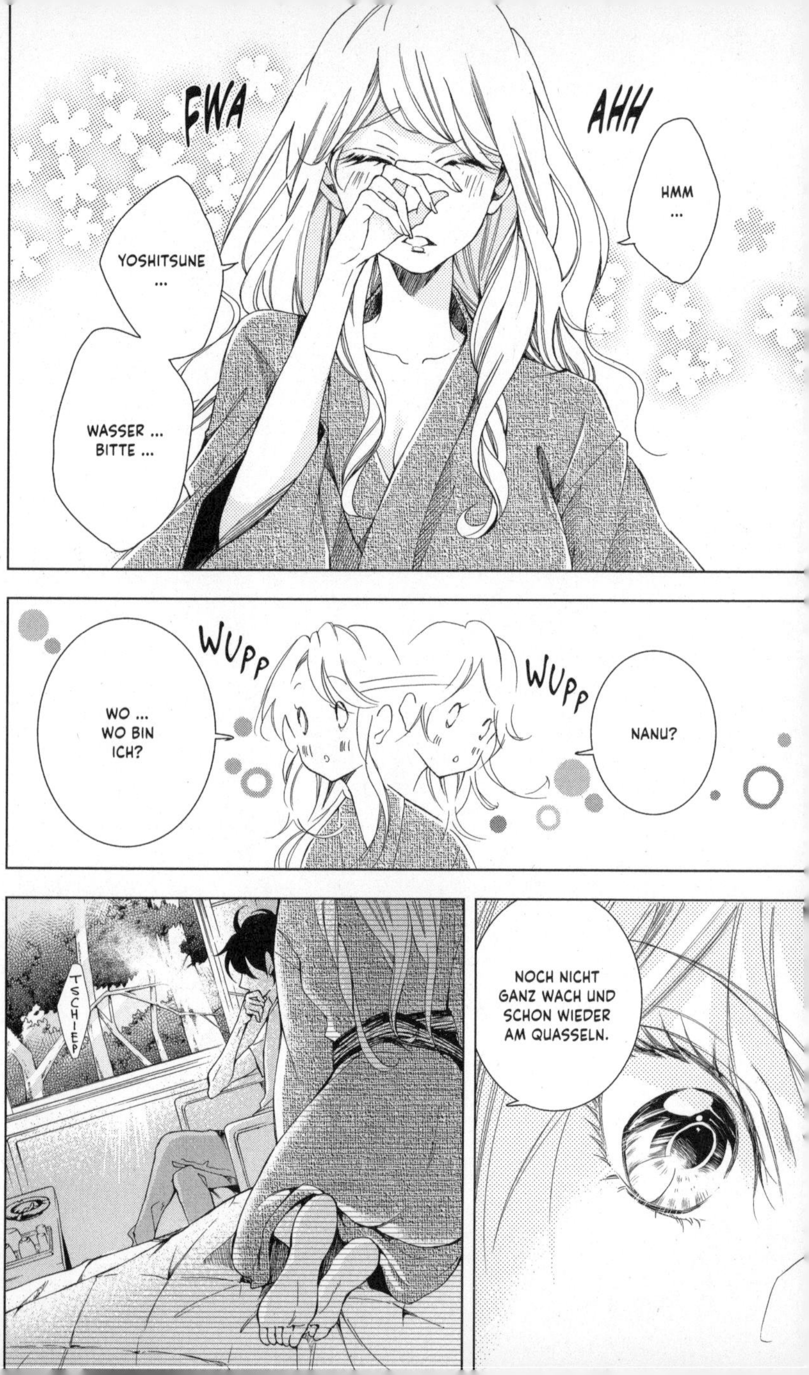

FWA AHH

HMM ...

YOSHITSUNE ...

WASSER ... BITTE ...

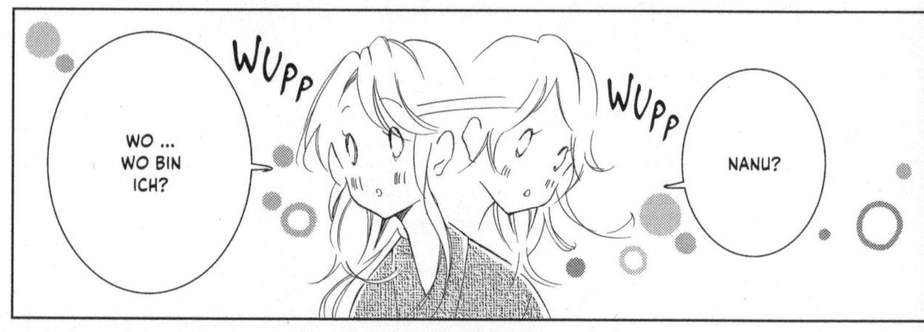

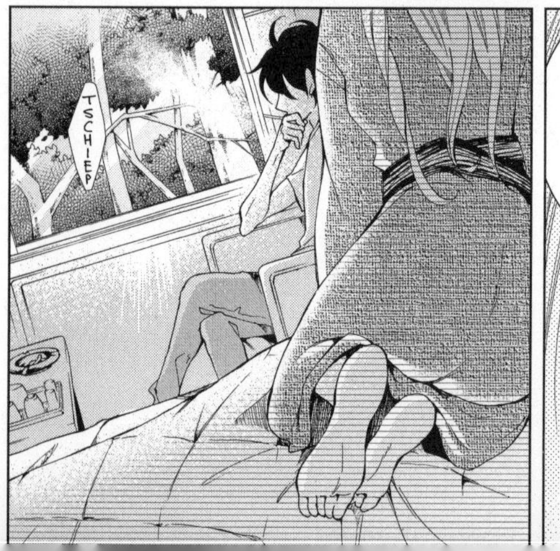

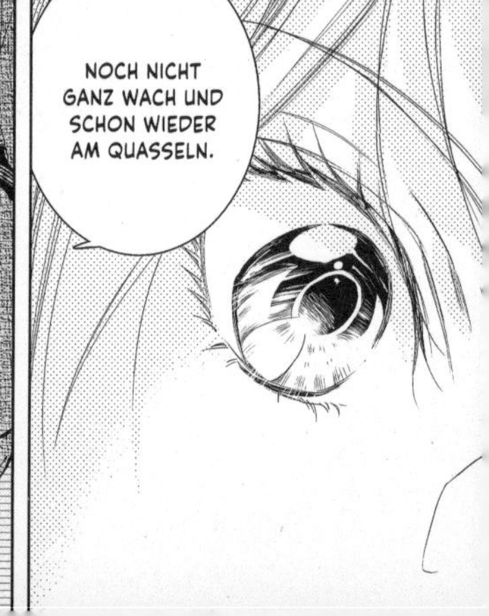

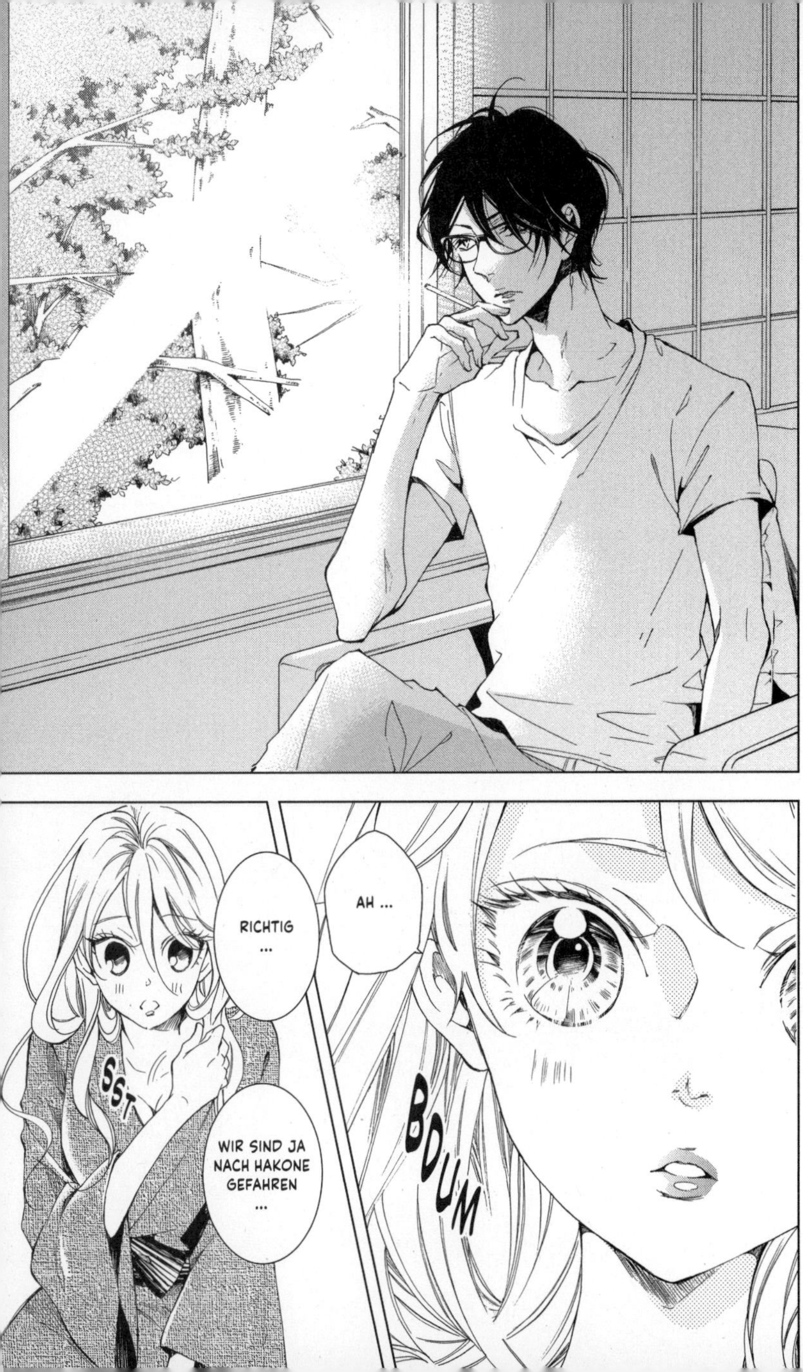

AH ...
BDUM
RICHTIG ...
WIR SIND JA NACH HAKONE GEFAHREN ...
SST

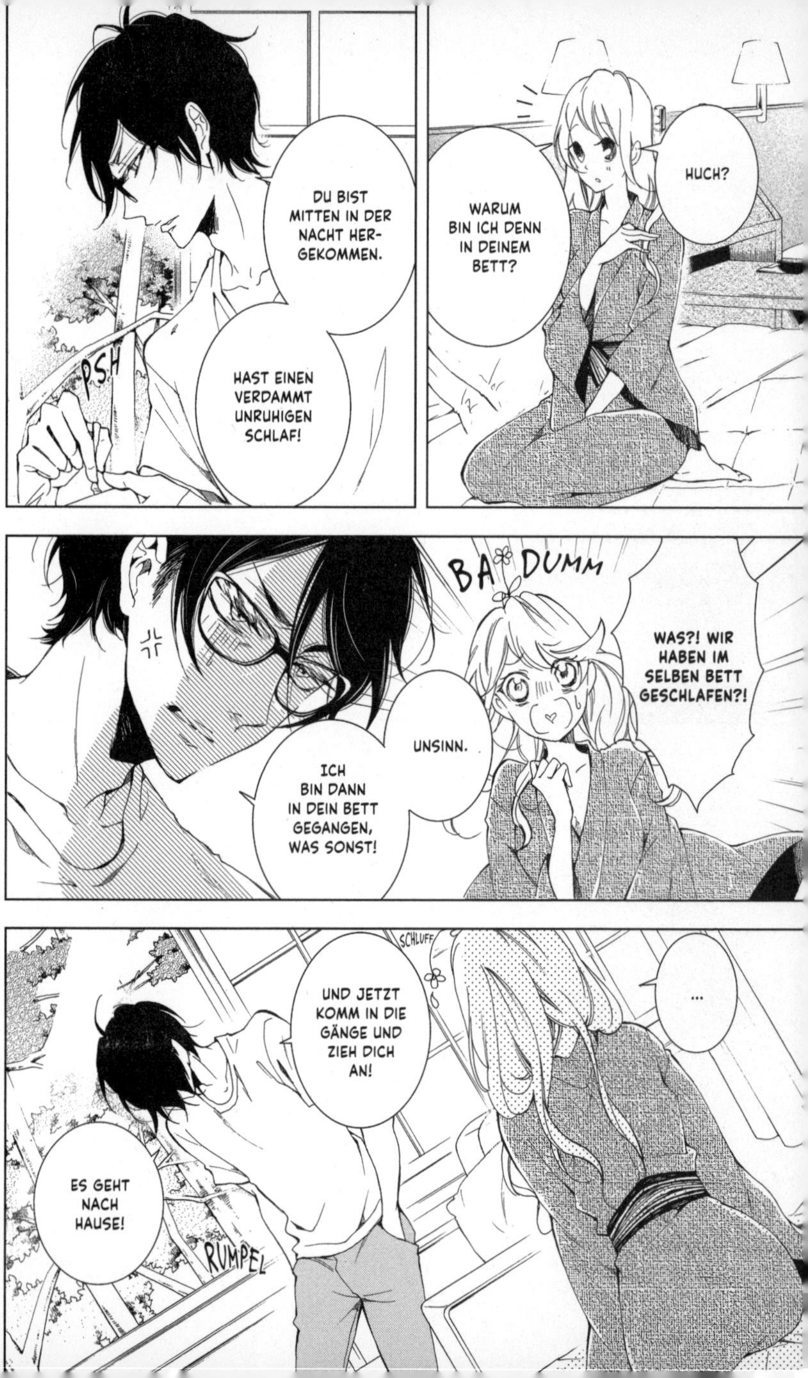

HUCH?
WARUM BIN ICH DENN IN DEINEM BETT?
DU BIST MITTEN IN DER NACHT HER-GEKOMMEN.
PSH
HAST EINEN VERDAMMT UNRUHIGEN SCHLAF!

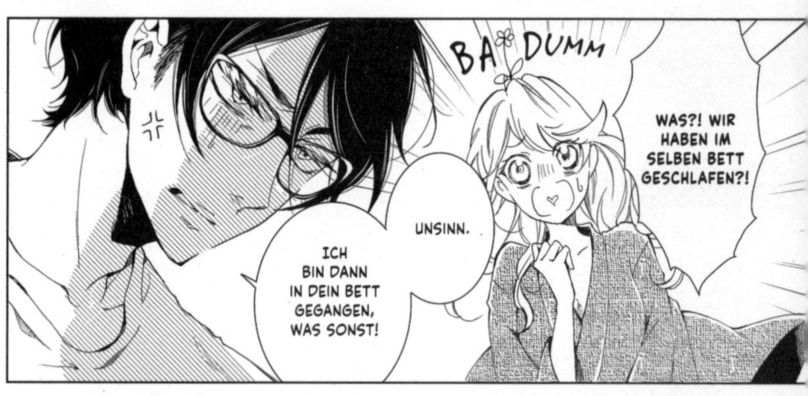

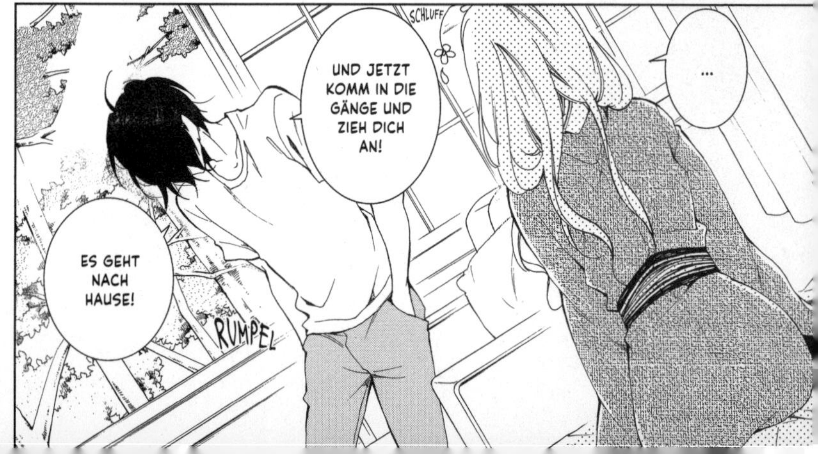

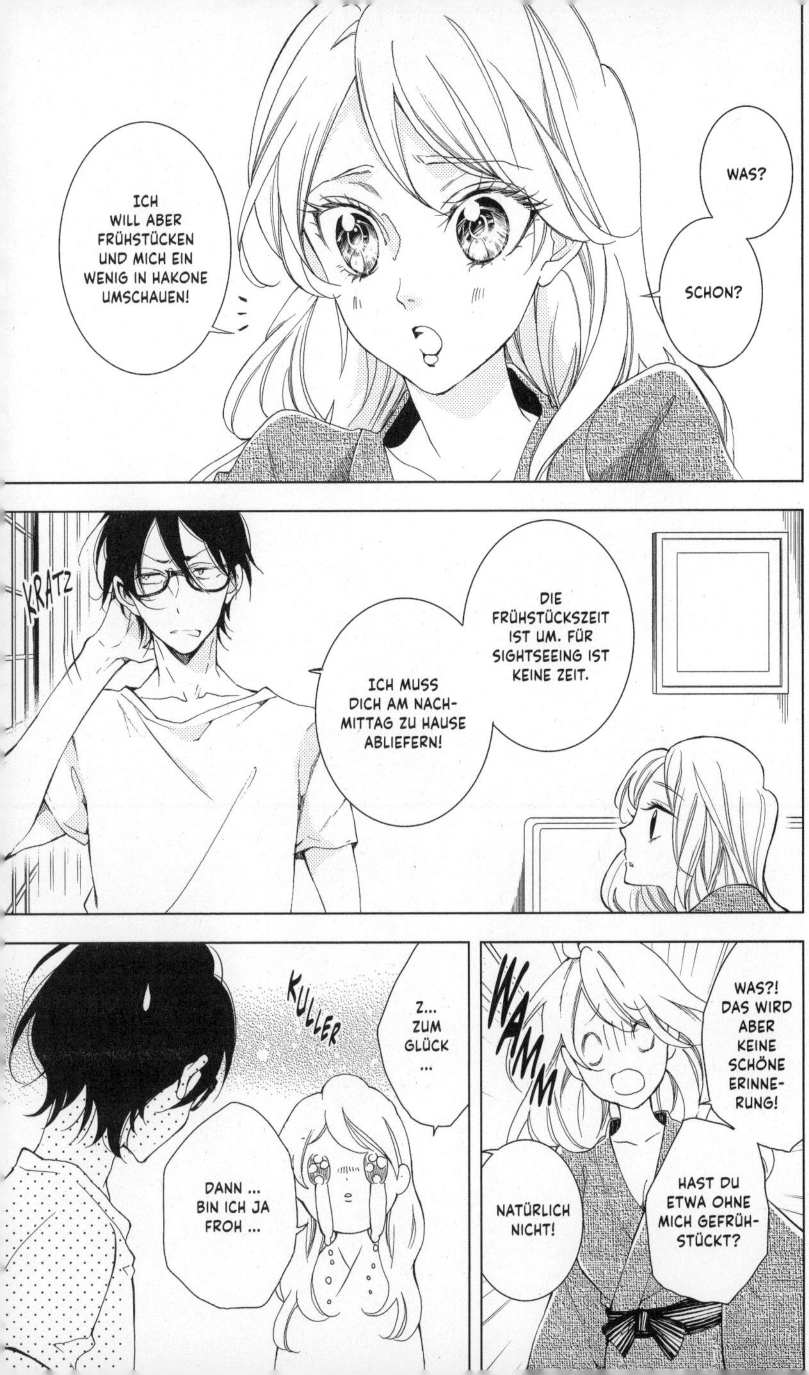

WAS? SCHON?

ICH WILL ABER FRÜHSTÜCKEN UND MICH EIN WENIG IN HAKONE UMSCHAUEN!

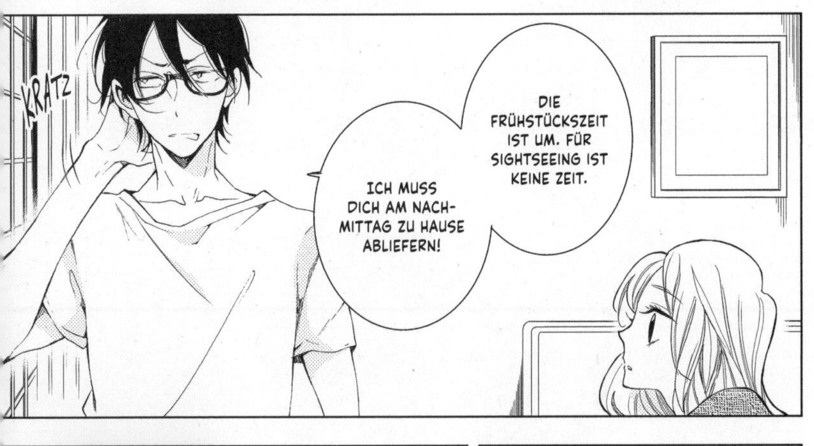

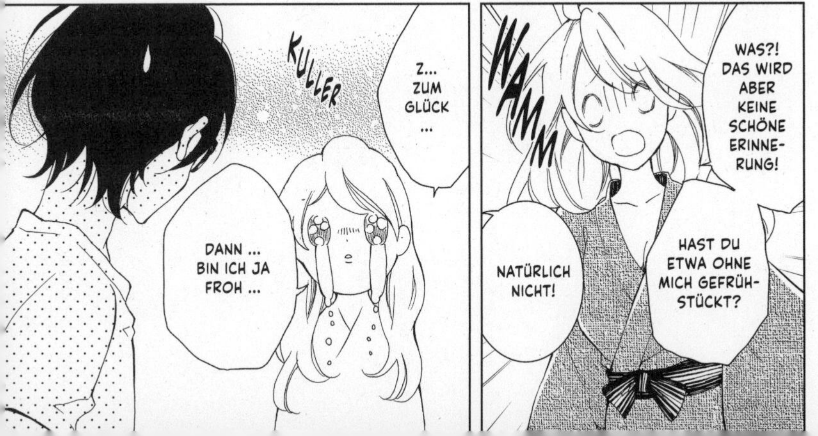

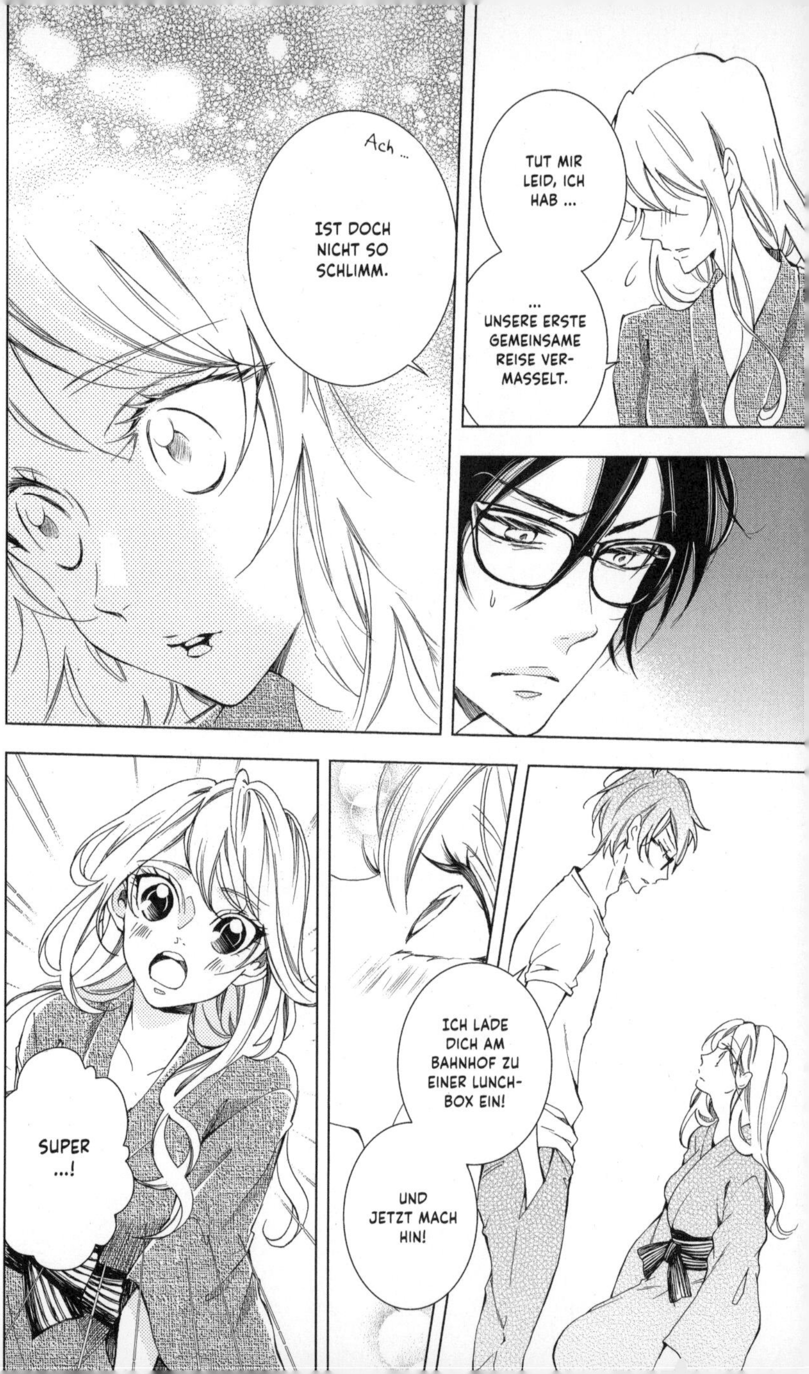

TUT MIR LEID, ICH HAB ...
... UNSERE ERSTE GEMEINSAME REISE VER-MASSELT.
Ach ...
IST DOCH NICHT SO SCHLIMM.
ICH LADE DICH AM BAHNHOF ZU EINER LUNCH-BOX EIN!
UND JETZT MACH HIN!
SUPER ...!

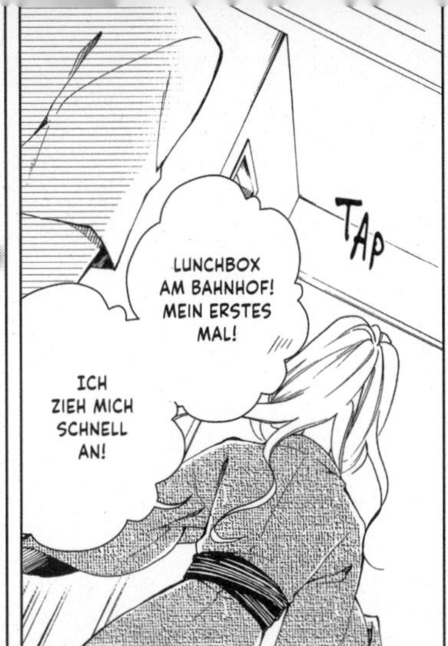
TAP
LUNCHBOX AM BAHNHOF! MEIN ERSTES MAL!
ICH ZIEH MICH SCHNELL AN!

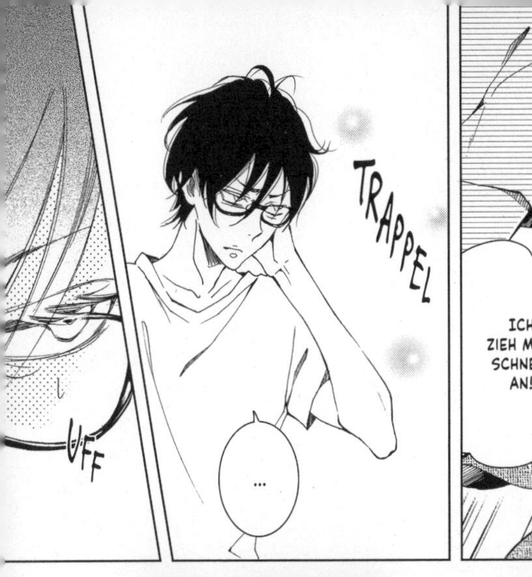
TRAPPEL
...
UFF

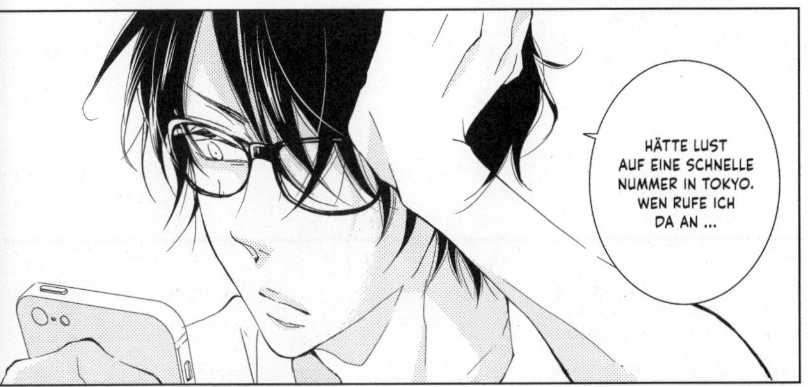
HÄTTE LUST AUF EINE SCHNELLE NUMMER IN TOKYO. WEN RUFE ICH DA AN ...

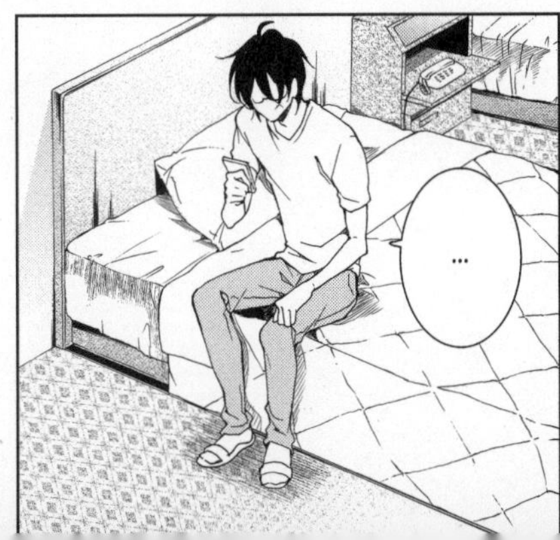
...

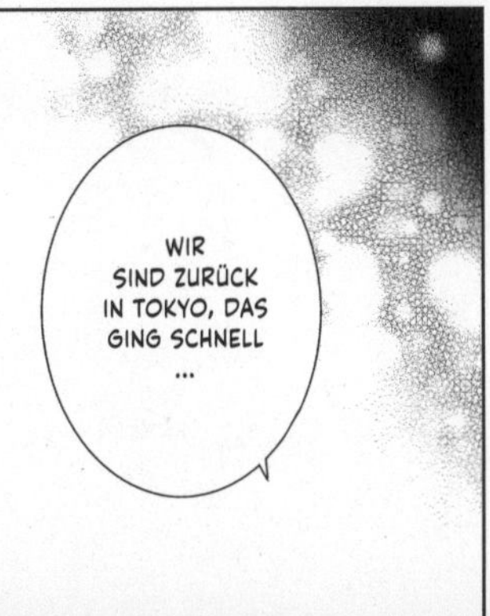
WIR SIND ZURÜCK IN TOKYO, DAS GING SCHNELL ...

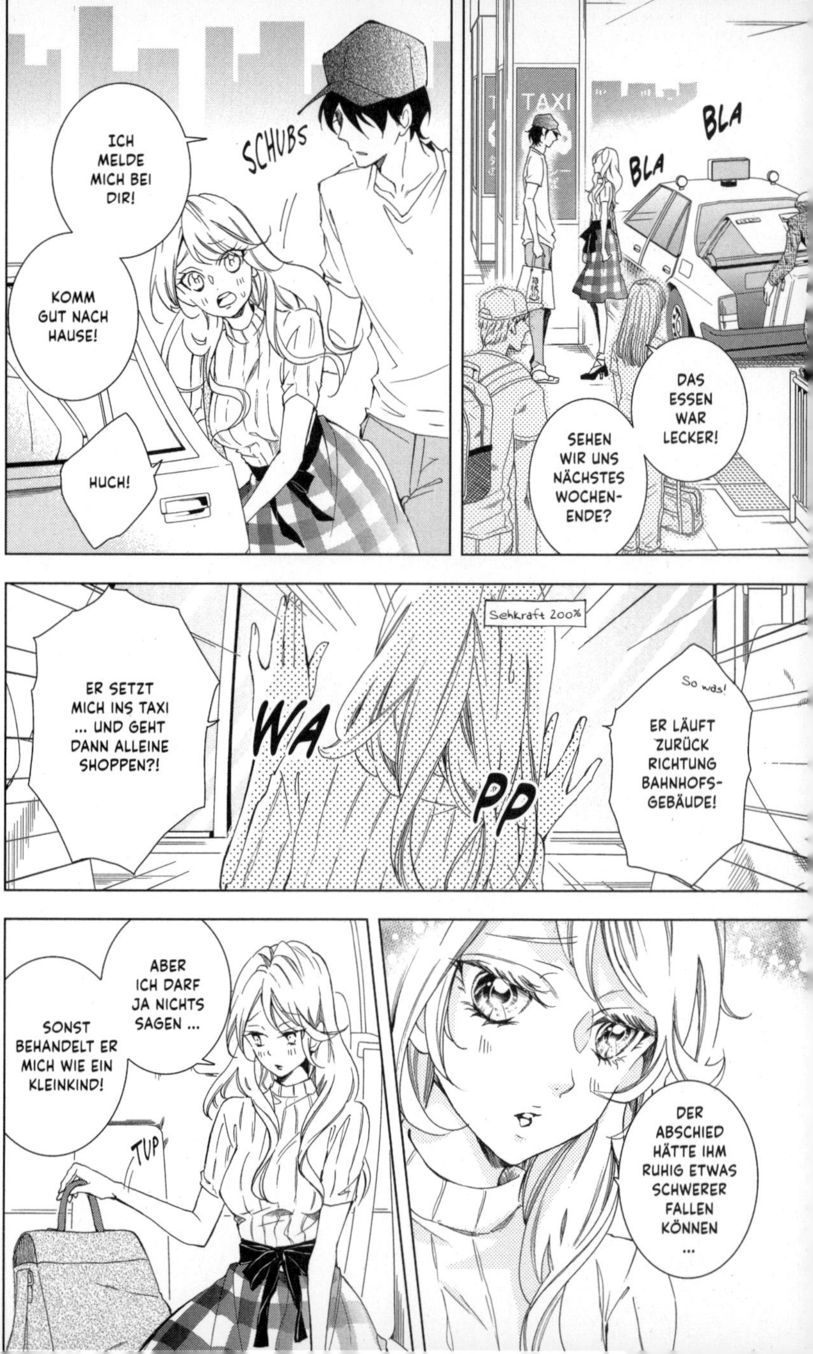

BLA BLA
DAS ESSEN WAR LECKER!
SEHEN WIR UNS NÄCHSTES WOCHEN-ENDE?
ICH MELDE MICH BEI DIR!
KOMM GUT NACH HAUSE!
SCHUBS
HUCH!
Sehkraft 200%
So was!
ER LÄUFT ZURÜCK RICHTUNG BAHNHOFS-GEBÄUDE!
WAPP
ER SETZT MICH INS TAXI ... UND GEHT DANN ALLEINE SHOPPEN?!

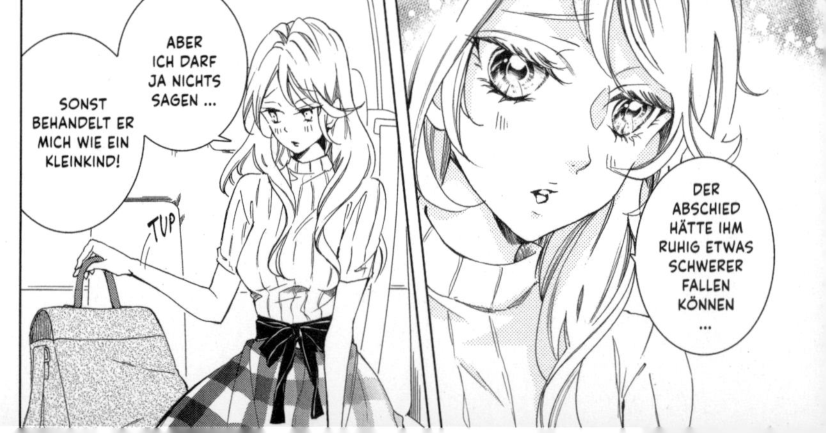

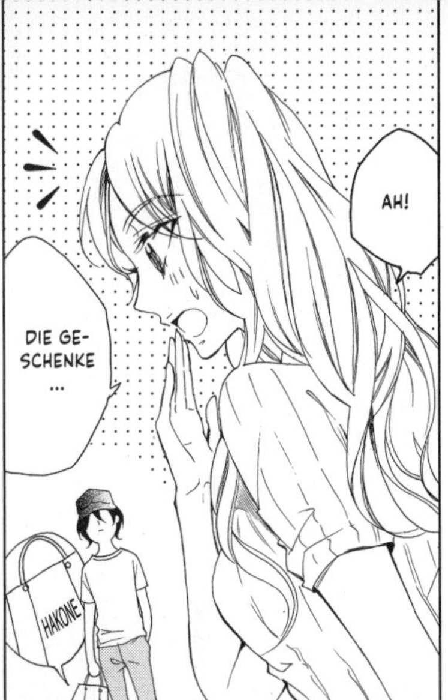
AH!
DIE GE-SCHENKE ...
HAKONE

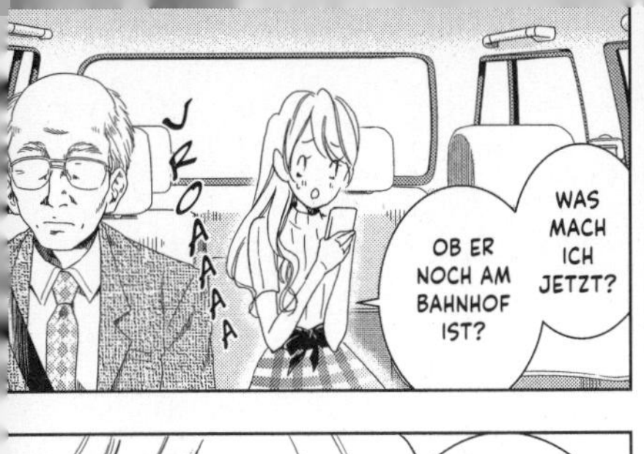
WAS MACH ICH JETZT?
OB ER NOCH AM BAHNHOF IST?
JROAAAAA

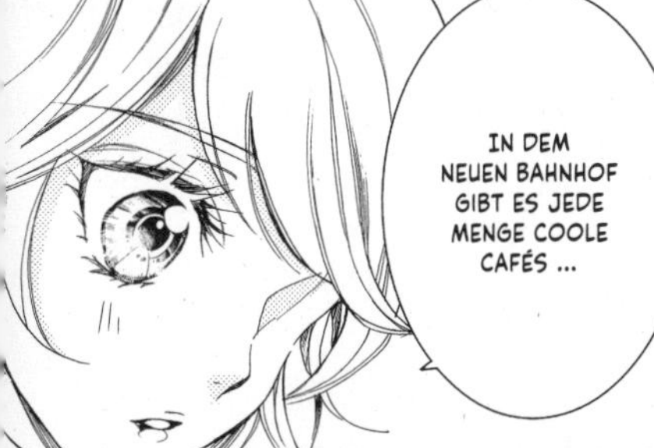
IN DEM NEUEN BAHNHOF GIBT ES JEDE MENGE COOLE CAFÉS ...

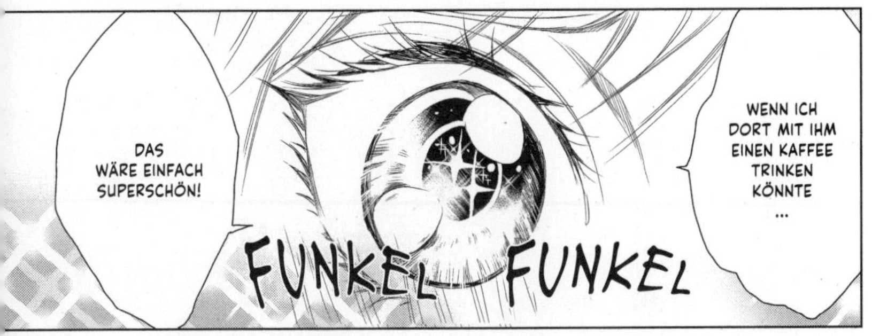
WENN ICH DORT MIT IHM EINEN KAFFEE TRINKEN KÖNNTE ...
DAS WÄRE EINFACH SUPERSCHÖN!
FUNKEL FUNKEL

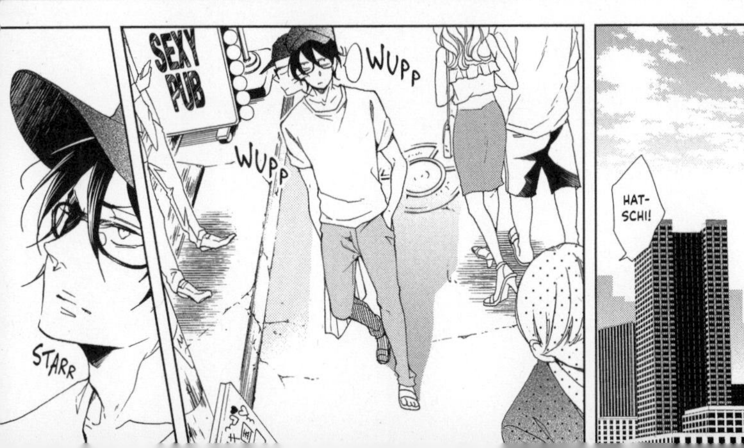
HAT-SCHI!
WUPP
WUPP
SEXY PUB
STARR

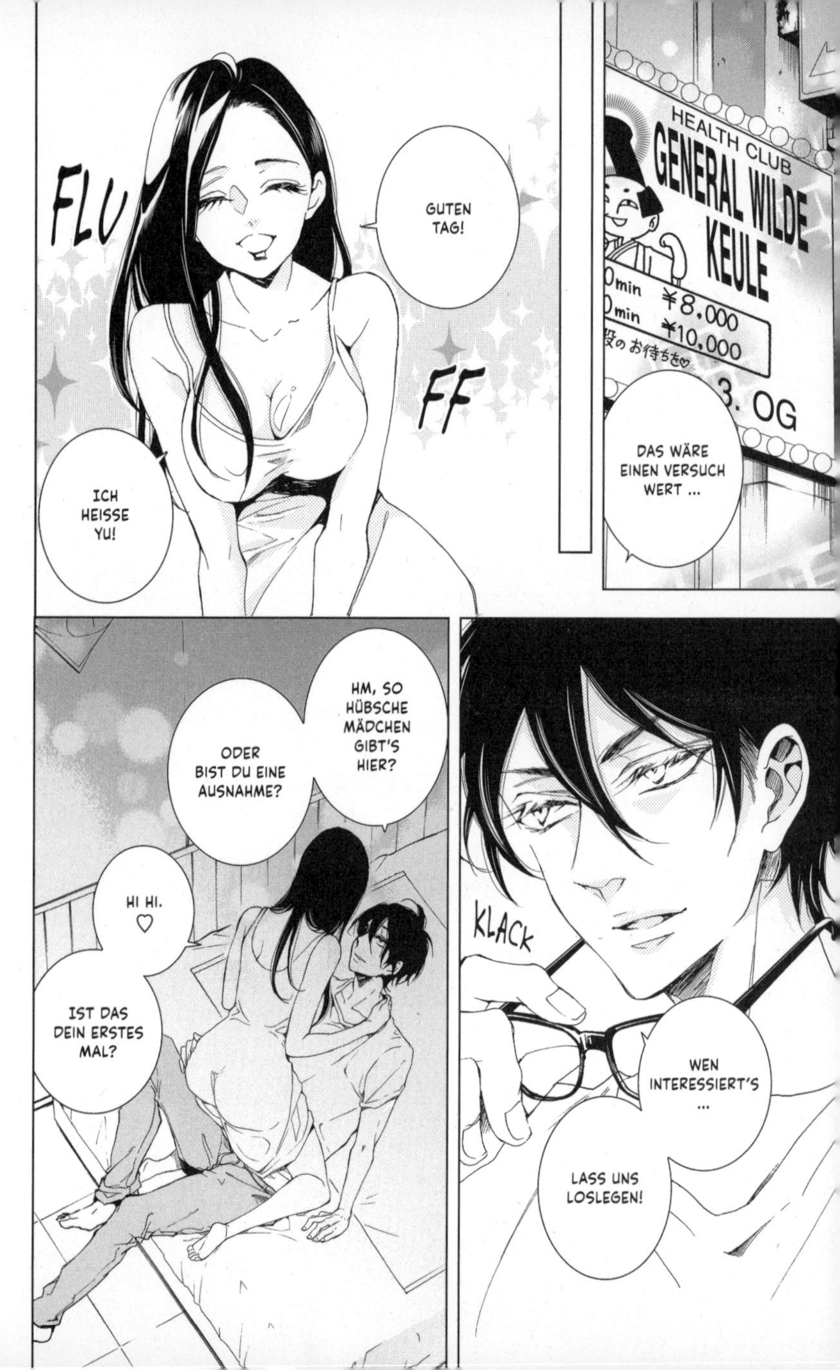
HEALTH CLUB
GENERAL WILDE KEULE
¥8.000
¥10.000
3. OG
DAS WÄRE EINEN VERSUCH WERT ...
FLU
FF
GUTEN TAG!
ICH HEISSE YU!
HM, SO HÜBSCHE MÄDCHEN GIBT'S HIER?
ODER BIST DU EINE AUSNAHME?
HI HI. ♡
IST DAS DEIN ERSTES MAL?
KLACK
WEN INTERESSIERT'S ...
LASS UNS LOSLEGEN!

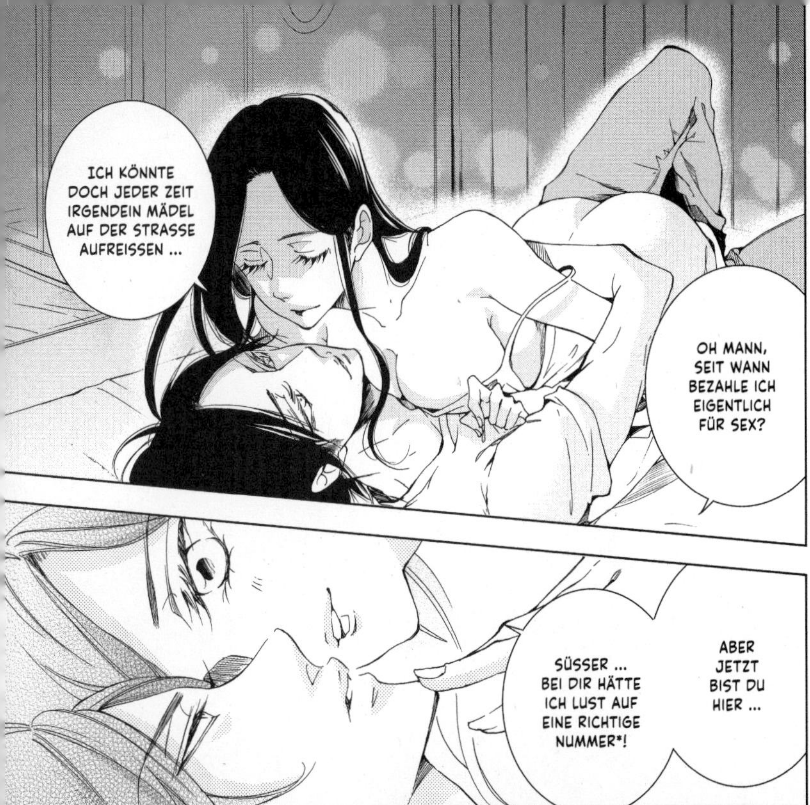

OH MANN, SEIT WANN BEZAHLE ICH EIGENTLICH FÜR SEX?

ICH KÖNNTE DOCH JEDER ZEIT IRGENDEIN MÄDEL AUF DER STRASSE AUFREISSEN ...

ABER JETZT BIST DU HIER ...

SÜSSER ... BEI DIR HÄTTE ICH LUST AUF EINE RICHTIGE NUMMER*!

*GESCHLECHTSVERKEHR GEGEN GELD IST IN JAPAN ILLEGAL, WESHALB IM ROTLICHTGEWERBE ÜBLICHERWEISE NUR ANDERE SEXUELLEN HANDLUNGEN (BLOWJOB ETC.) ANGEBOTEN WERDEN.

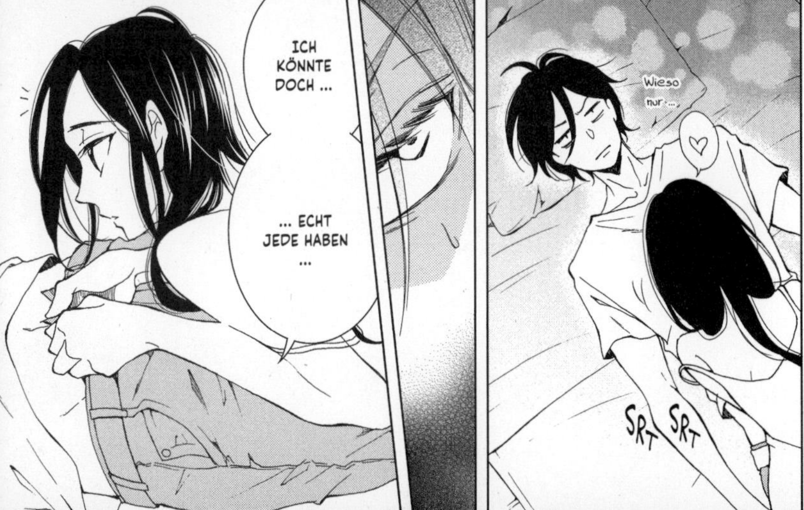

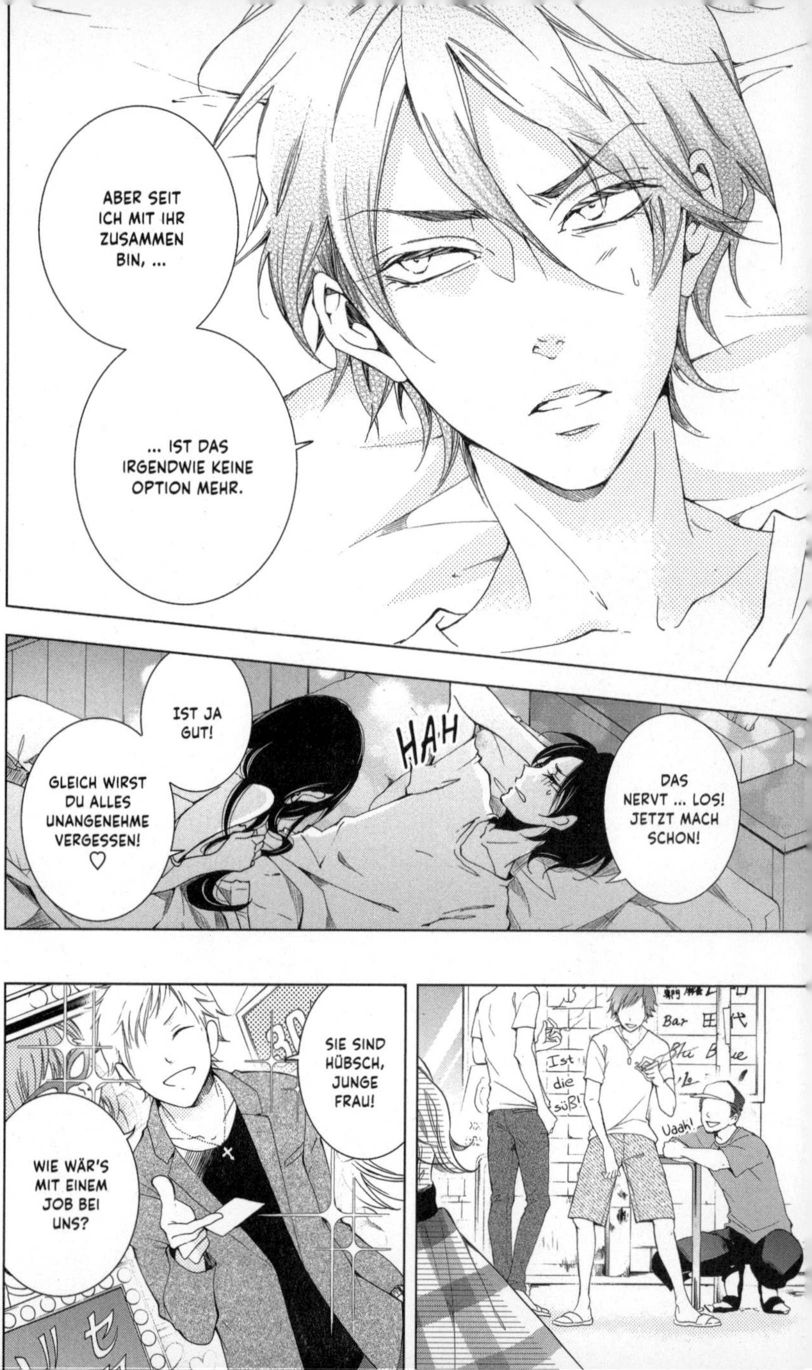

ABER SEIT ICH MIT IHR ZUSAMMEN BIN, ...

... IST DAS IRGENDWIE KEINE OPTION MEHR.

DAS NERVT ... LOS! JETZT MACH SCHON!

HAH

IST JA GUT!

GLEICH WIRST DU ALLES UNANGENEHME VERGESSEN! ♡

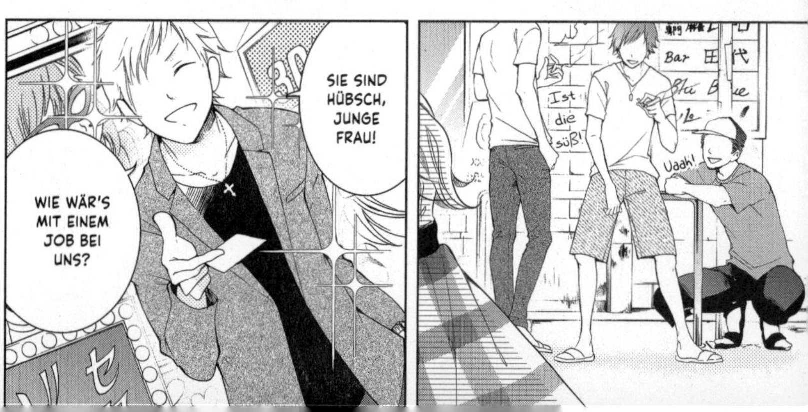

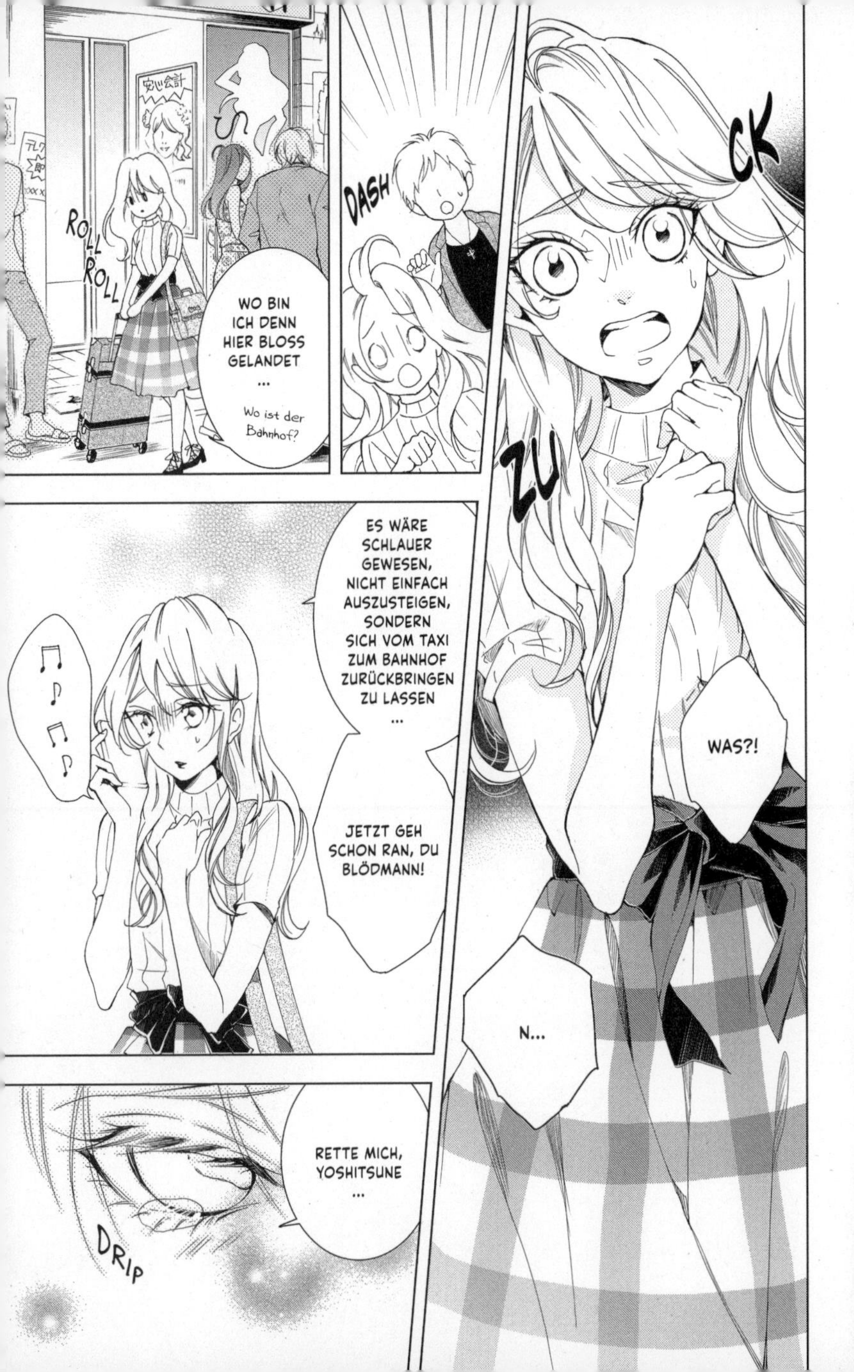
CK
WAS?!
N...
ZU
DASH
ROLL
ROLL
WO BIN ICH DENN HIER BLOSS GELANDET ...
Wo ist der Bahnhof?
ES WÄRE SCHLAUER GEWESEN, NICHT EINFACH AUSZUSTEIGEN, SONDERN SICH VOM TAXI ZUM BAHNHOF ZURÜCKBRINGEN ZU LASSEN ...
JETZT GEH SCHON RAN, DU BLÖDMANN!
RETTE MICH, YOSHITSUNE ...
DRIP

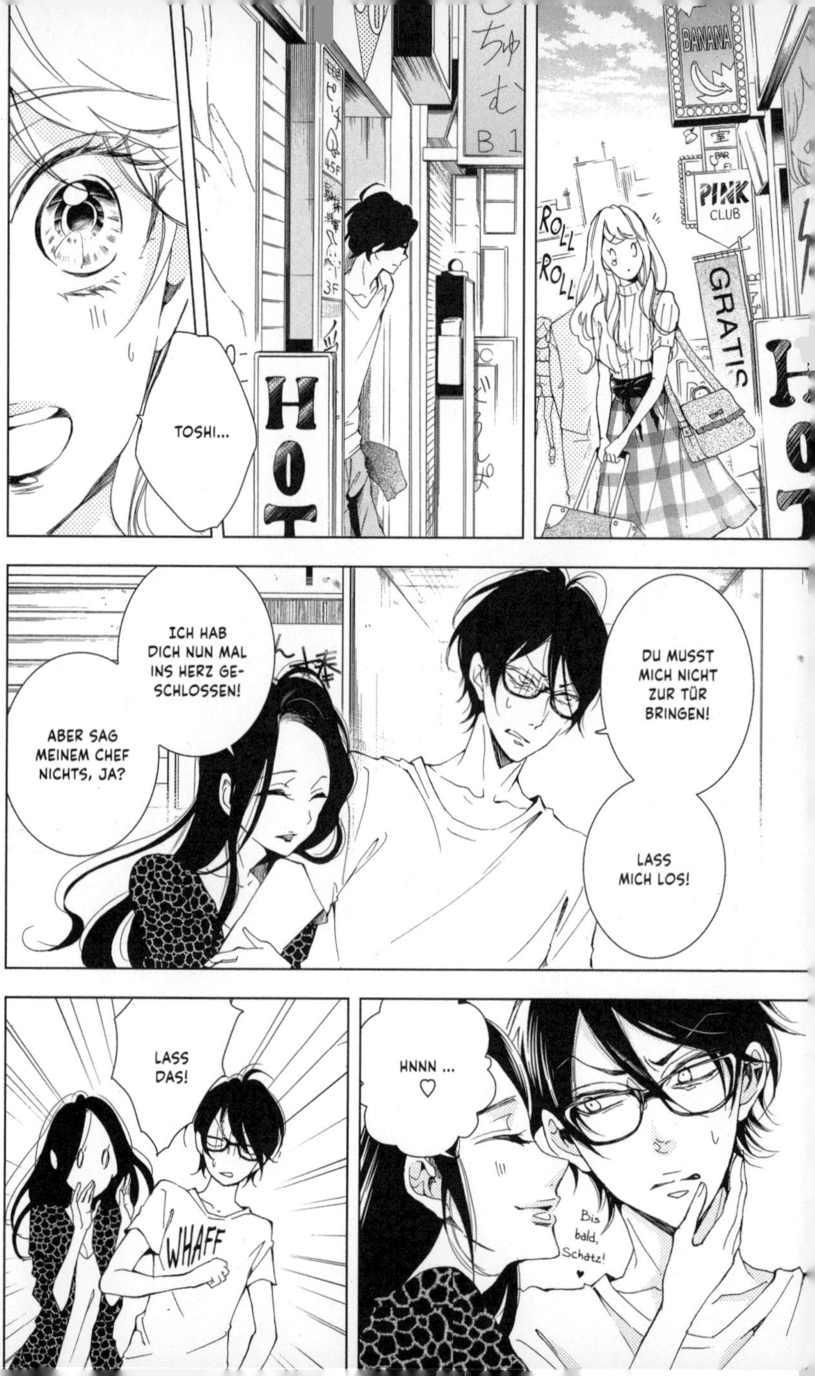

ROLL ROLL

TOSHI...

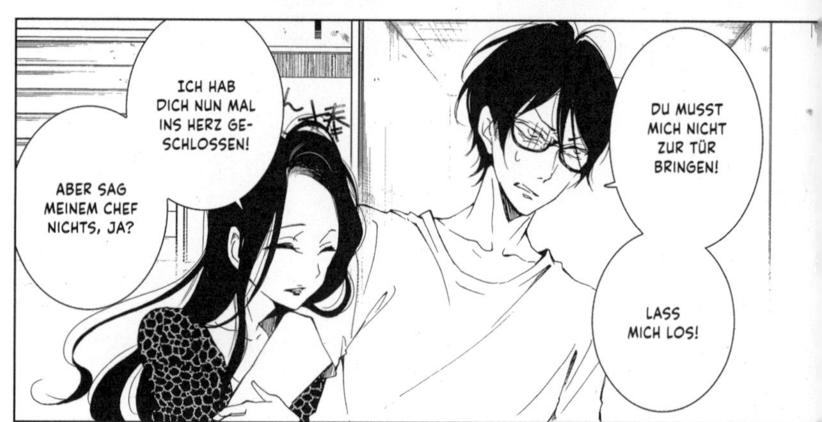

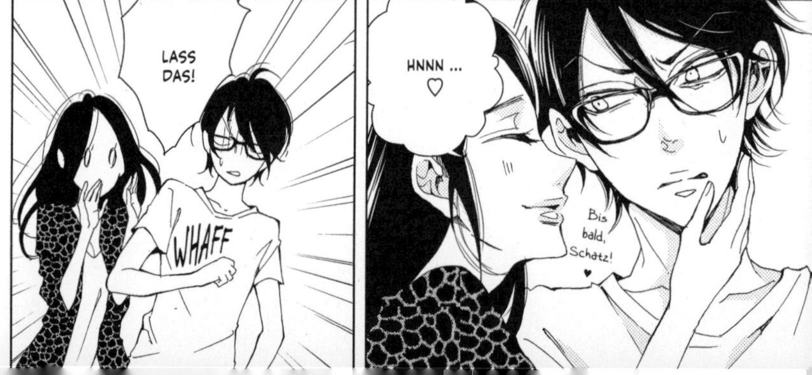

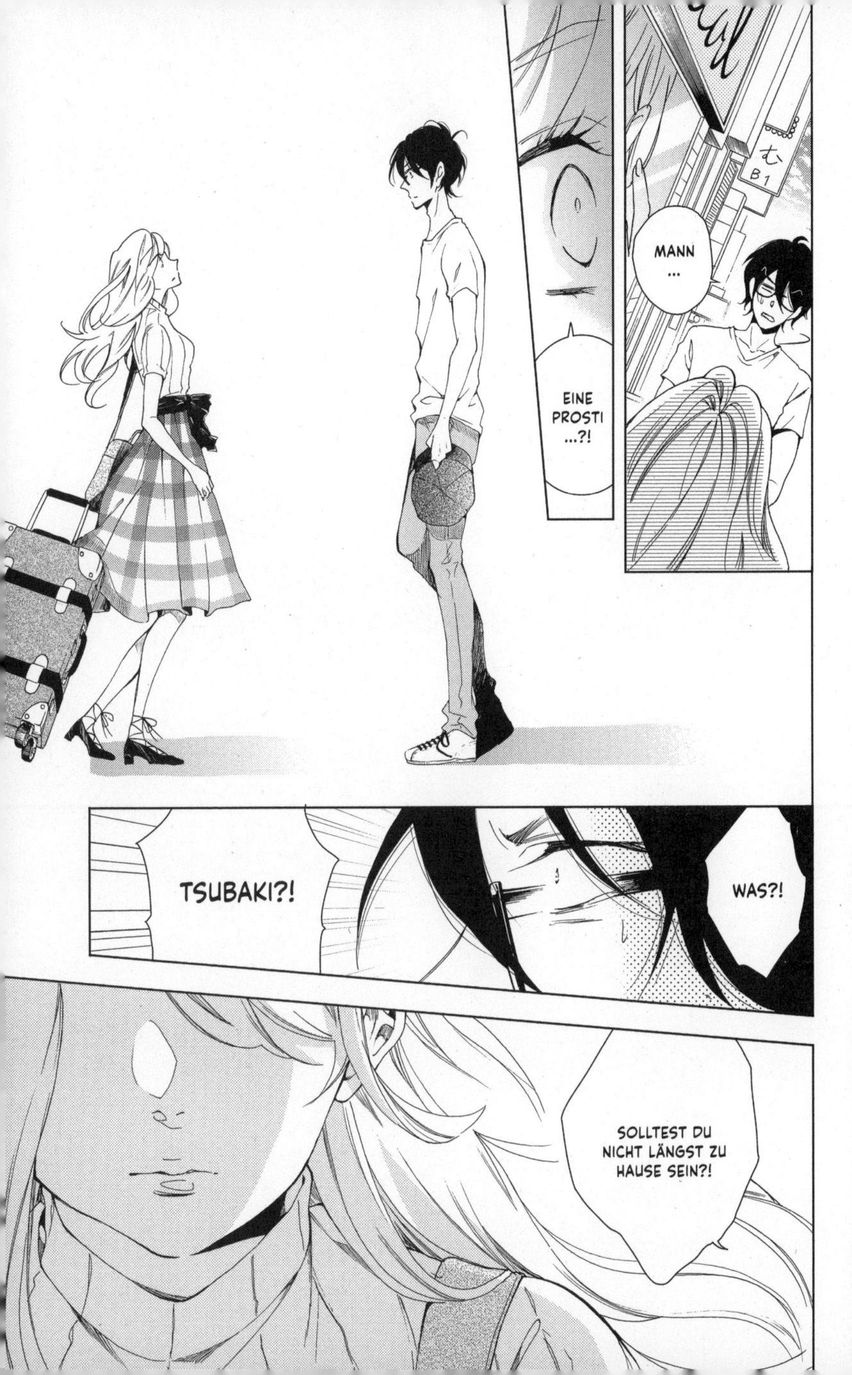

む
B1
MANN ...
EINE PROSTI ...?!
WAS?!
TSUBAKI?!
SOLLTEST DU NICHT LÄNGST ZU HAUSE SEIN?!

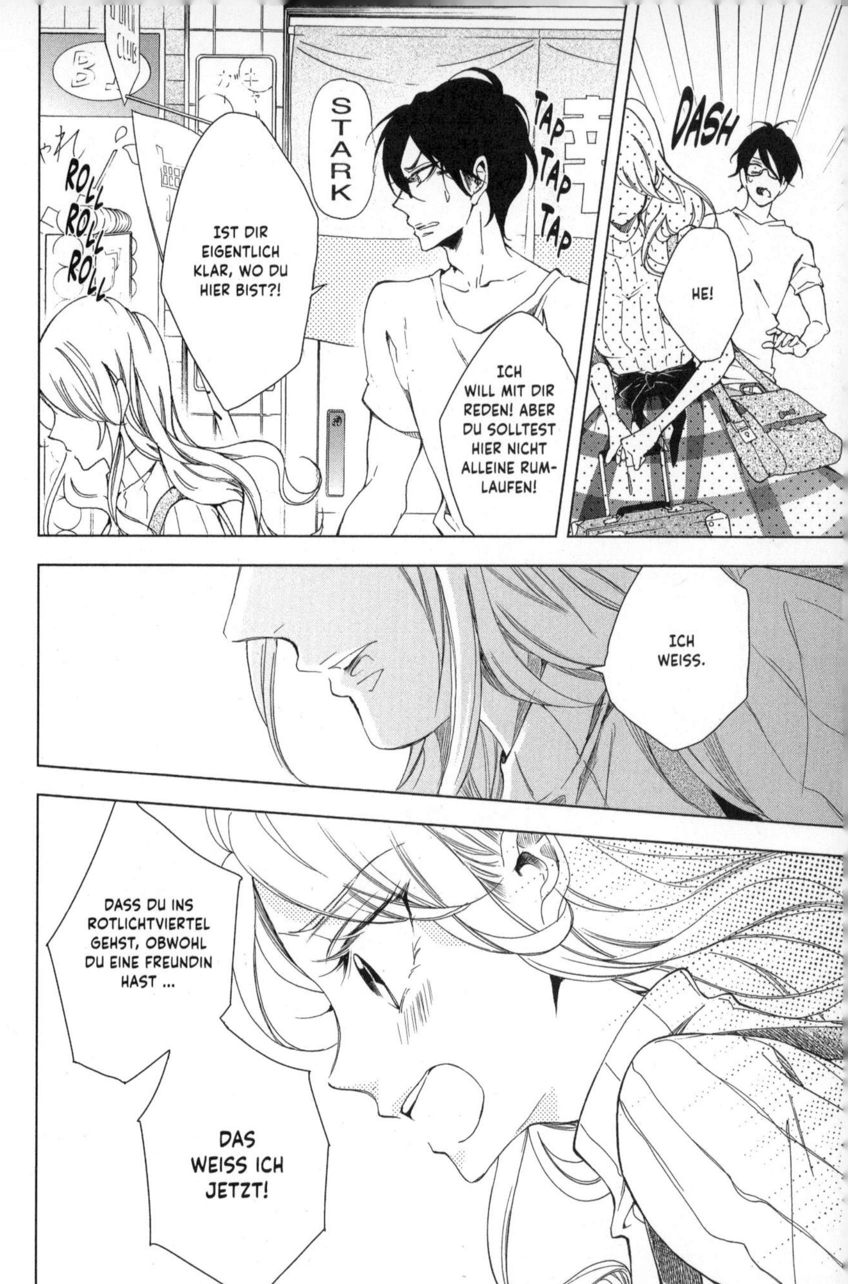
DASH
HE!
TAP TAP TAP TAP
STARK
ICH WILL MIT DIR REDEN! ABER DU SOLLTEST HIER NICHT ALLEINE RUM-LAUFEN!
IST DIR EIGENTLICH KLAR, WO DU HIER BIST?!
ROLL ROLL ROLL
ICH WEISS.
DASS DU INS ROTLICHTVIERTEL GEHST, OBWOHL DU EINE FREUNDIN HAST ...
DAS WEISS ICH JETZT!

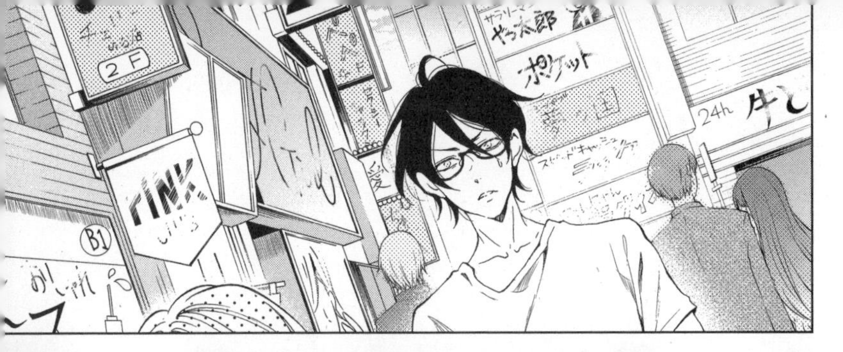
2 F
B1
24h
ポケット

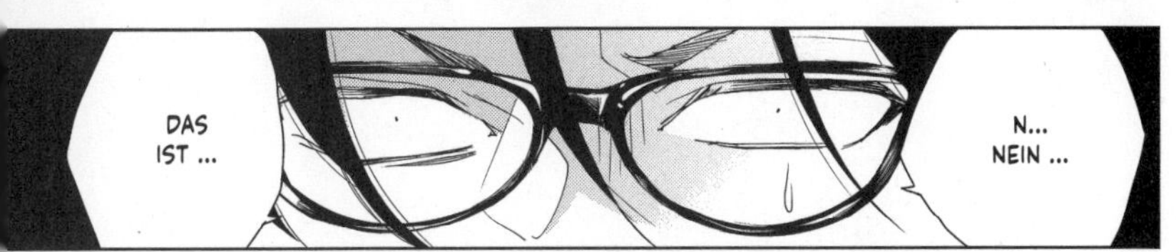
N...
NEIN ...
DAS
IST ...

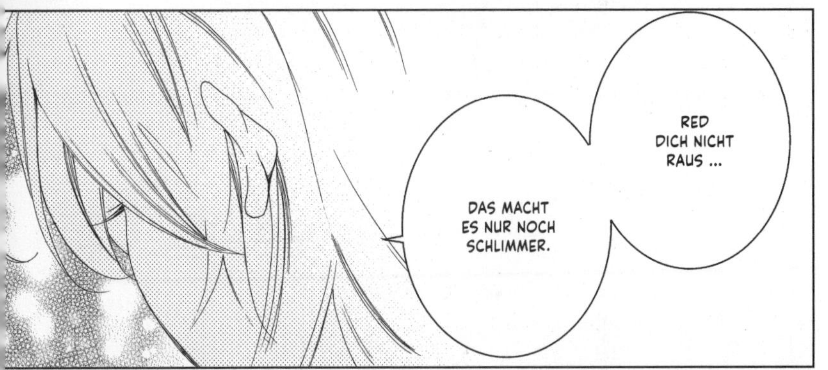
RED
DICH NICHT
RAUS ...
DAS MACHT
ES NUR NOCH
SCHLIMMER.

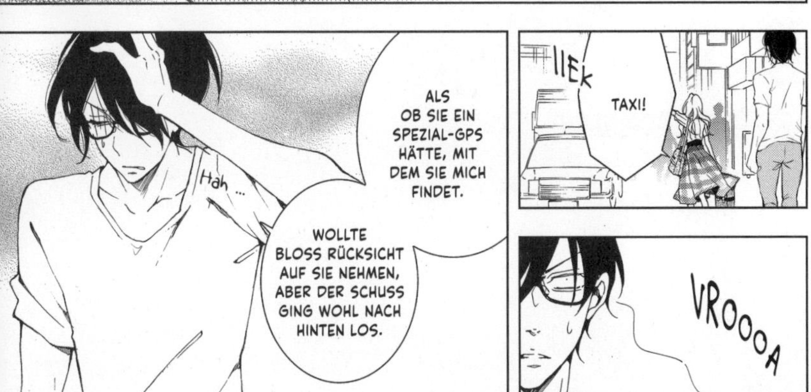
IIEK
TAXI!
VROOOA
ALS OB SIE EIN SPEZIAL-GPS HÄTTE, MIT DEM SIE MICH FINDET.
Hah ...
WOLLTE BLOSS RÜCKSICHT AUF SIE NEHMEN, ABER DER SCHUSS GING WOHL NACH HINTEN LOS.

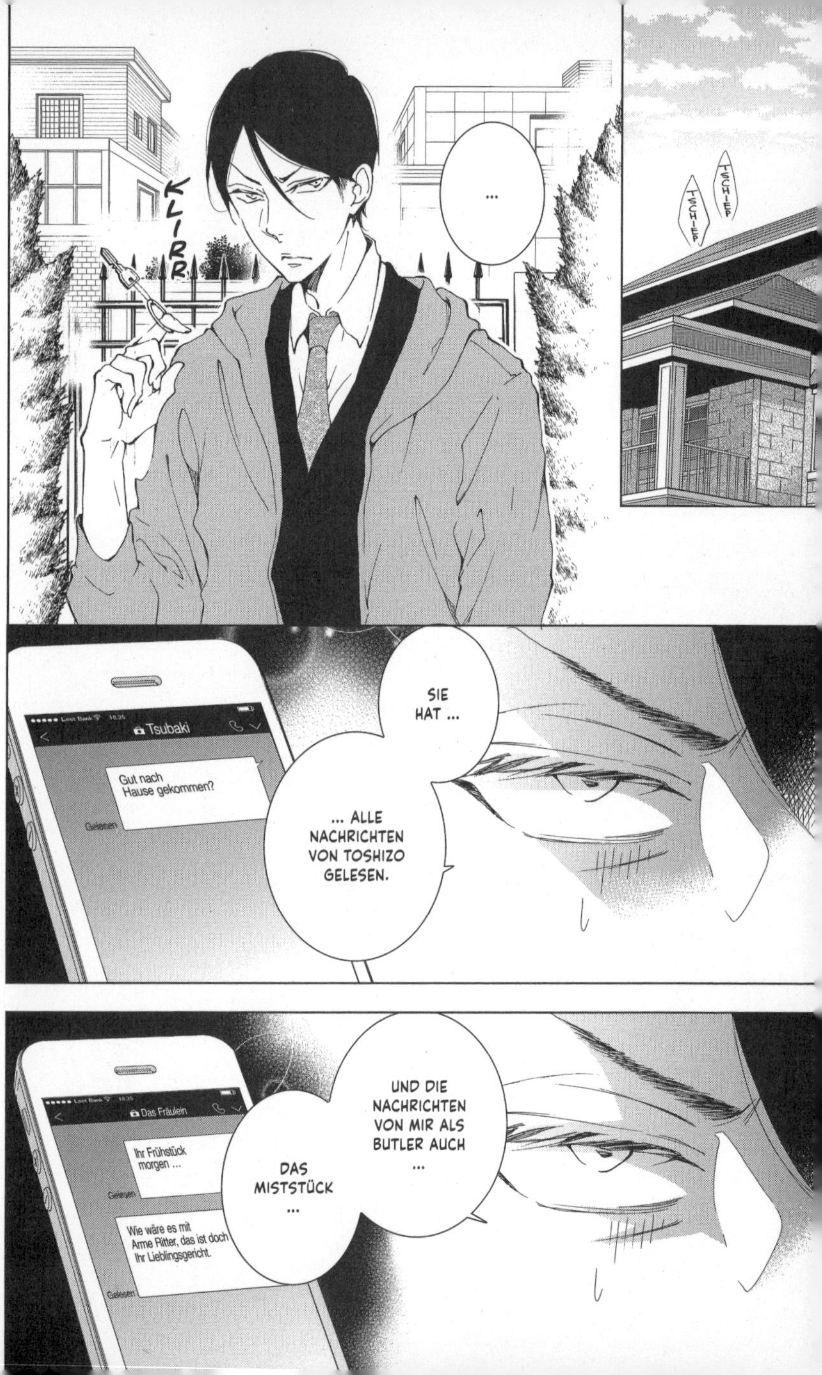

TSCHIEP
TSCHIEP
KLIRR
...
Tsubaki
Gut nach Hause gekommen?
Gelesen
SIE HAT ...
... ALLE NACHRICHTEN VON TOSHIZO GELESEN.

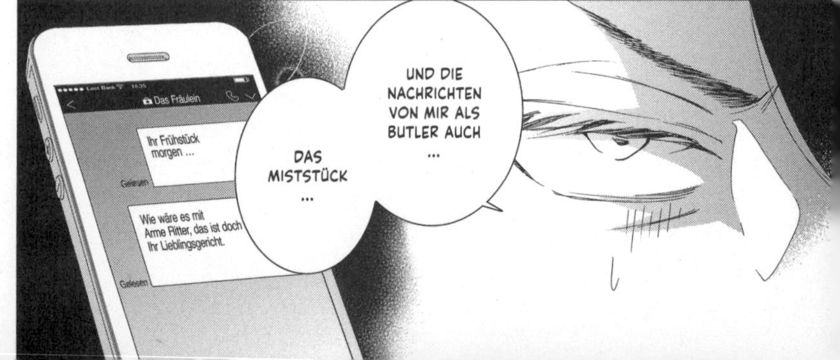

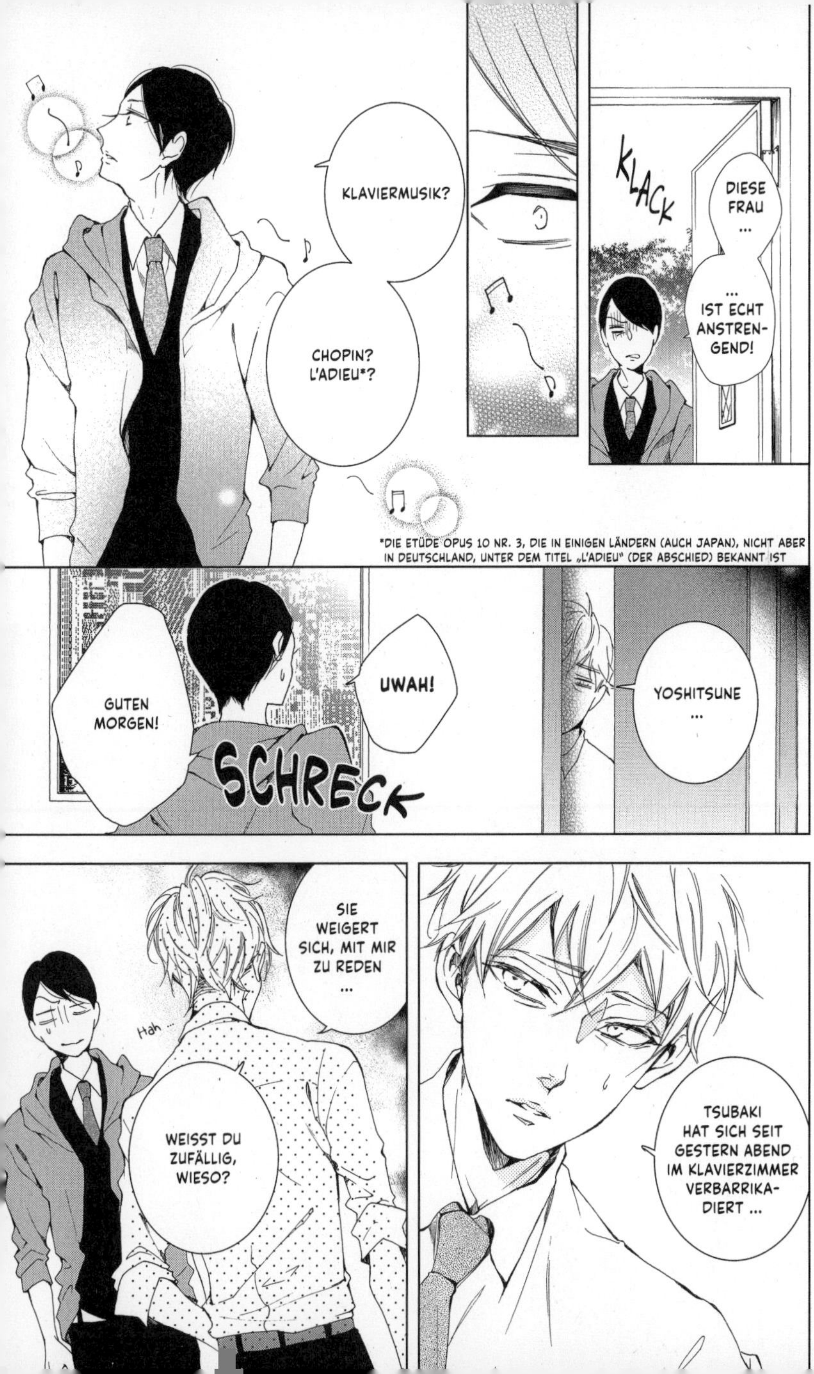

KLACK
DIESE FRAU ...
... IST ECHT ANSTRENGEND!
KLAVIERMUSIK?
CHOPIN? L'ADIEU*?

*DIE ETÜDE OPUS 10 NR. 3, DIE IN EINIGEN LÄNDERN (AUCH JAPAN), NICHT ABER IN DEUTSCHLAND, UNTER DEM TITEL „L'ADIEU" (DER ABSCHIED) BEKANNT IST

YOSHITSUNE ...
GUTEN MORGEN!
UWAH!
SCHRECK

TSUBAKI HAT SICH SEIT GESTERN ABEND IM KLAVIERZIMMER VERBARRIKADIERT ...
SIE WEIGERT SICH, MIT MIR ZU REDEN ...
Hah ...
WEISST DU ZUFÄLLIG, WIESO?

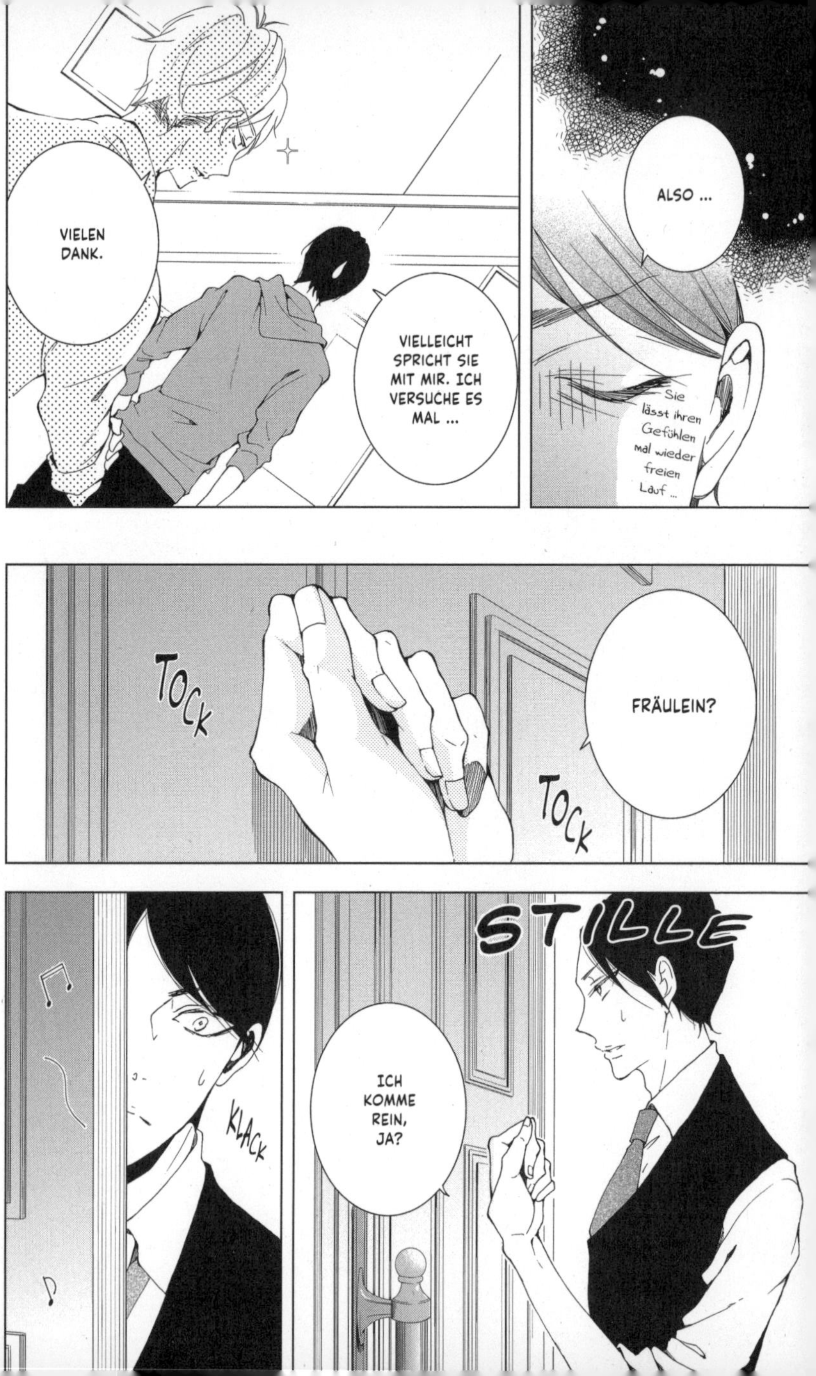

ALSO ...

Sie lässt ihren Gefühlen mal wieder freien Lauf ...

VIELLEICHT SPRICHT SIE MIT MIR. ICH VERSUCHE ES MAL ...

VIELEN DANK.

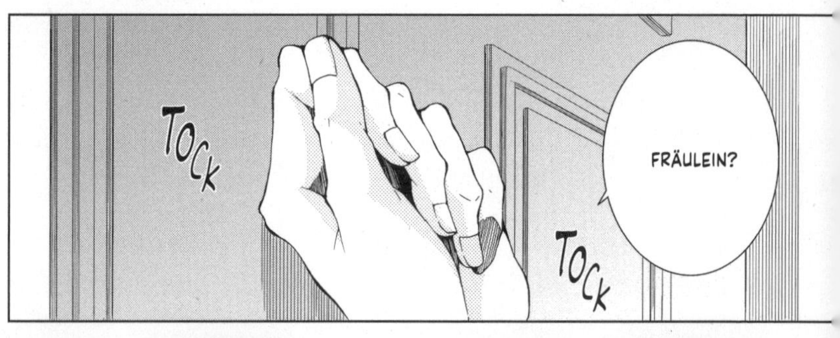

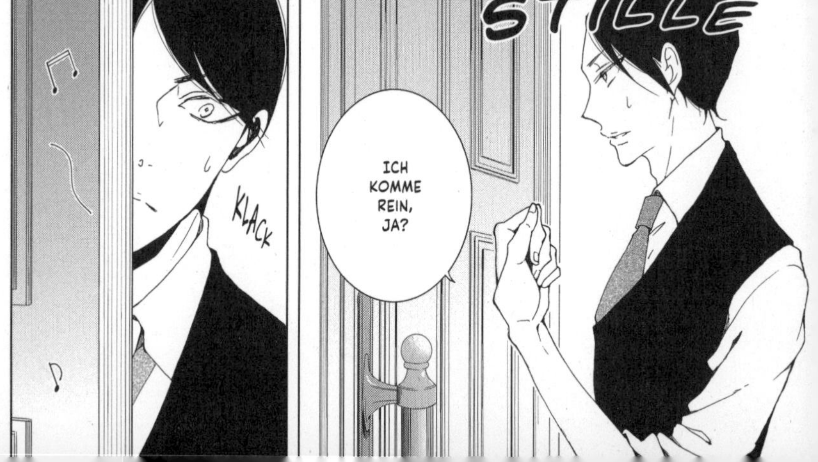

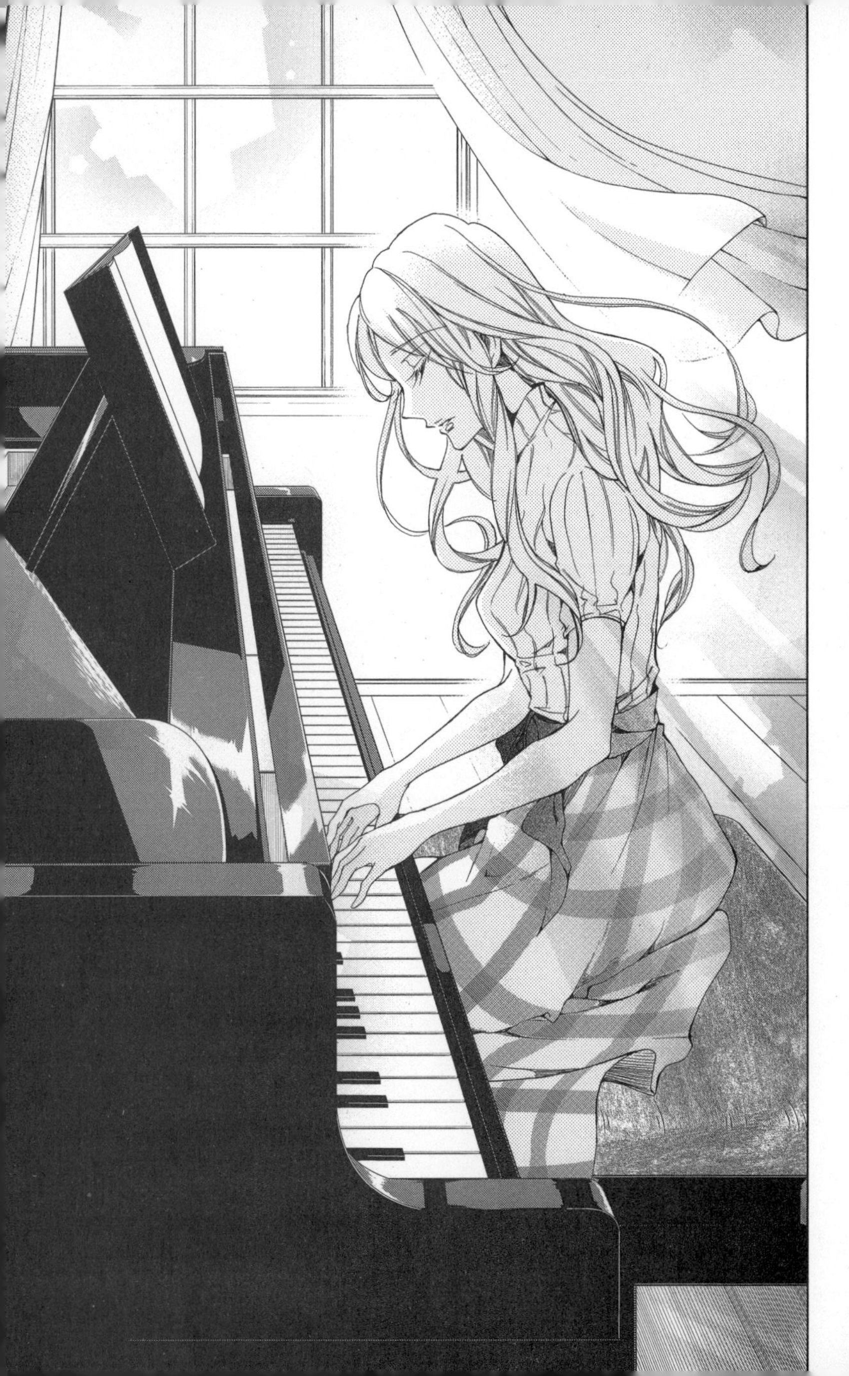

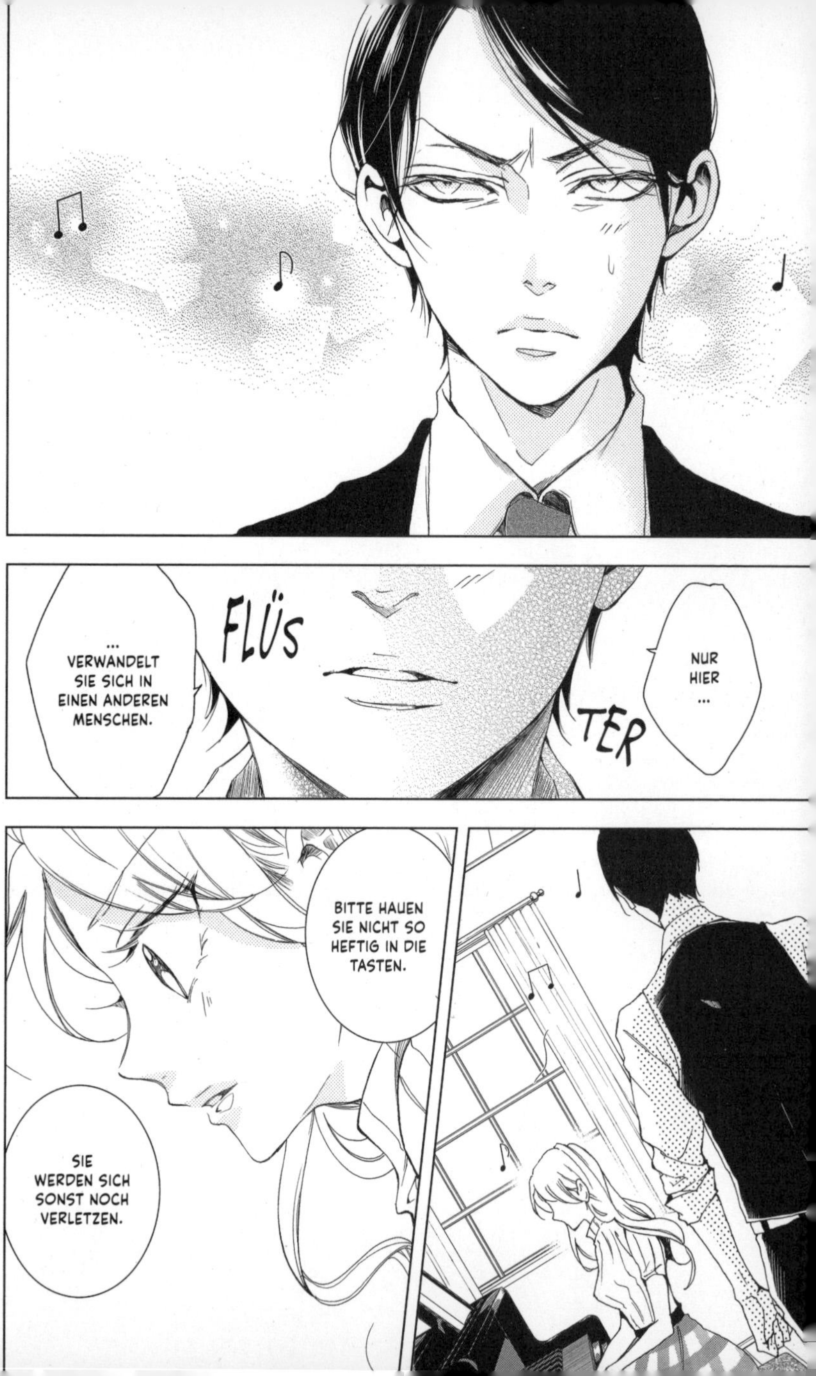

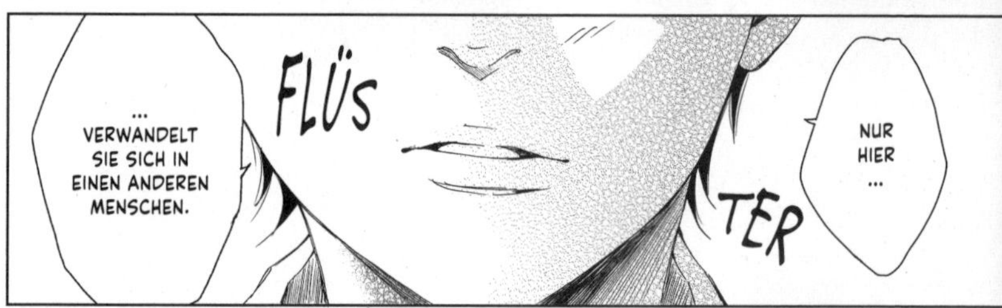

BITTE HAUEN SIE NICHT SO HEFTIG IN DIE TASTEN.

SIE WERDEN SICH SONST NOCH VERLETZEN.

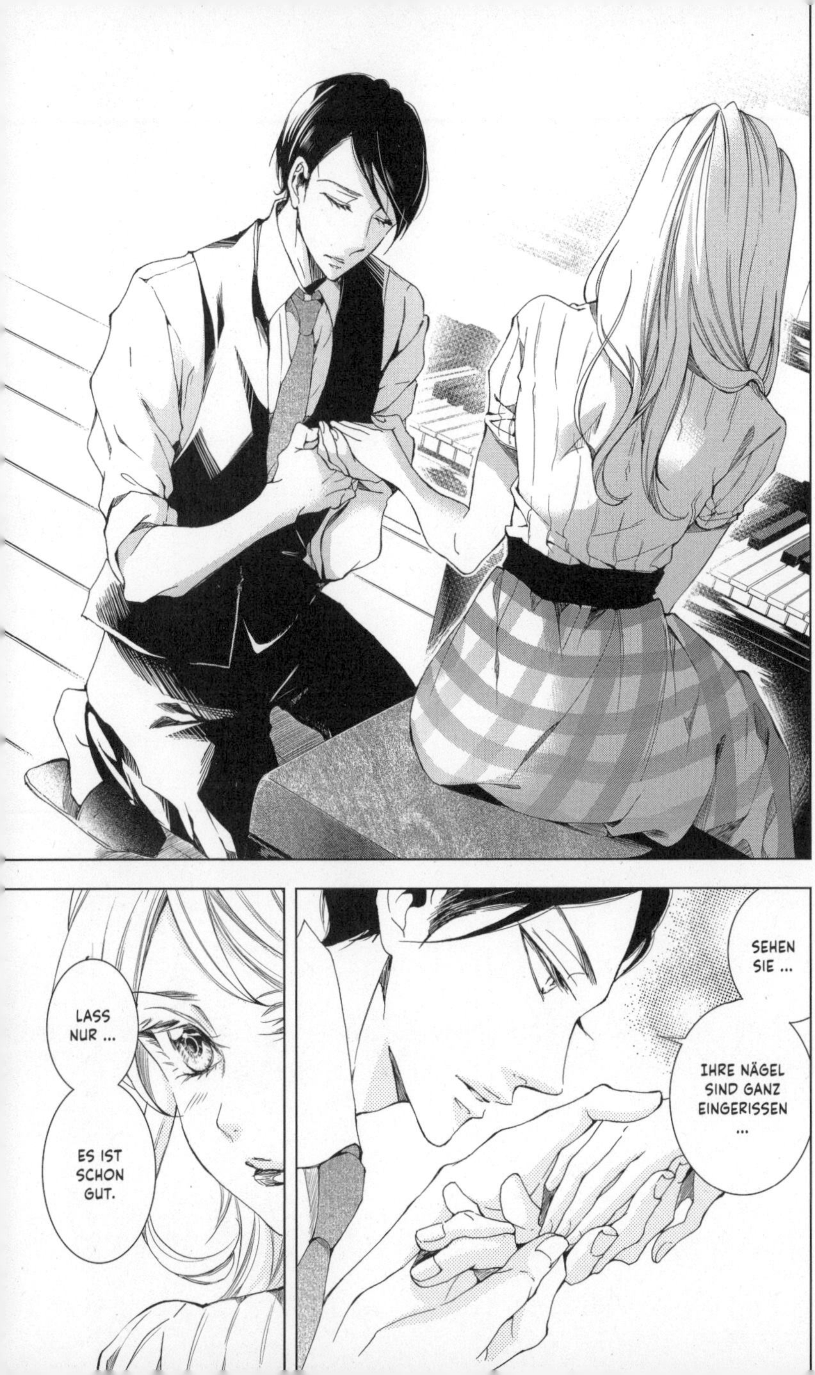

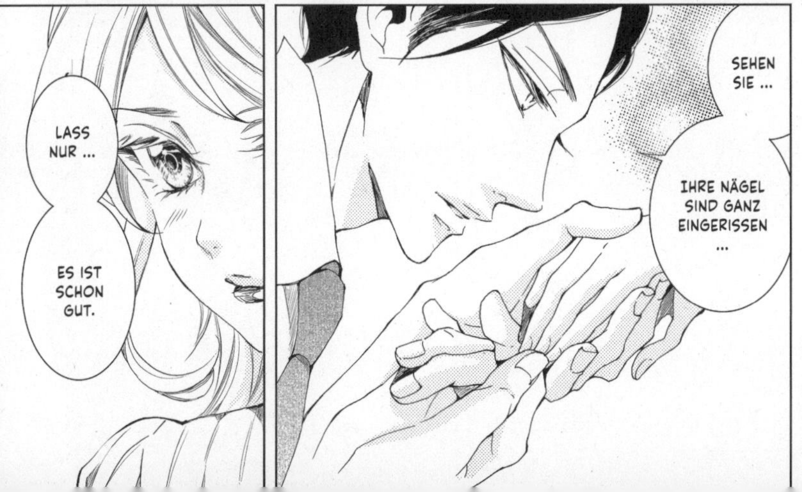
SEHEN SIE ...
IHRE NÄGEL SIND GANZ EINGERISSEN ...
LASS NUR ...
ES IST SCHON GUT.

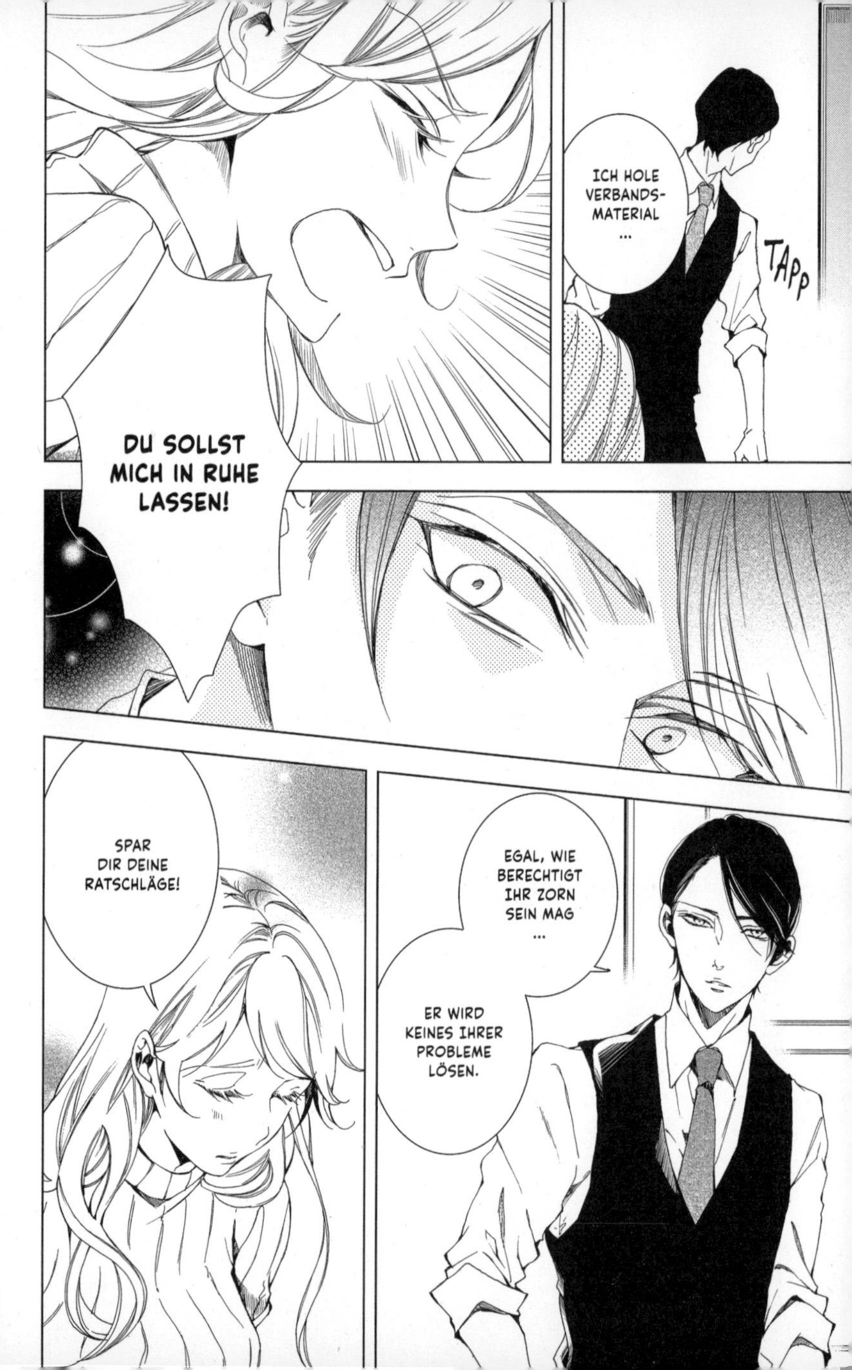
ICH HOLE VERBANDS-MATERIAL ...
TAPP
DU SOLLST MICH IN RUHE LASSEN!
EGAL, WIE BERECHTIGT IHR ZORN SEIN MAG ...
ER WIRD KEINES IHRER PROBLEME LÖSEN.
SPAR DIR DEINE RATSCHLÄGE!

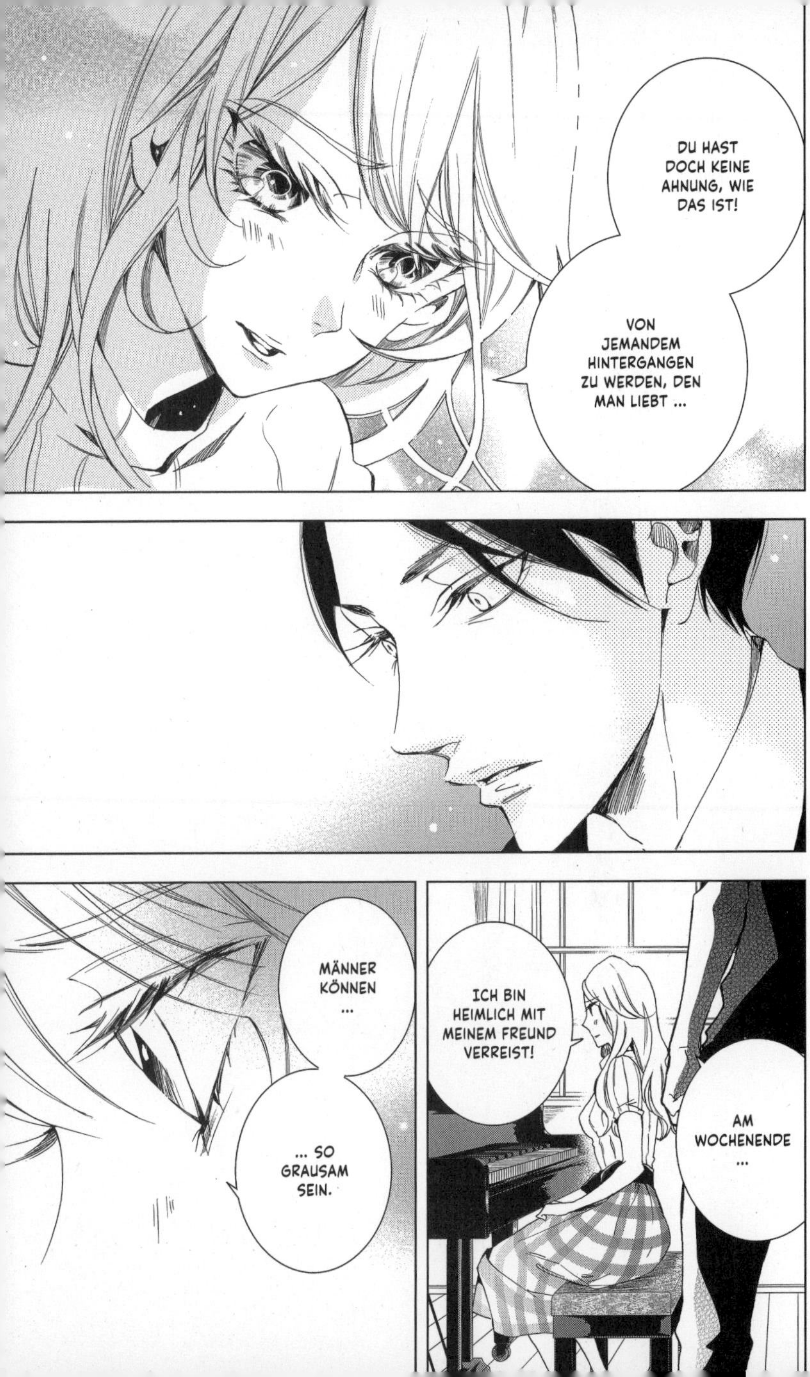

DU HAST DOCH KEINE AHNUNG, WIE DAS IST!
VON JEMANDEM HINTERGANGEN ZU WERDEN, DEN MAN LIEBT ...

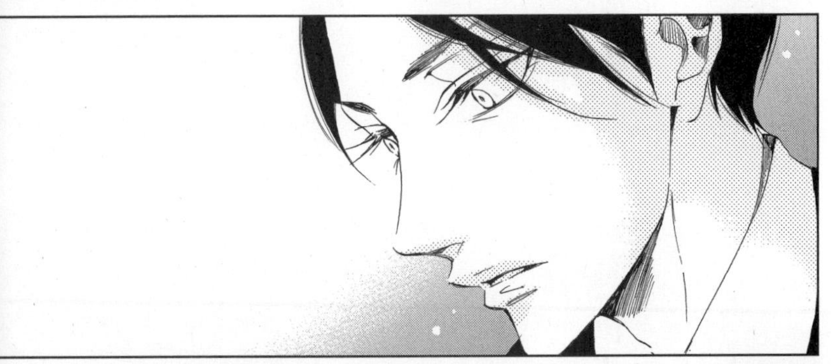

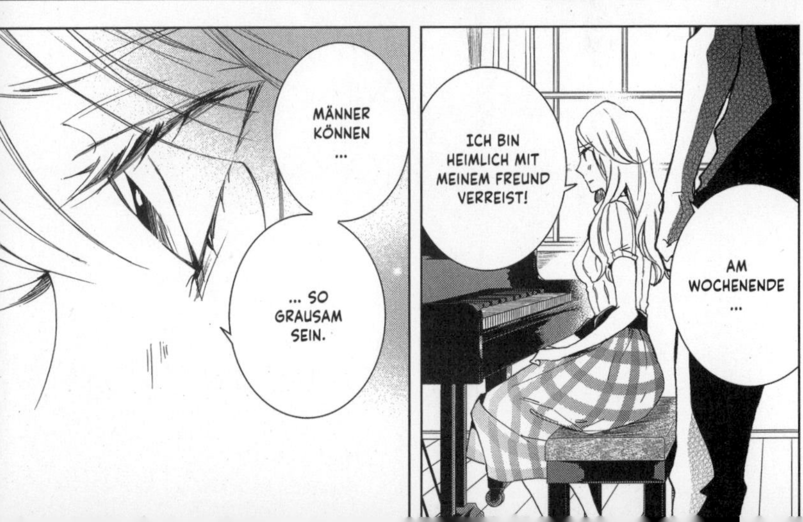

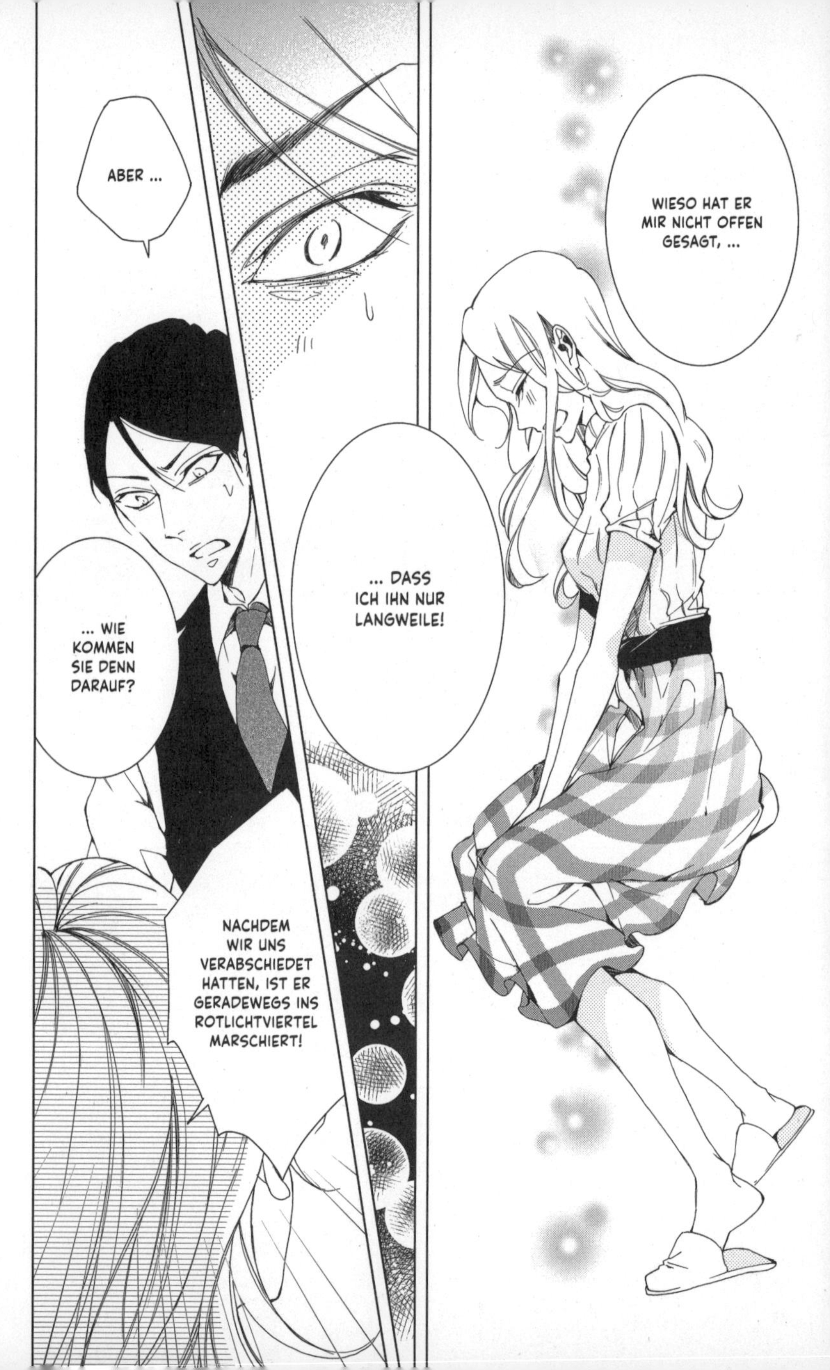
WIESO HAT ER MIR NICHT OFFEN GESAGT, ...
... DASS ICH IHN NUR LANGWEILE!
ABER ...
... WIE KOMMEN SIE DENN DARAUF?
NACHDEM WIR UNS VERABSCHIEDET HATTEN, IST ER GERADEWEGS INS ROTLICHTVIERTEL MARSCHIERT!

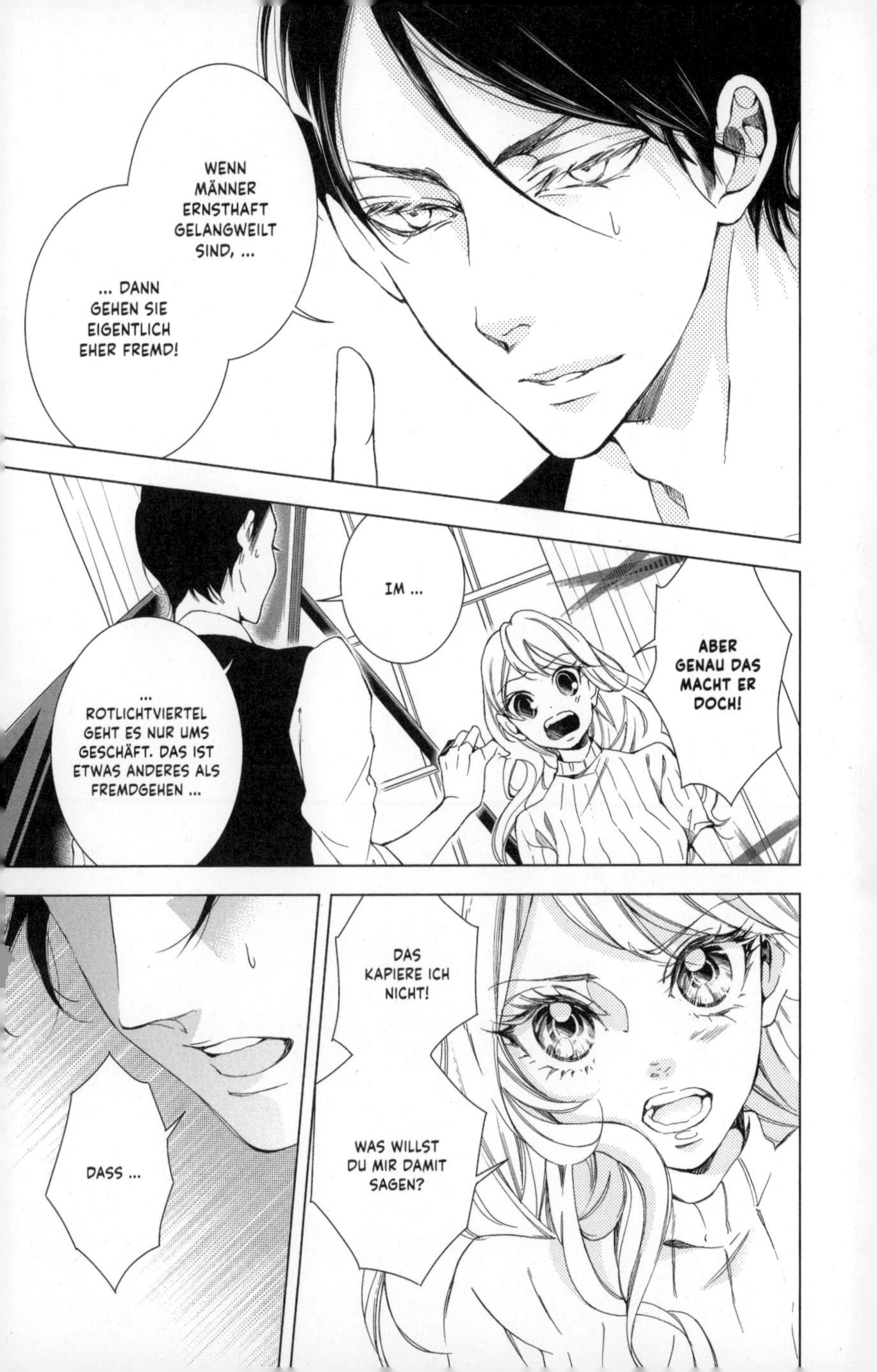

WENN MÄNNER ERNSTHAFT GELANGWEILT SIND, ...
... DANN GEHEN SIE EIGENTLICH EHER FREMD!
ABER GENAU DAS MACHT ER DOCH!
IM ...
... ROTLICHTVIERTEL GEHT ES NUR UMS GESCHÄFT. DAS IST ETWAS ANDERES ALS FREMDGEHEN ...

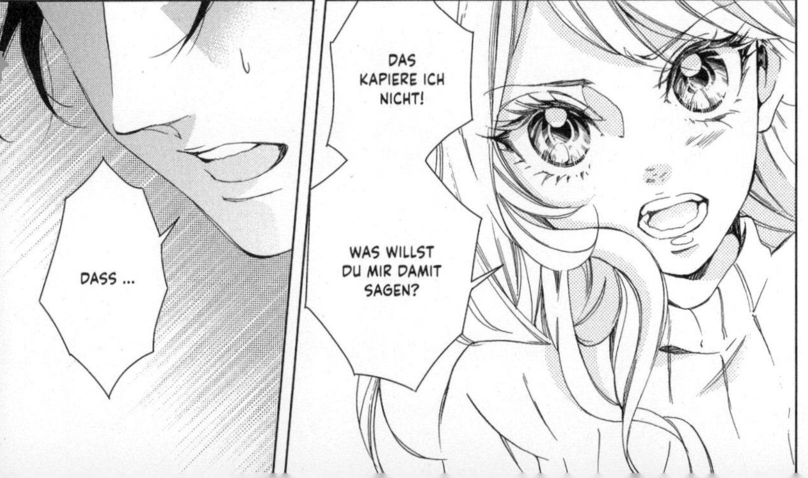

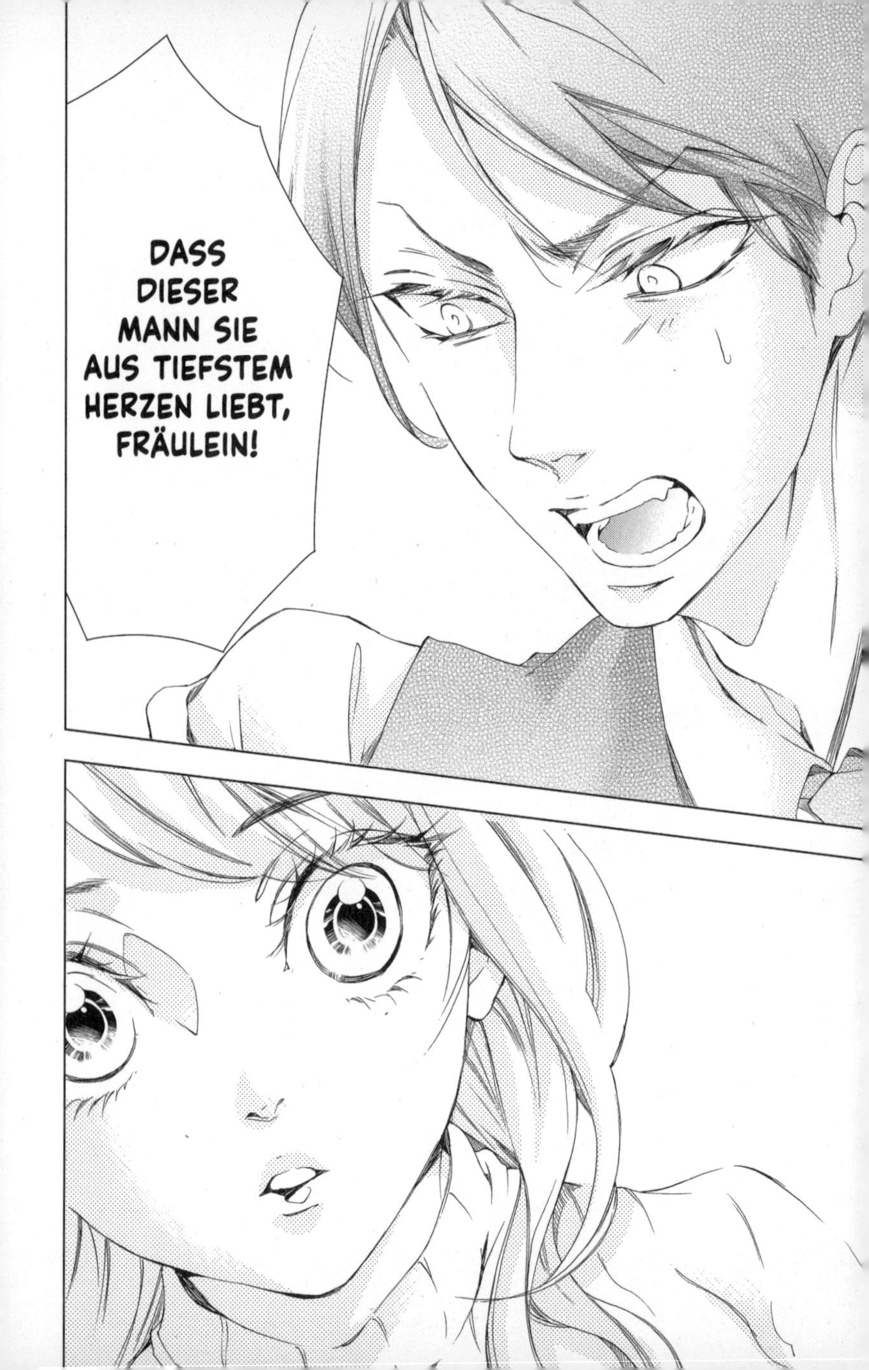
DASS DIESER MANN SIE AUS TIEFSTEM HERZEN LIEBT, FRÄULEIN!

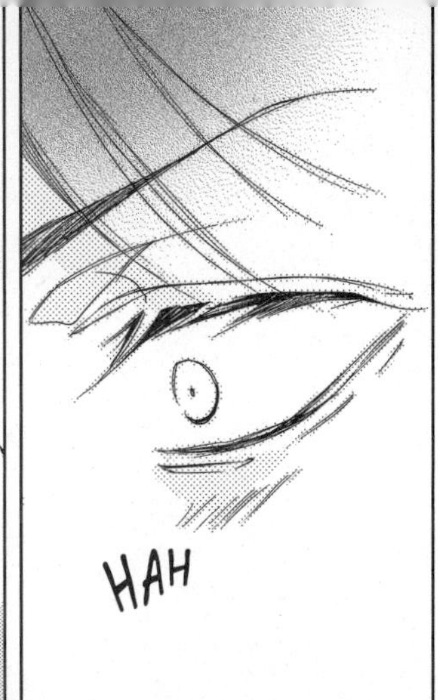
HAH

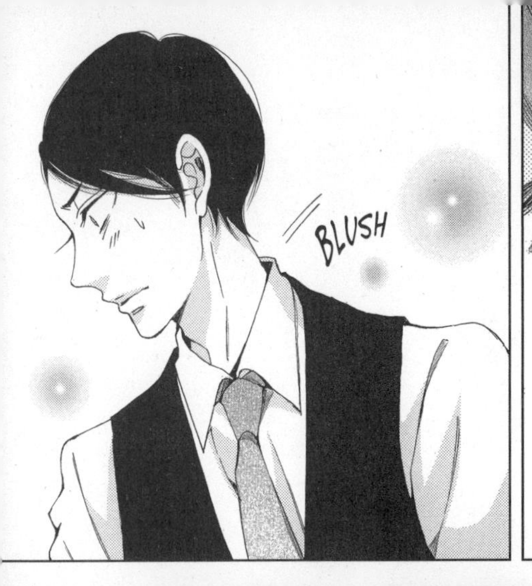
BLUSH

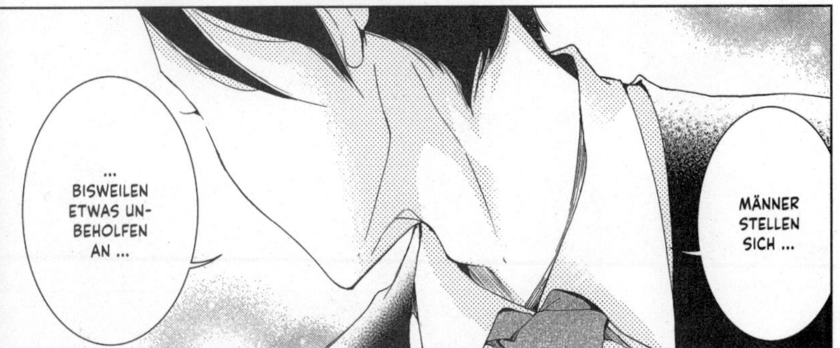
MÄNNER STELLEN SICH ...
... BISWEILEN ETWAS UN-BEHOLFEN AN ...

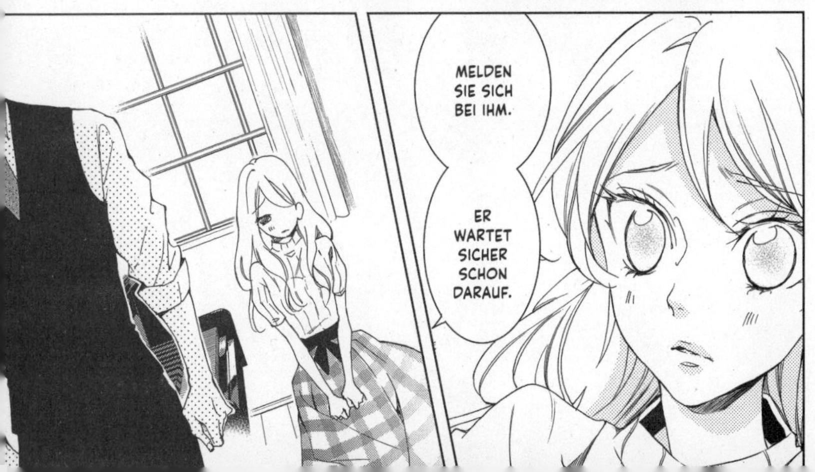
MELDEN SIE SICH BEI IHM.
ER WARTET SICHER SCHON DARAUF.

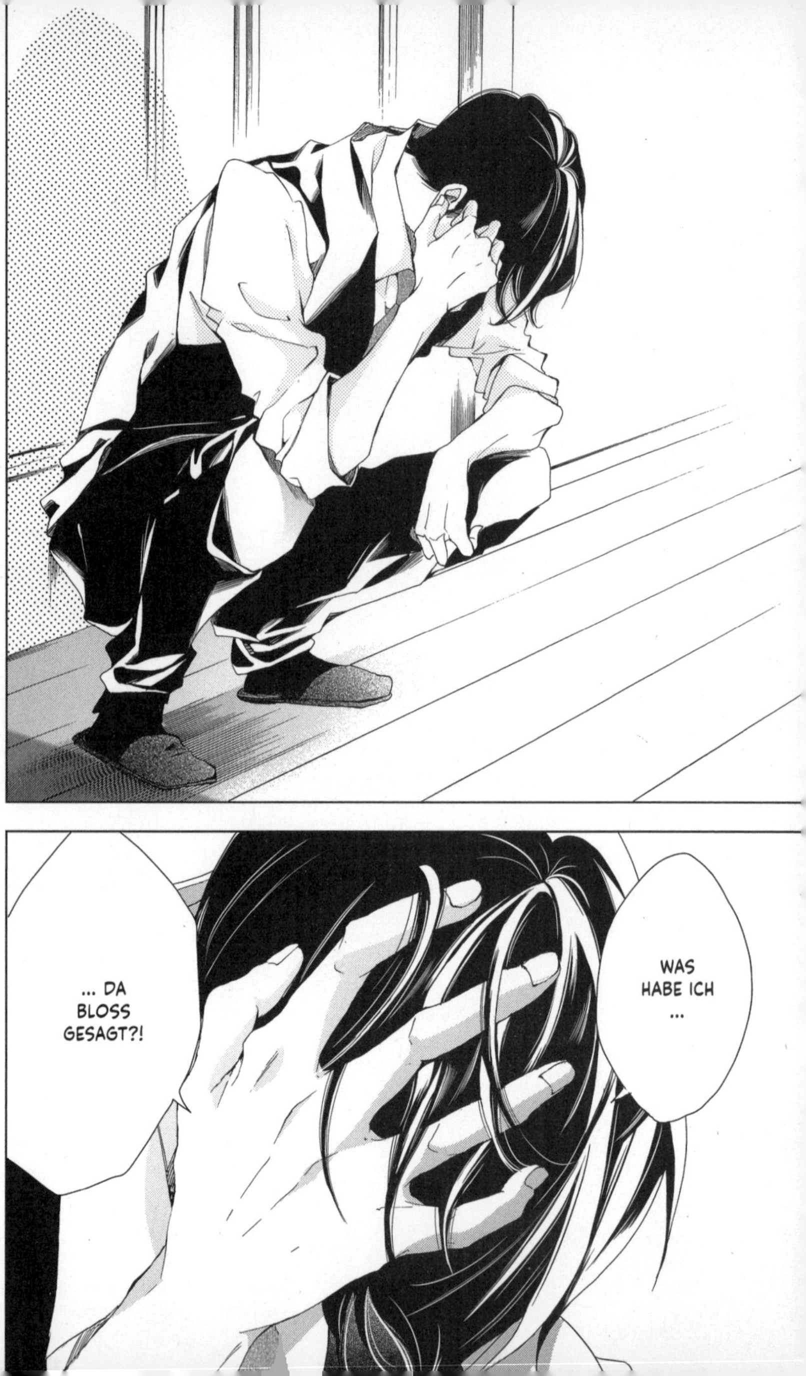

WAS HABE ICH ...

... DA BLOSS GESAGT?!

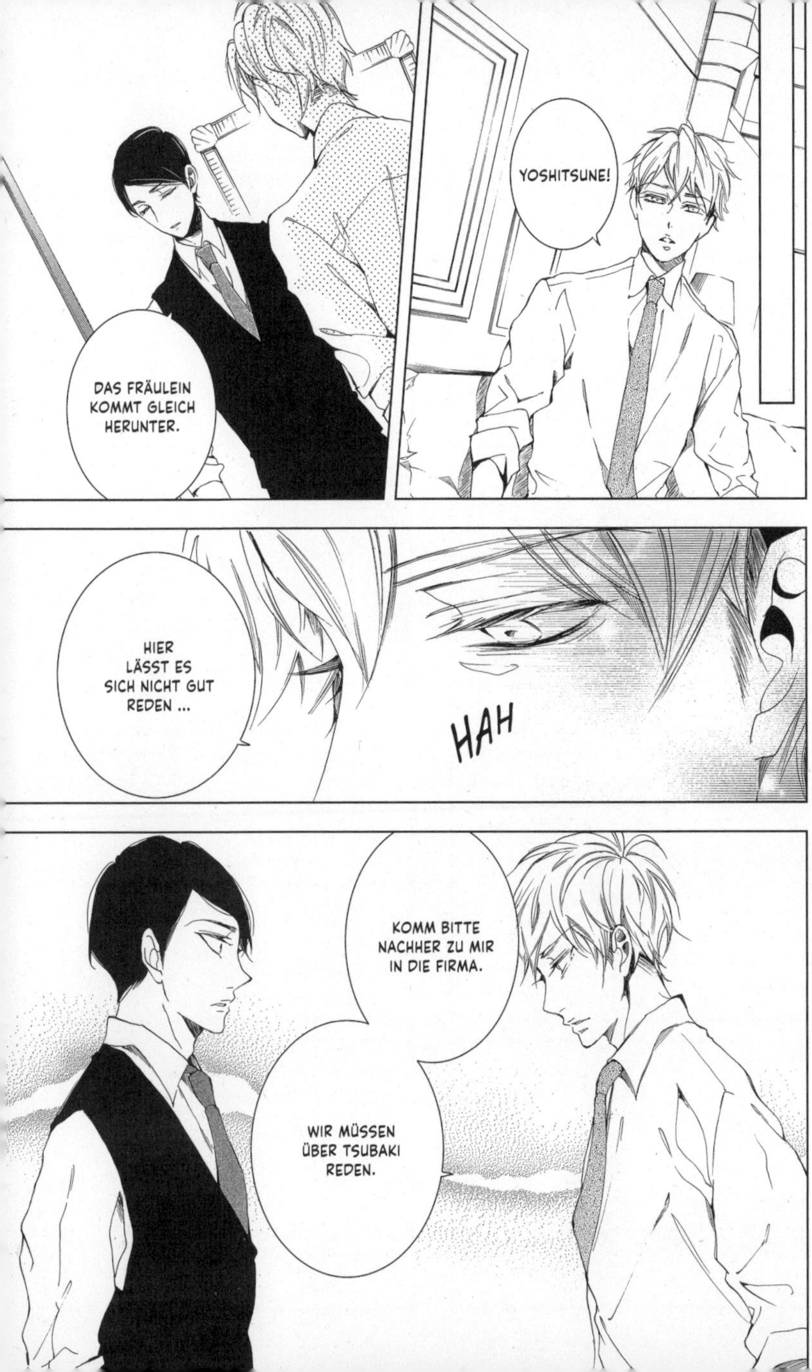

YOSHITSUNE!

DAS FRÄULEIN KOMMT GLEICH HERUNTER.

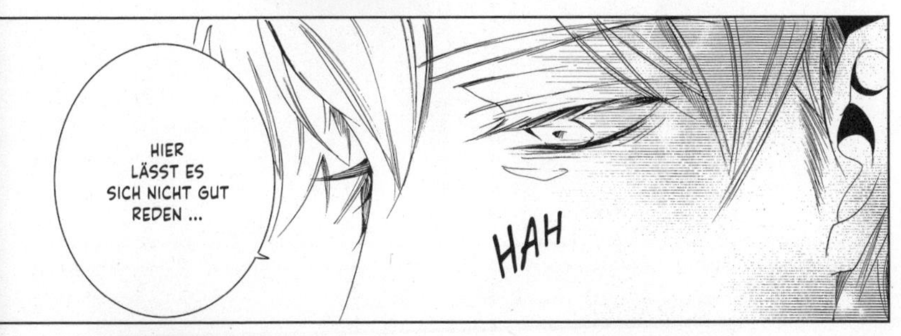

KOMM BITTE NACHHER ZU MIR IN DIE FIRMA.

WIR MÜSSEN ÜBER TSUBAKI REDEN.

Butler's Secrets Vol. 1

Die erste Liebe kommt unverhofft

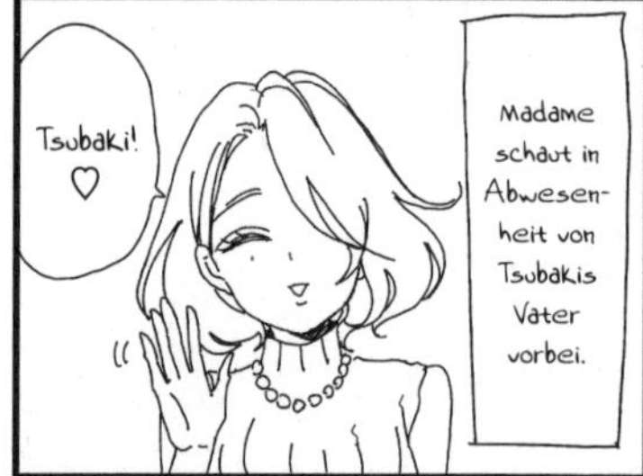

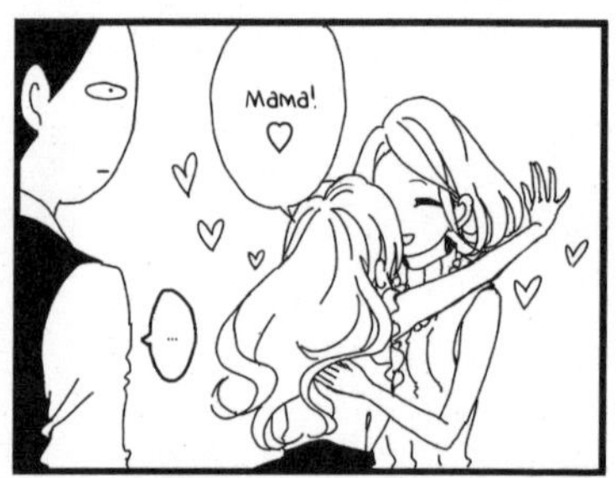

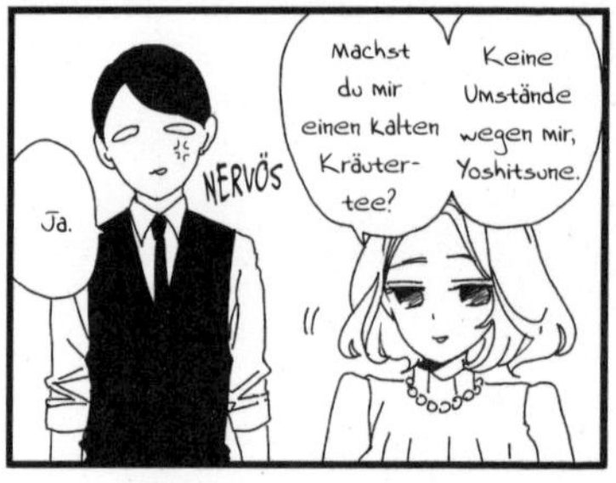

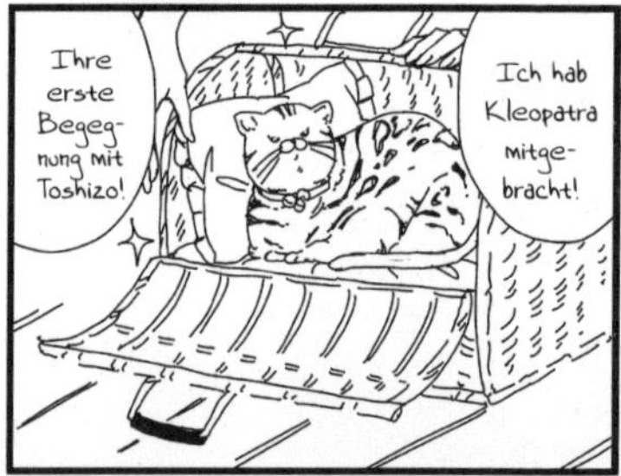

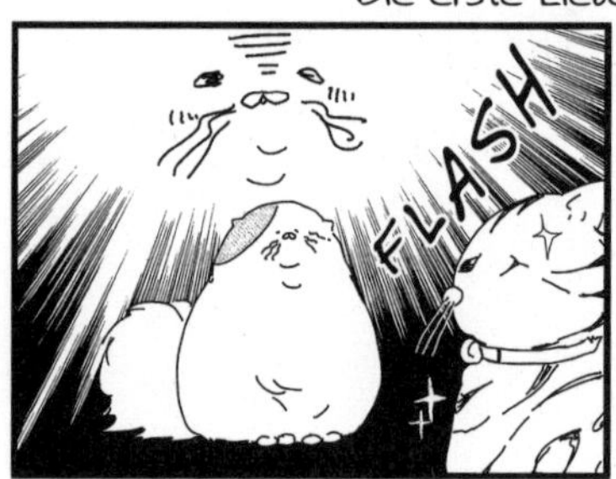

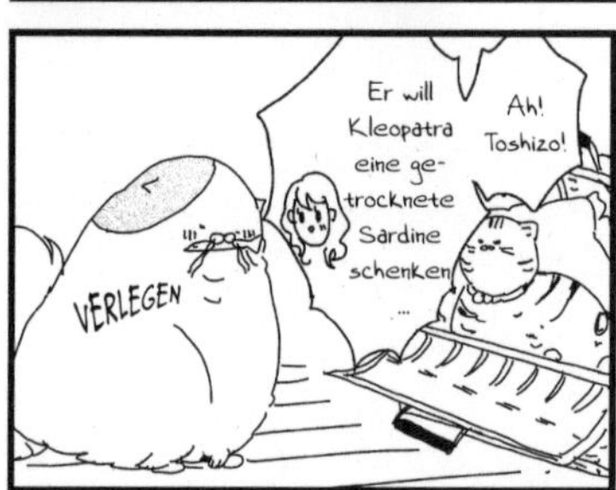

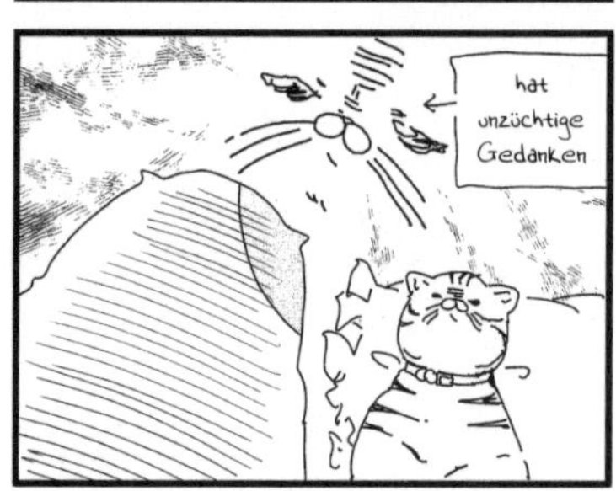

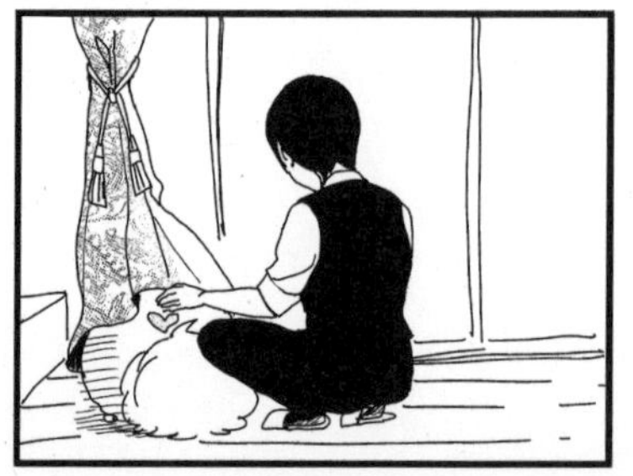

Kapitel 13

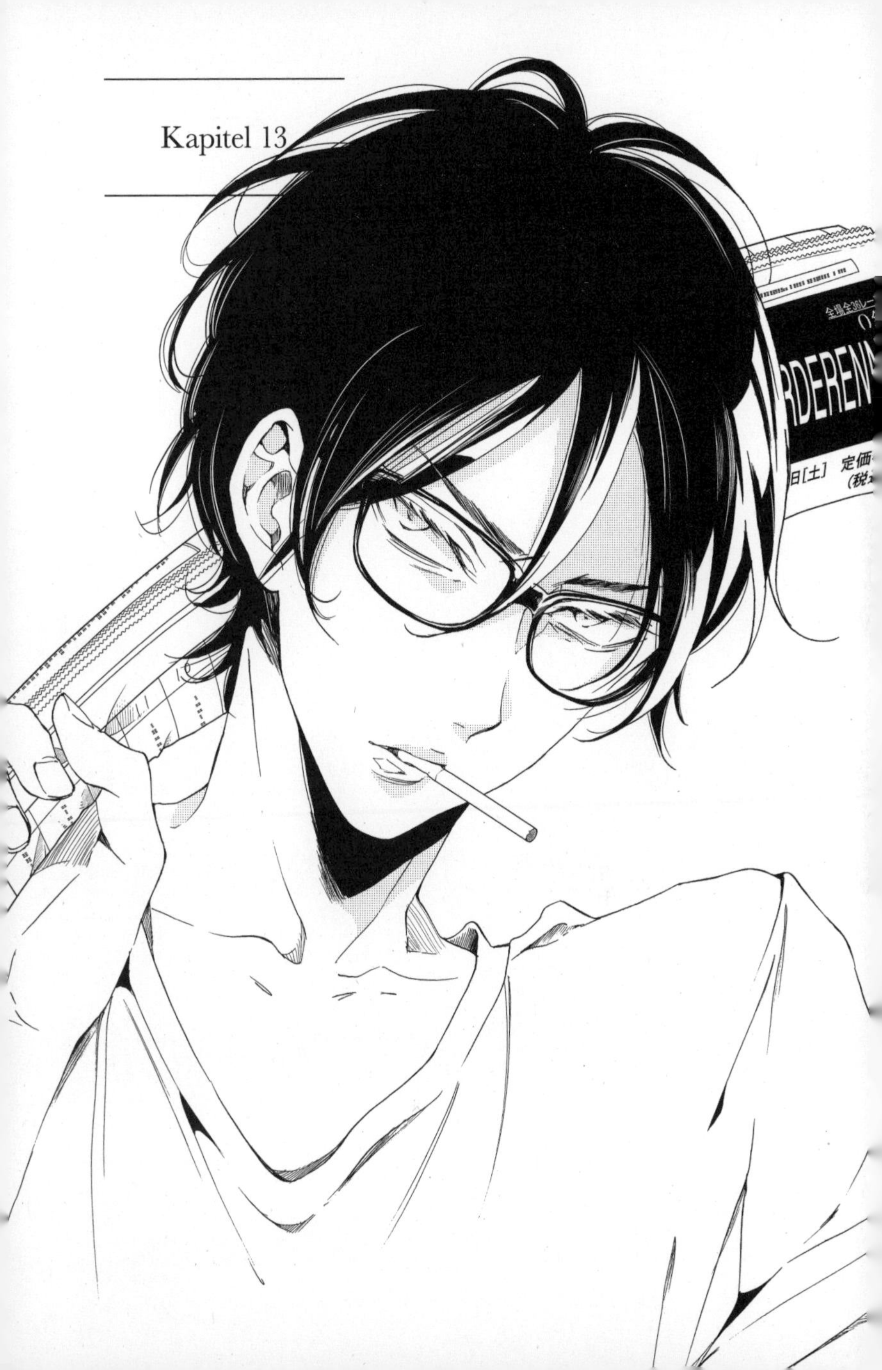

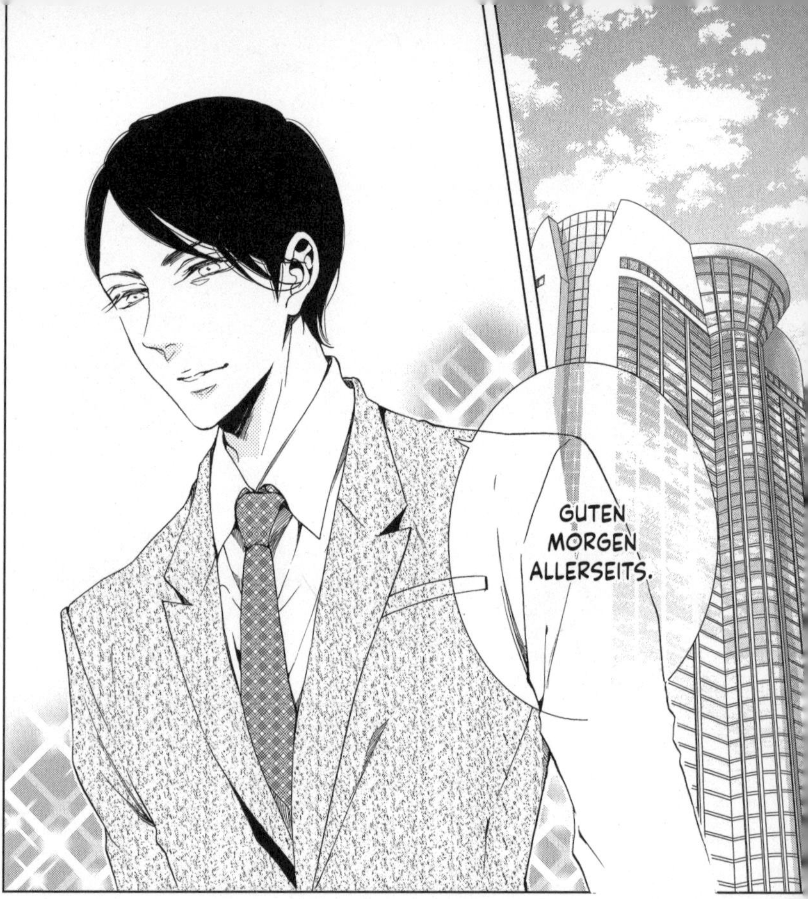

GUTEN MORGEN ALLERSEITS.

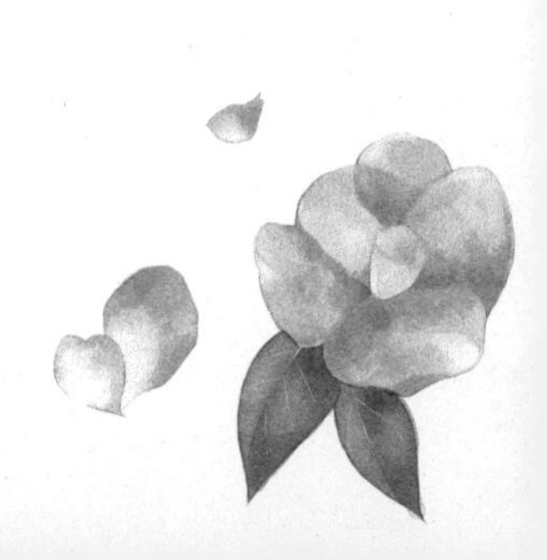

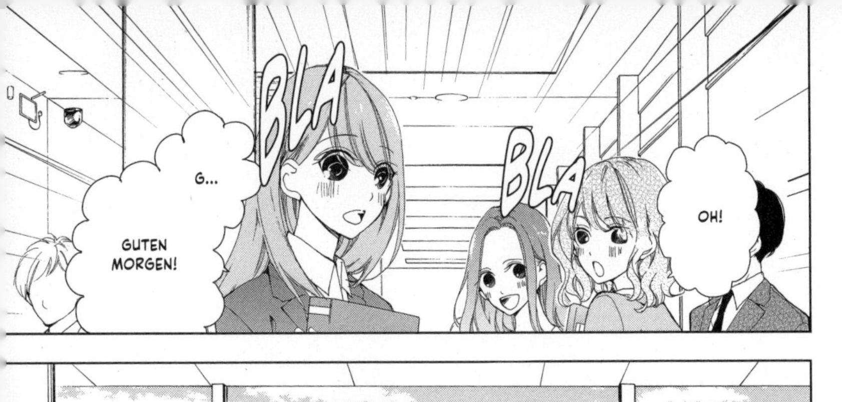

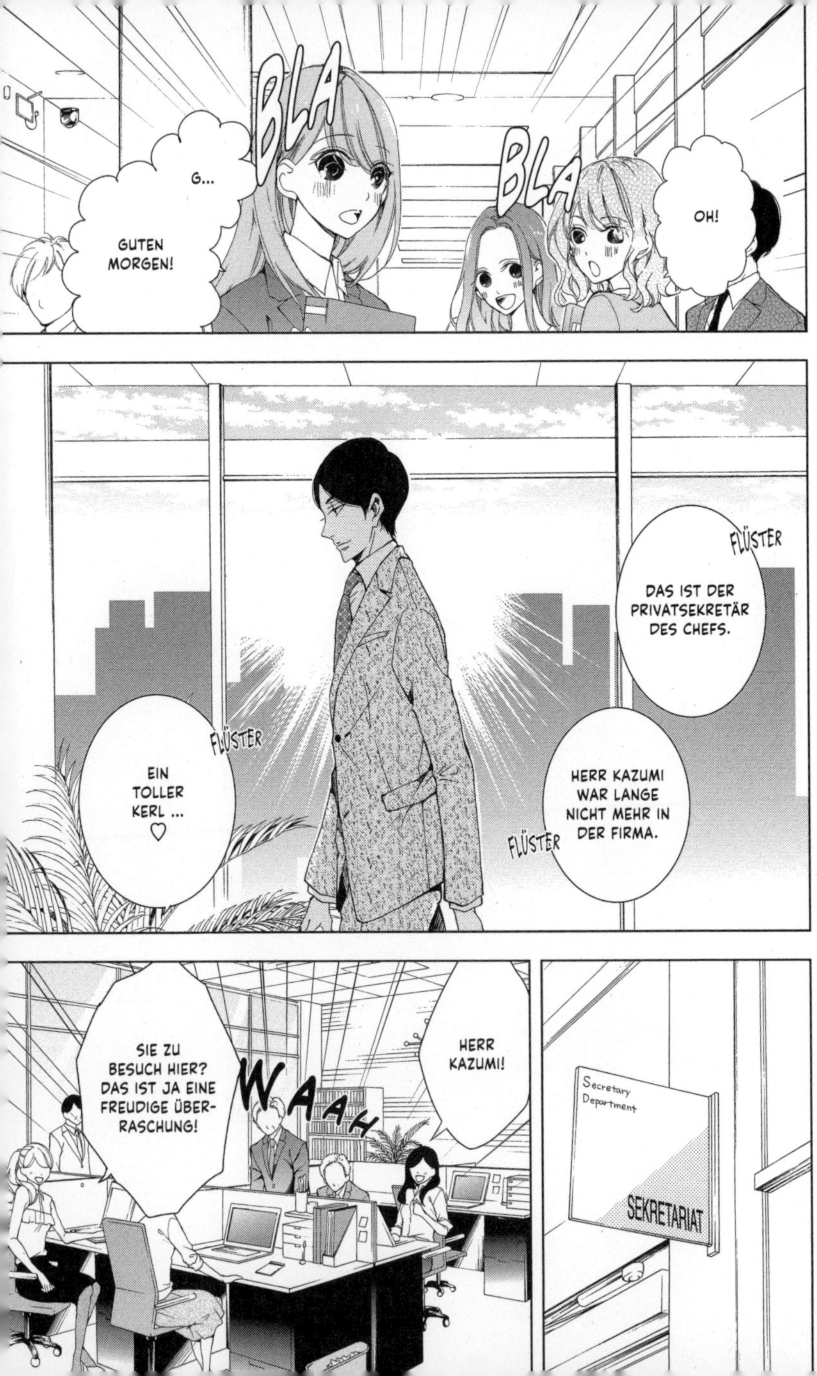

FLÜSTER
DAS IST DER PRIVATSEKRETÄR DES CHEFS.
FLÜSTER
HERR KAZUMI WAR LANGE NICHT MEHR IN DER FIRMA.
FLÜSTER
EIN TOLLER KERL ... ♡

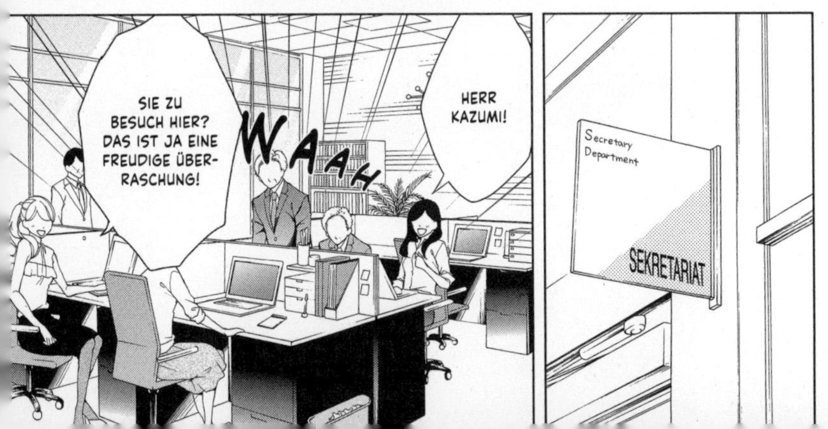

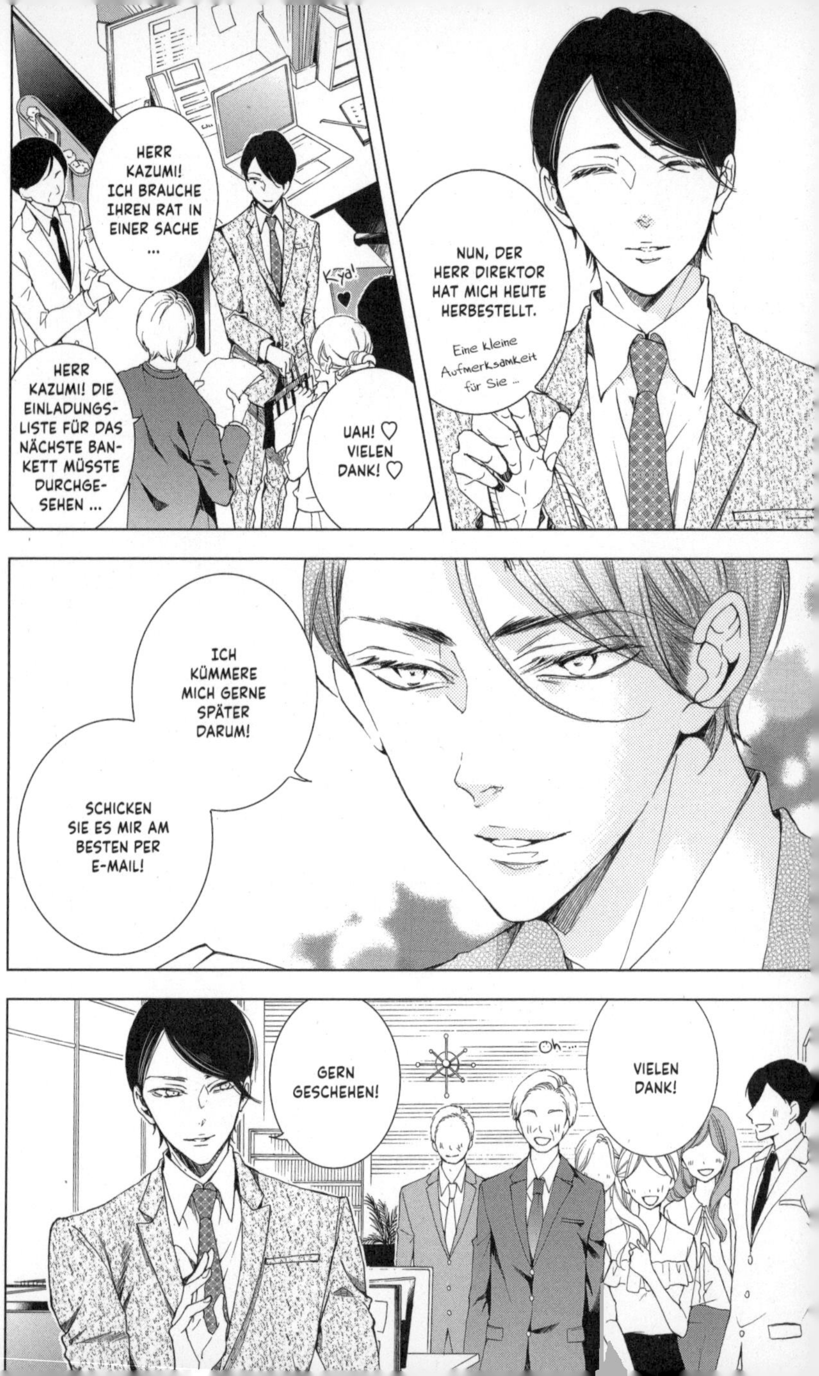

NUN, DER HERR DIREKTOR HAT MICH HEUTE HERBESTELLT.
Eine kleine Aufmerksamkeit für Sie ...
Kya!
UAH! ♡ VIELEN DANK! ♡
HERR KAZUMI! ICH BRAUCHE IHREN RAT IN EINER SACHE ...
HERR KAZUMI! DIE EINLADUNGSLISTE FÜR DAS NÄCHSTE BANKETT MÜSSTE DURCHGESEHEN ...

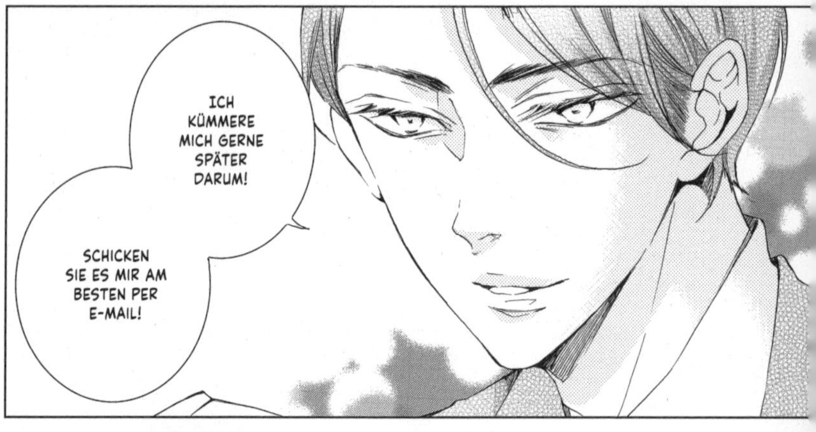

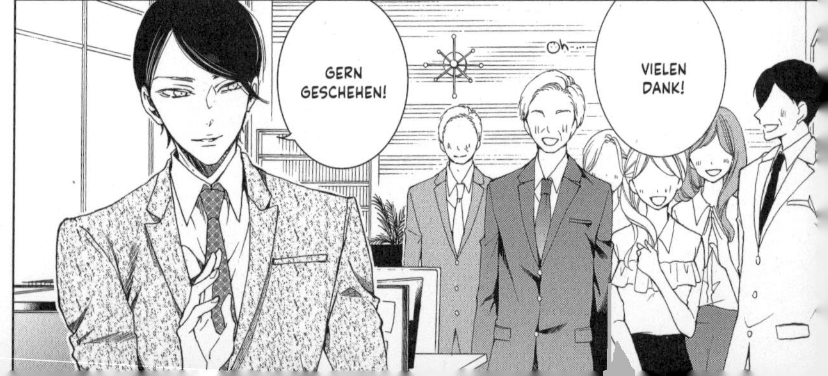

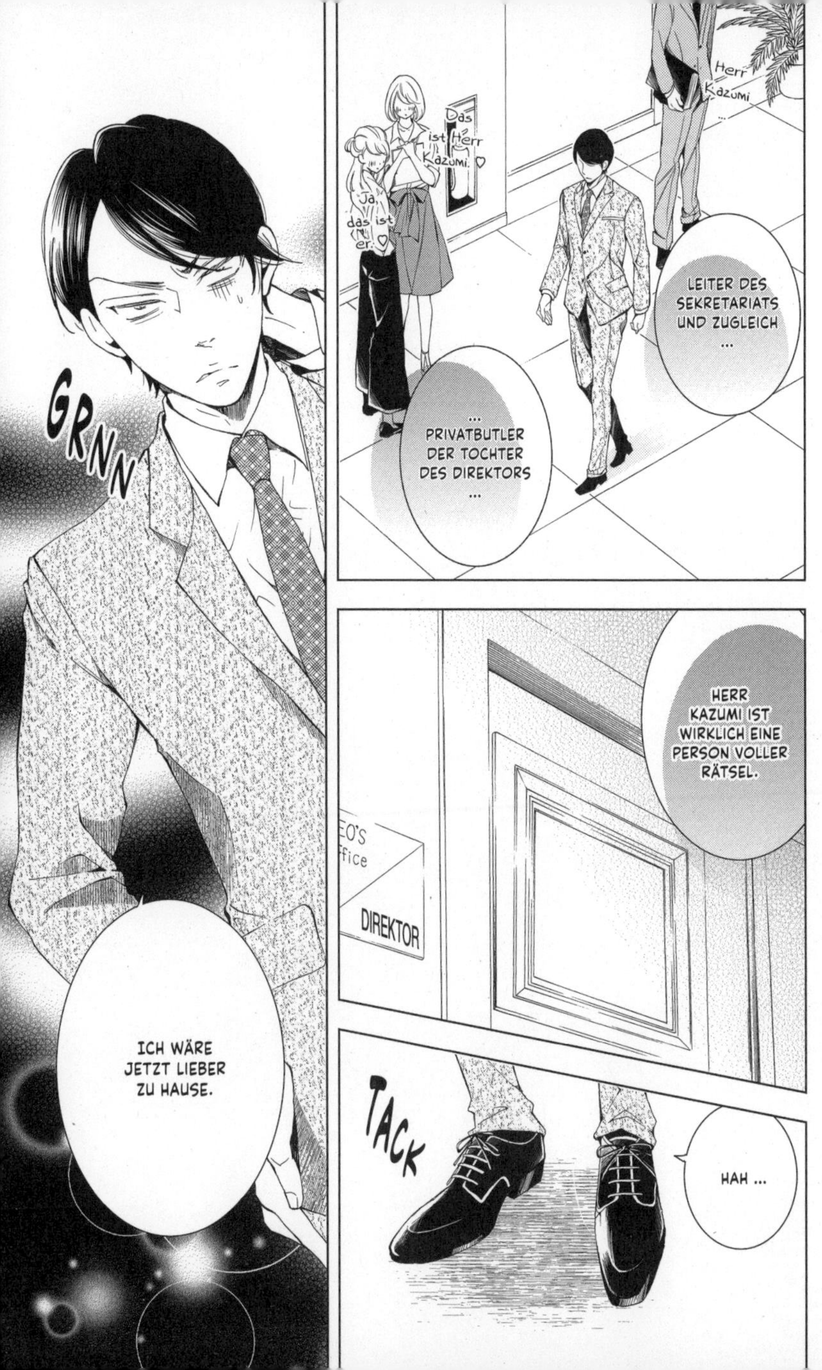

Herr Kazumi ...
Das ist Herr Kazumi. ♡
Ja, das ist er. ♡
LEITER DES SEKRETARIATS UND ZUGLEICH ...
... PRIVATBUTLER DER TOCHTER DES DIREKTORS ...
HERR KAZUMI IST WIRKLICH EINE PERSON VOLLER RÄTSEL.
EO'S
ffice
DIREKTOR
TACK
HAH ...
GRNN
ICH WÄRE JETZT LIEBER ZU HAUSE.

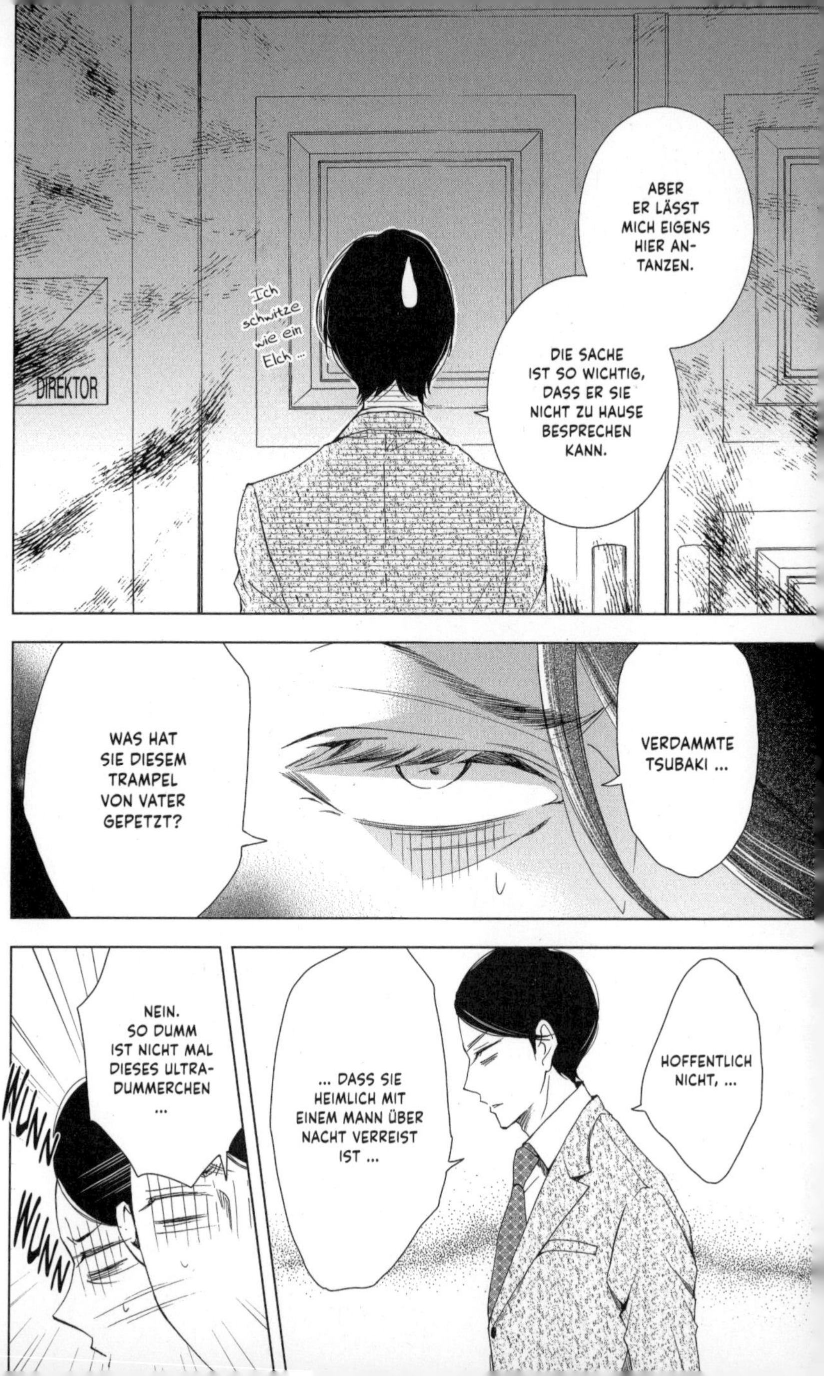

ABER ER LÄSST MICH EIGENS HIER ANTANZEN.

DIE SACHE IST SO WICHTIG, DASS ER SIE NICHT ZU HAUSE BESPRECHEN KANN.

Ich schwitze wie ein Elch ...

DIREKTOR

VERDAMMTE TSUBAKI ...

WAS HAT SIE DIESEM TRAMPEL VON VATER GEPETZT?

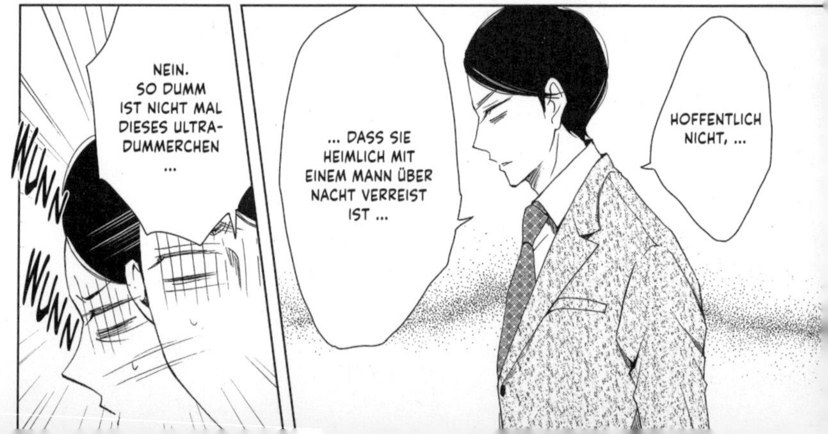

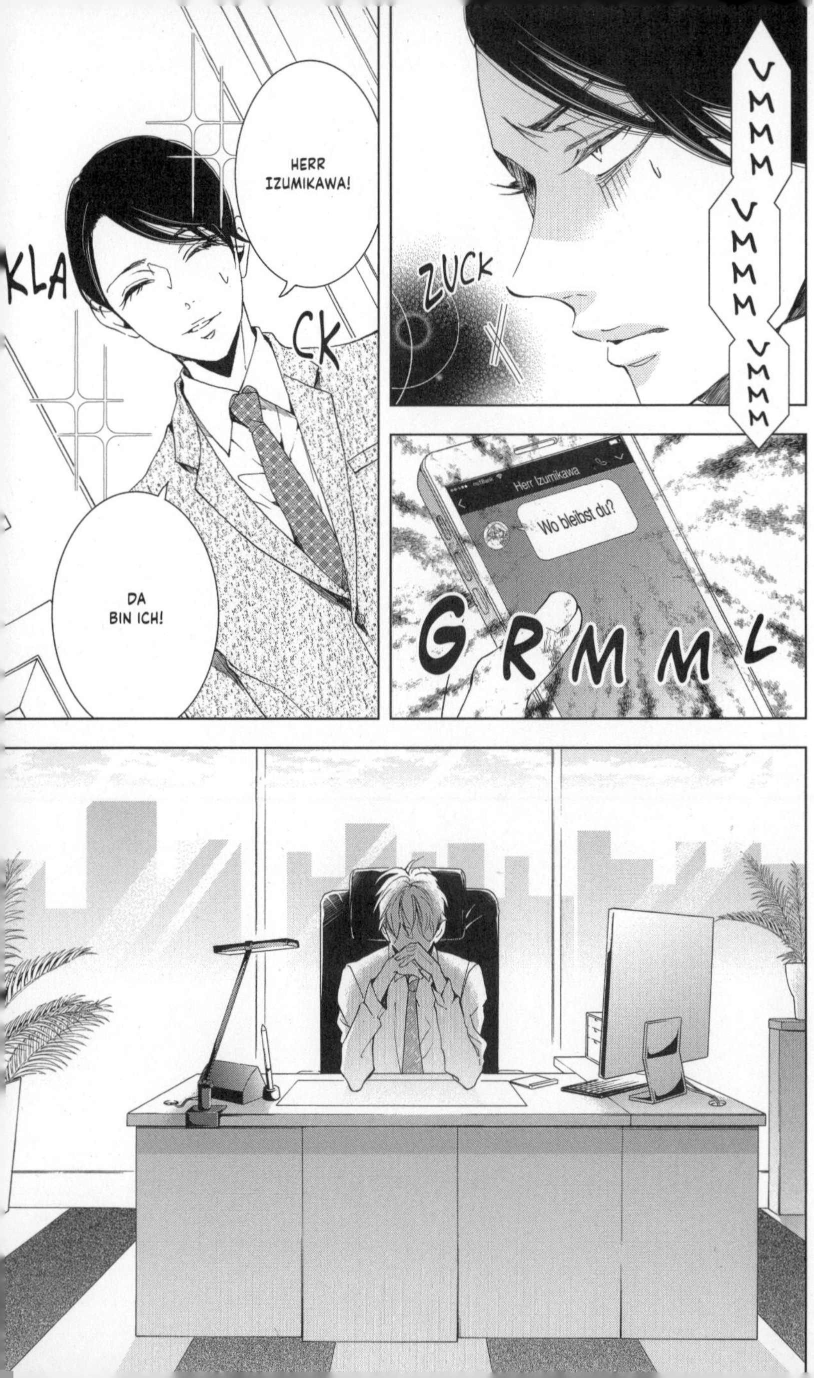

VMMM
VMMM
VMMM

ZUCK

Herr Izumikawa

Wo bleibst du?

GRMML

KLACK

HERR IZUMIKAWA!

DA BIN ICH!

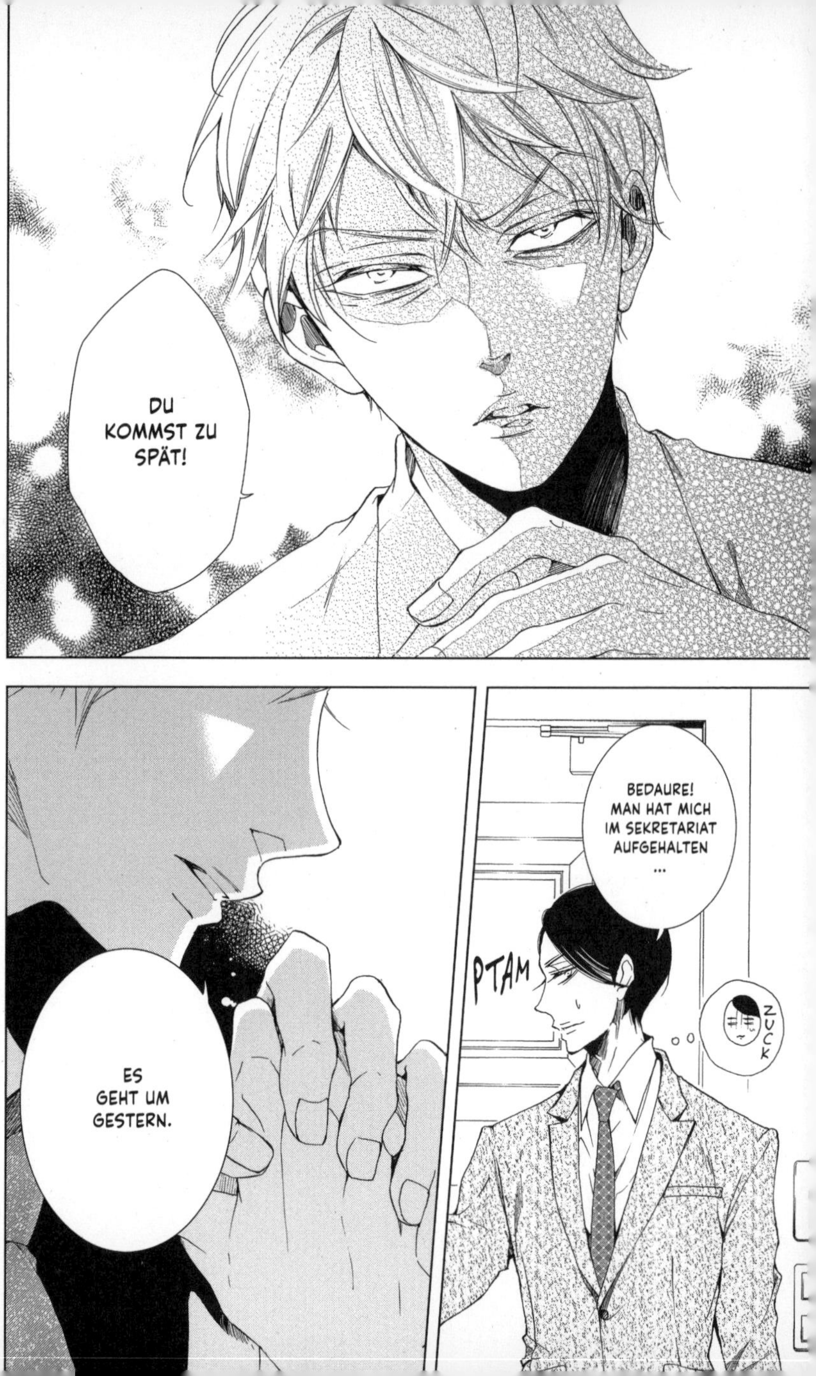

DU KOMMST ZU SPÄT!

BEDAURE! MAN HAT MICH IM SEKRETARIAT AUFGEHALTEN ...

ZUCK

PTAM

ES GEHT UM GESTERN.

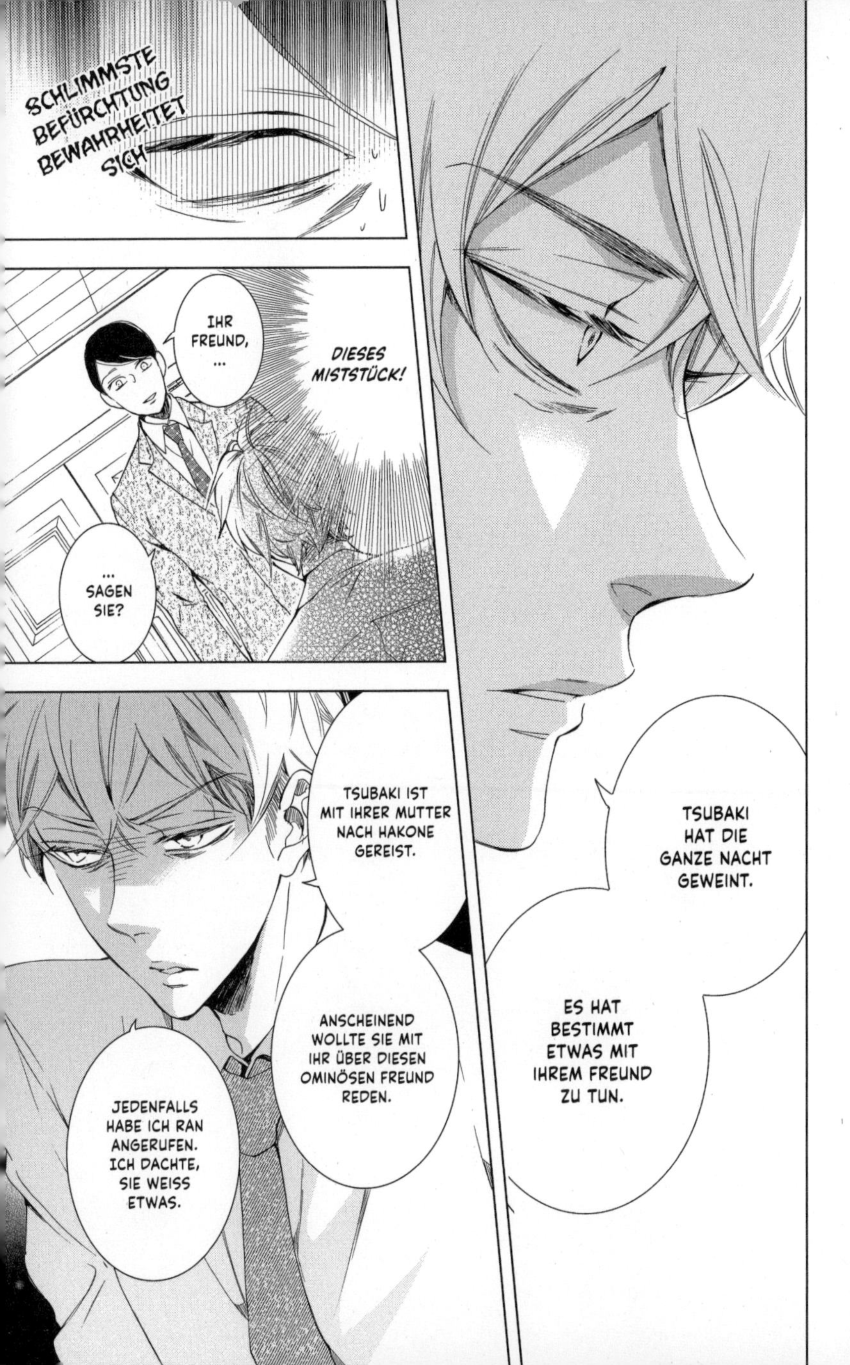
TSUBAKI HAT DIE GANZE NACHT GEWEINT.
ES HAT BESTIMMT ETWAS MIT IHREM FREUND ZU TUN.
SCHLIMMSTE BEFÜRCHTUNG BEWAHRHEITET SICH
IHR FREUND, ...
DIESES MISTSTÜCK!
... SAGEN SIE?
TSUBAKI IST MIT IHRER MUTTER NACH HAKONE GEREIST.
ANSCHEINEND WOLLTE SIE MIT IHR ÜBER DIESEN OMINÖSEN FREUND REDEN.
JEDENFALLS HABE ICH RAN ANGERUFEN. ICH DACHTE, SIE WEISS ETWAS.

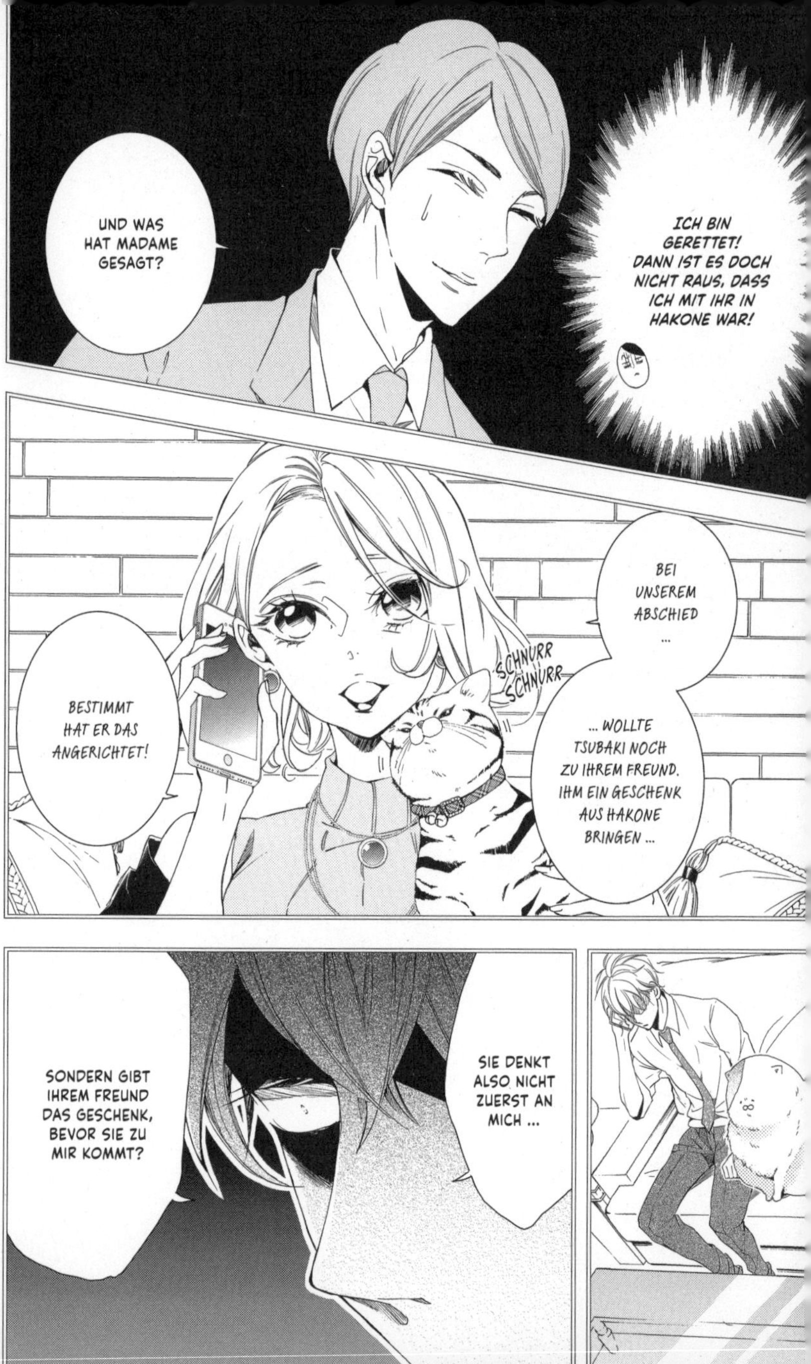

ICH BIN GERETTET! DANN IST ES DOCH NICHT RAUS, DASS ICH MIT IHR IN HAKONE WAR!

UND WAS HAT MADAME GESAGT?

BEI UNSEREM ABSCHIED ...

... WOLLTE TSUBAKI NOCH ZU IHREM FREUND. IHM EIN GESCHENK AUS HAKONE BRINGEN ...

SCHNURR SCHNURR

BESTIMMT HAT ER DAS ANGERICHTET!

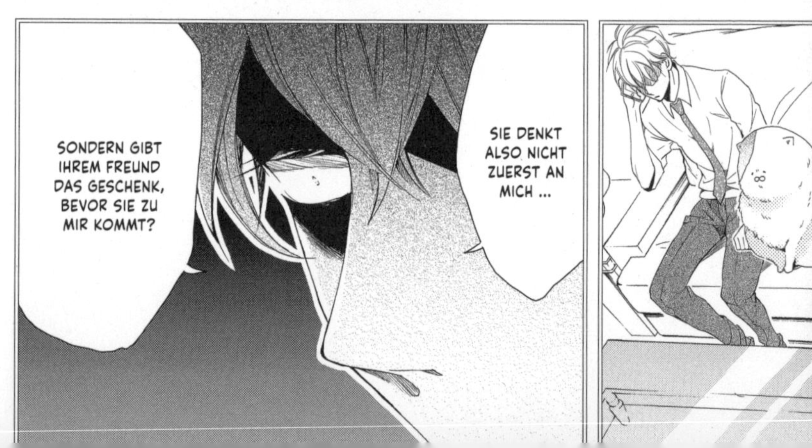

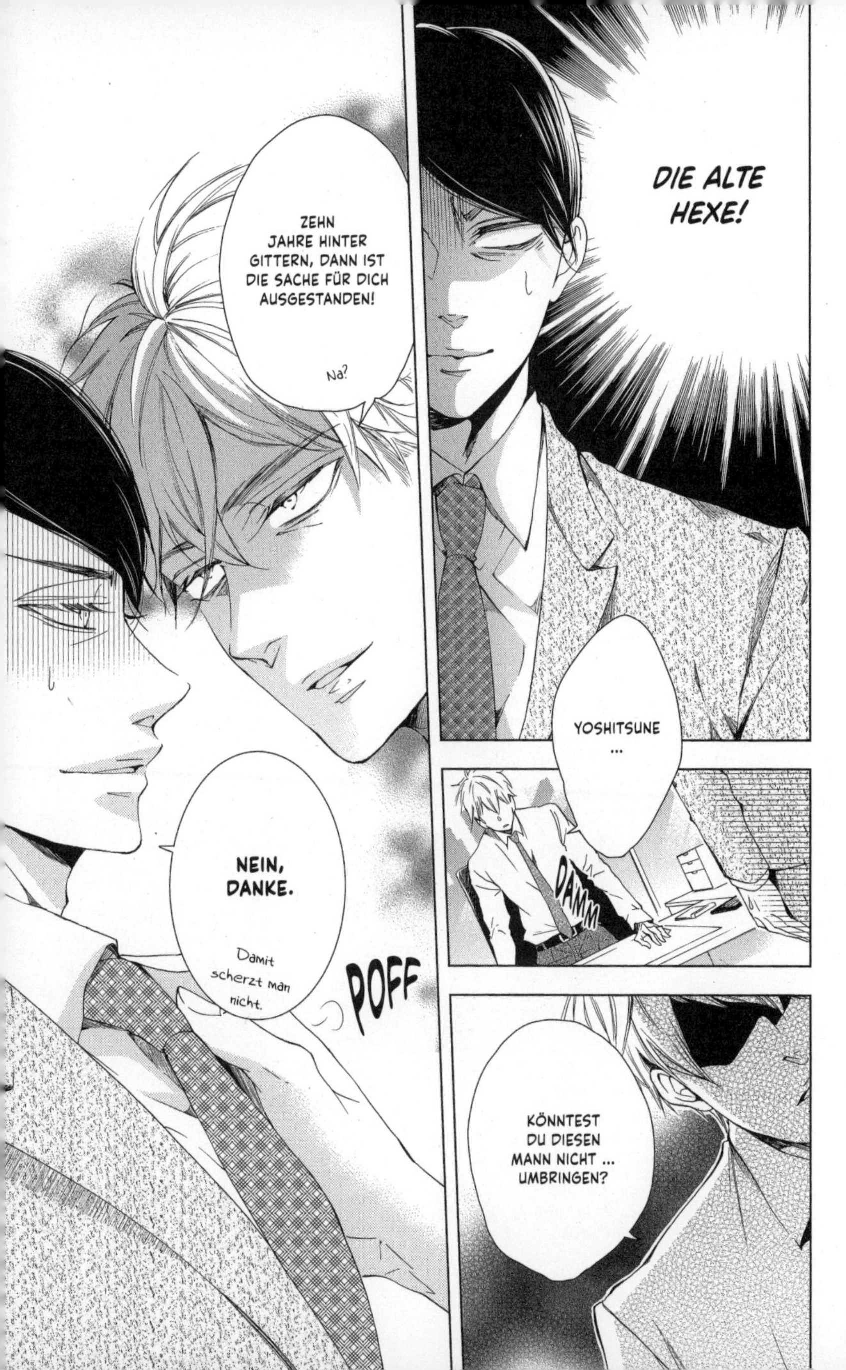
DIE ALTE HEXE!
YOSHITSUNE ...
DAMM
KÖNNTEST DU DIESEN MANN NICHT ... UMBRINGEN?
ZEHN JAHRE HINTER GITTERN, DANN IST DIE SACHE FÜR DICH AUSGESTANDEN!
Na?
NEIN, DANKE.
Damit scherzt man nicht.
POFF

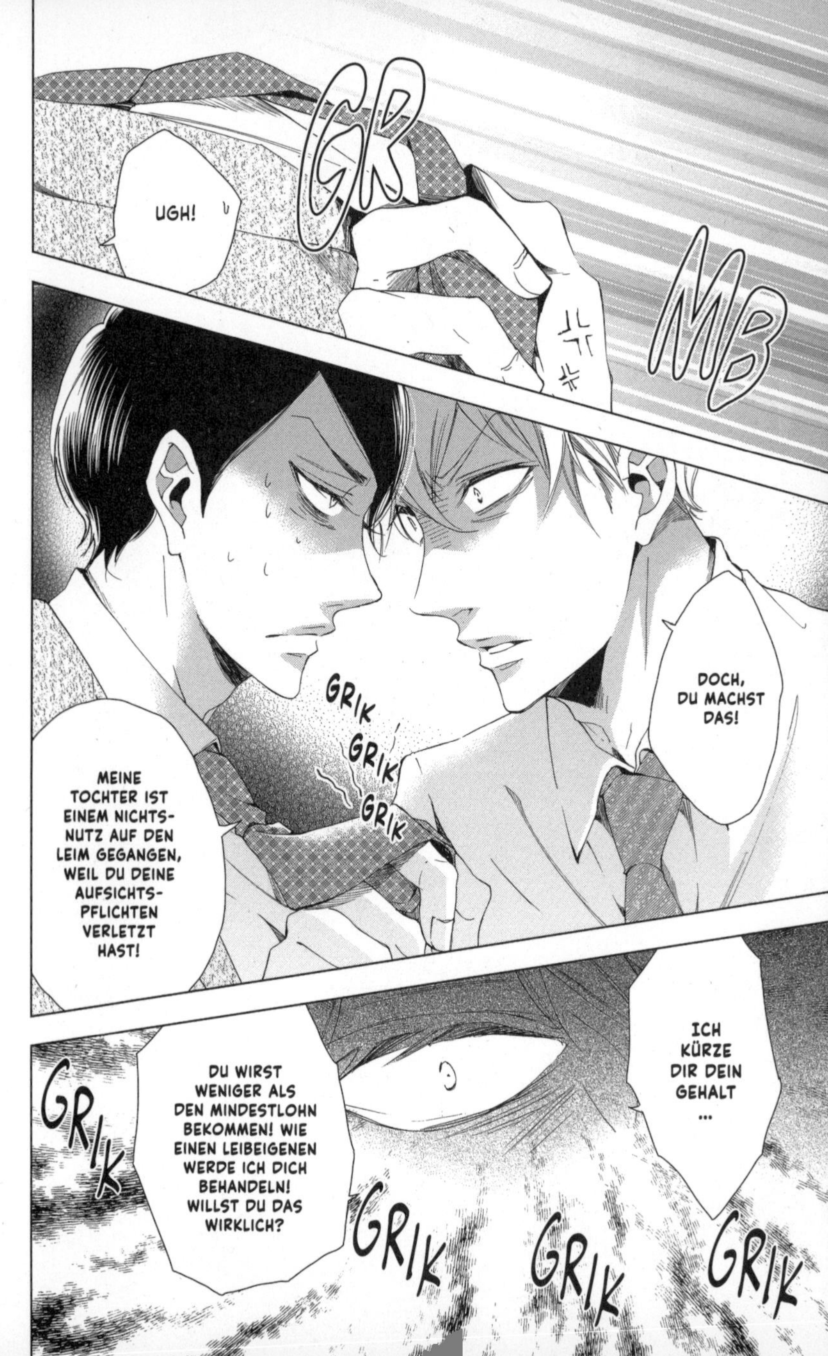
GR
MB
UGH!
DOCH, DU MACHST DAS!
GRIK
GRIK
GRIK
MEINE TOCHTER IST EINEM NICHTS-NUTZ AUF DEN LEIM GEGANGEN, WEIL DU DEINE AUFSICHTS-PFLICHTEN VERLETZT HAST!
ICH KÜRZE DIR DEIN GEHALT ...
DU WIRST WENIGER ALS DEN MINDESTLOHN BEKOMMEN! WIE EINEN LEIBEIGENEN WERDE ICH DICH BEHANDELN! WILLST DU DAS WIRKLICH?
GRIK
GRIK
GRIK
GRIK

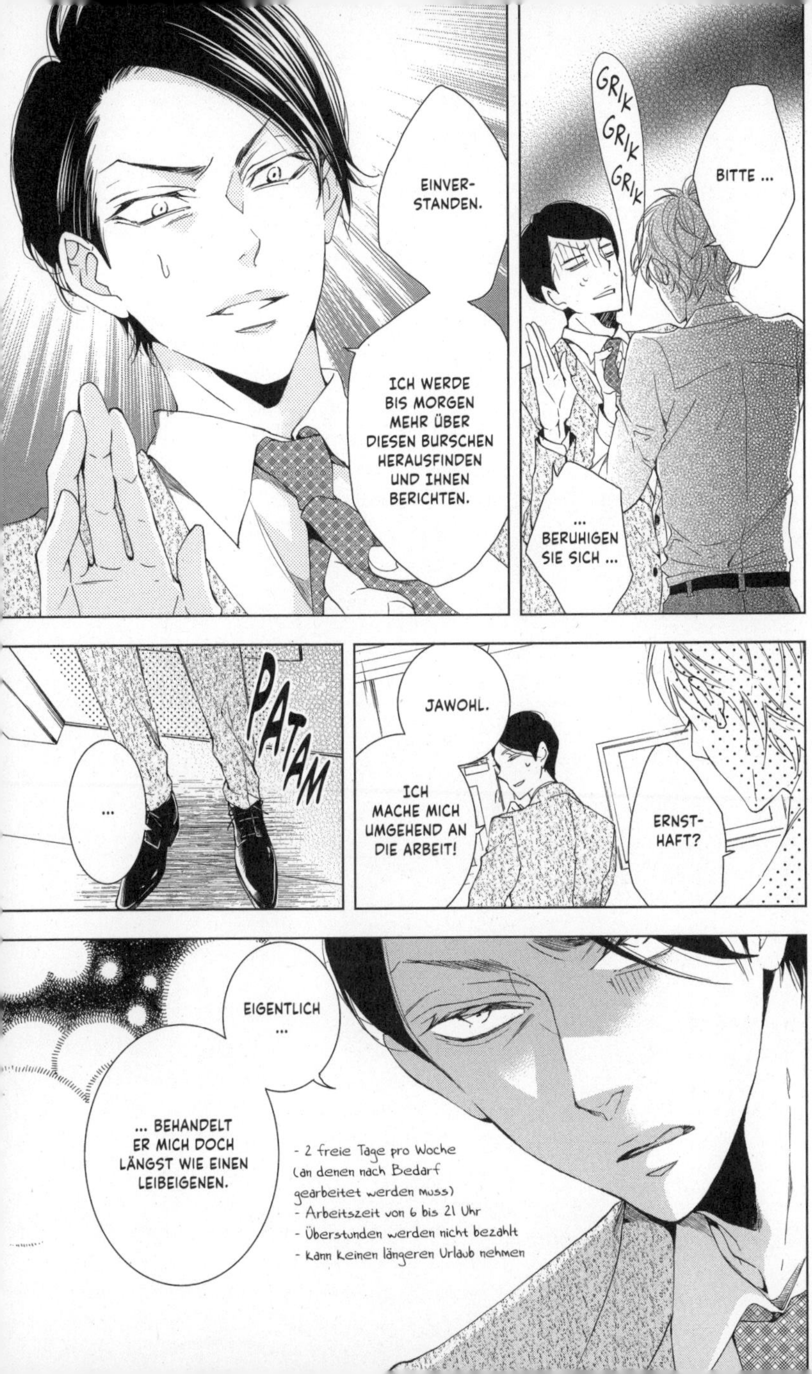

BITTE ...

GRIK GRIK GRIK

... BERUHIGEN SIE SICH ...

EINVERSTANDEN.

ICH WERDE BIS MORGEN MEHR ÜBER DIESEN BURSCHEN HERAUSFINDEN UND IHNEN BERICHTEN.

ERNSTHAFT?

JAWOHL.

ICH MACHE MICH UMGEHEND AN DIE ARBEIT!

PATAM

...

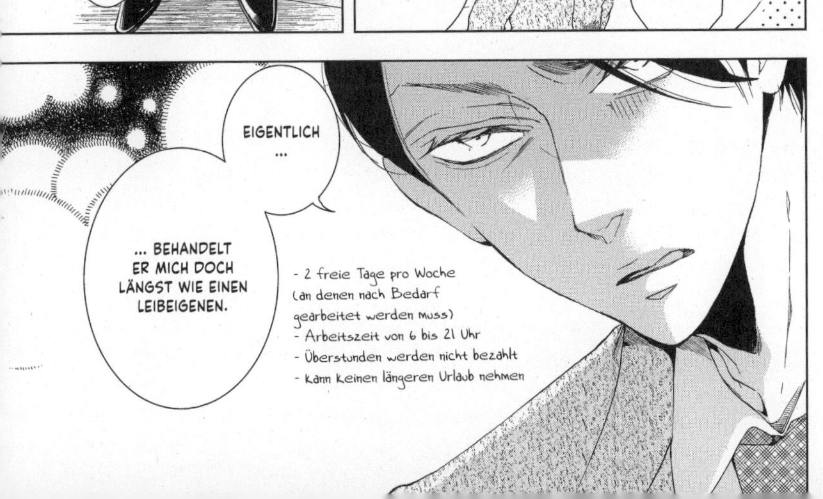

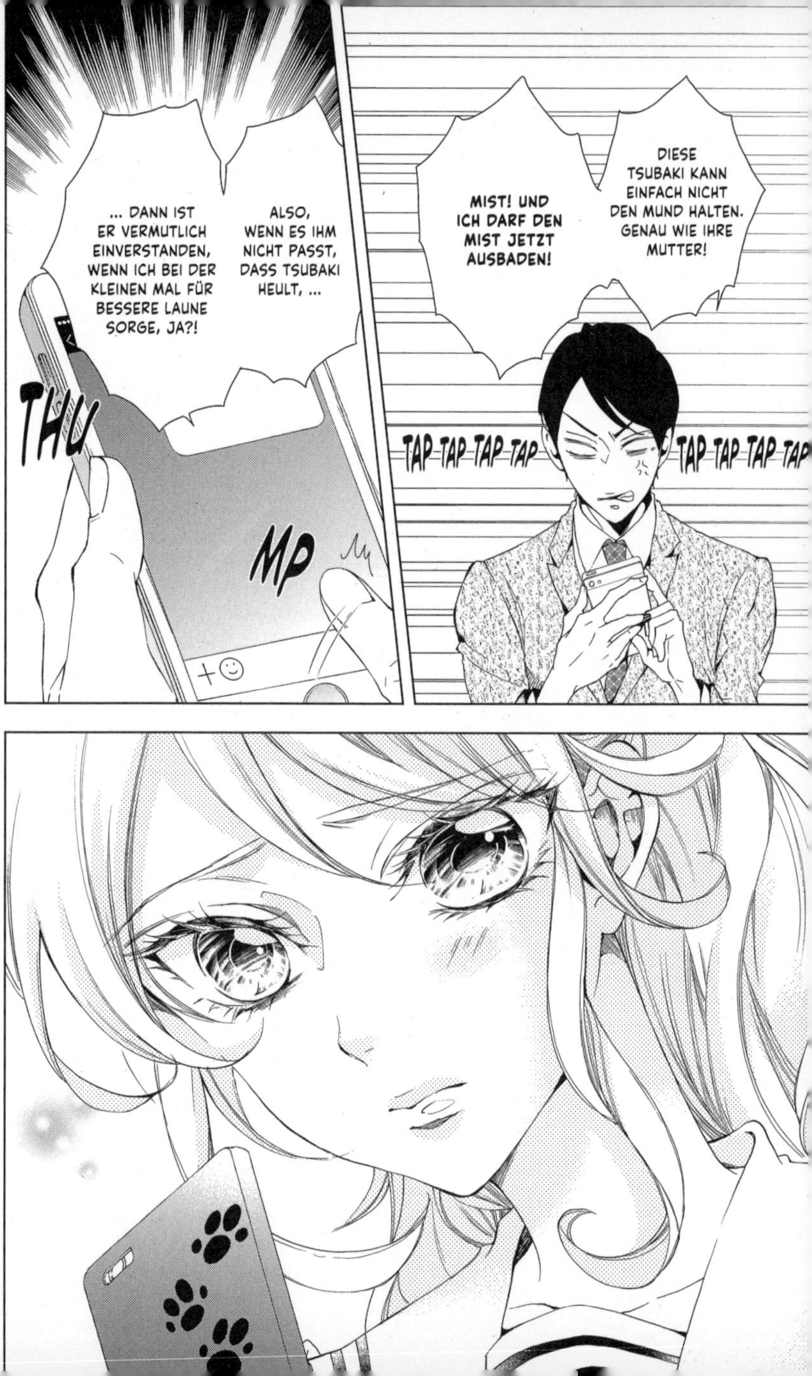

DIESE TSUBAKI KANN EINFACH NICHT DEN MUND HALTEN. GENAU WIE IHRE MUTTER!

MIST! UND ICH DARF DEN MIST JETZT AUSBADEN!

TAP TAP TAP TAP

TAP TAP TAP TAP

ALSO, WENN ES IHM NICHT PASST, DASS TSUBAKI HEULT, ...

... DANN IST ER VERMUTLICH EINVERSTANDEN, WENN ICH BEI DER KLEINEN MAL FÜR BESSERE LAUNE SORGE, JA?!

THUMP

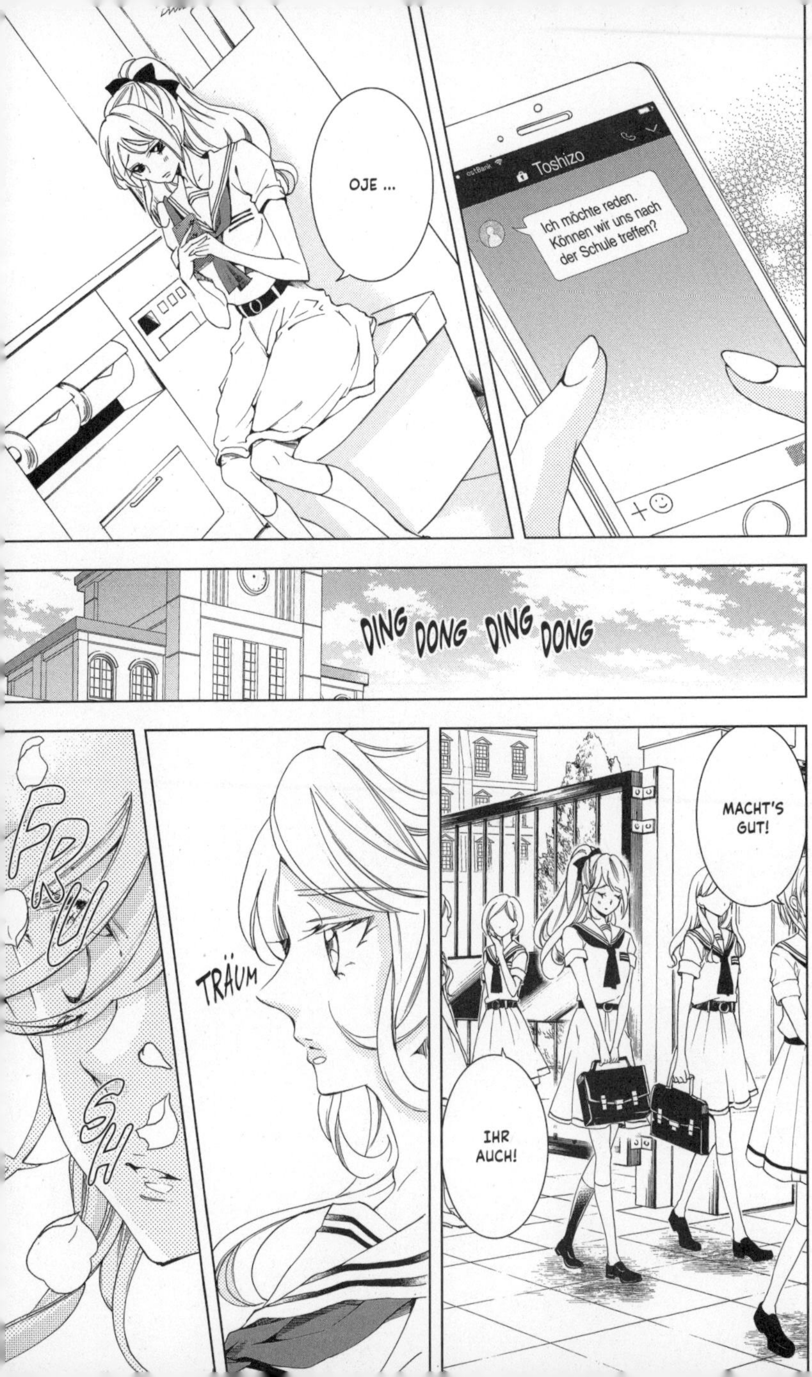

Toshizo

Ich möchte reden. Können wir uns nach der Schule treffen?

OJE ...

DING DONG DING DONG

MACHT'S GUT!

IHR AUCH!

TRÄUM

FRUSH

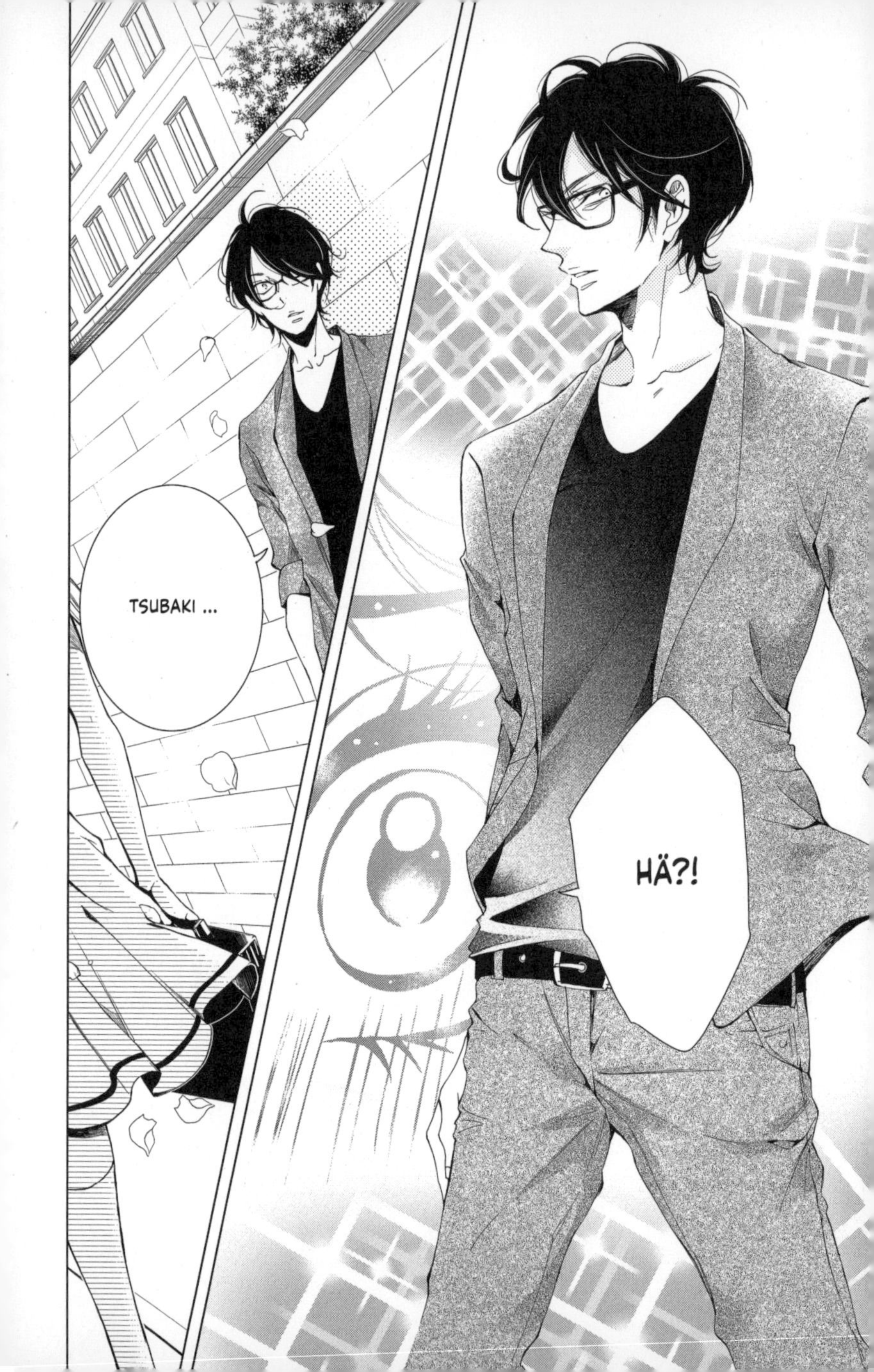
HÄ?!
TSUBAKI ...

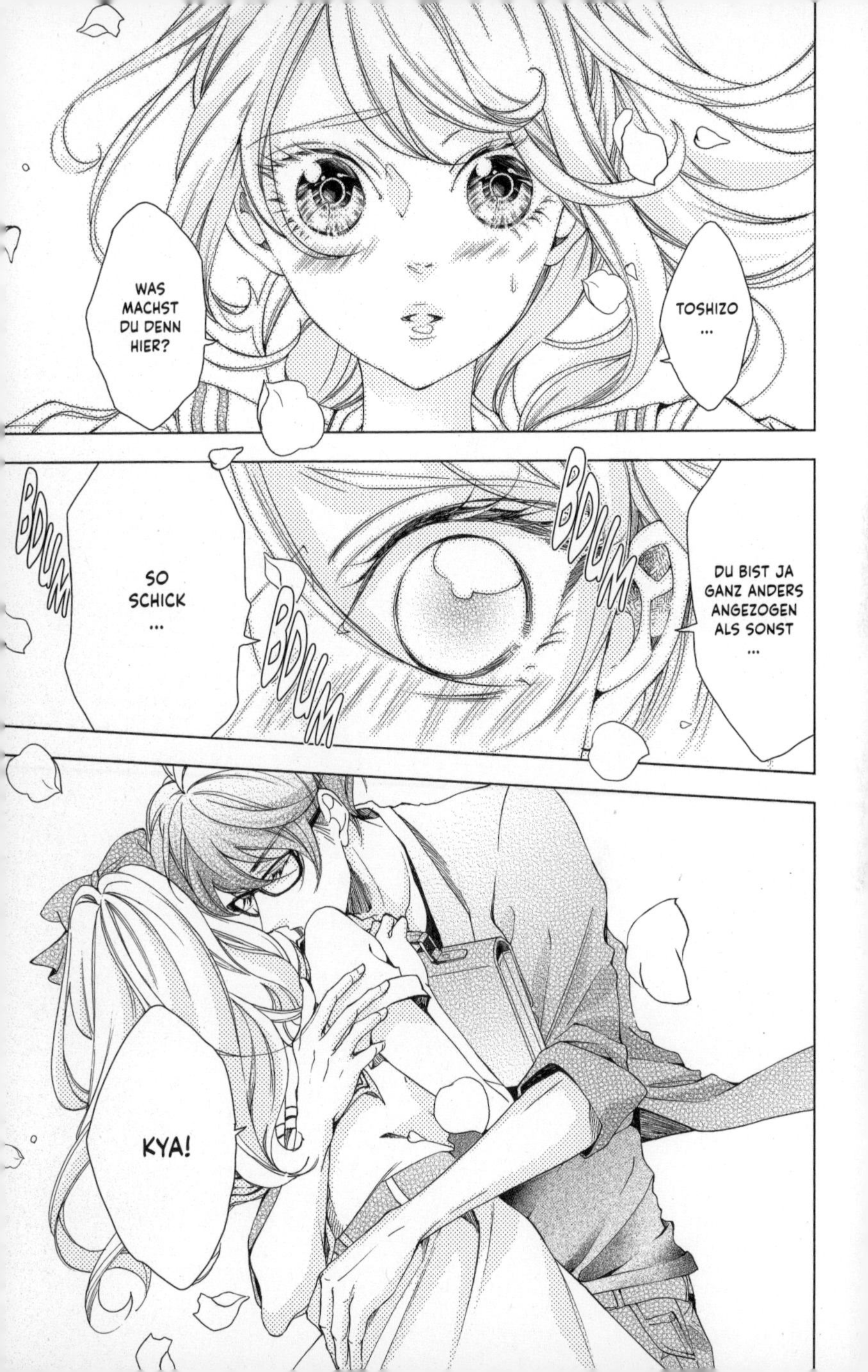
TOSHIZO ...
WAS MACHST DU DENN HIER?
DU BIST JA GANZ ANDERS ANGEZOGEN ALS SONST ...
BDUM
BDUM
BDUM
SO SCHICK ...
KYA!

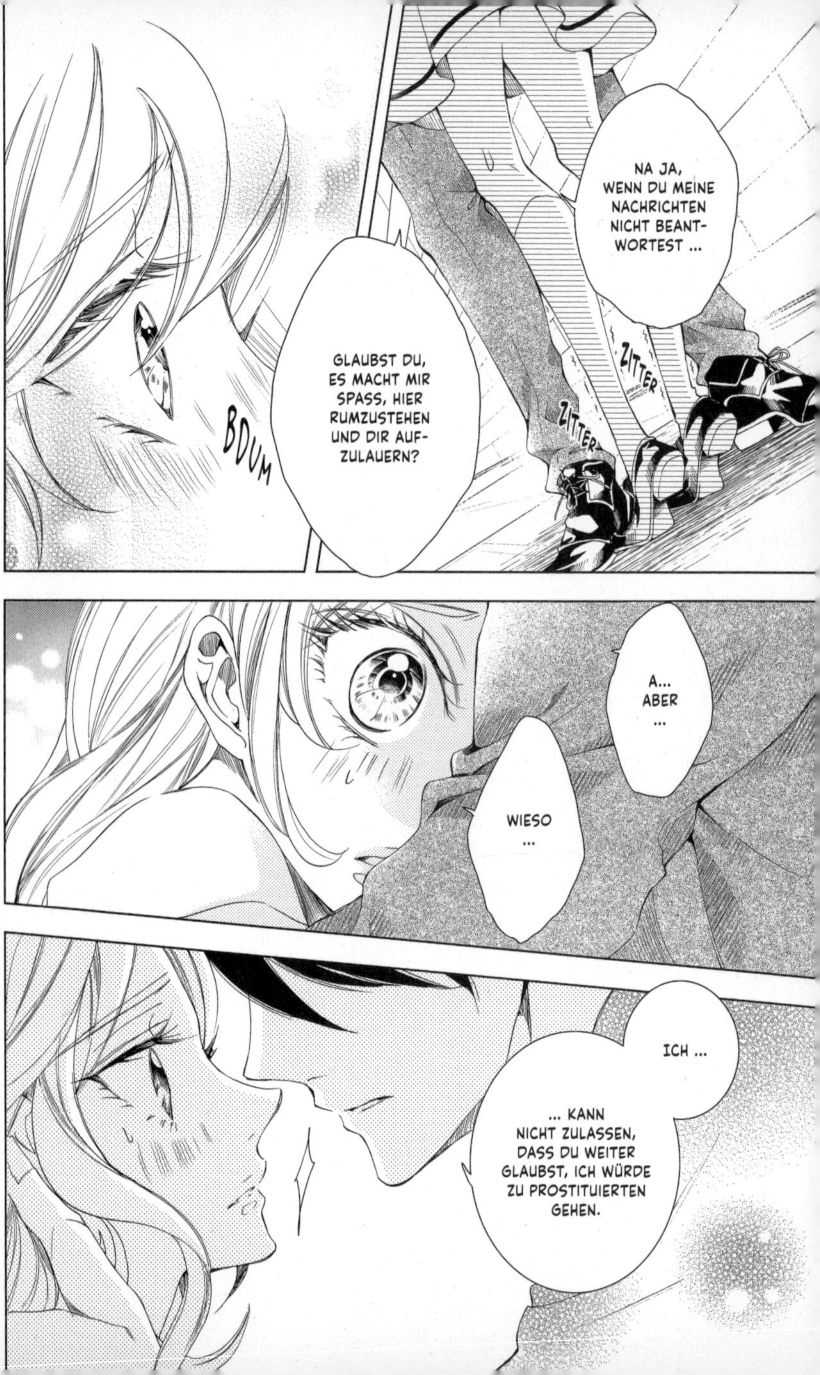

NA JA, WENN DU MEINE NACHRICHTEN NICHT BEANTWORTEST ...

ZITTER

ZITTER

GLAUBST DU, ES MACHT MIR SPASS, HIER RUMZUSTEHEN UND DIR AUFZULAUERN?

BDUM

A... ABER ...

WIESO ...

ICH ...

... KANN NICHT ZULASSEN, DASS DU WEITER GLAUBST, ICH WÜRDE ZU PROSTITUIERTEN GEHEN.

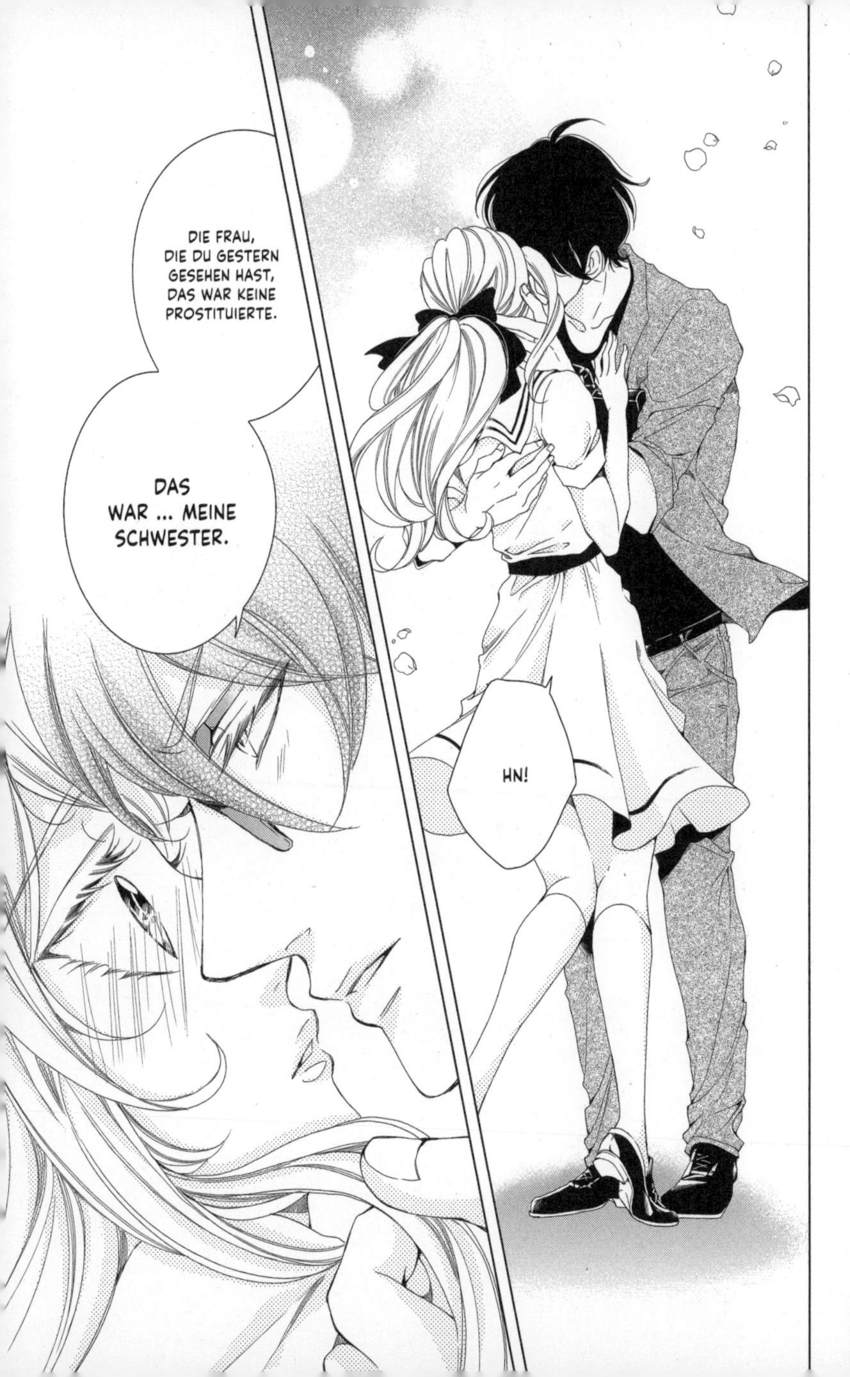
HN!
DIE FRAU, DIE DU GESTERN GESEHEN HAST, DAS WAR KEINE PROSTITUIERTE.
DAS WAR ... MEINE SCHWESTER.

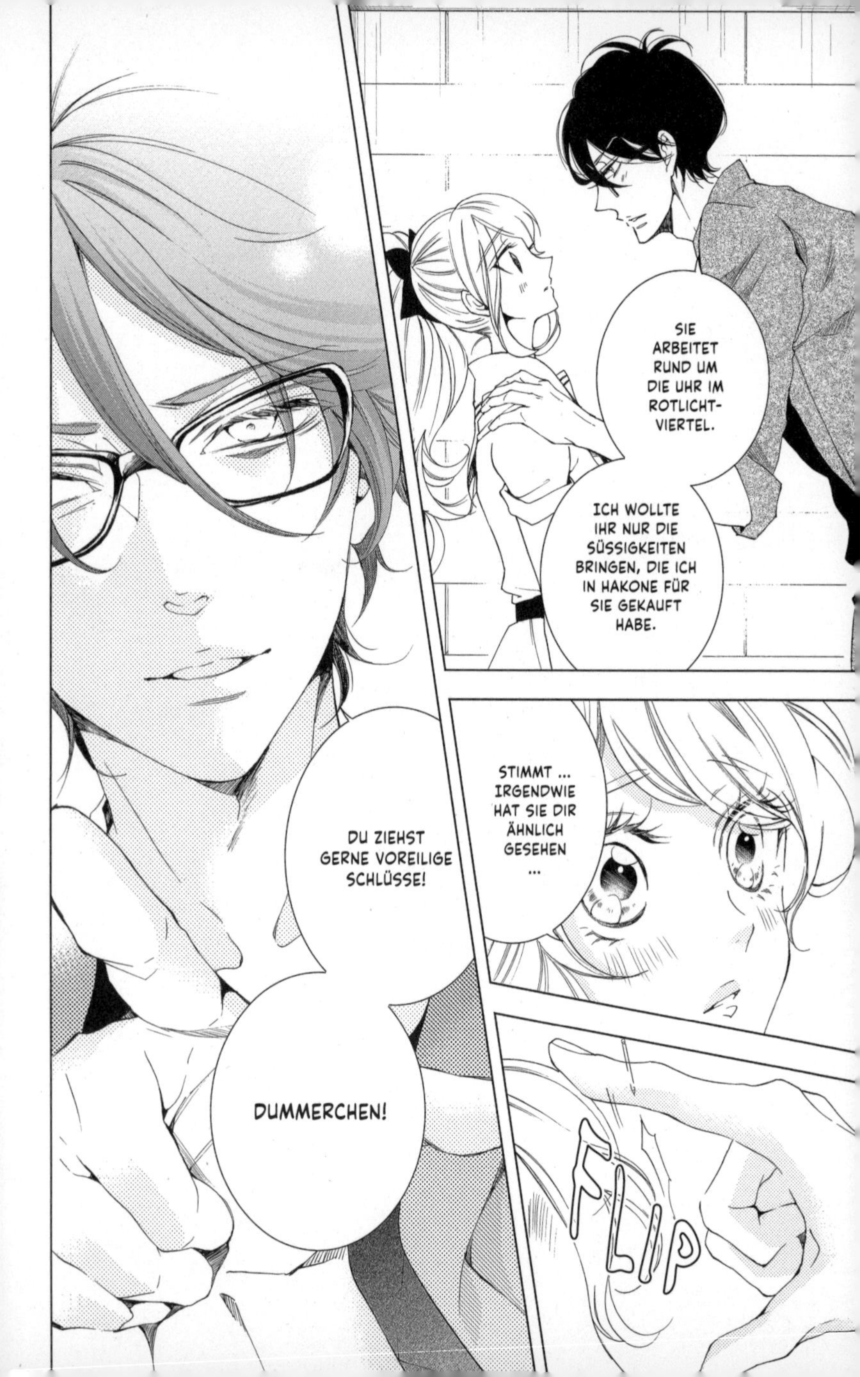
SIE ARBEITET RUND UM DIE UHR IM ROTLICHT-VIERTEL.
ICH WOLLTE IHR NUR DIE SÜSSIGKEITEN BRINGEN, DIE ICH IN HAKONE FÜR SIE GEKAUFT HABE.
STIMMT ... IRGENDWIE HAT SIE DIR ÄHNLICH GESEHEN ...
FLIP
DU ZIEHST GERNE VOREILIGE SCHLÜSSE!
DUMMERCHEN!

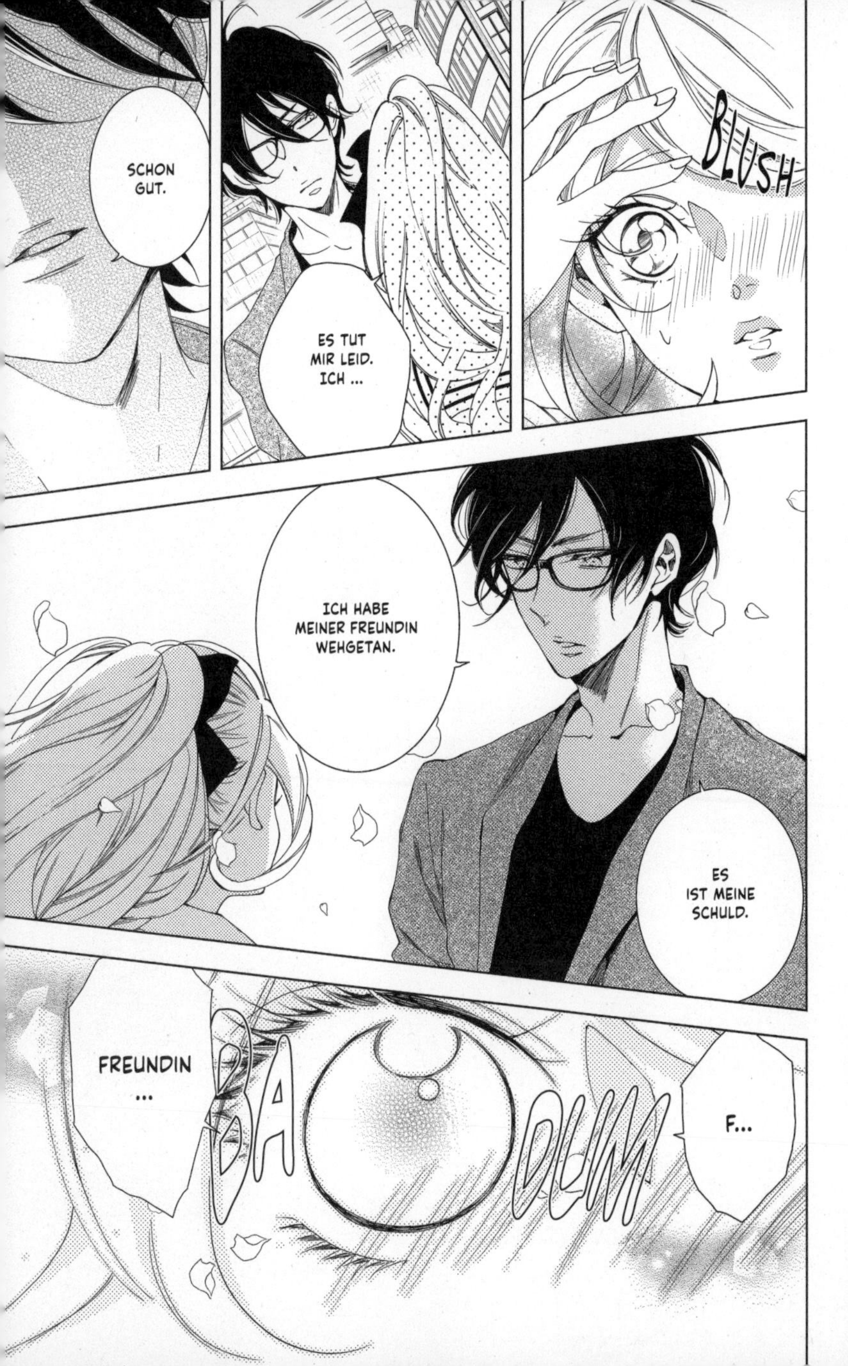
BLUSH
ES TUT MIR LEID. ICH ...
SCHON GUT.
ICH HABE MEINER FREUNDIN WEHGETAN.
ES IST MEINE SCHULD.
F...
BA DUM
FREUNDIN ...

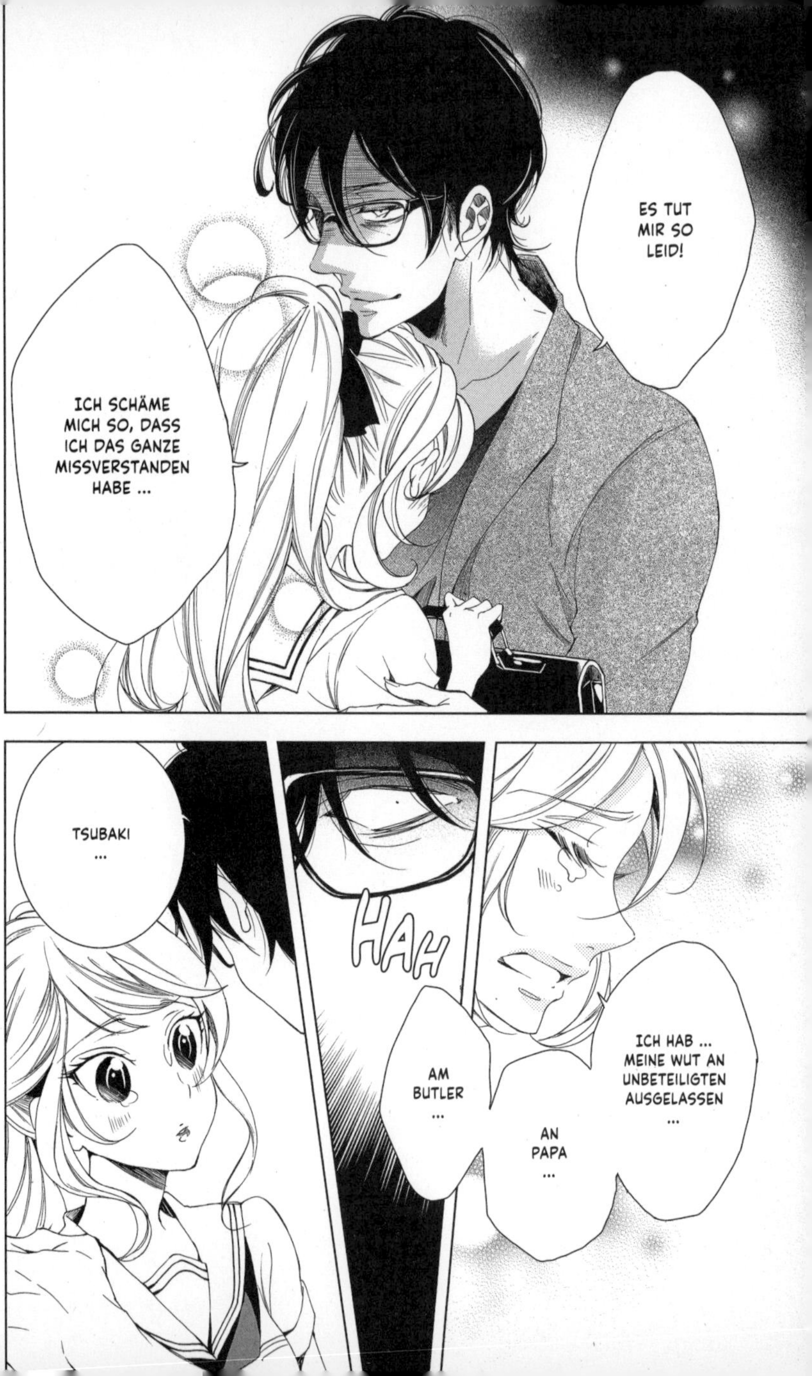

ES TUT MIR SO LEID!

ICH SCHÄME MICH SO, DASS ICH DAS GANZE MISSVERSTANDEN HABE ...

ICH HAB ... MEINE WUT AN UNBETEILIGTEN AUSGELASSEN ...

AN PAPA ...

AM BUTLER ...

HAH

TSUBAKI ...

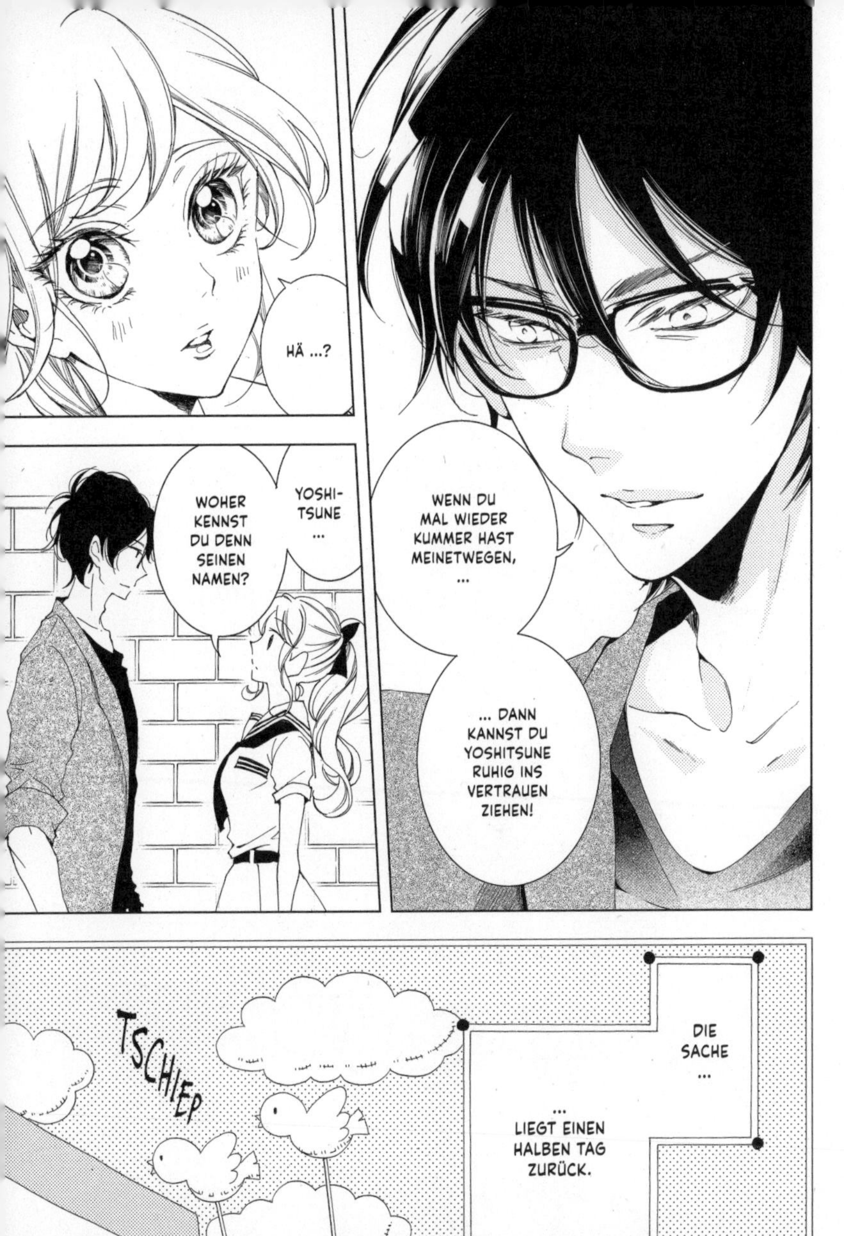
WENN DU MAL WIEDER KUMMER HAST MEINETWEGEN, ...
... DANN KANNST DU YOSHITSUNE RUHIG INS VERTRAUEN ZIEHEN!
HÄ ...?
YOSHI-TSUNE ...
WOHER KENNST DU DENN SEINEN NAMEN?
DIE SACHE ...
... LIEGT EINEN HALBEN TAG ZURÜCK.
TSCHIEP

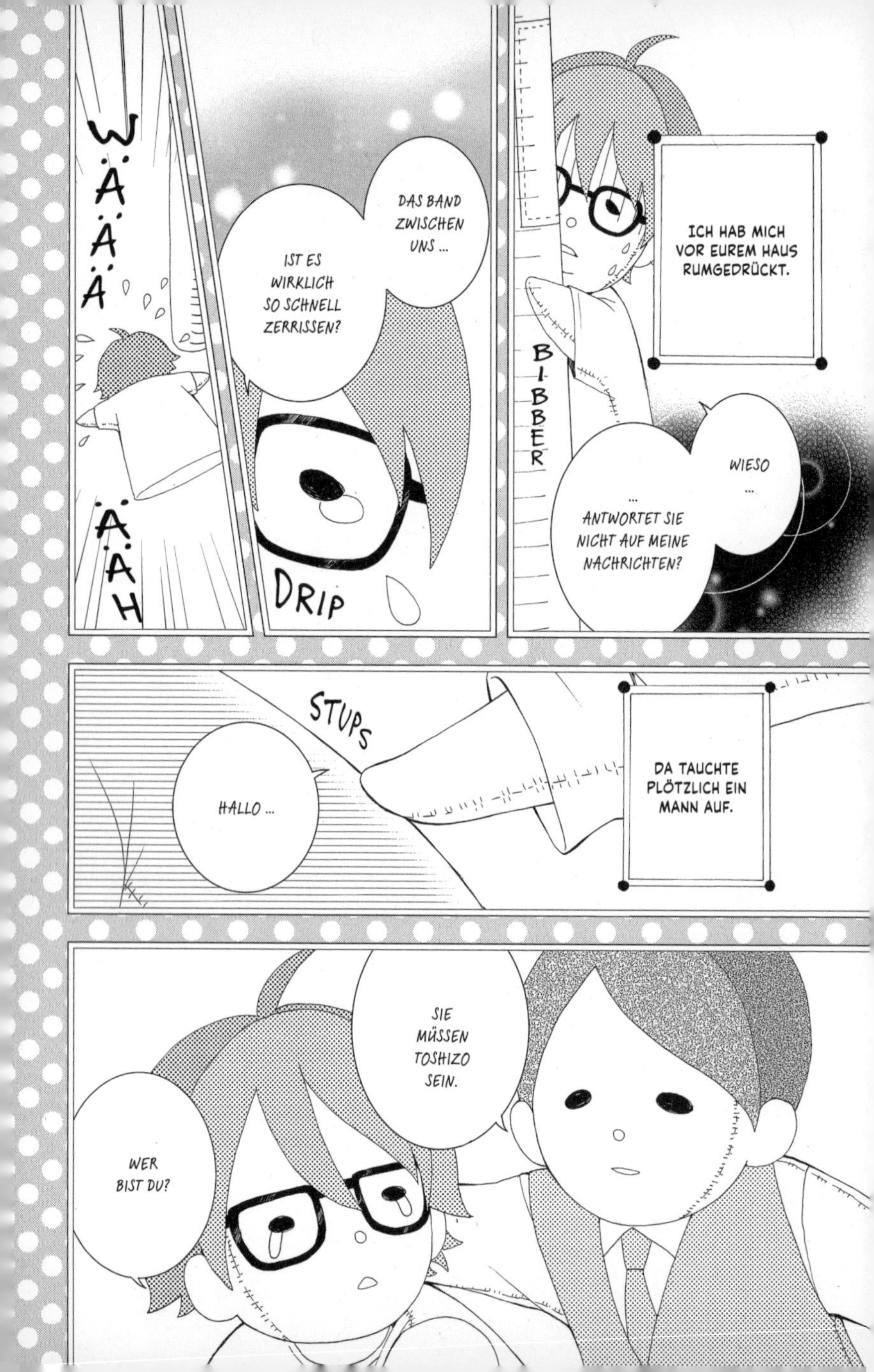

ICH HAB MICH VOR EUREM HAUS RUMGEDRÜCKT.
WIESO ... ... ANTWORTET SIE NICHT AUF MEINE NACHRICHTEN?
BIBBER
DAS BAND ZWISCHEN UNS ...
IST ES WIRKLICH SO SCHNELL ZERRISSEN?
DRIP
WÄÄÄÄ
ÄÄH
DA TAUCHTE PLÖTZLICH EIN MANN AUF.
STUPS
HALLO ...

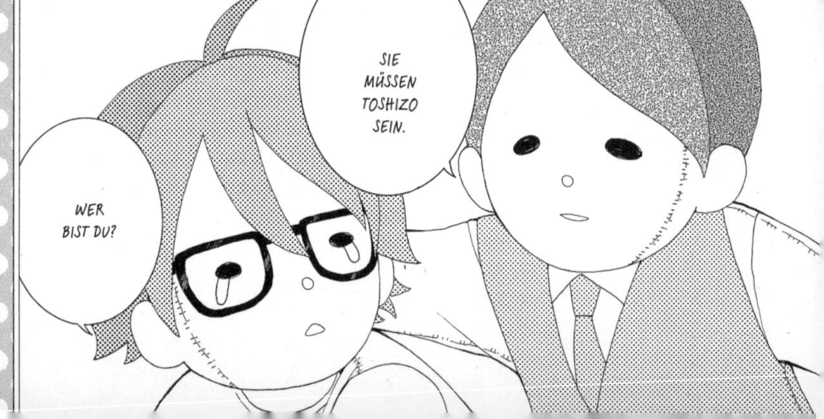

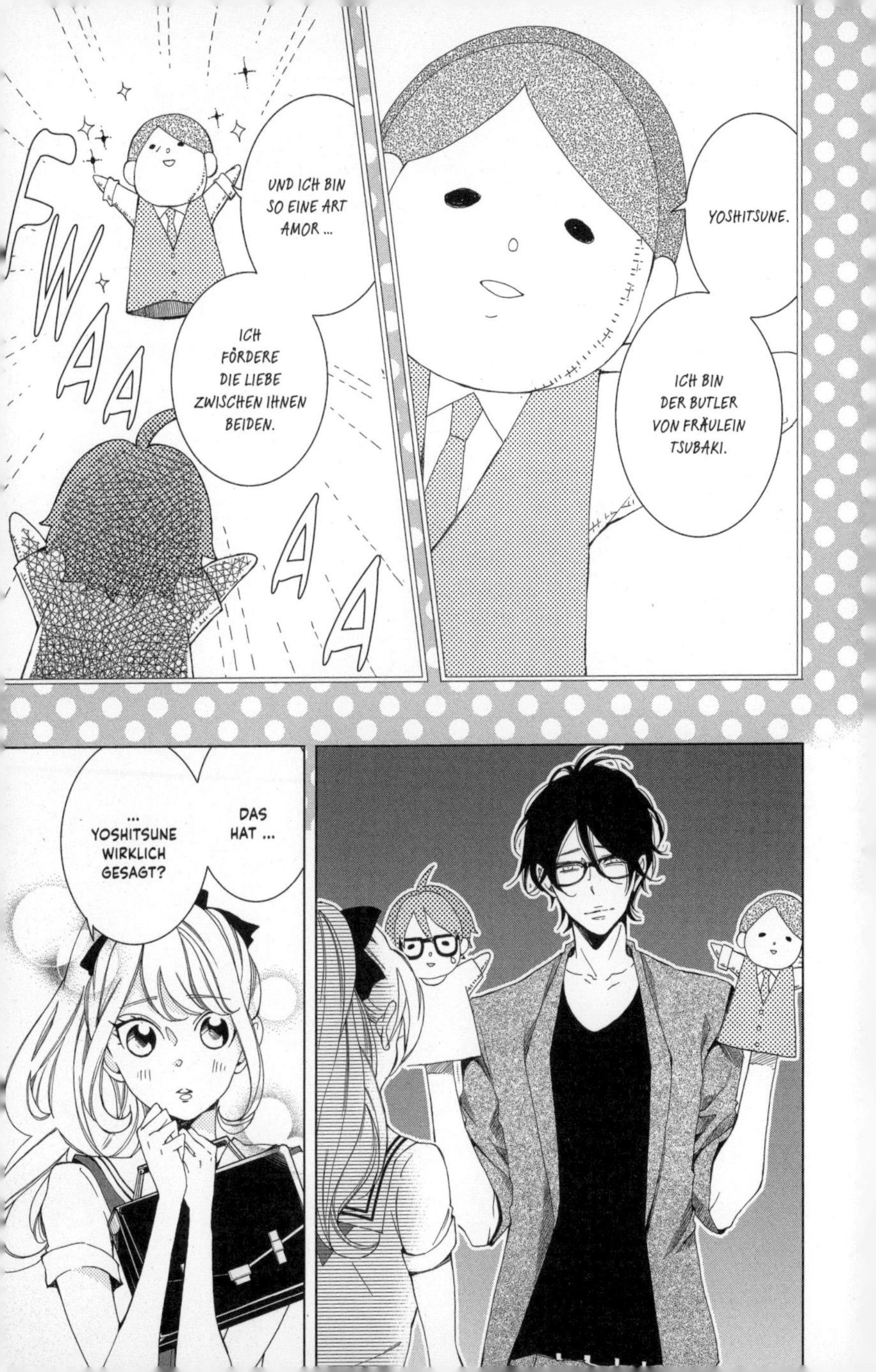

YOSHITSUNE.
ICH BIN DER BUTLER VON FRÄULEIN TSUBAKI.
UND ICH BIN SO EINE ART AMOR ...
ICH FÖRDERE DIE LIEBE ZWISCHEN IHNEN BEIDEN.
FWAAAAA

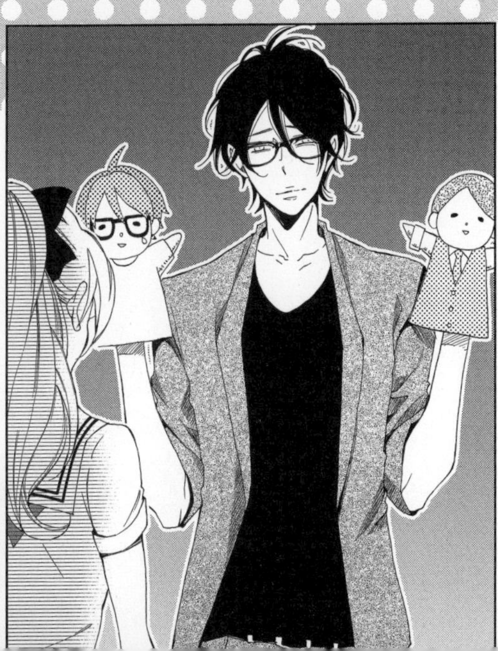

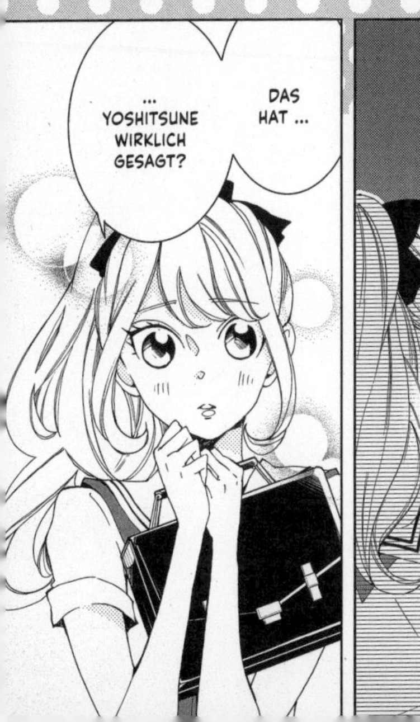

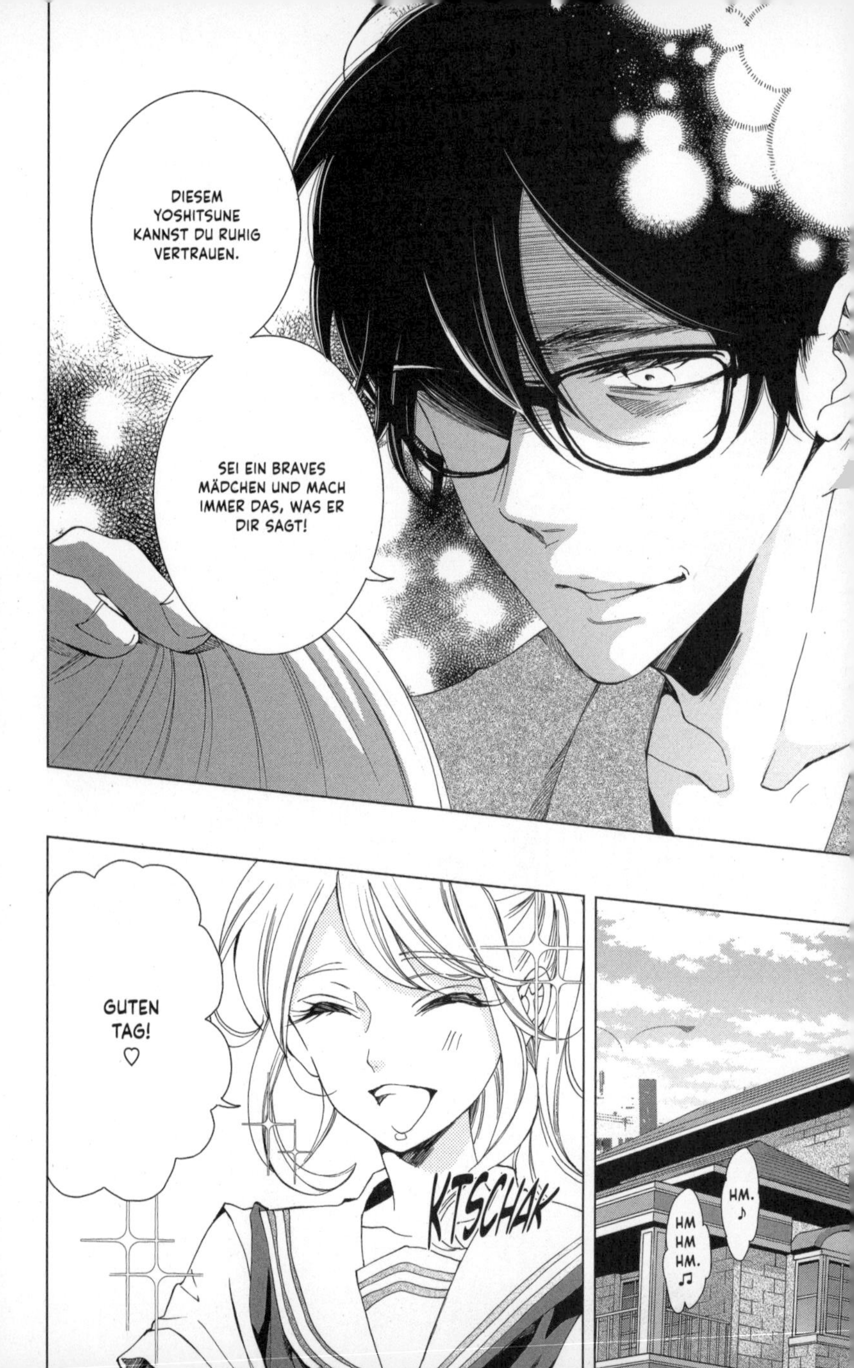
DIESEM YOSHITSUNE KANNST DU RUHIG VERTRAUEN.
SEI EIN BRAVES MÄDCHEN UND MACH IMMER DAS, WAS ER DIR SAGT!
HM. ♪
HM HM HM. ♫
KTSCHAK
GUTEN TAG! ♡

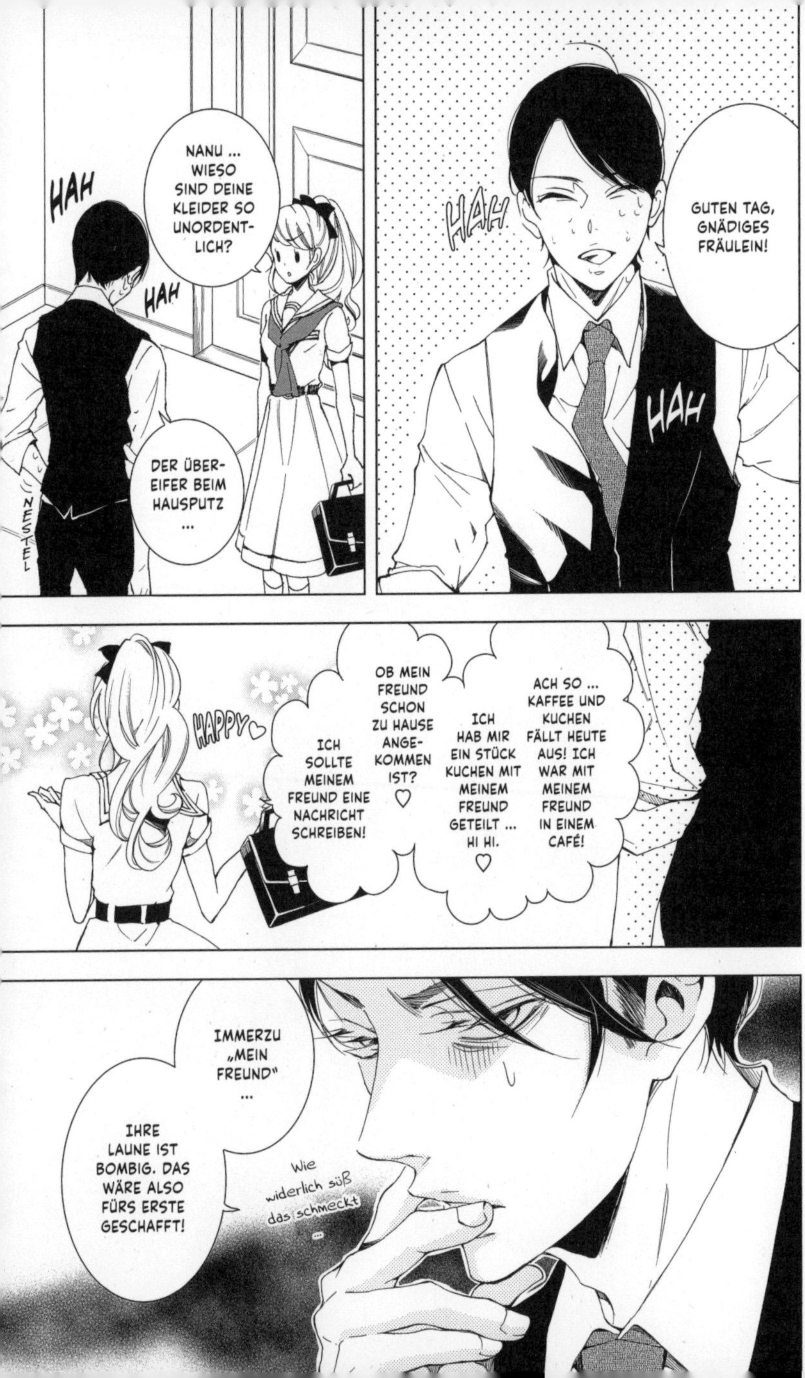

GUTEN TAG, GNÄDIGES FRÄULEIN!

HAH

HAH

NANU ... WIESO SIND DEINE KLEIDER SO UNORDENTLICH?

HAH

HAH

DER ÜBEREIFER BEIM HAUSPUTZ ...

NESTEL

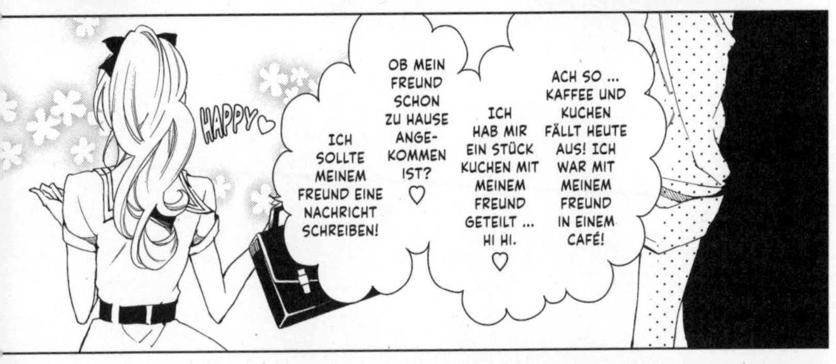

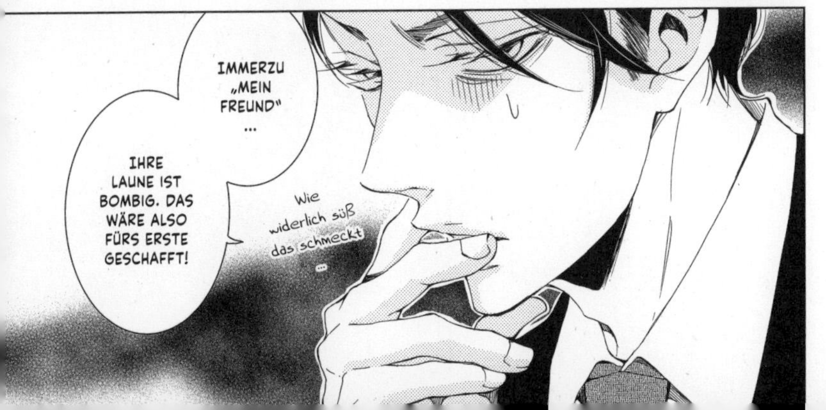

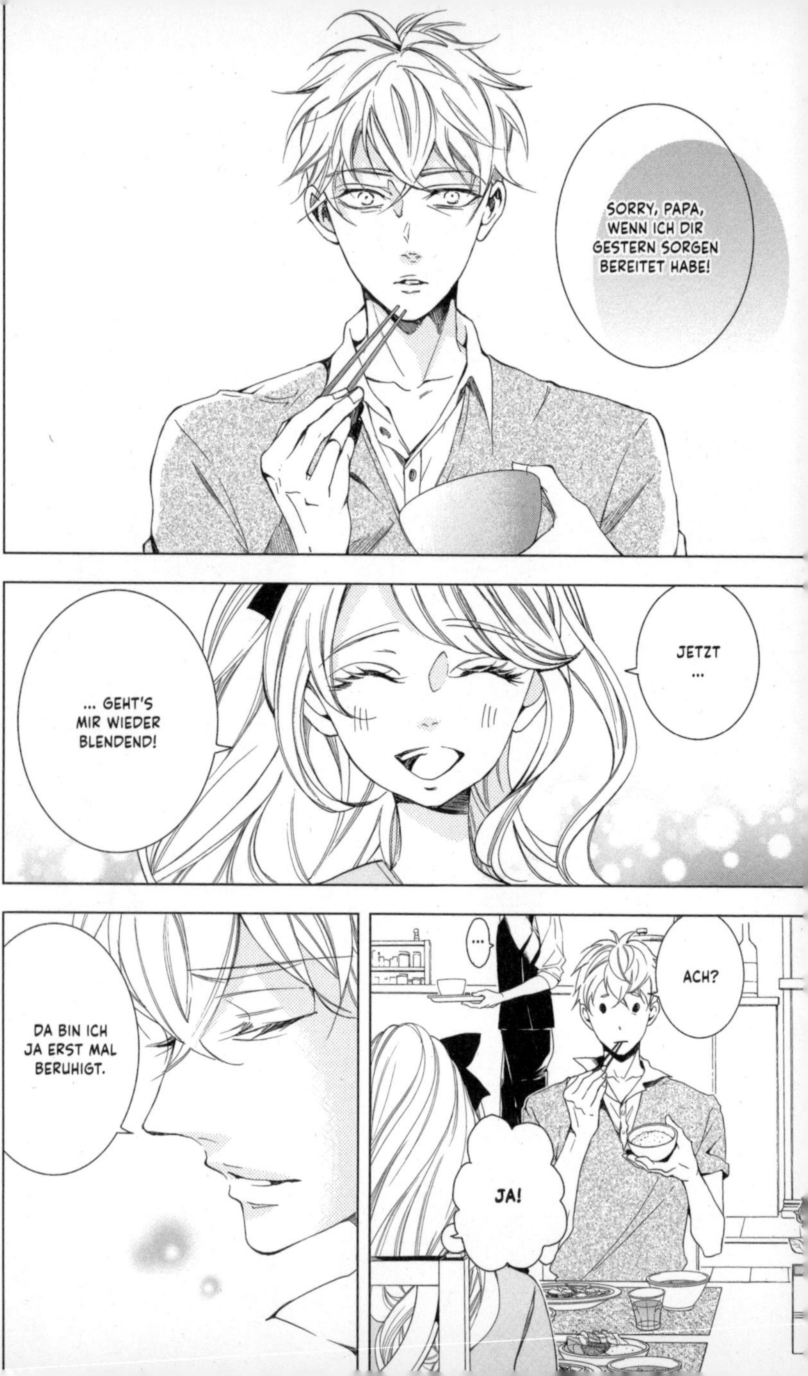

SORRY, PAPA, WENN ICH DIR GESTERN SORGEN BEREITET HABE!

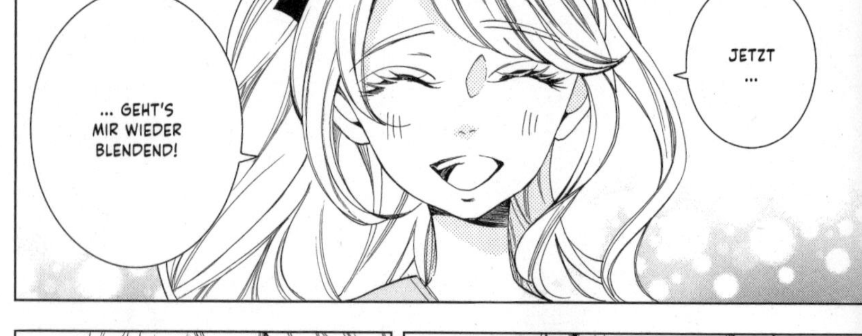

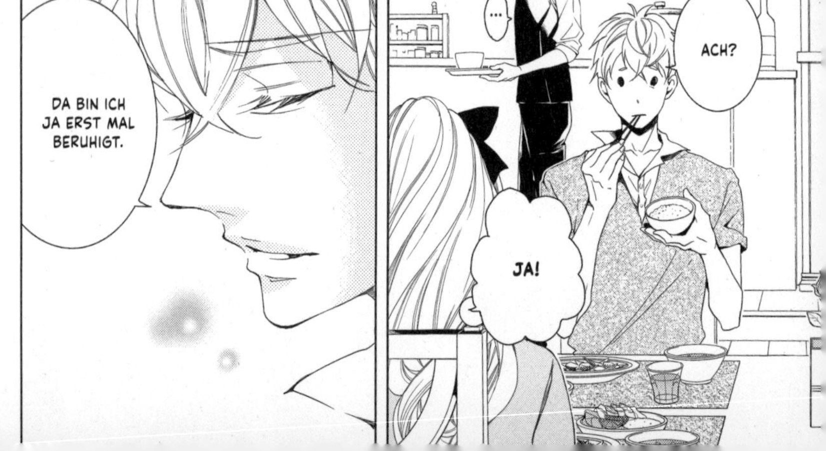

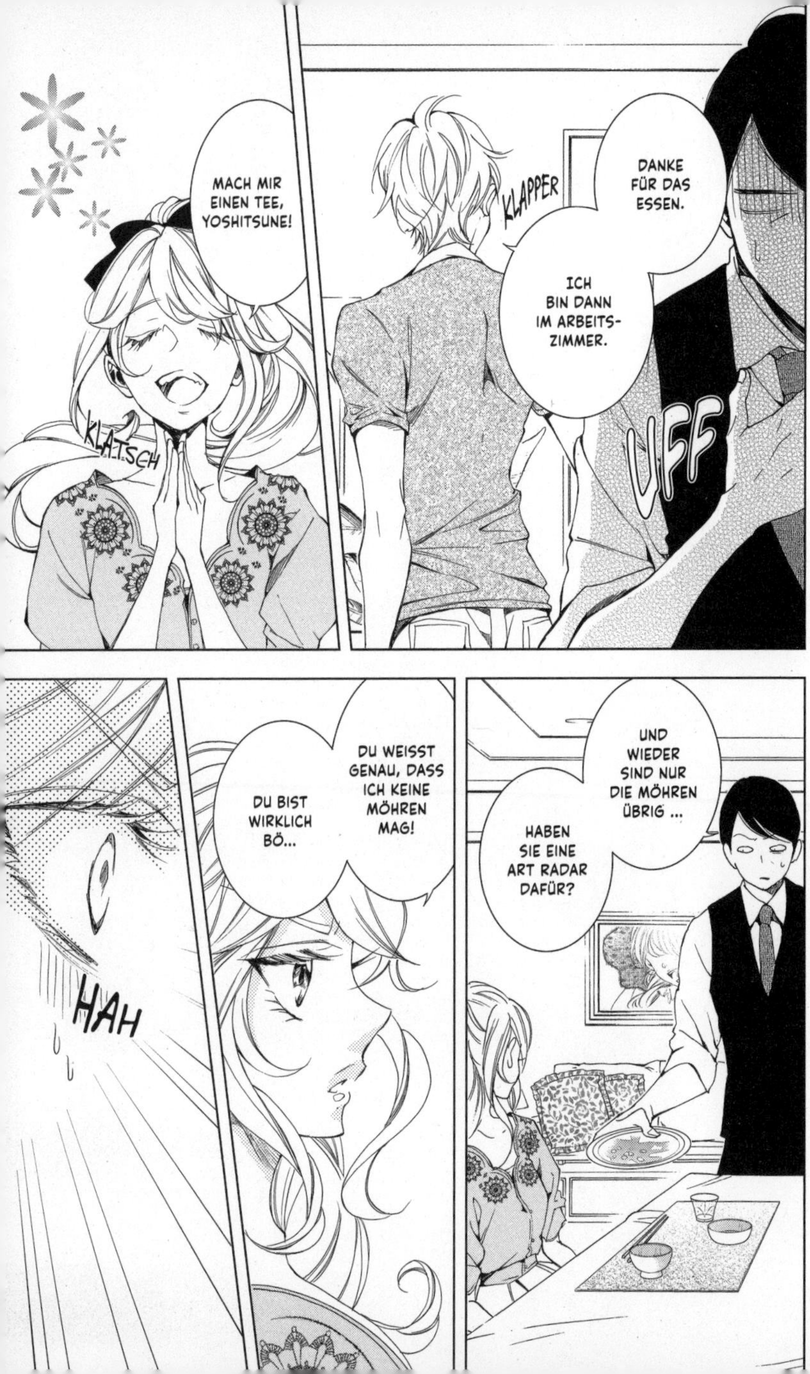

DANKE FÜR DAS ESSEN.
KLAPPER
ICH BIN DANN IM ARBEITS-ZIMMER.
UFF
MACH MIR EINEN TEE, YOSHITSUNE!
KLATSCH
UND WIEDER SIND NUR DIE MÖHREN ÜBRIG ...
HABEN SIE EINE ART RADAR DAFÜR?
DU WEISST GENAU, DASS ICH KEINE MÖHREN MAG!
DU BIST WIRKLICH BÖ...
HAH

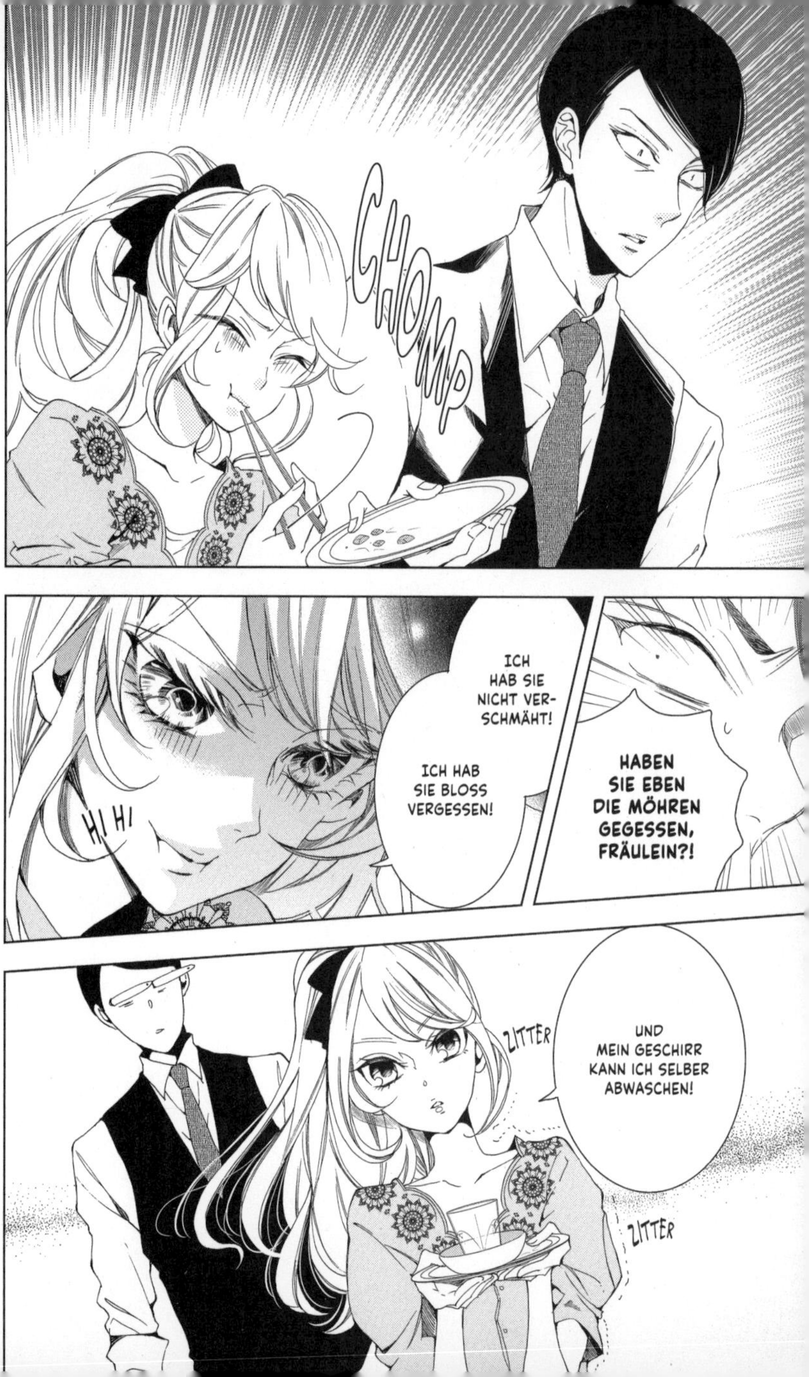

CHOMP

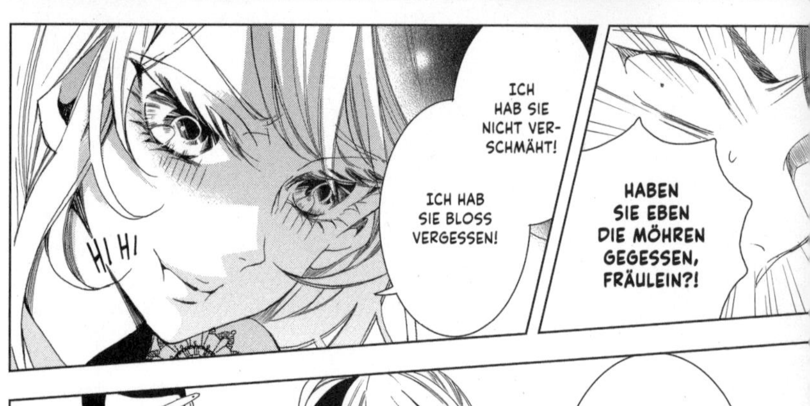
HABEN SIE EBEN DIE MÖHREN GEGESSEN, FRÄULEIN?!
ICH HAB SIE NICHT VERSCHMÄHT!
ICH HAB SIE BLOSS VERGESSEN!
HI HI

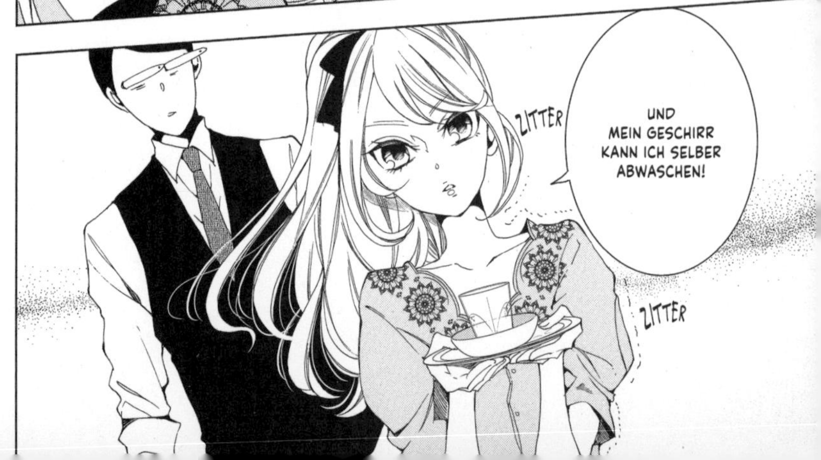
UND MEIN GESCHIRR KANN ICH SELBER ABWASCHEN!
ZITTER
ZITTER

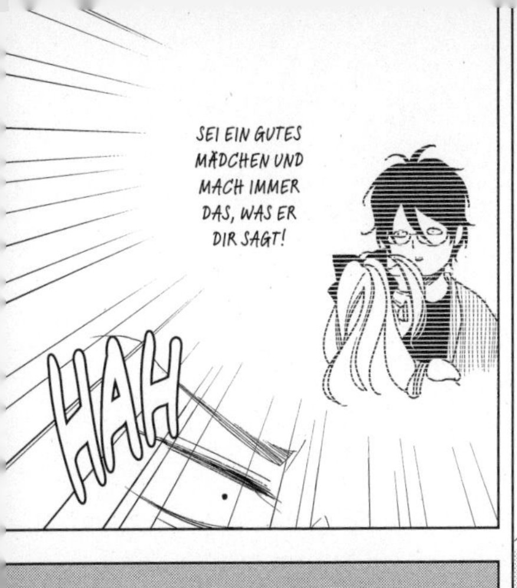
SEI EIN GUTES MÄDCHEN UND MACH IMMER DAS, WAS ER DIR SAGT!
HAH

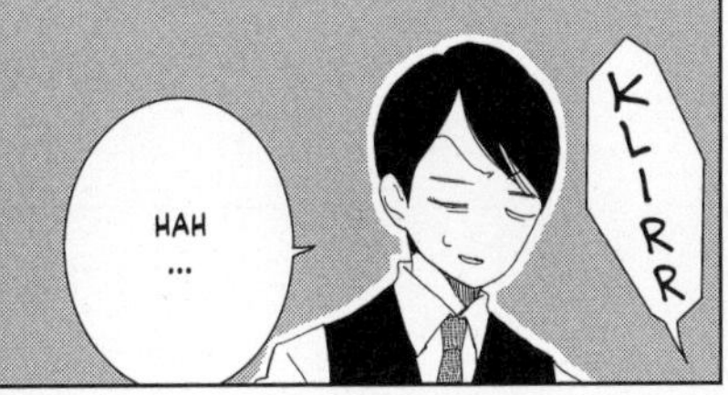
KLIRR
HAH ...

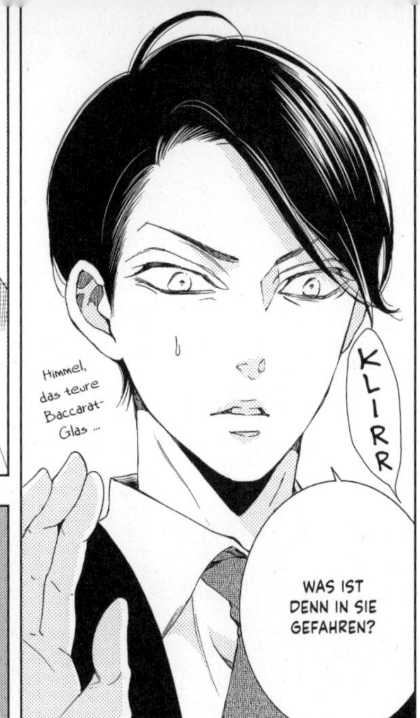
KLIRR
Himmel, das teure Baccarat-Glas ...
WAS IST DENN IN SIE GEFAHREN?

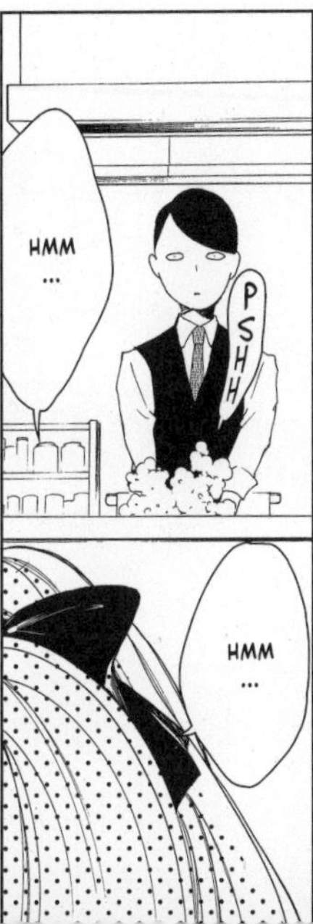
PSHH
HMM ...
HMM ...

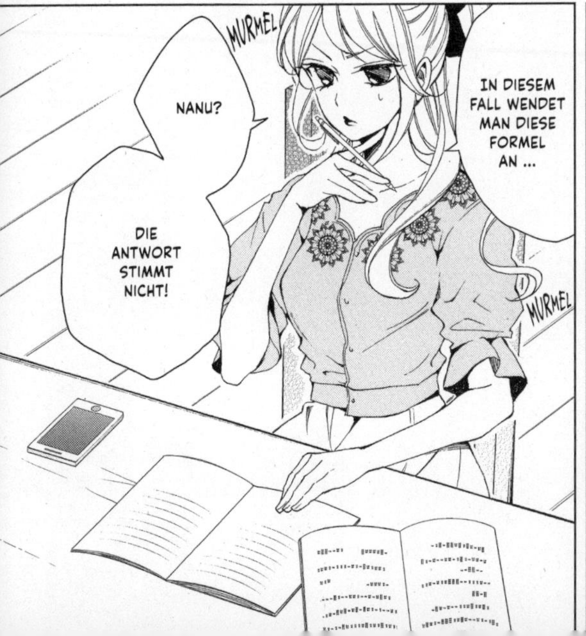
IN DIESEM FALL WENDET MAN DIESE FORMEL AN ...
MURMEL
NANU?
DIE ANTWORT STIMMT NICHT!
MURMEL

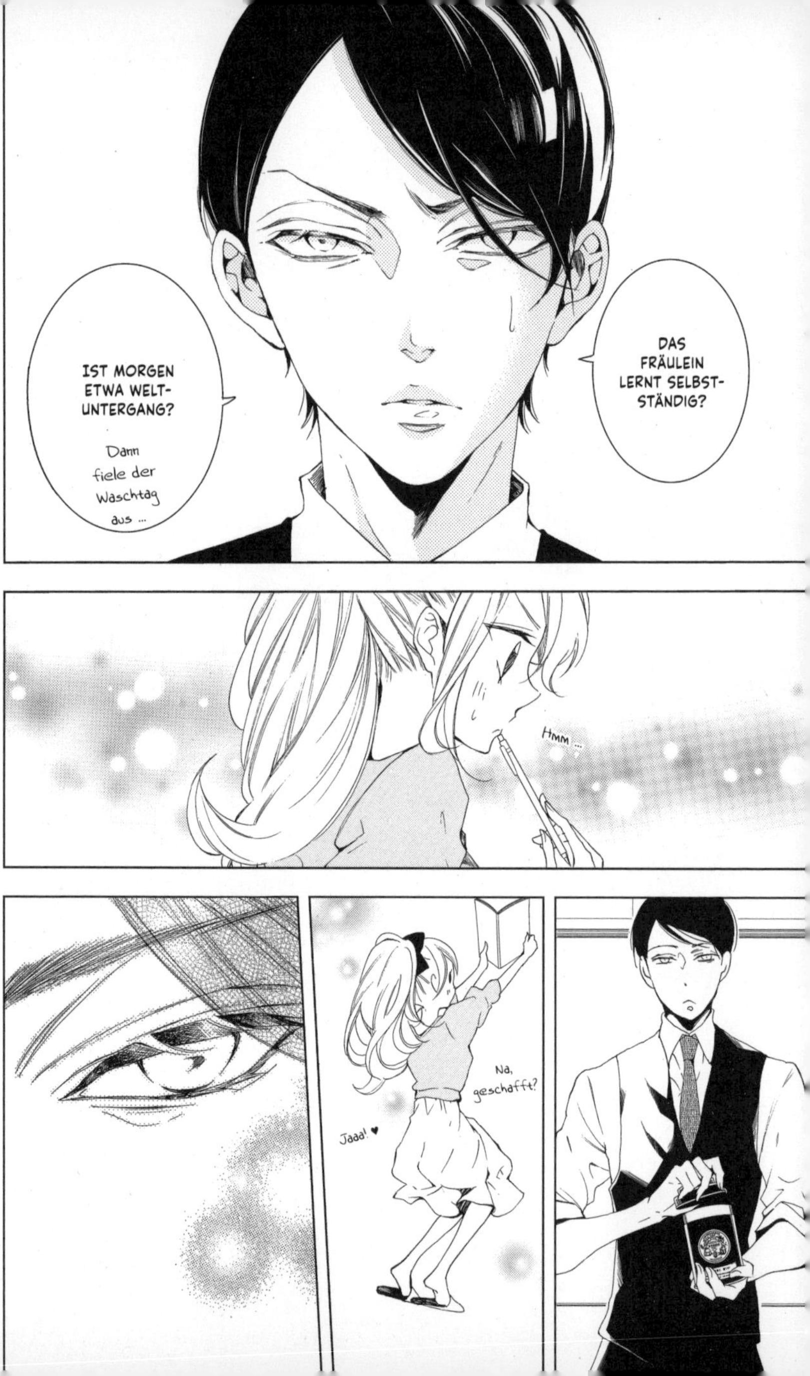

DAS FRÄULEIN LERNT SELBST-STÄNDIG?

IST MORGEN ETWA WELT-UNTERGANG?

Dann fiele der Waschtag aus ...

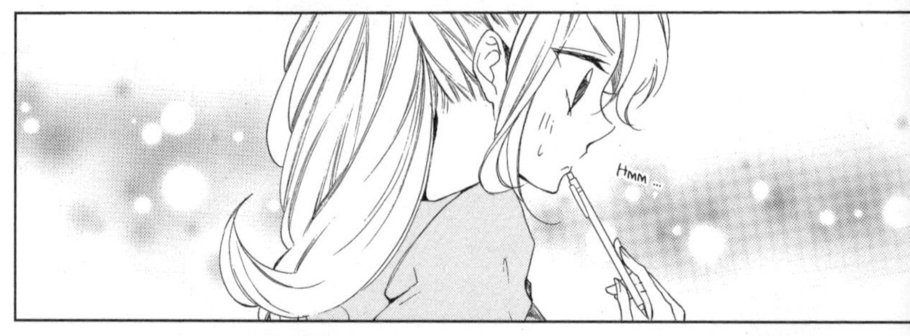

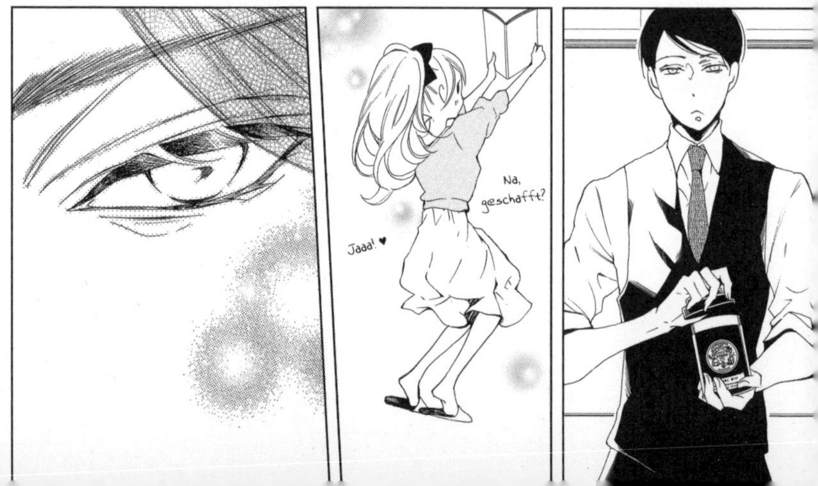

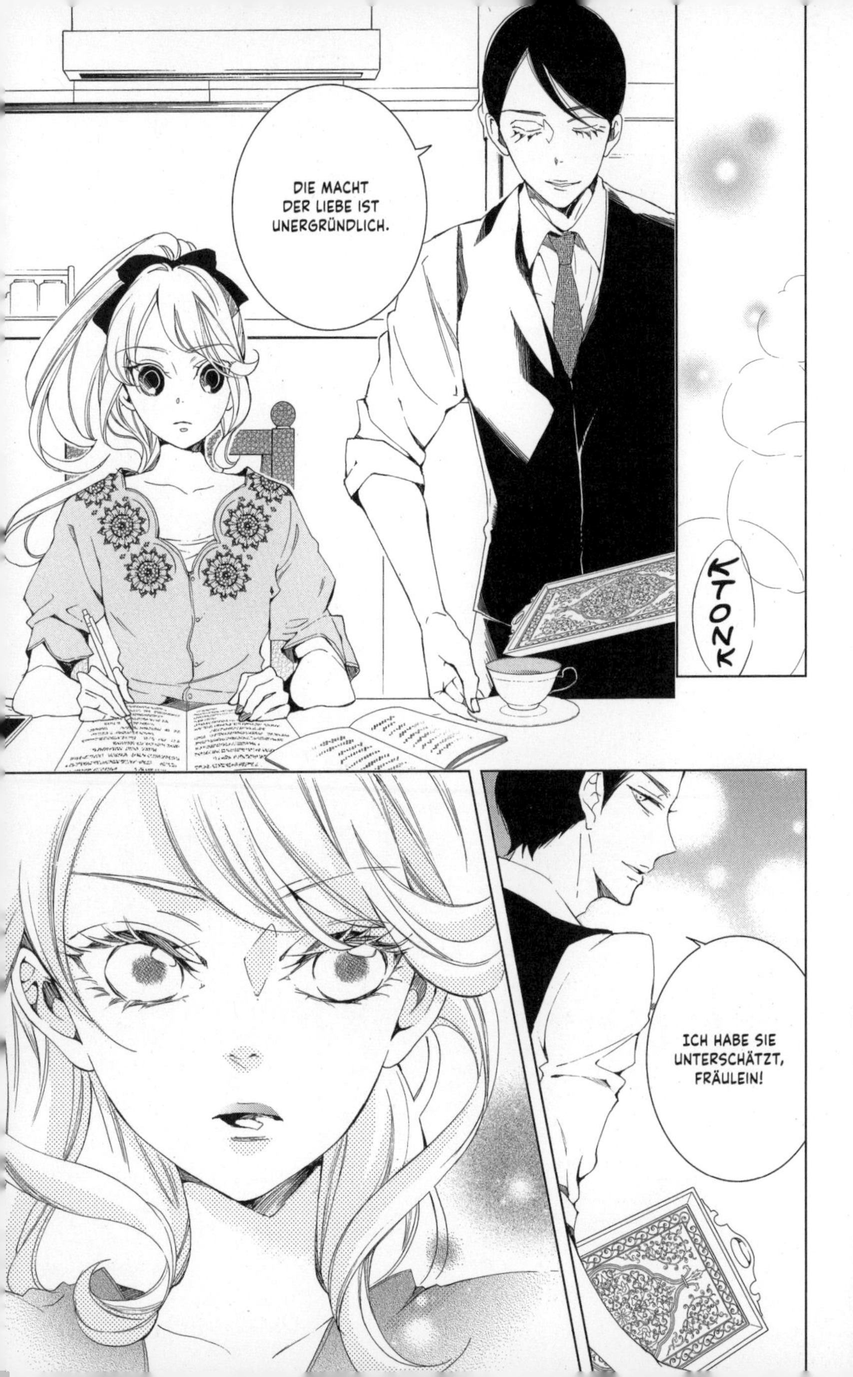
DIE MACHT DER LIEBE IST UNERGRÜNDLICH.
KTONK
ICH HABE SIE UNTERSCHÄTZT, FRÄULEIN!

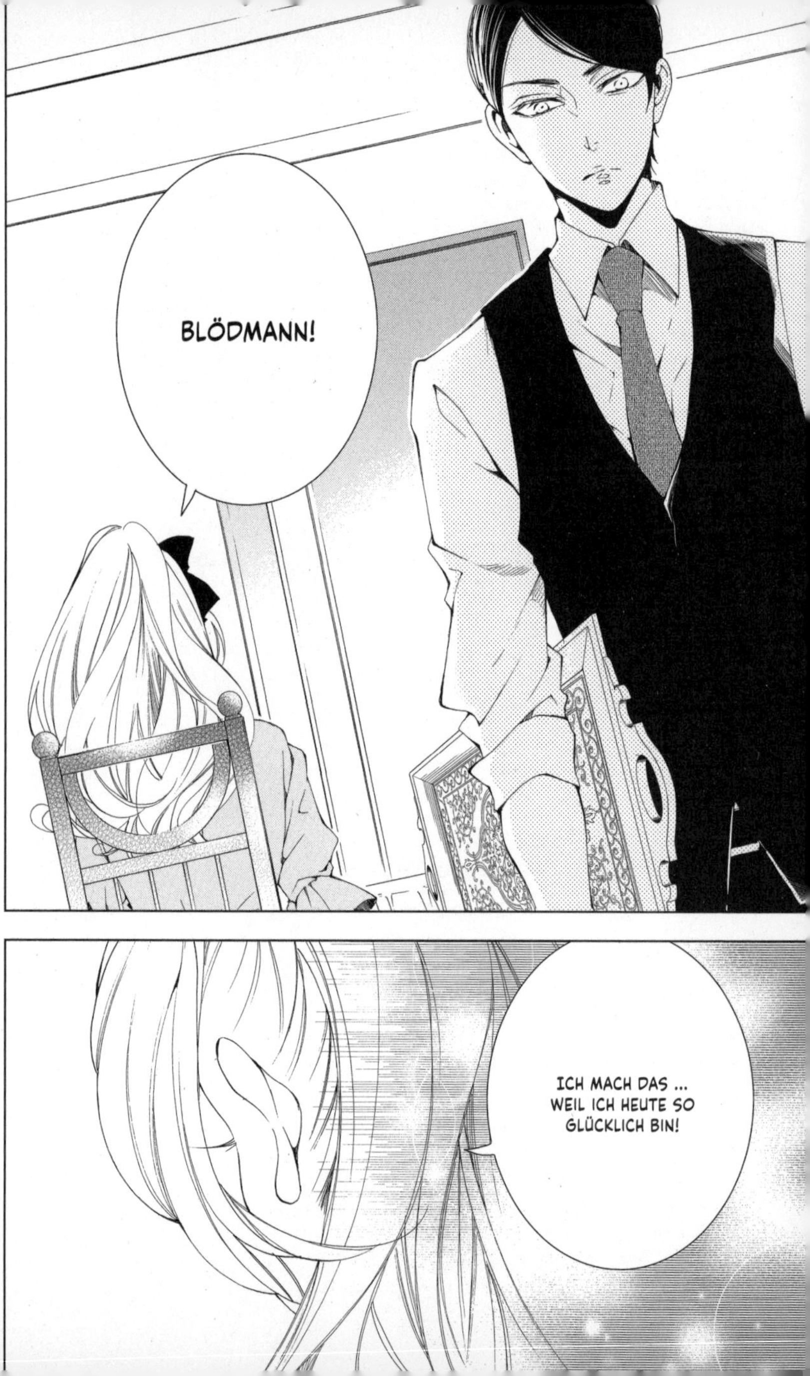

BLÖDMANN!

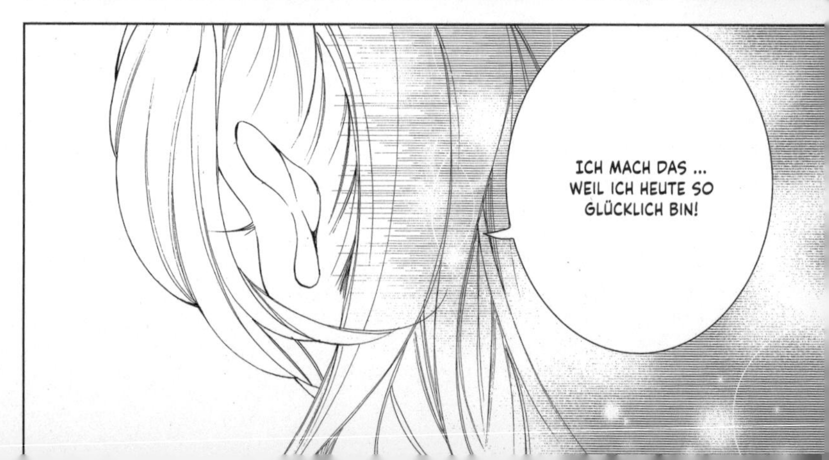

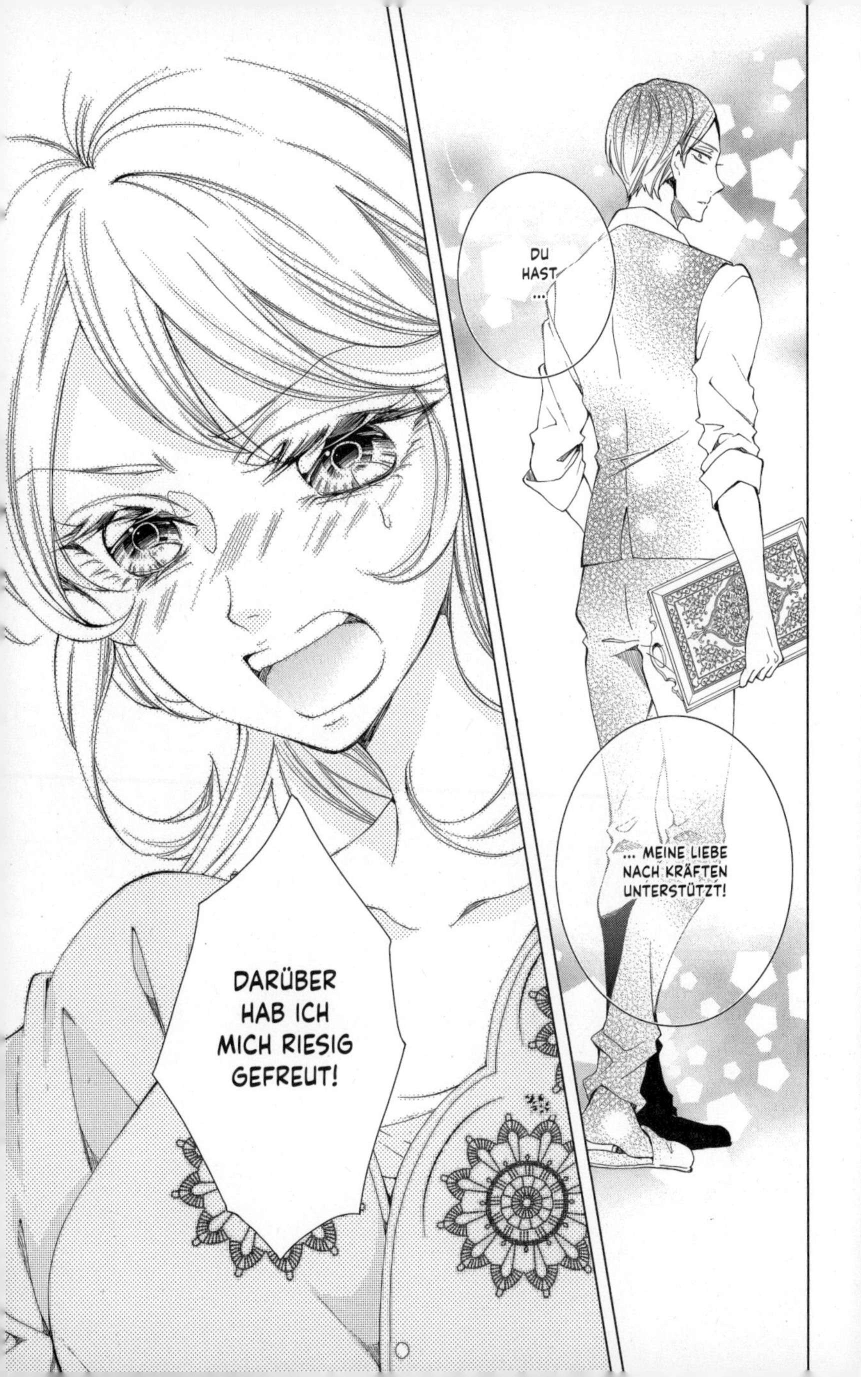
DU HAST ...
... MEINE LIEBE NACH KRÄFTEN UNTERSTÜTZT!
DARÜBER HAB ICH MICH RIESIG GEFREUT!

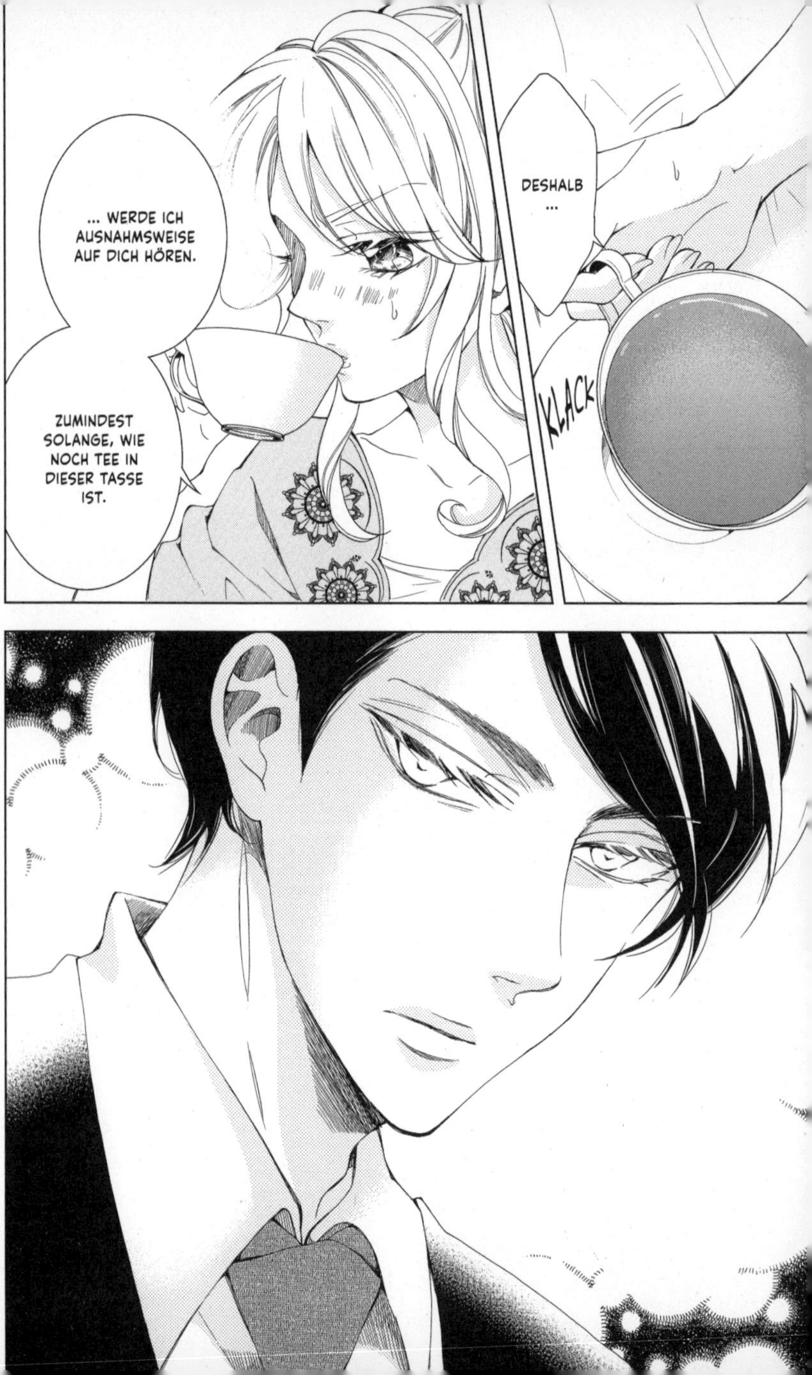

DESHALB ...

KLACK

... WERDE ICH AUSNAHMSWEISE AUF DICH HÖREN.

ZUMINDEST SOLANGE, WIE NOCH TEE IN DIESER TASSE IST.

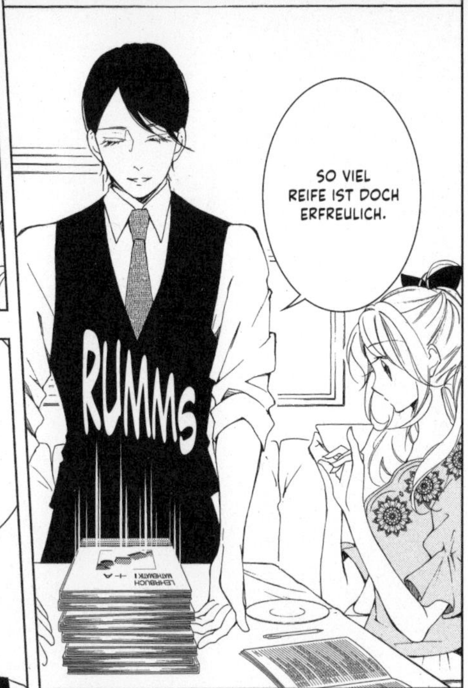
SO VIEL REIFE IST DOCH ERFREULICH.
RUMMS

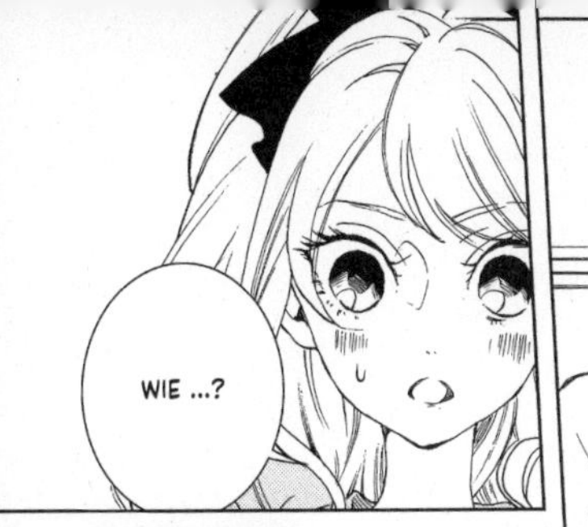
WIE ...?

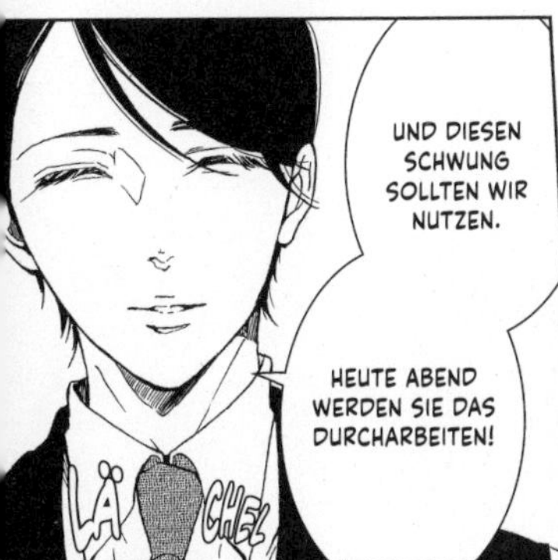
UND DIESEN SCHWUNG SOLLTEN WIR NUTZEN.
HEUTE ABEND WERDEN SIE DAS DURCHARBEITEN!
LÄCHEL

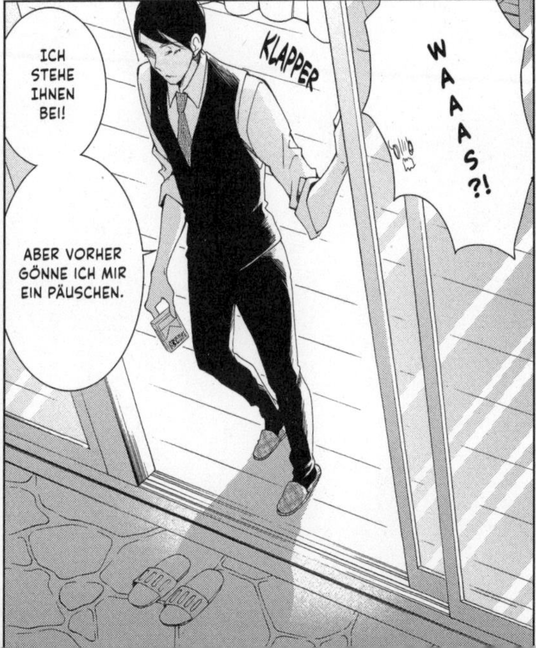
WAAAS?!
KLAPPER
ICH STEHE IHNEN BEI!
ABER VORHER GÖNNE ICH MIR EIN PÄUSCHEN.

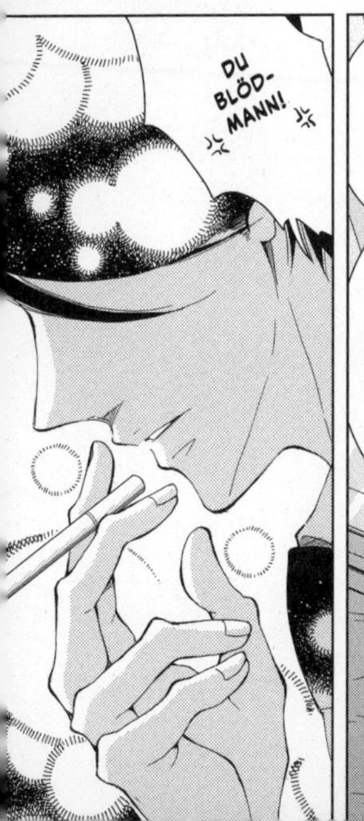
DU BLÖD-MANN!

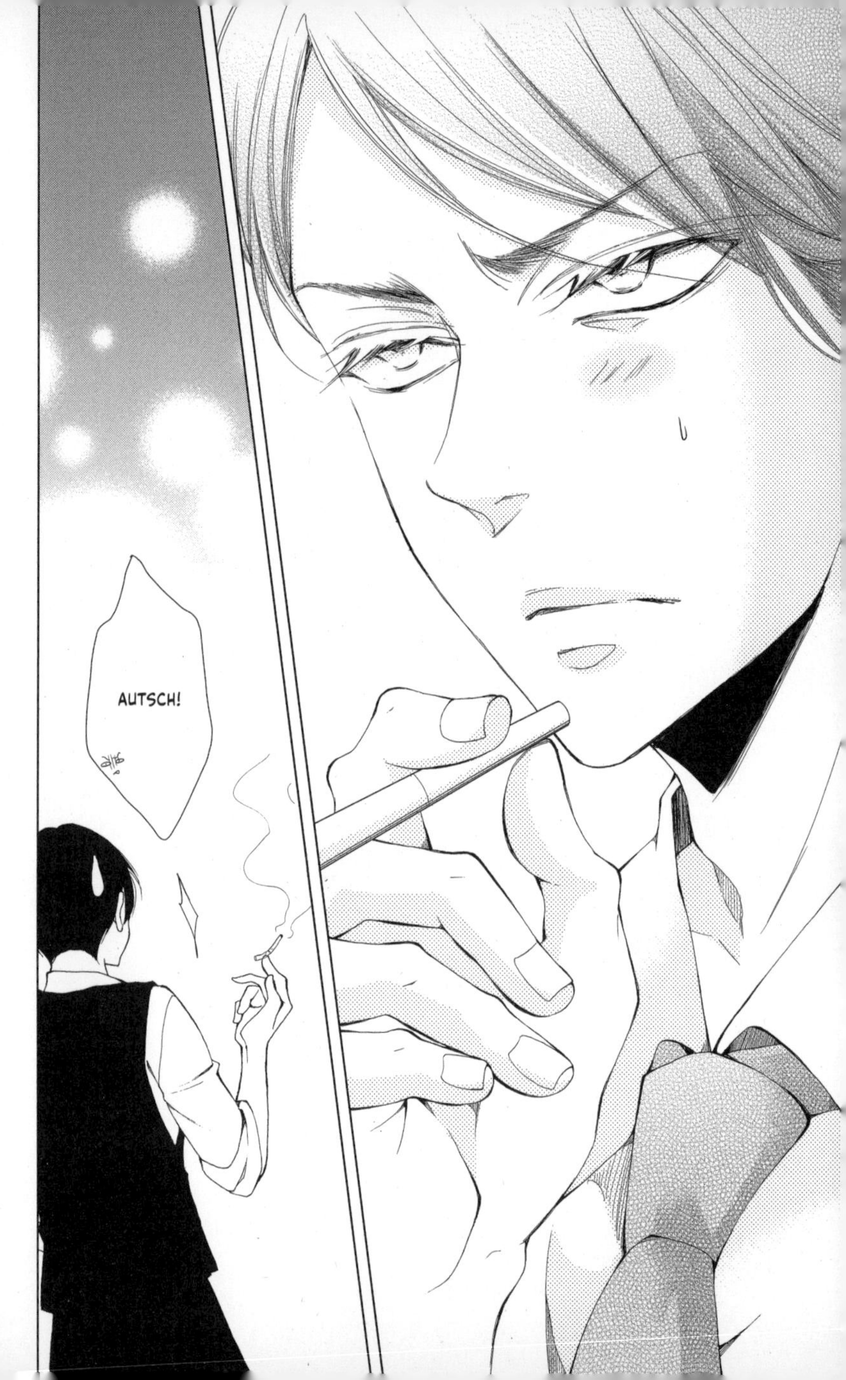
AUTSCH!

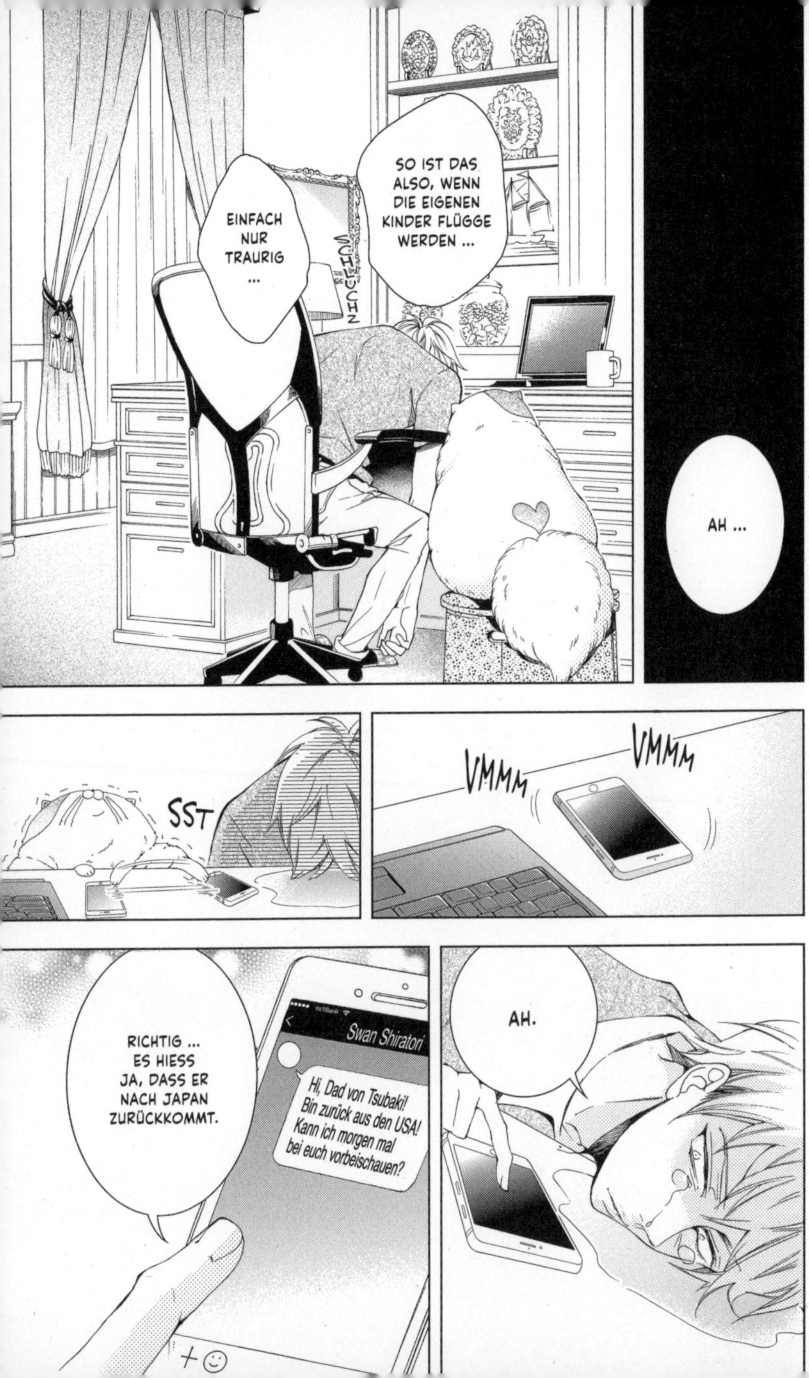

SO IST DAS ALSO, WENN DIE EIGENEN KINDER FLÜGGE WERDEN ...

EINFACH NUR TRAURIG ...

SCHLUCHZ

AH ...

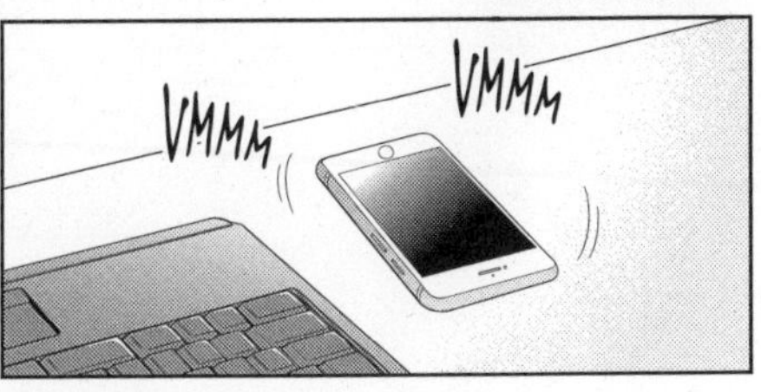

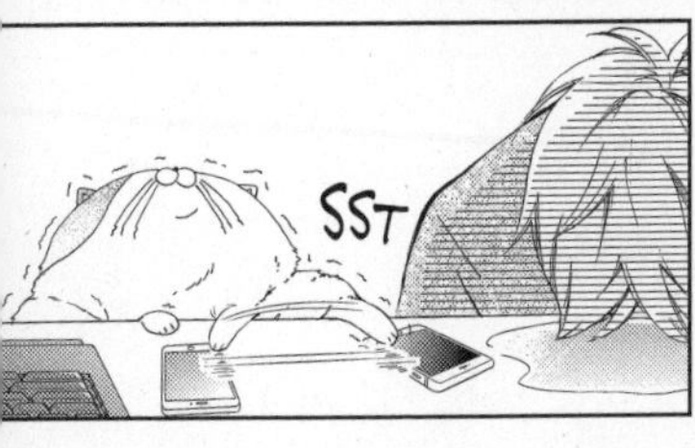

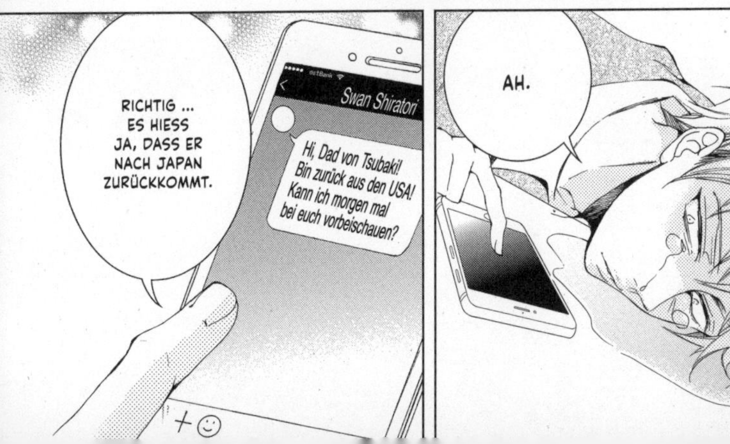

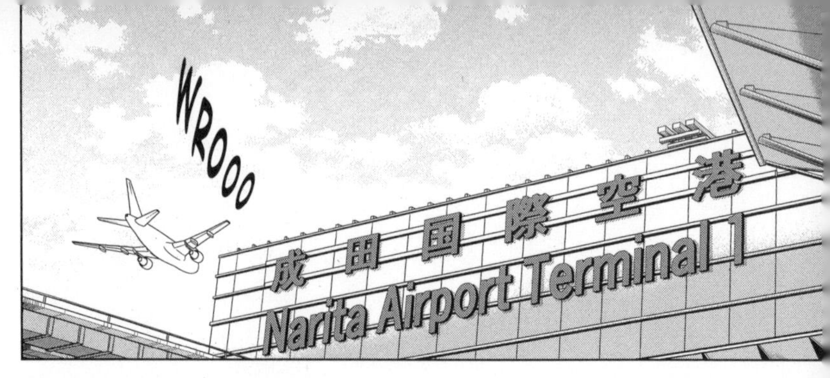

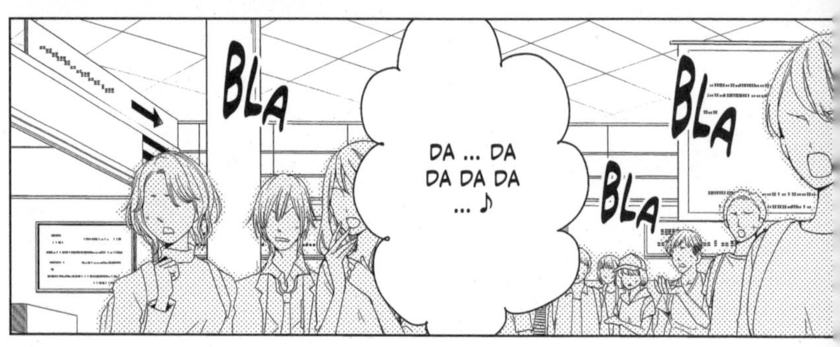

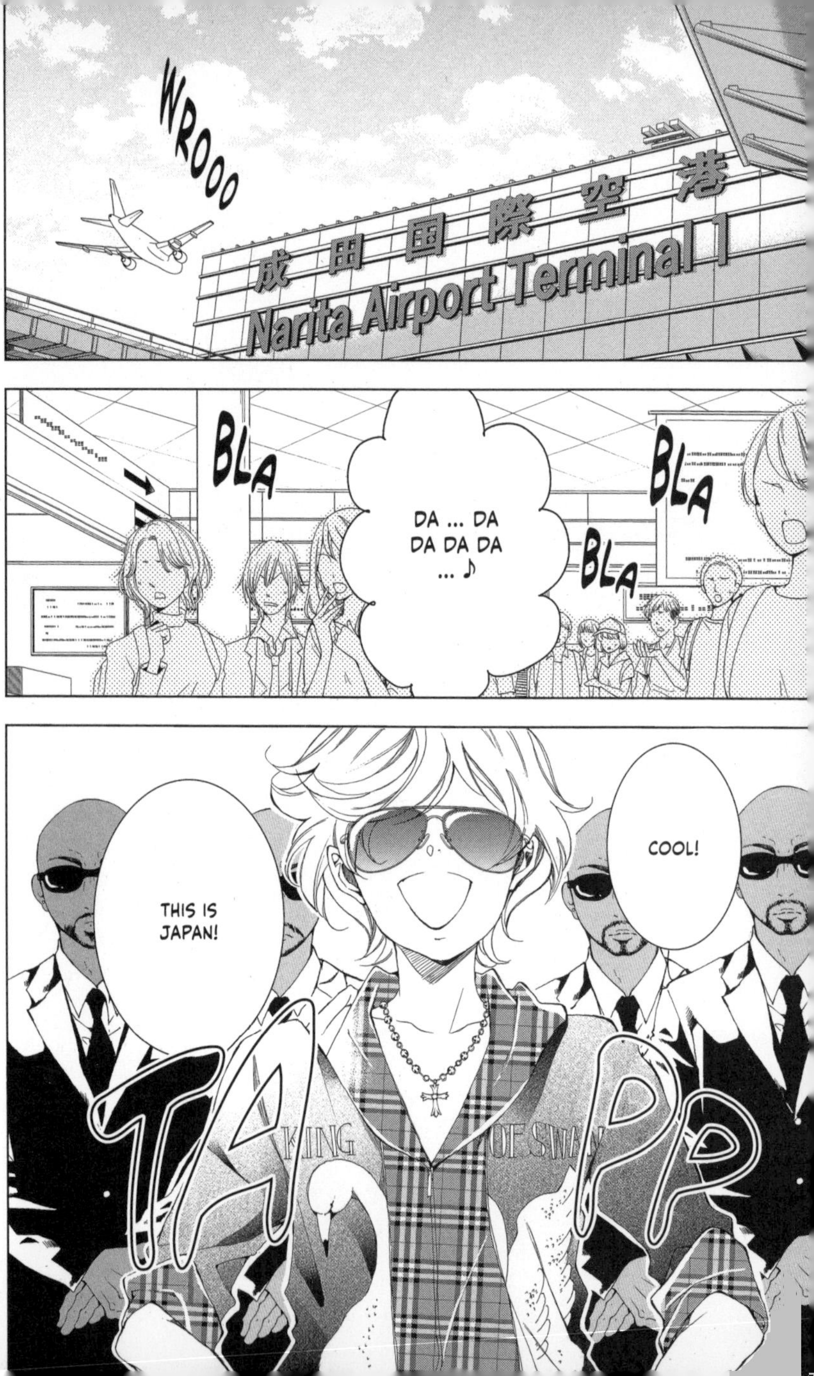

COOL!

THIS IS JAPAN!

TAPP

KING OF SWAN

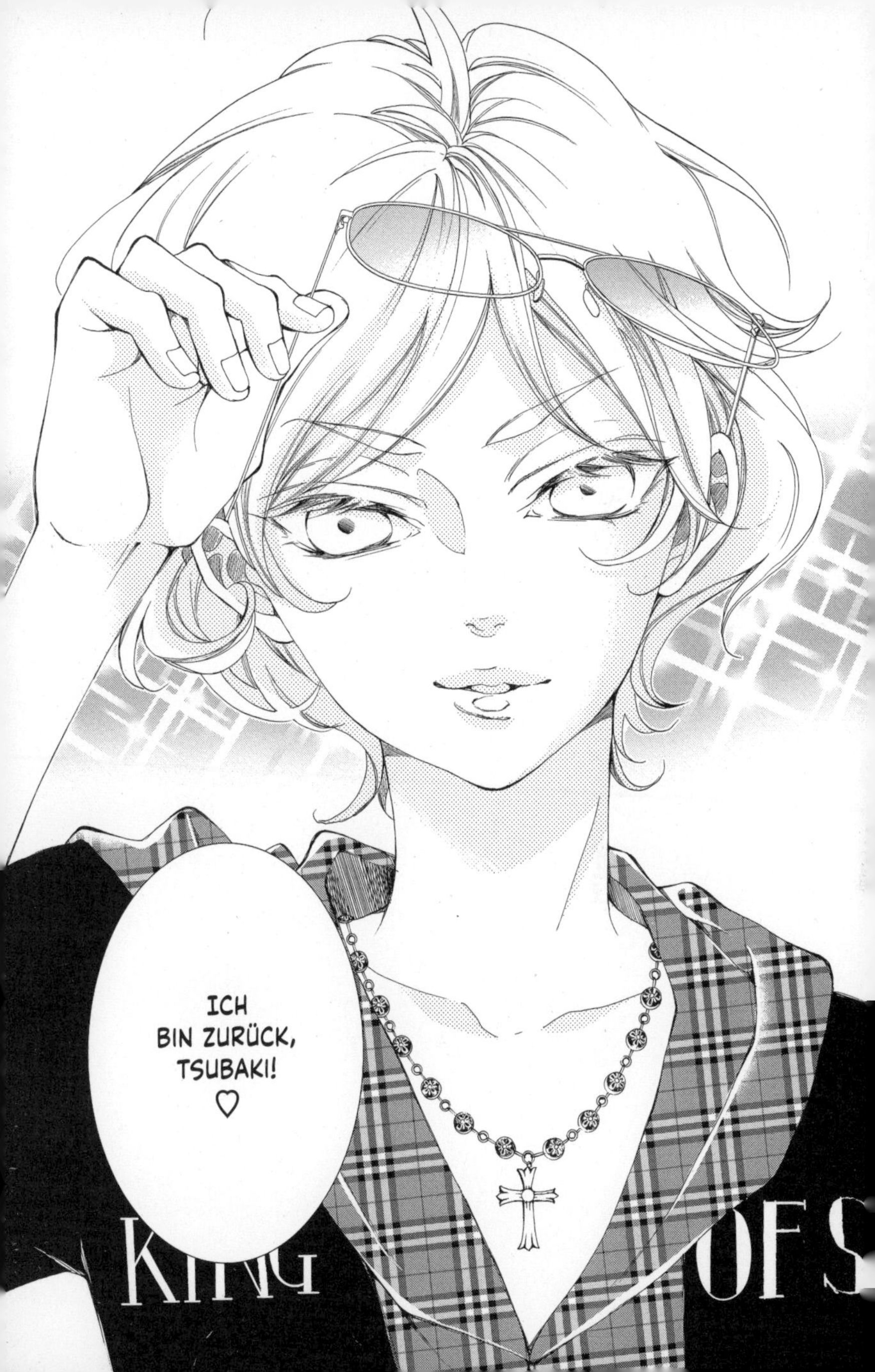
ICH BIN ZURÜCK, TSUBAKI! ♡
KING
OFS

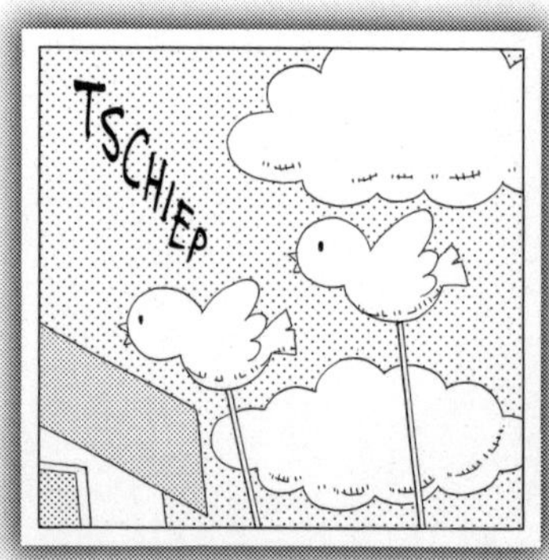
TSCHIEP

Kapitel 14

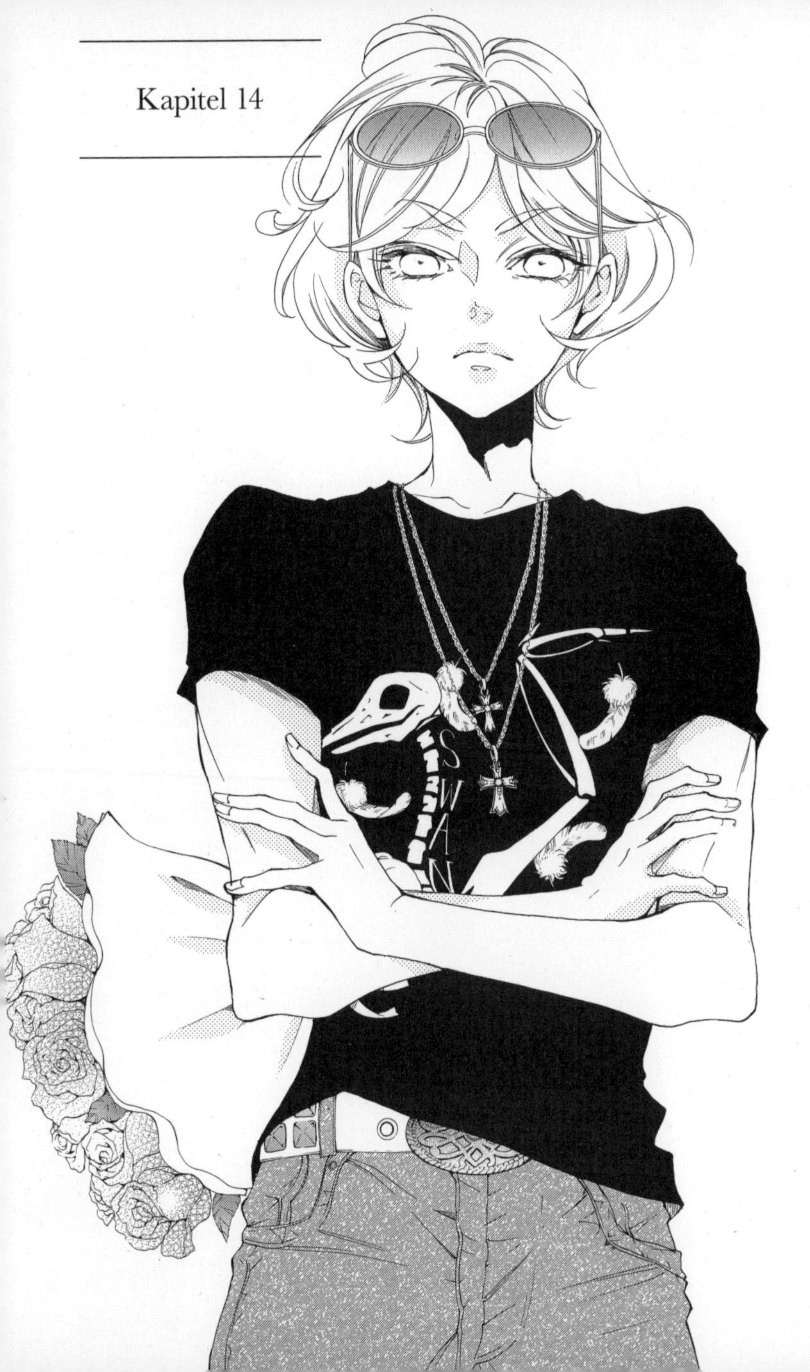

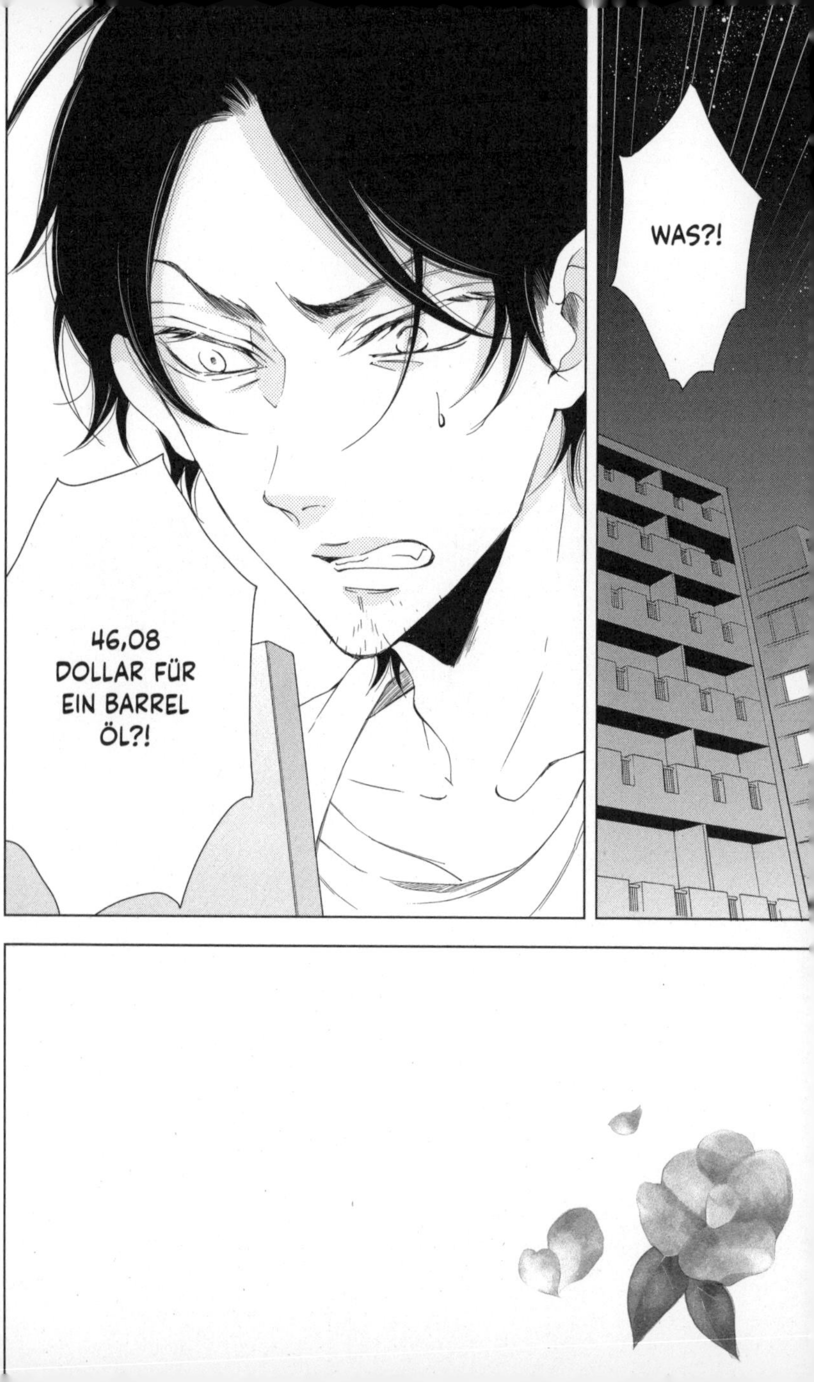

WAS?!

46,08 DOLLAR FÜR EIN BARREL ÖL?!

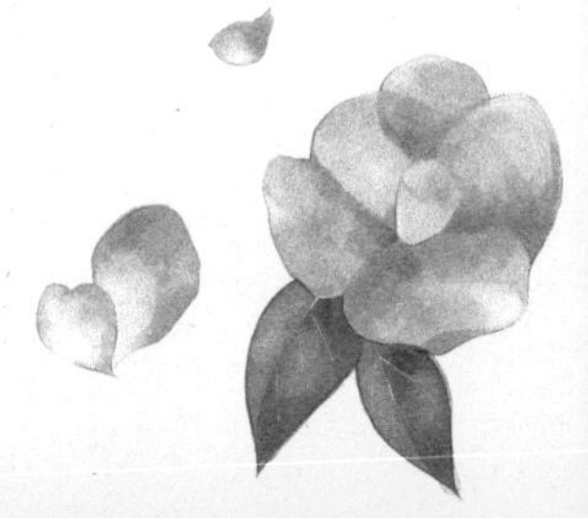

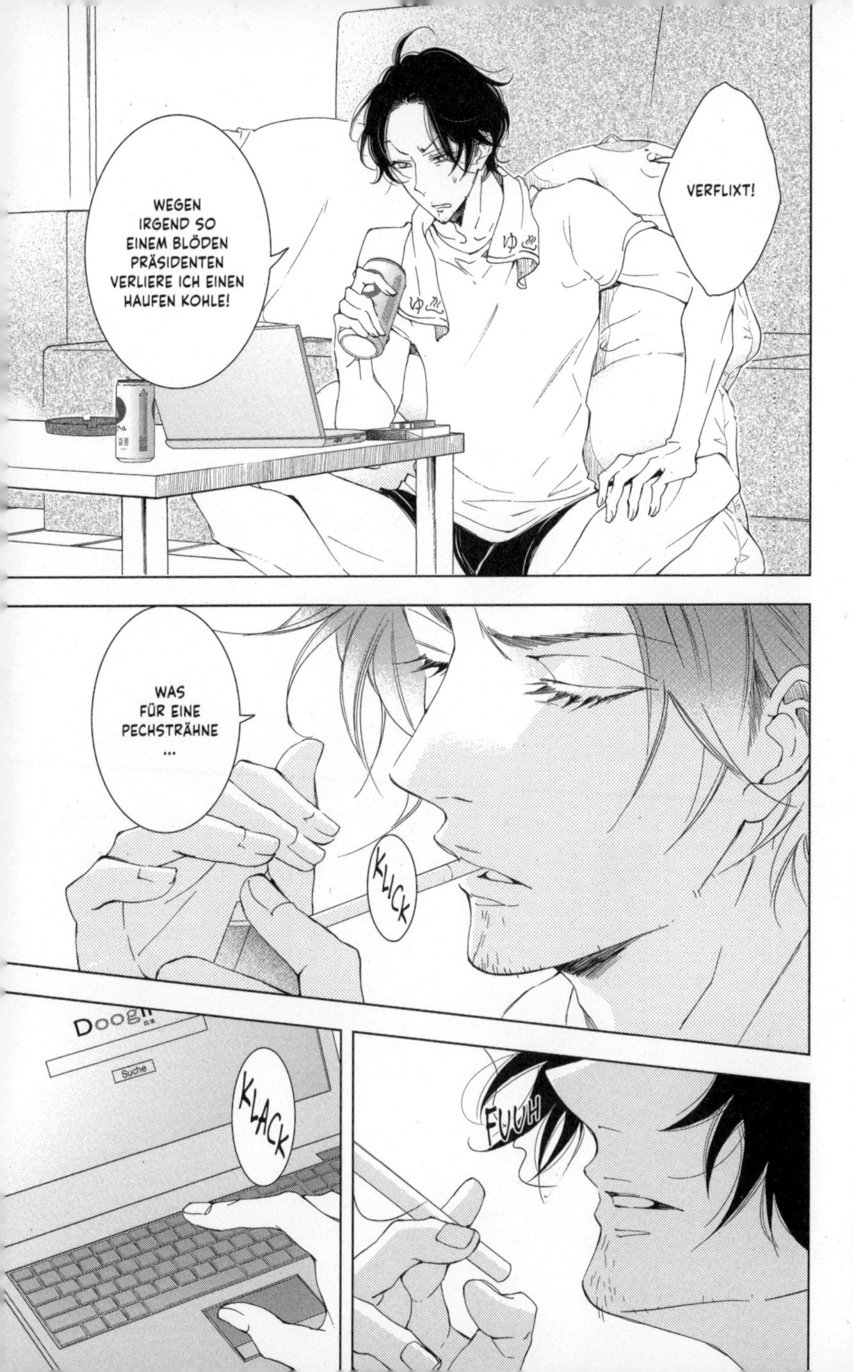
VERFLIXT!
WEGEN IRGEND SO EINEM BLÖDEN PRÄSIDENTEN VERLIERE ICH EINEN HAUFEN KOHLE!
WAS FÜR EINE PECHSTRÄHNE ...
KLICK
FUUH
KLACK
Doogl
Suche

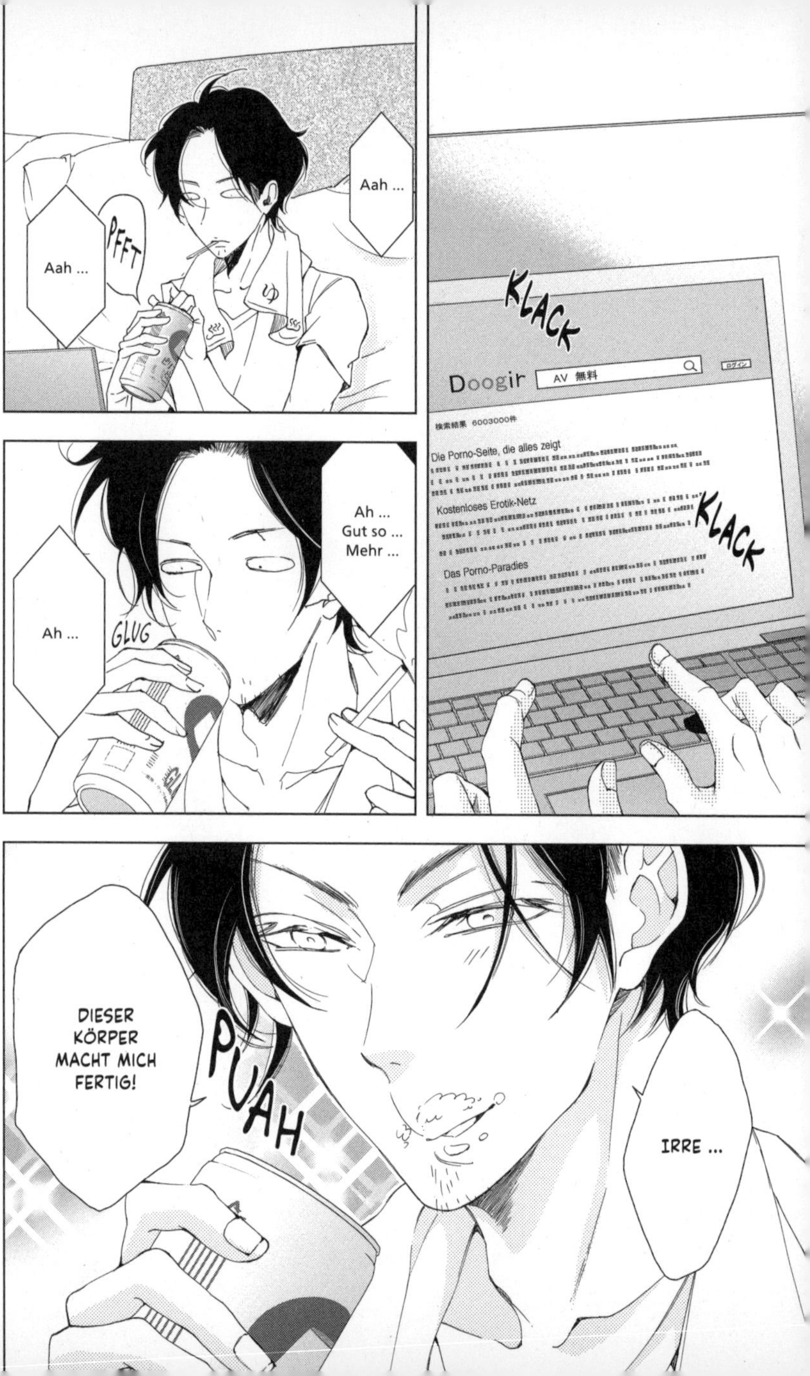

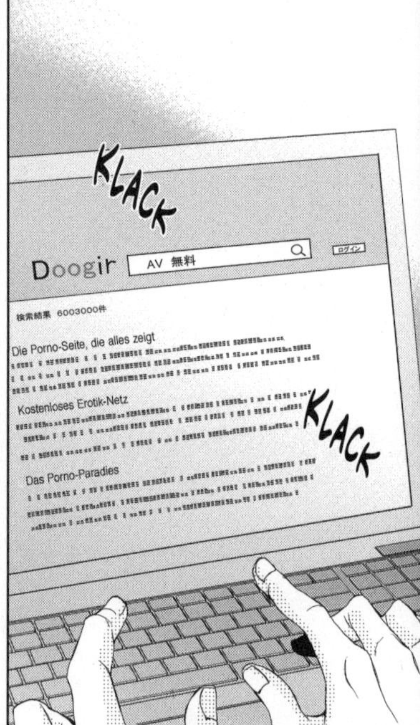
KLACK
Doogir
AV 無料
ログイン
検索結果 6003000件
Die Porno-Seite, die alles zeigt
Kostenloses Erotik-Netz
Das Porno-Paradies
KLACK

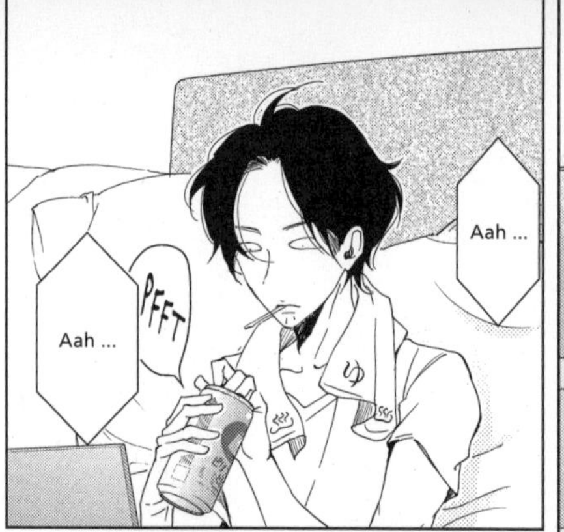
Aah ...
PFFT
Aah ...

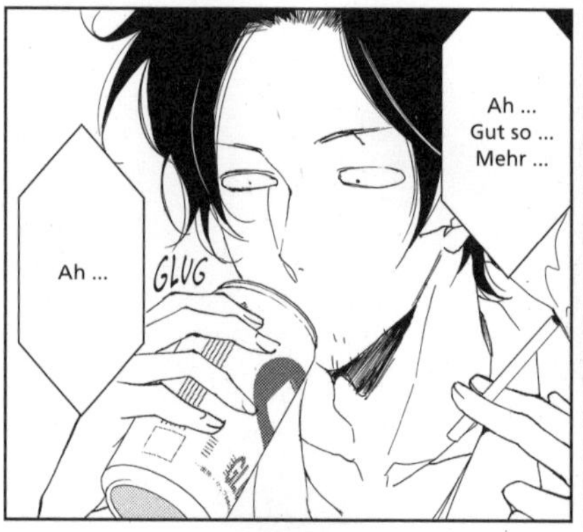
Ah ... Gut so ... Mehr ...
GLUG
Ah ...

IRRE ...
PUAH
DIESER KÖRPER MACHT MICH FERTIG!

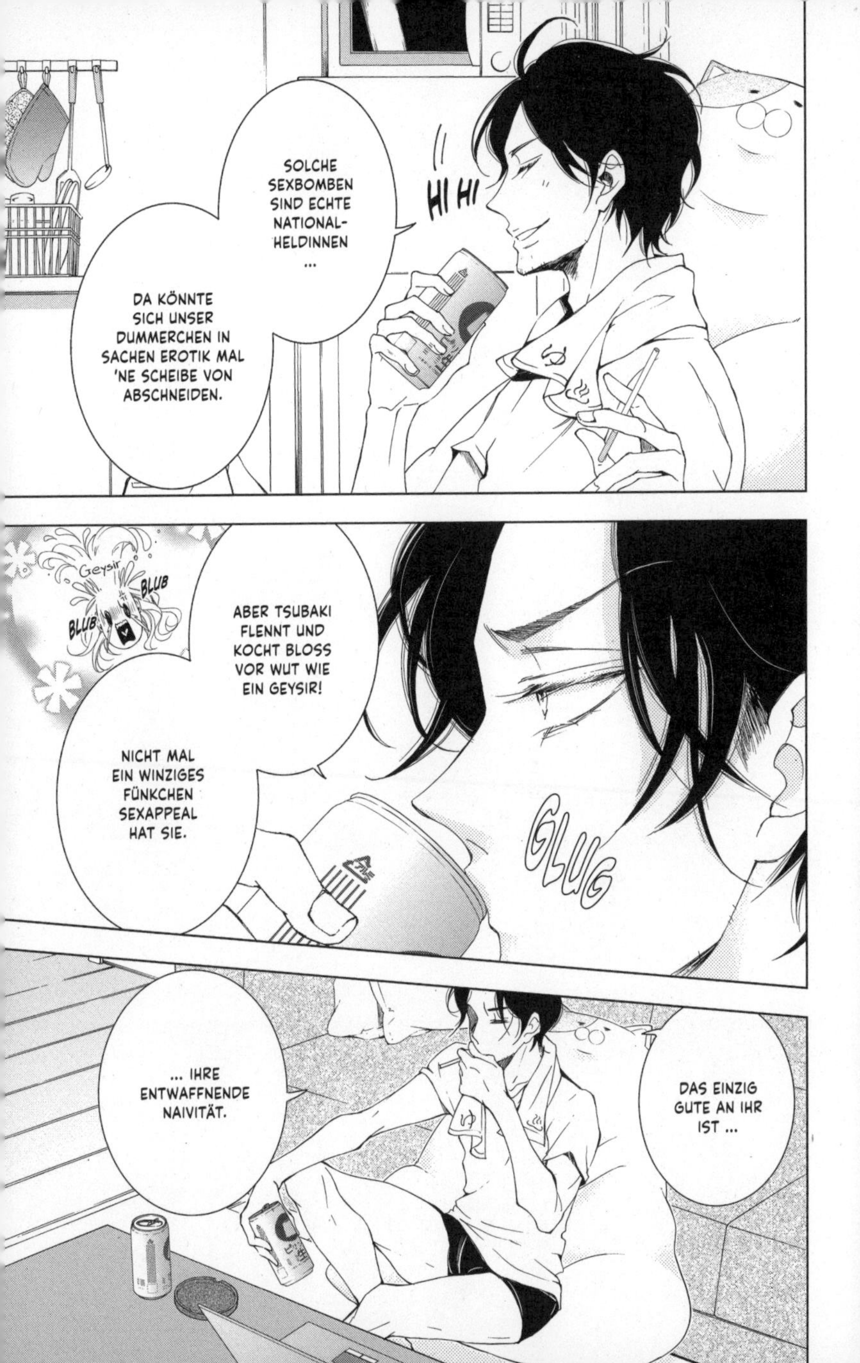
SOLCHE SEXBOMBEN SIND ECHTE NATIONAL-HELDINNEN ...
HI HI
DA KÖNNTE SICH UNSER DUMMERCHEN IN SACHEN EROTIK MAL 'NE SCHEIBE VON ABSCHNEIDEN.
ABER TSUBAKI FLENNT UND KOCHT BLOSS VOR WUT WIE EIN GEYSIR!
Geysir
BLUB
BLUB
NICHT MAL EIN WINZIGES FÜNKCHEN SEXAPPEAL HAT SIE.
GLUG
DAS EINZIG GUTE AN IHR IST ...
... IHRE ENTWAFFNENDE NAIVITÄT.

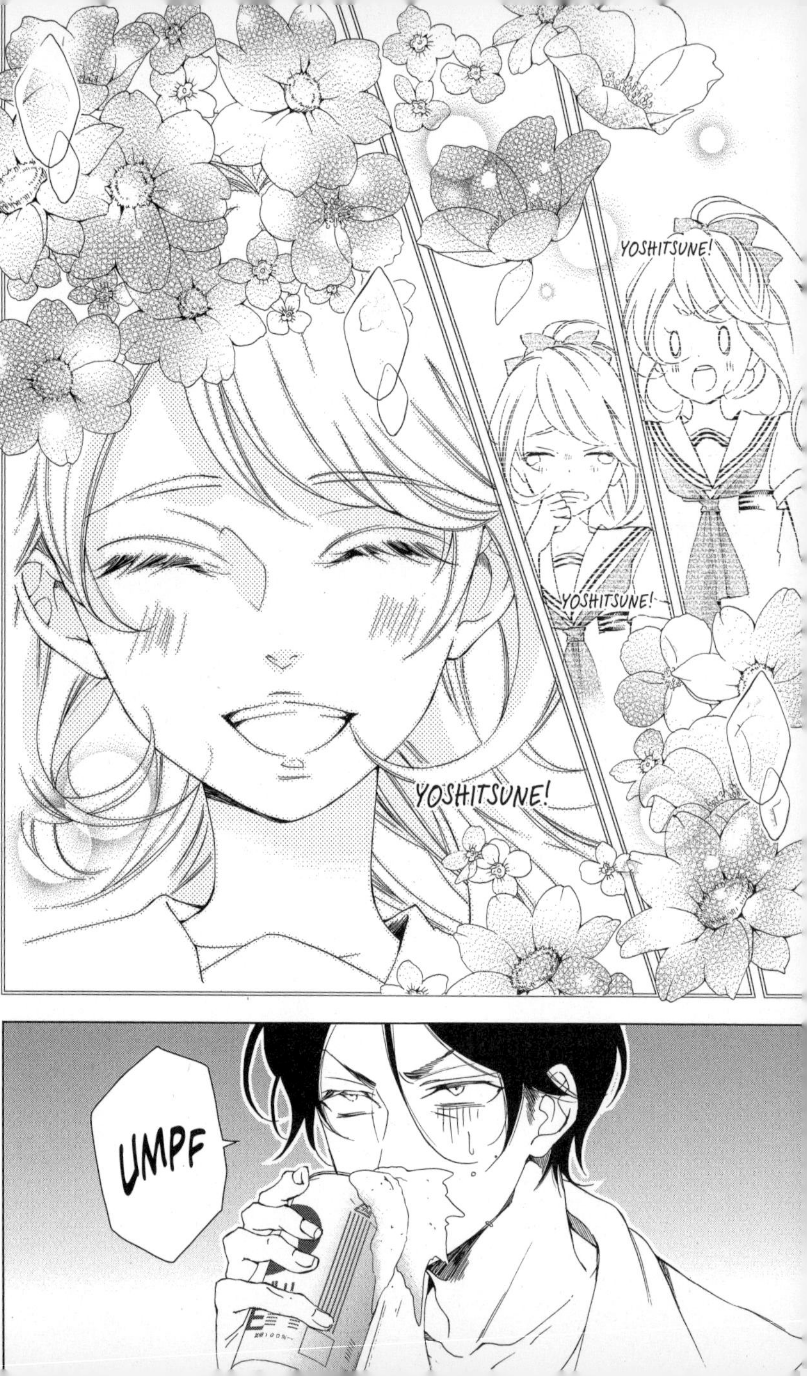

YOSHITSUNE!
YOSHITSUNE!
YOSHITSUNE!

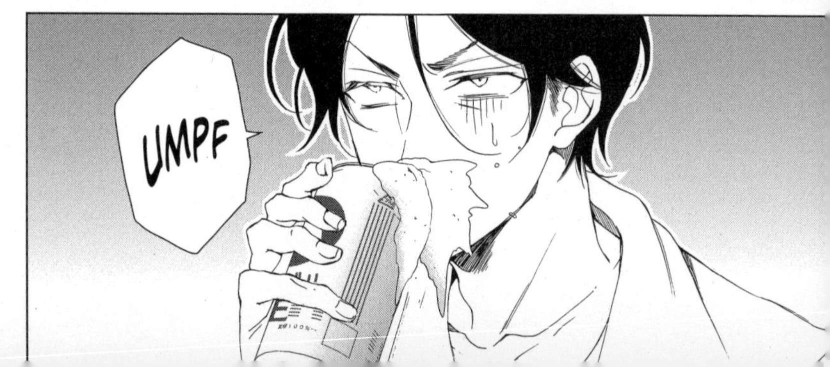

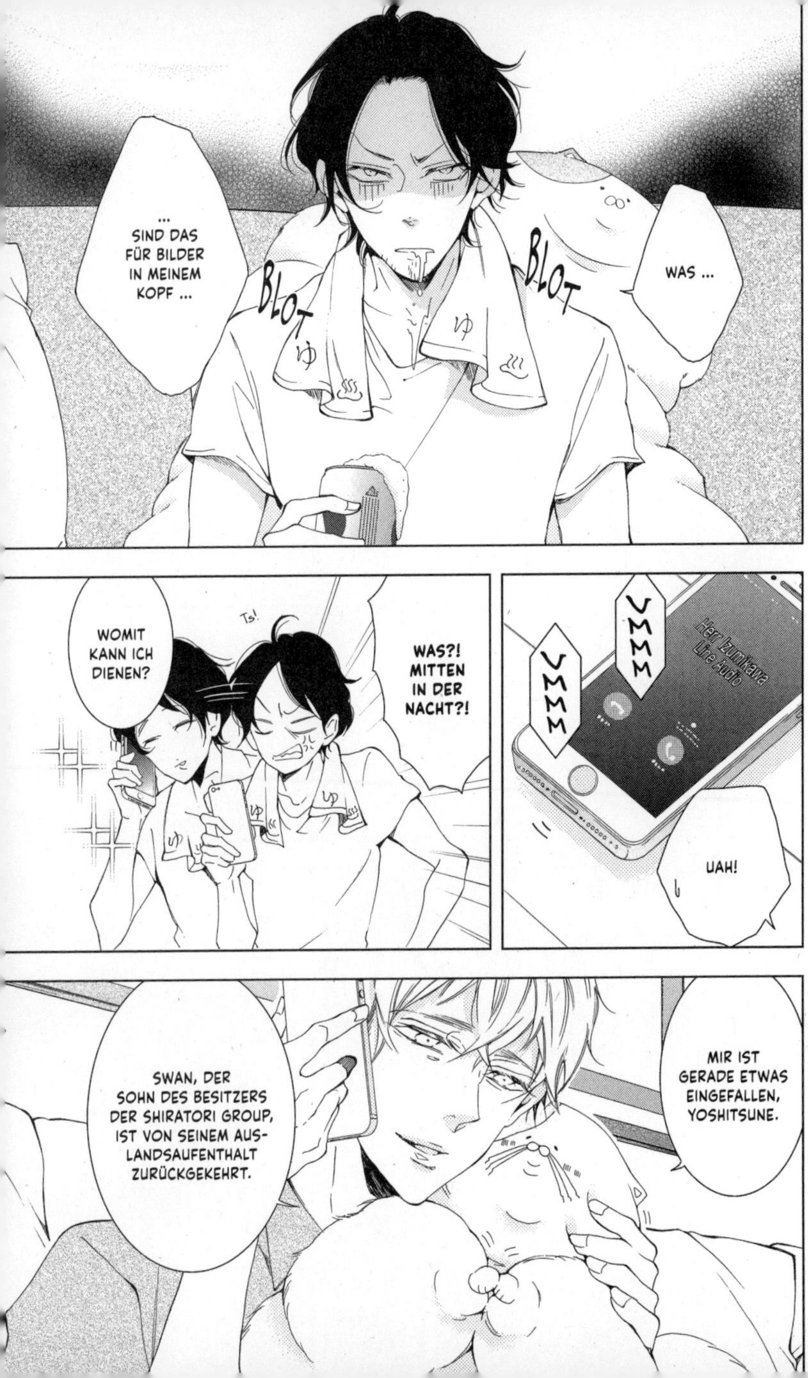

WAS ...

BLOT

BLOT

... SIND DAS FÜR BILDER IN MEINEM KOPF ...

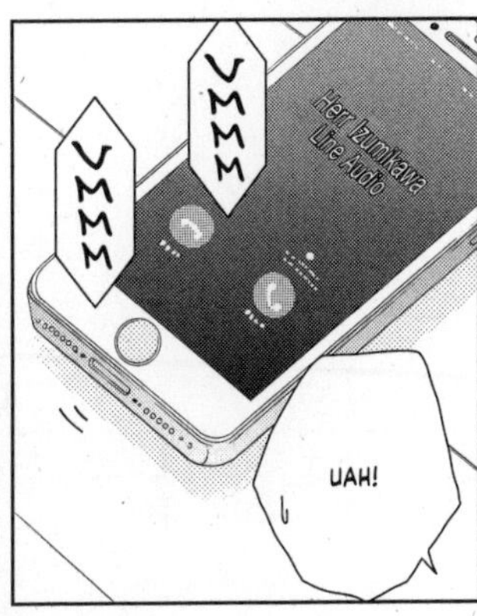

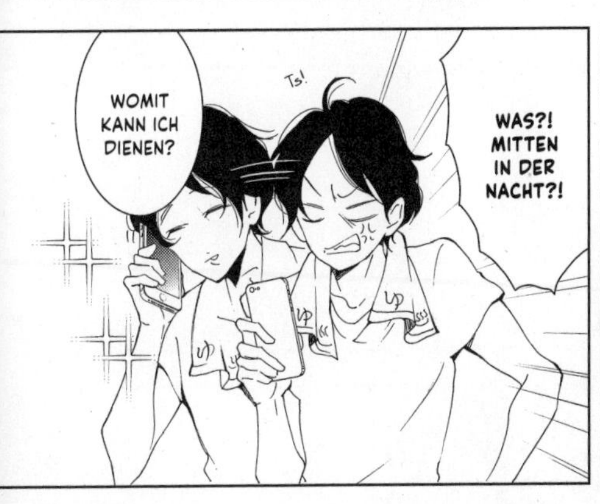

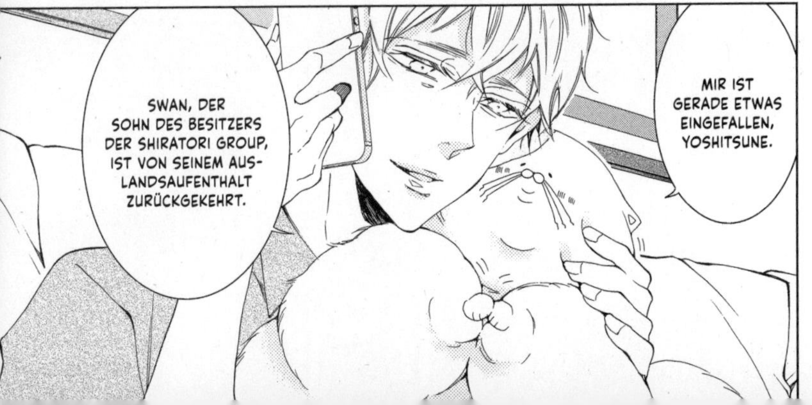

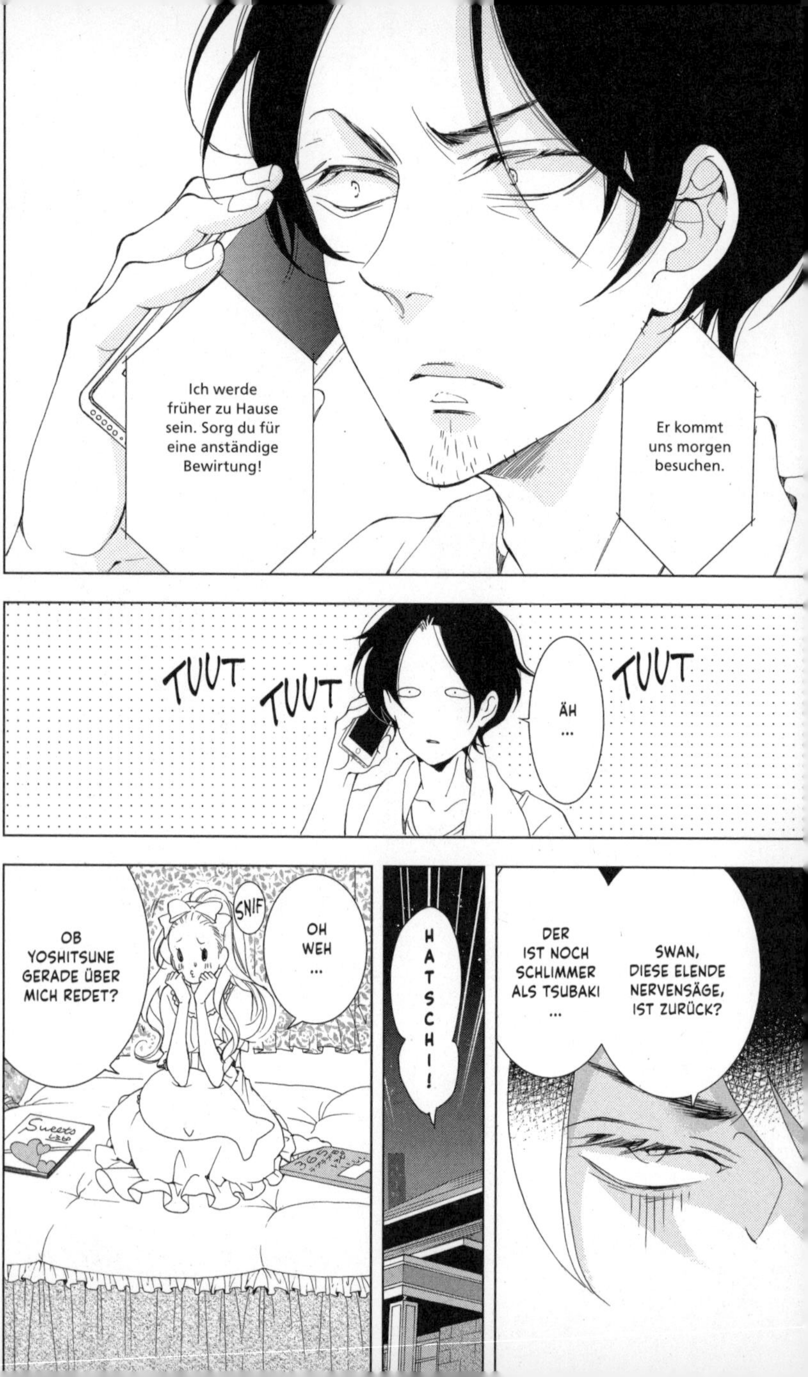

Er kommt uns morgen besuchen.

Ich werde früher zu Hause sein. Sorg du für eine anständige Bewirtung!

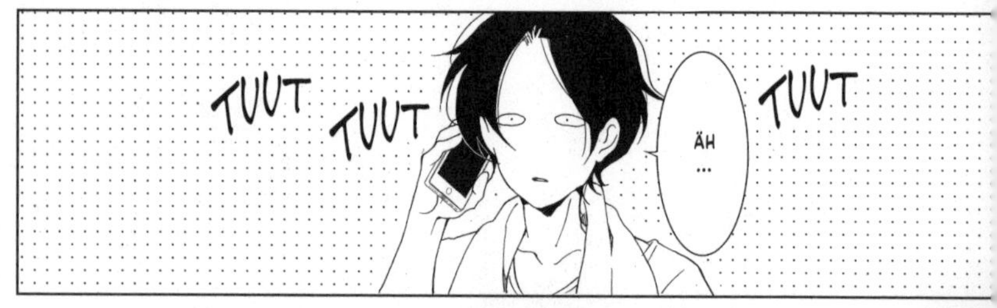

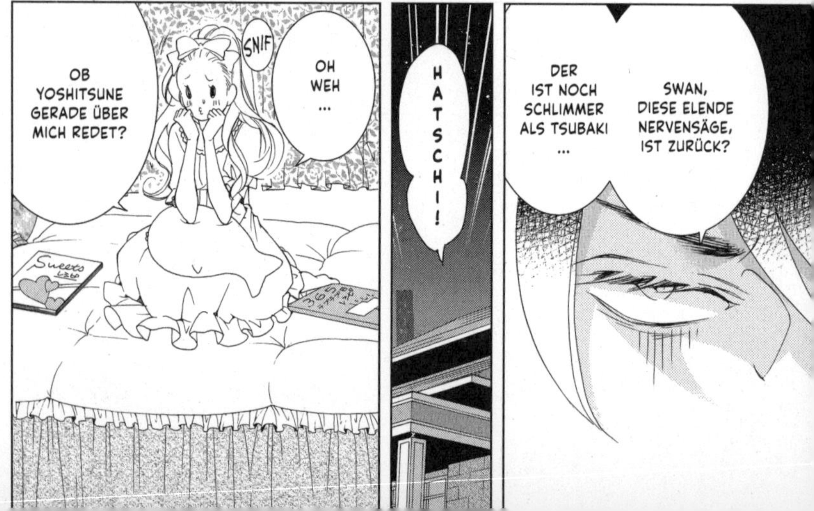

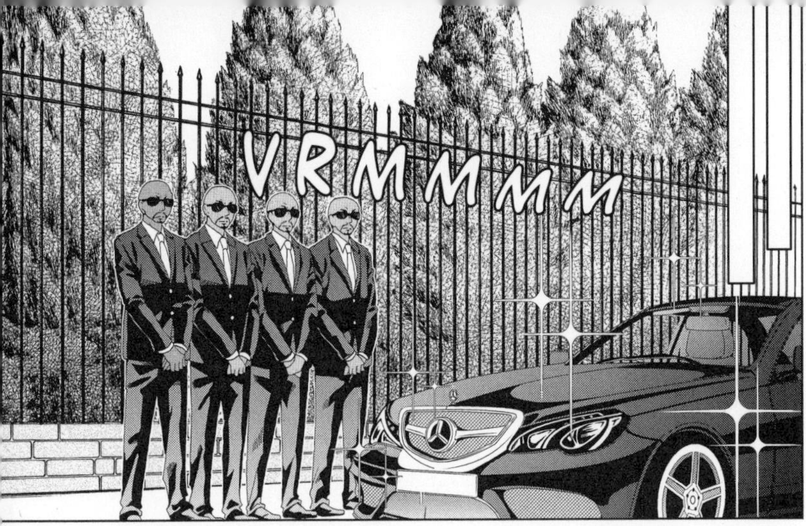

VRMMMMM

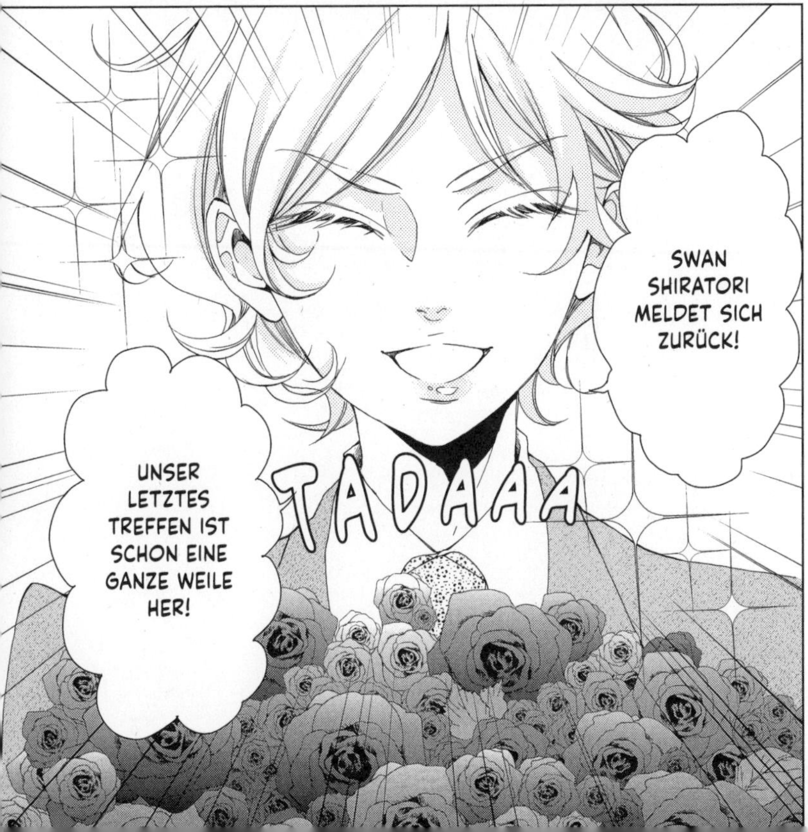

SWAN SHIRATORI MELDET SICH ZURÜCK!

TADAAA

UNSER LETZTES TREFFEN IST SCHON EINE GANZE WEILE HER!

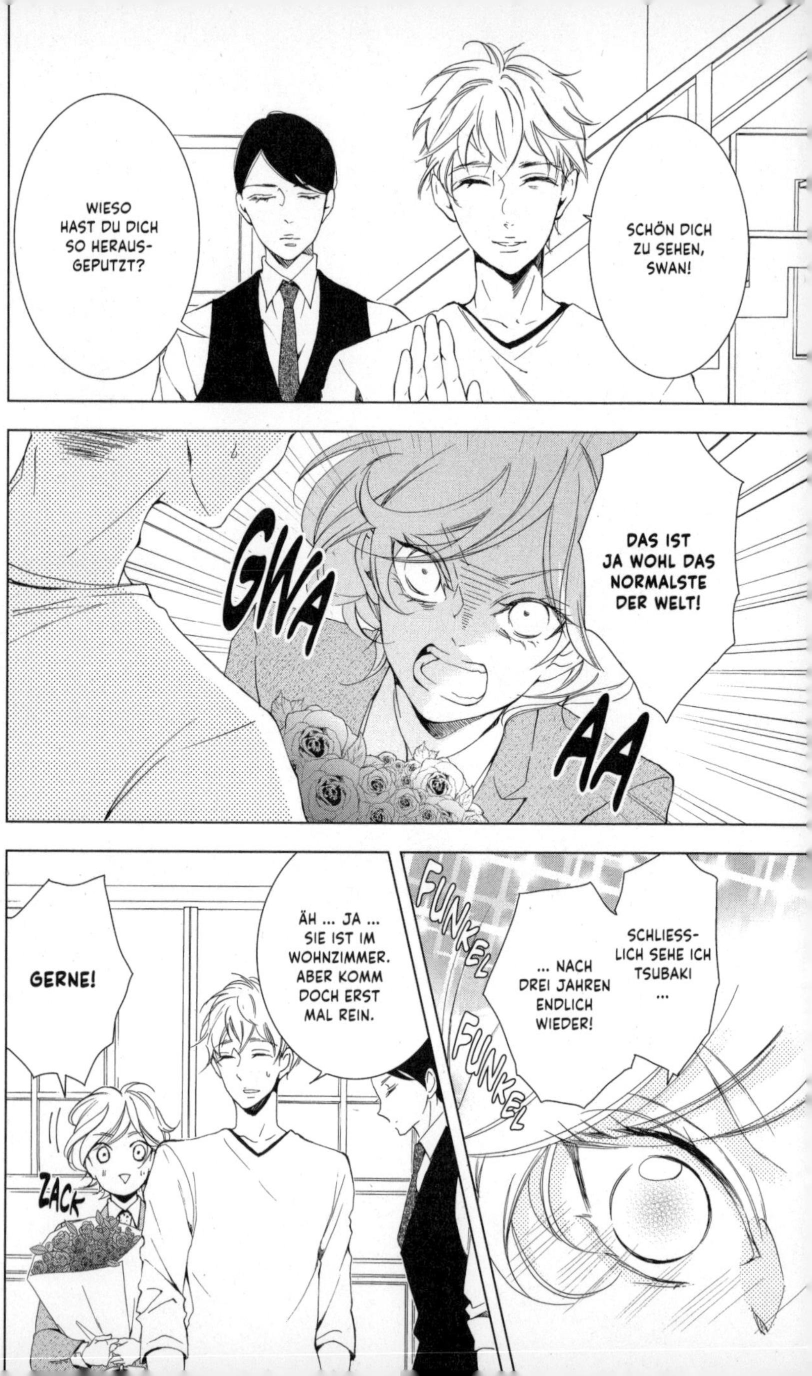

SCHÖN DICH ZU SEHEN, SWAN!

WIESO HAST DU DICH SO HERAUS-GEPUTZT?

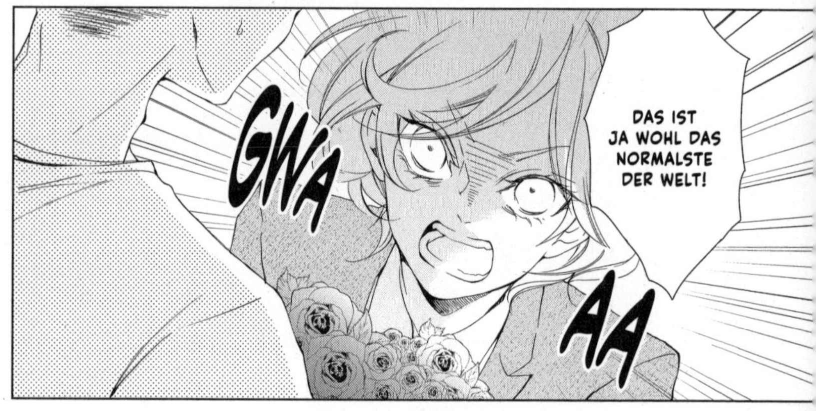

SCHLIESS-LICH SEHE ICH TSUBAKI ...

... NACH DREI JAHREN ENDLICH WIEDER!

FUNKEL

FUNKEL

ÄH ... JA ... SIE IST IM WOHNZIMMER. ABER KOMM DOCH ERST MAL REIN.

GERNE!

ZACK

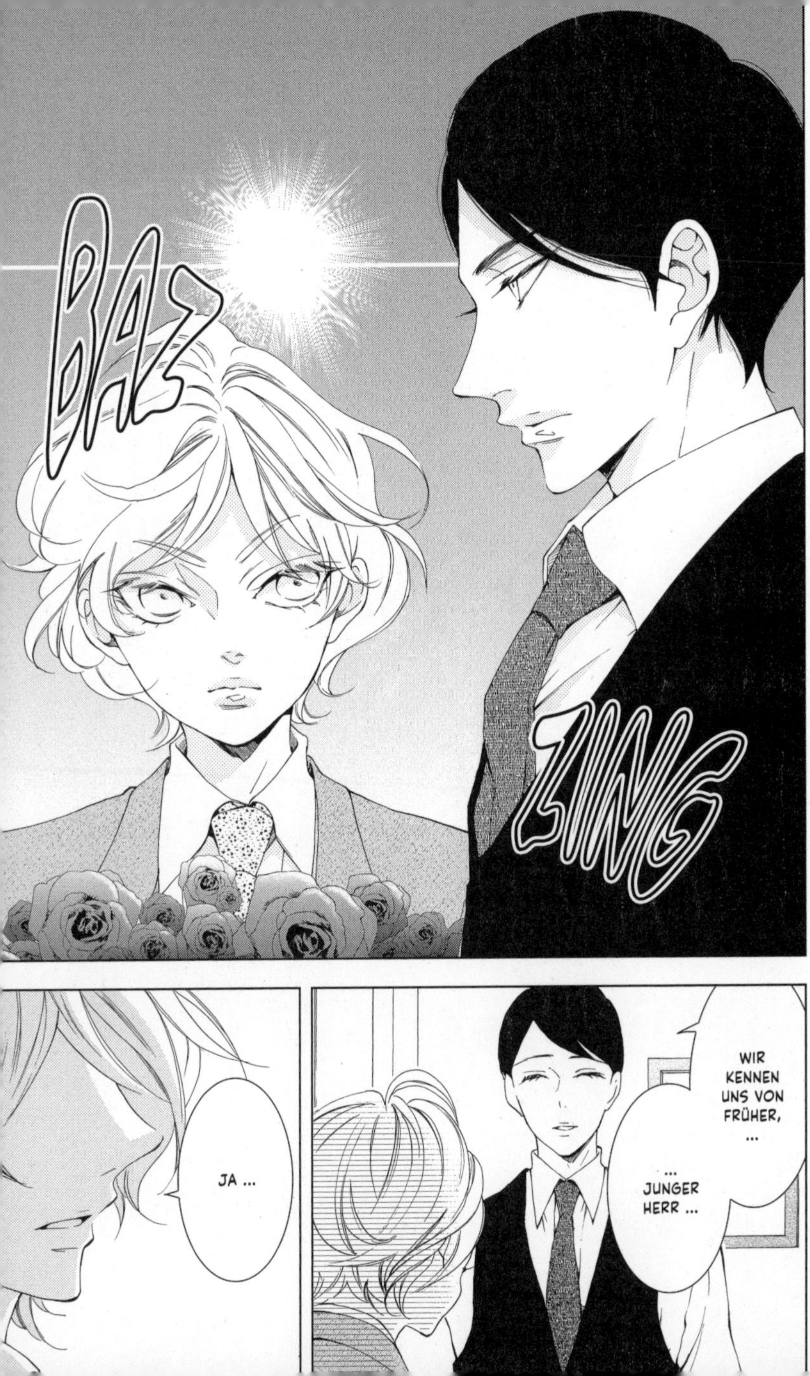

BAZ
ZING

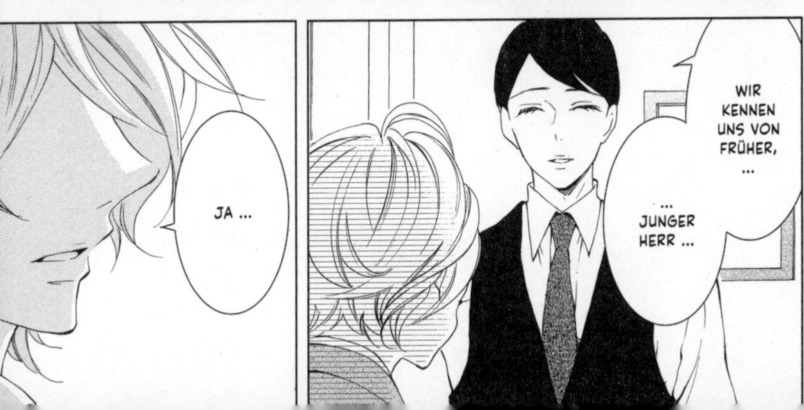
WIR KENNEN UNS VON FRÜHER, ...
... JUNGER HERR ...
JA ...

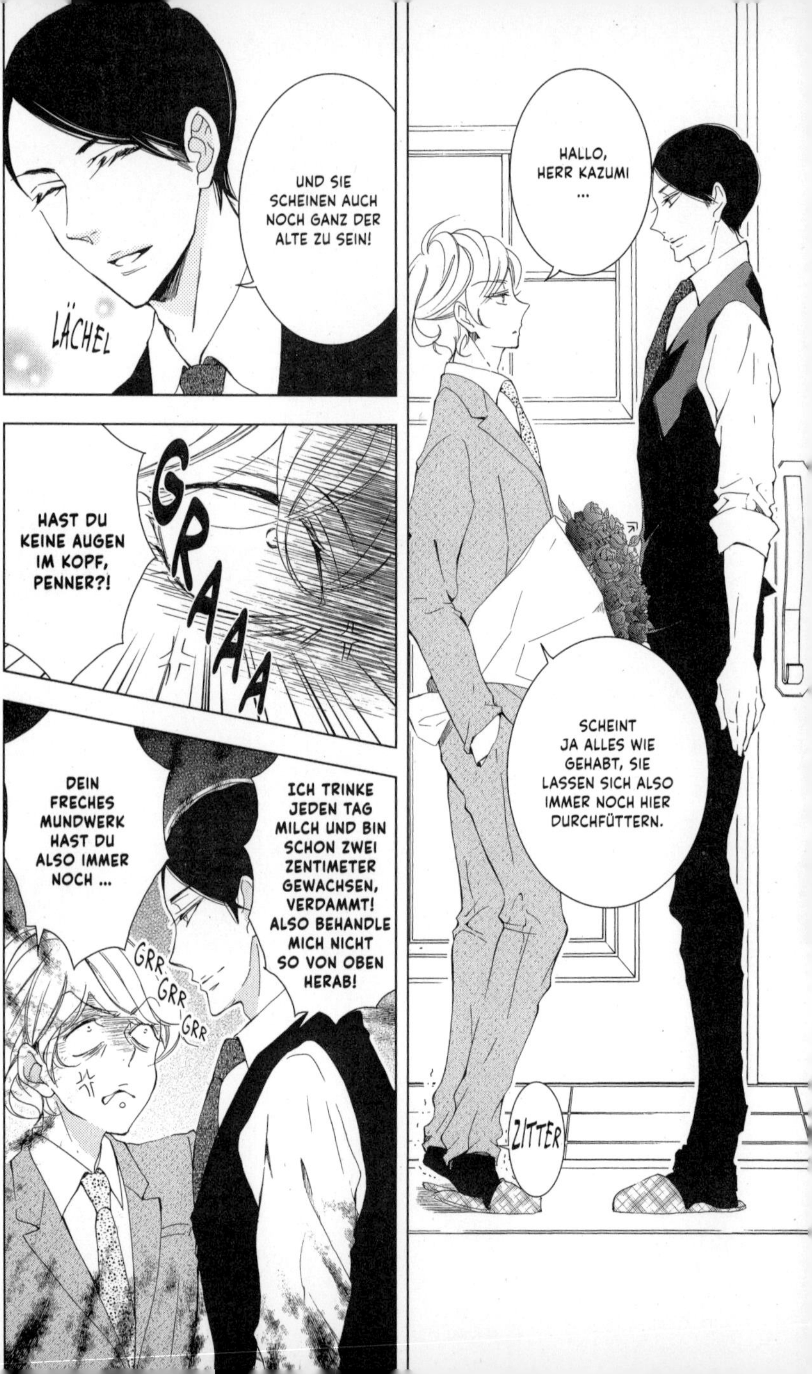

HALLO, HERR KAZUMI ...

SCHEINT JA ALLES WIE GEHABT, SIE LASSEN SICH ALSO IMMER NOCH HIER DURCHFÜTTERN.

ZITTER

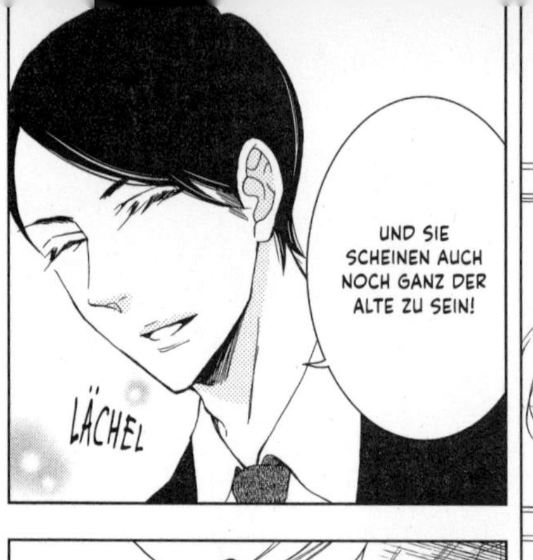

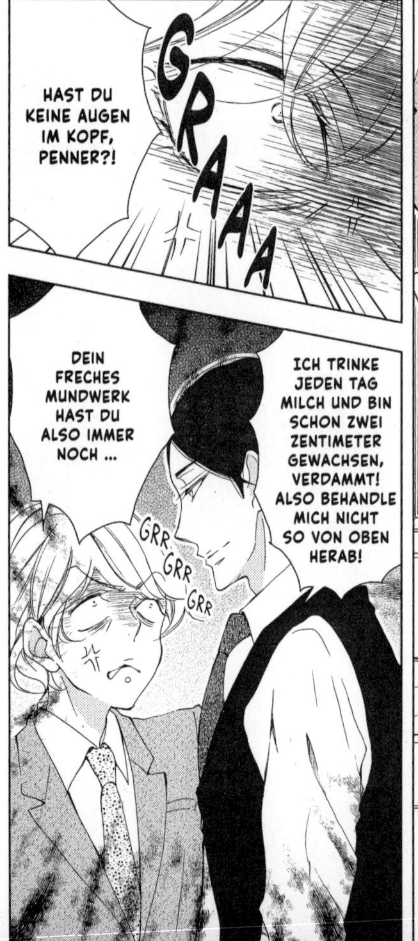

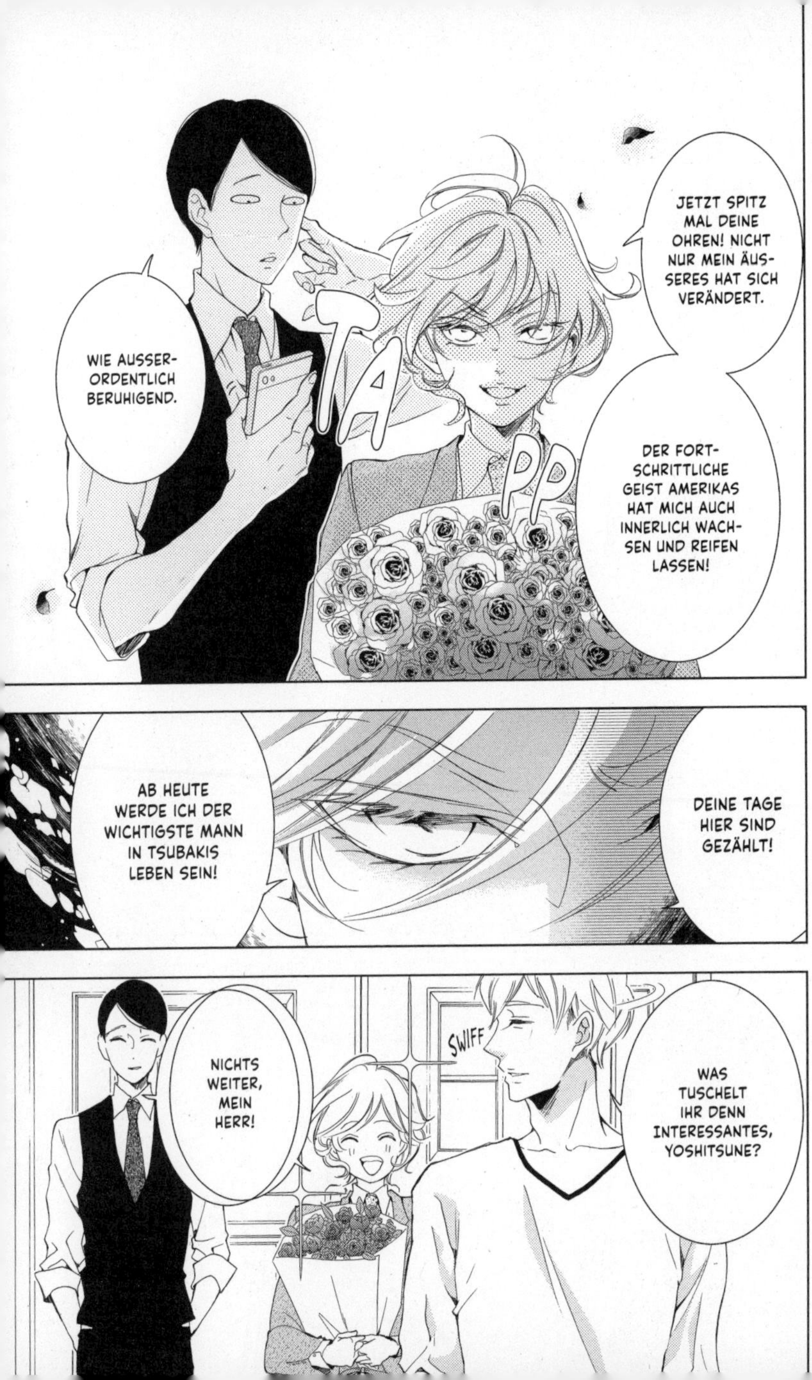

JETZT SPITZ MAL DEINE OHREN! NICHT NUR MEIN ÄUSSERES HAT SICH VERÄNDERT.

DER FORTSCHRITTLICHE GEIST AMERIKAS HAT MICH AUCH INNERLICH WACHSEN UND REIFEN LASSEN!

TAPP

WIE AUSSERORDENTLICH BERUHIGEND.

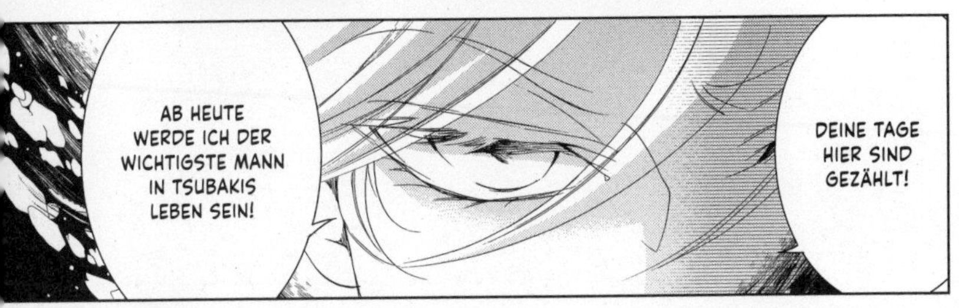

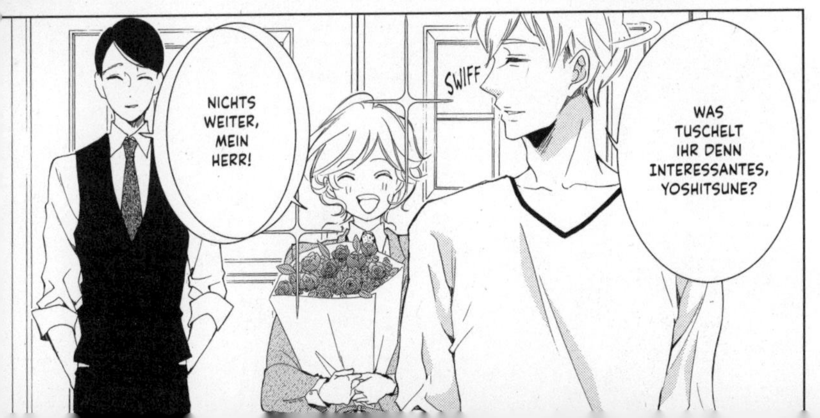

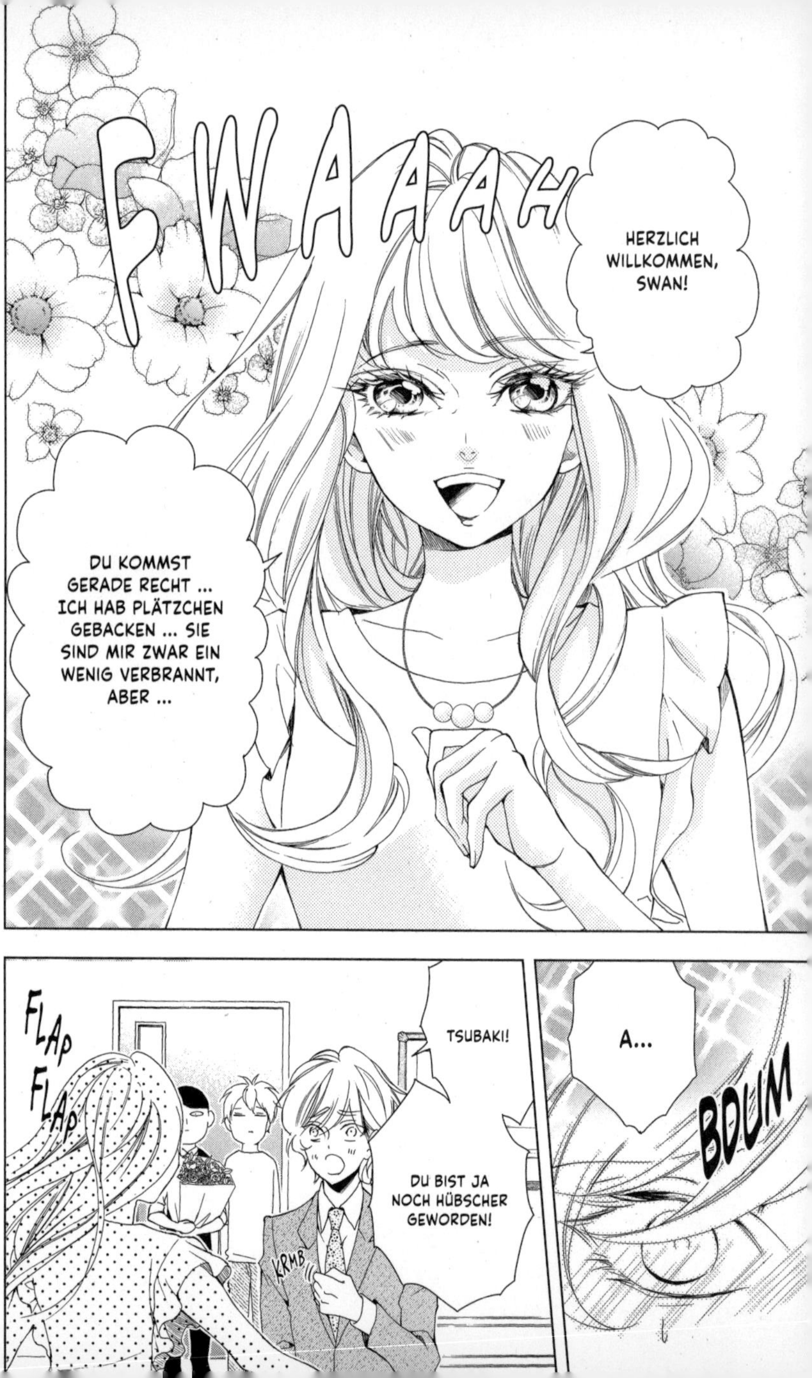

FWAAAH
HERZLICH WILLKOMMEN, SWAN!
DU KOMMST GERADE RECHT ... ICH HAB PLÄTZCHEN GEBACKEN ... SIE SIND MIR ZWAR EIN WENIG VERBRANNT, ABER ...

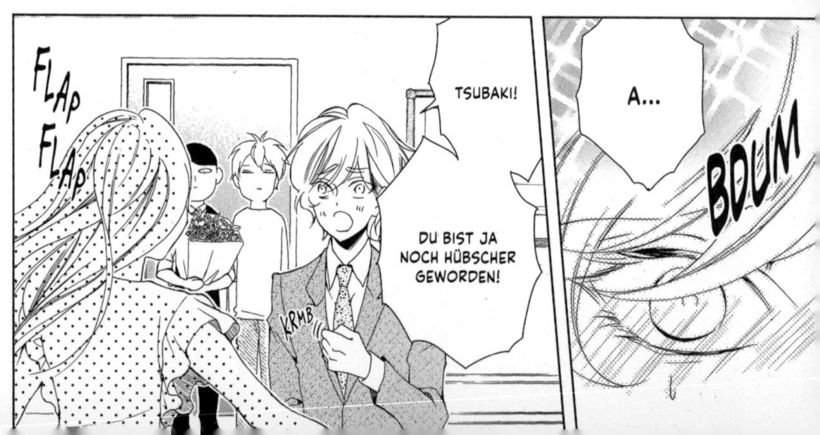

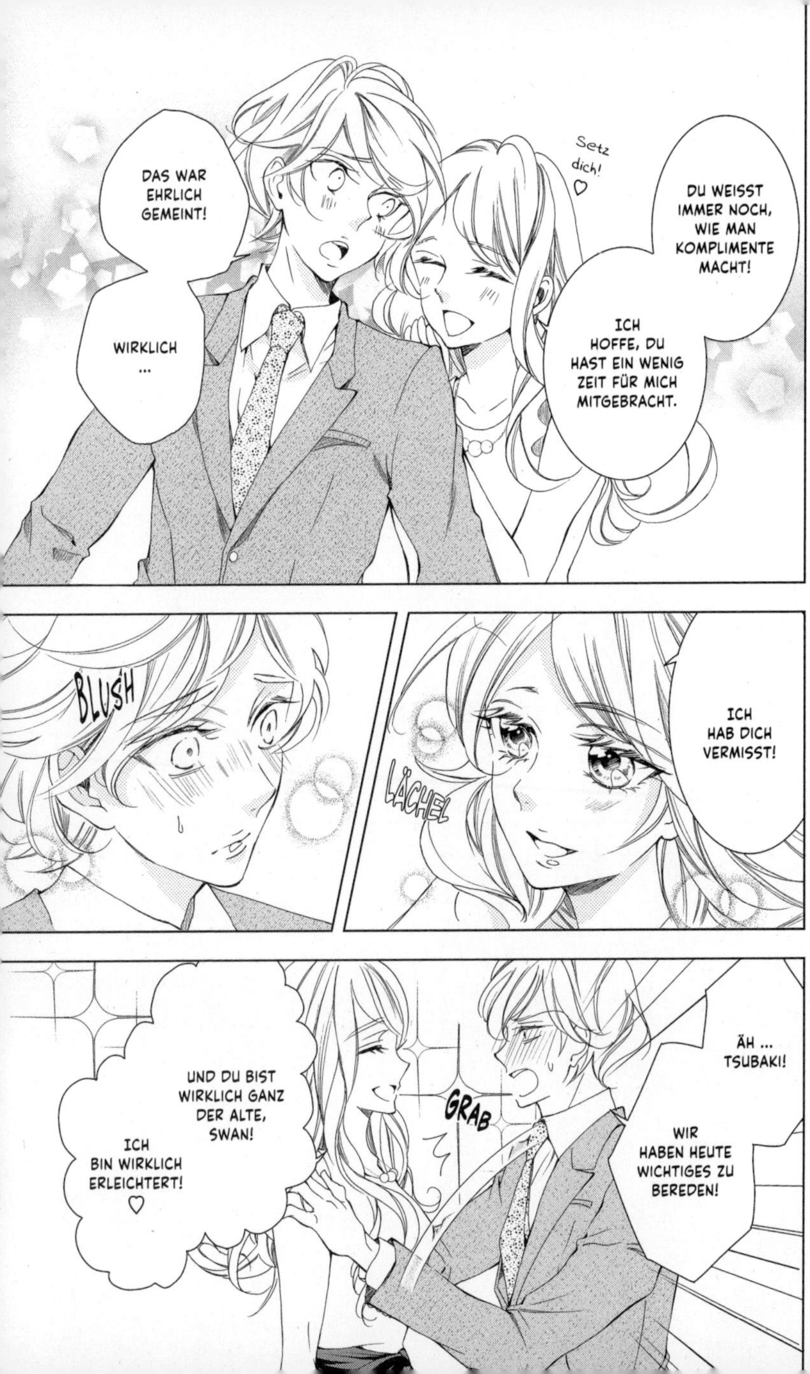

Setz dich! ♡

DU WEISST IMMER NOCH, WIE MAN KOMPLIMENTE MACHT!

ICH HOFFE, DU HAST EIN WENIG ZEIT FÜR MICH MITGEBRACHT.

DAS WAR EHRLICH GEMEINT!

WIRKLICH ...

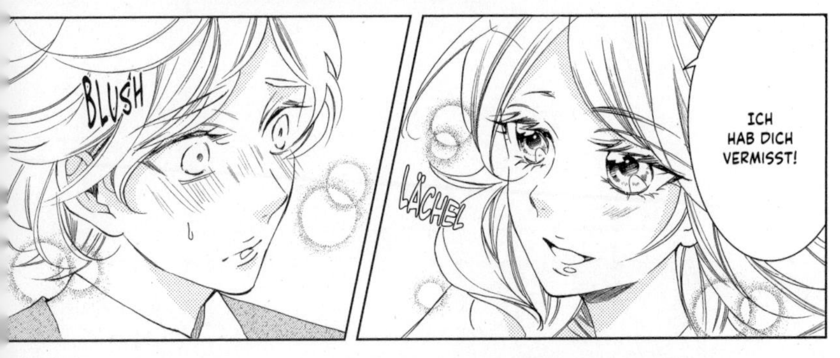

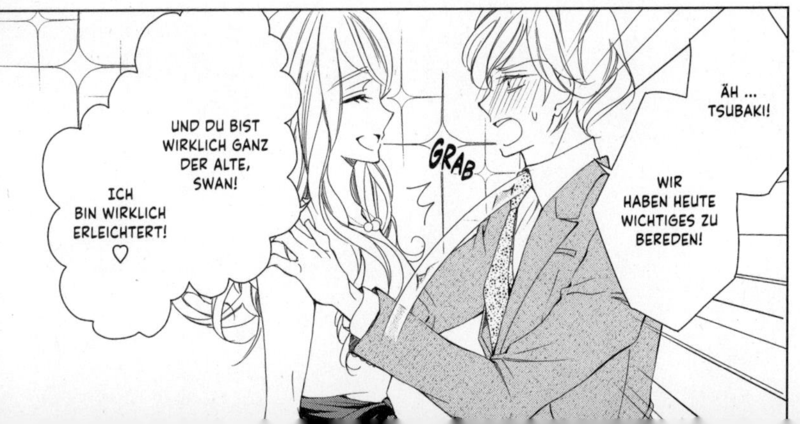

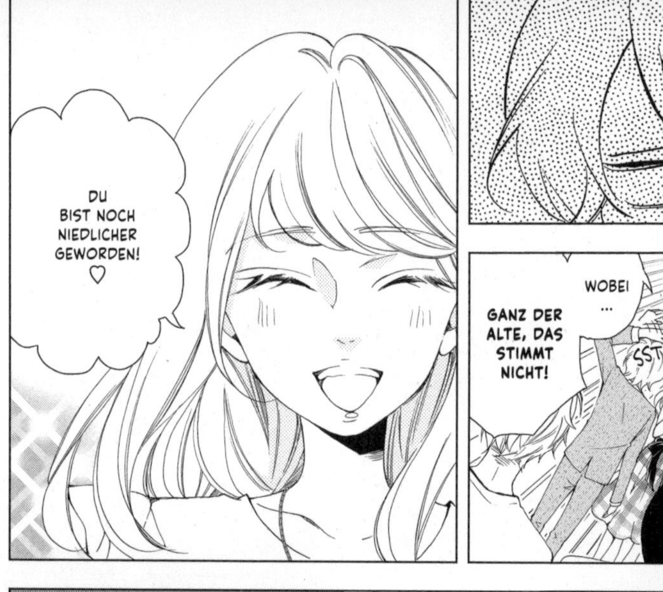
WOBEI ...
GANZ DER ALTE, DAS STIMMT NICHT!
SST
SST
DU BIST NOCH NIEDLICHER GEWORDEN! ♡

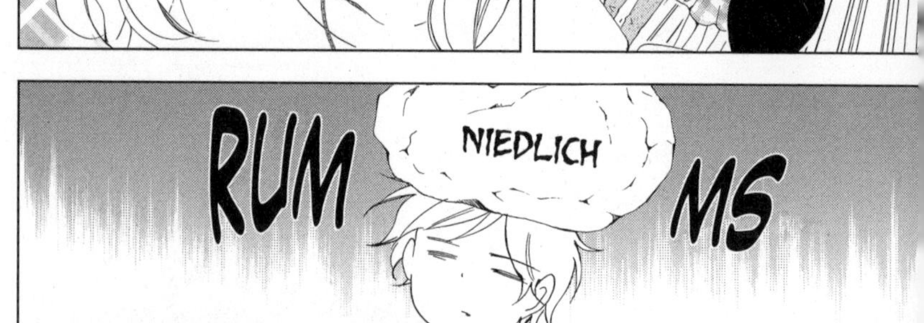
RUM
NIEDLICH
MS

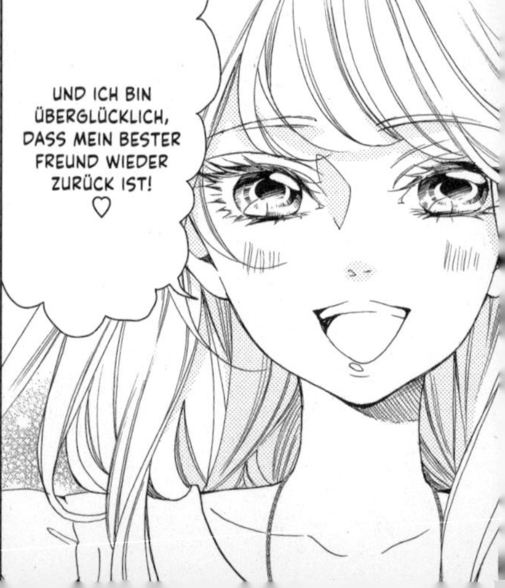
UND ICH BIN ÜBERGLÜCKLICH, DASS MEIN BESTER FREUND WIEDER ZURÜCK IST! ♡

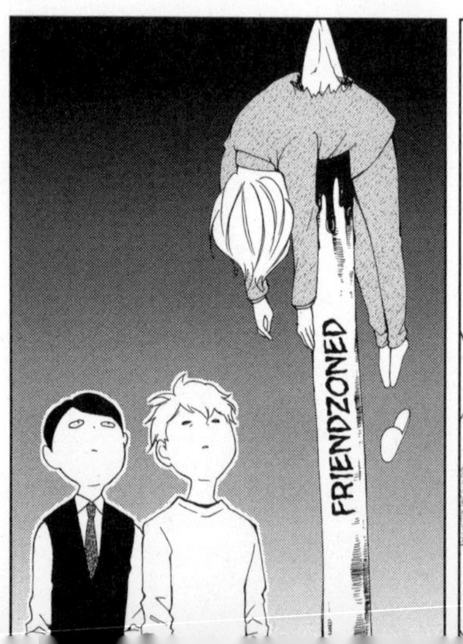
FRIENDZONED

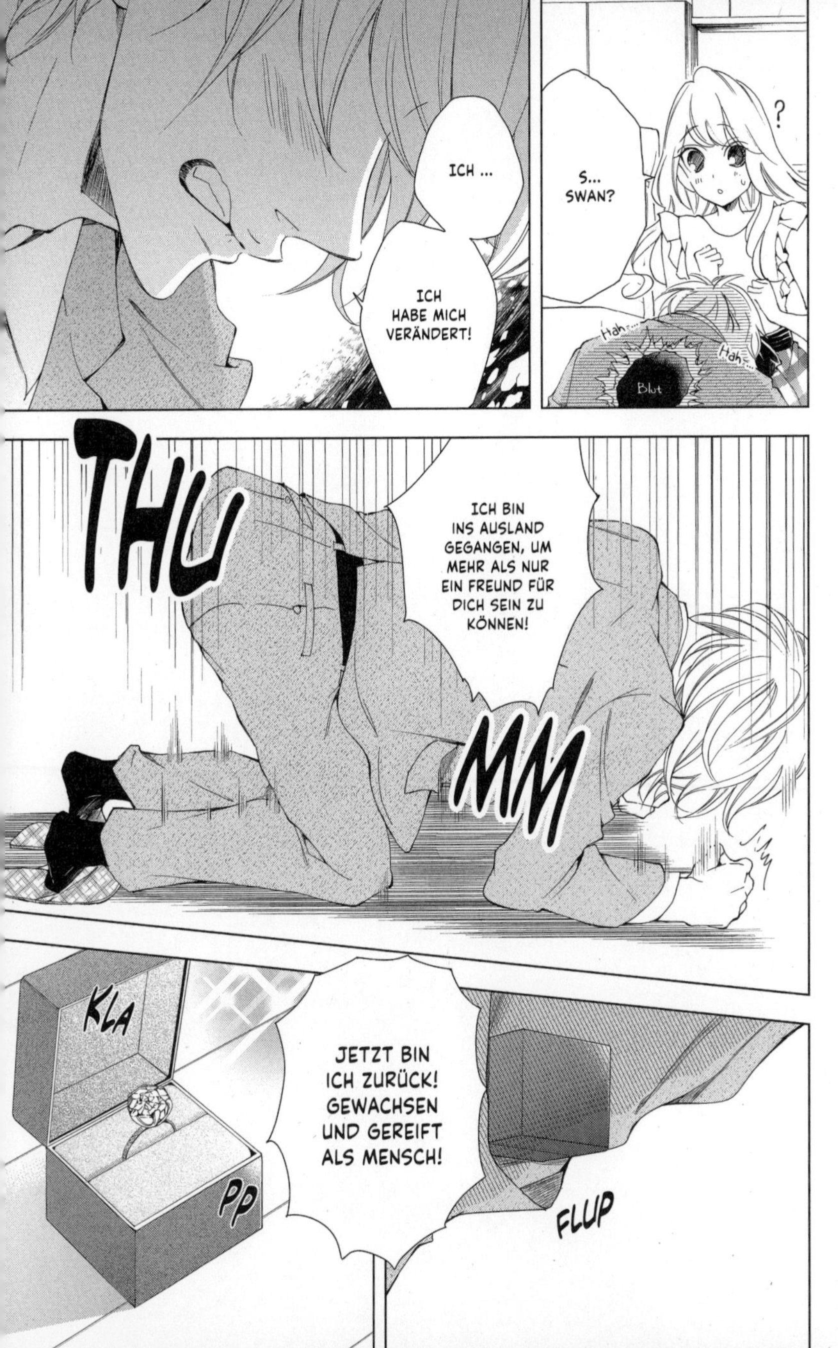
?
S... SWAN?
Hah...
Hah...
Blut
ICH ...
ICH HABE MICH VERÄNDERT!
THUMM
ICH BIN INS AUSLAND GEGANGEN, UM MEHR ALS NUR EIN FREUND FÜR DICH SEIN ZU KÖNNEN!
FLUP
JETZT BIN ICH ZURÜCK! GEWACHSEN UND GEREIFT ALS MENSCH!
KLAPP

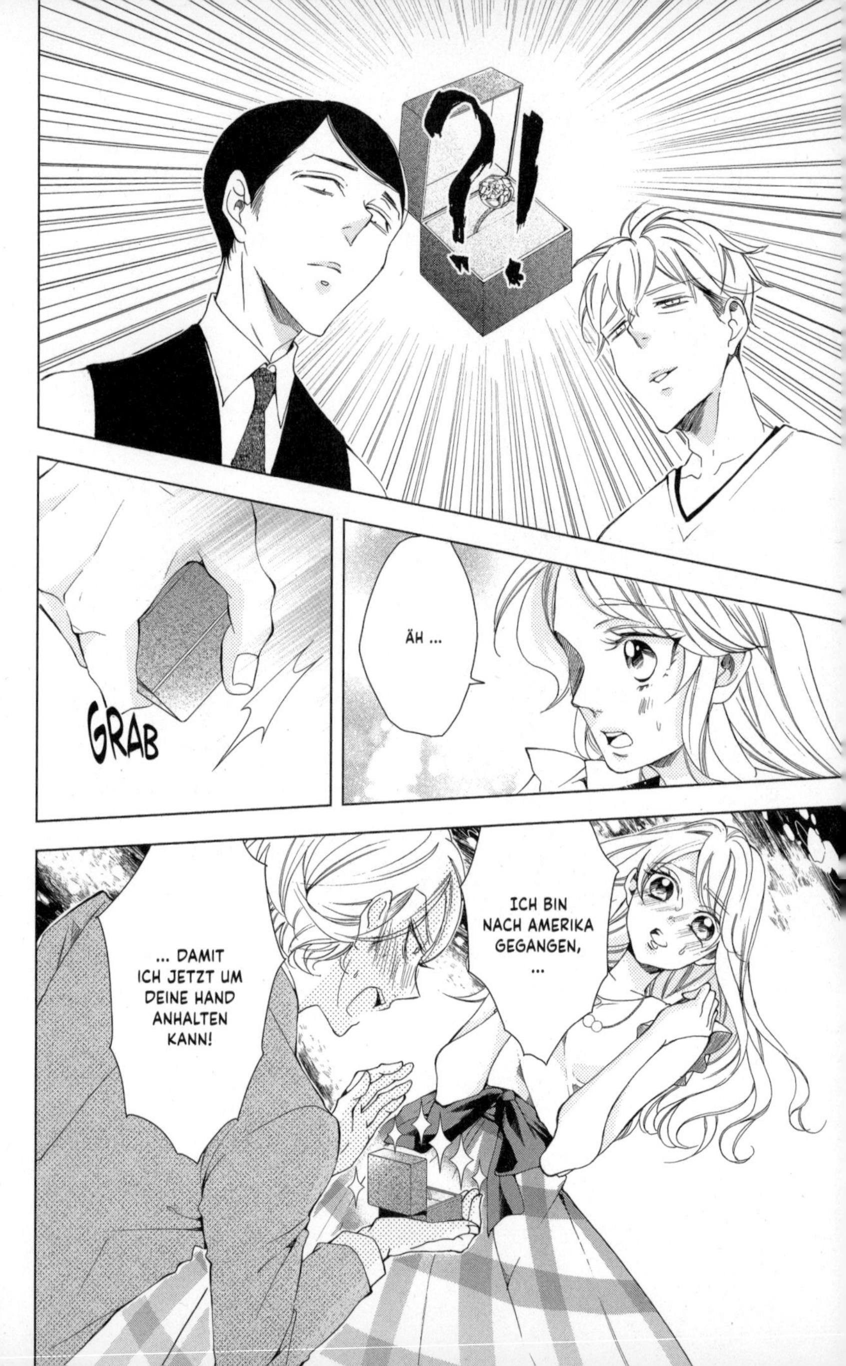
?!
GRAB
ÄH …
ICH BIN NACH AMERIKA GEGANGEN, …
… DAMIT ICH JETZT UM DEINE HAND ANHALTEN KANN!

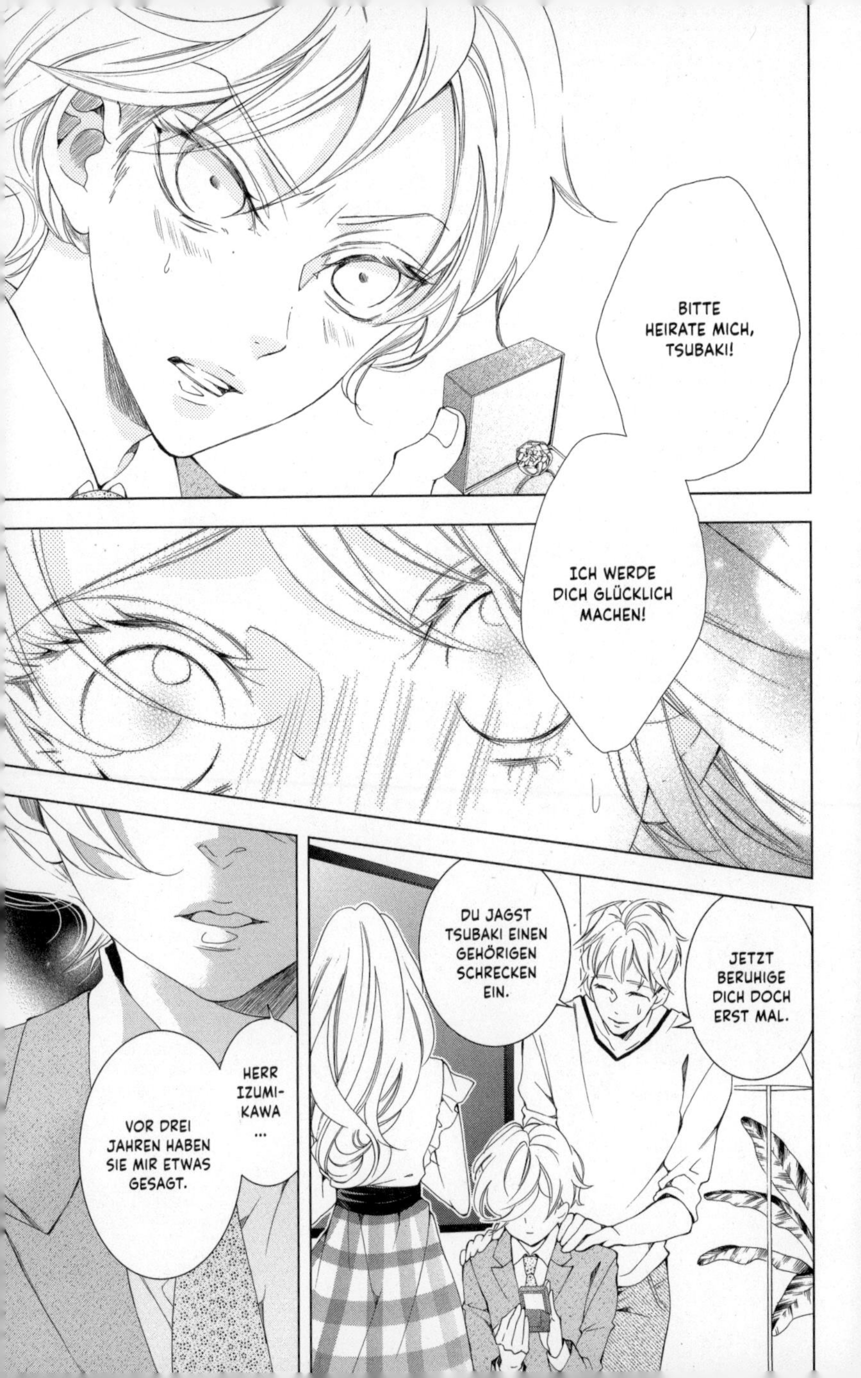
BITTE HEIRATE MICH, TSUBAKI!
ICH WERDE DICH GLÜCKLICH MACHEN!
JETZT BERUHIGE DICH DOCH ERST MAL.
DU JAGST TSUBAKI EINEN GEHÖRIGEN SCHRECKEN EIN.
HERR IZUMI-KAWA ...
VOR DREI JAHREN HABEN SIE MIR ETWAS GESAGT.

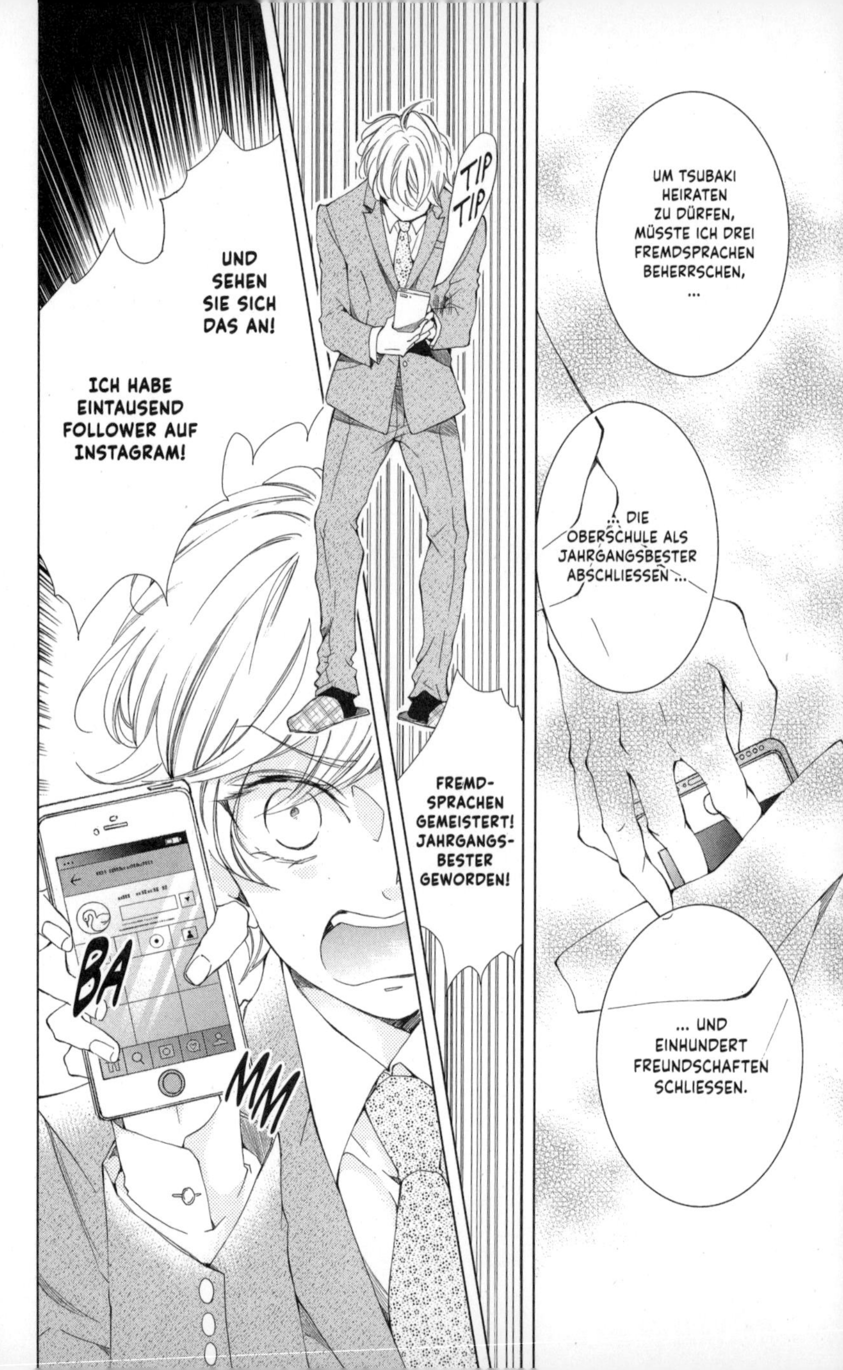

UM TSUBAKI HEIRATEN ZU DÜRFEN, MÜSSTE ICH DREI FREMDSPRACHEN BEHERRSCHEN, …
… DIE OBERSCHULE ALS JAHRGANGSBESTER ABSCHLIESSEN …
… UND EINHUNDERT FREUNDSCHAFTEN SCHLIESSEN.
TIP TIP
UND SEHEN SIE SICH DAS AN!
ICH HABE EINTAUSEND FOLLOWER AUF INSTAGRAM!
FREMD-SPRACHEN GEMEISTERT! JAHRGANGS-BESTER GEWORDEN!
BAMM

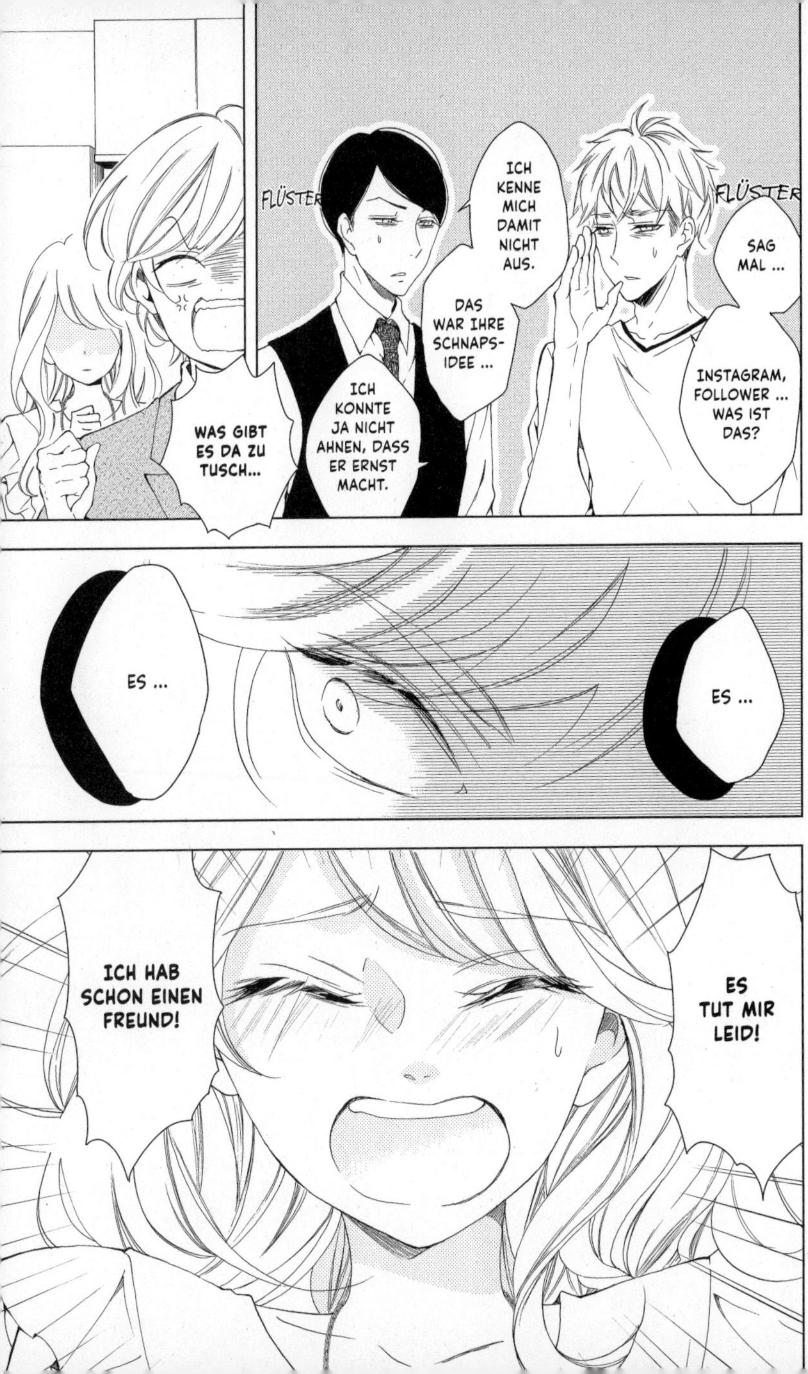

FLÜSTER

SAG MAL ...

INSTAGRAM, FOLLOWER ... WAS IST DAS?

ICH KENNE MICH DAMIT NICHT AUS.

DAS WAR IHRE SCHNAPSIDEE ...

FLÜSTER

ICH KONNTE JA NICHT AHNEN, DASS ER ERNST MACHT.

WAS GIBT ES DA ZU TUSCH...

ES ...

ES ...

ES TUT MIR LEID!

ICH HAB SCHON EINEN FREUND!

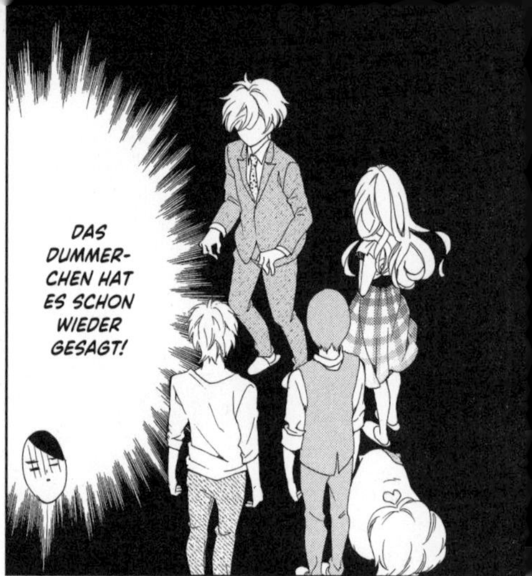
DAS DUMMERCHEN HAT ES SCHON WIEDER GESAGT!

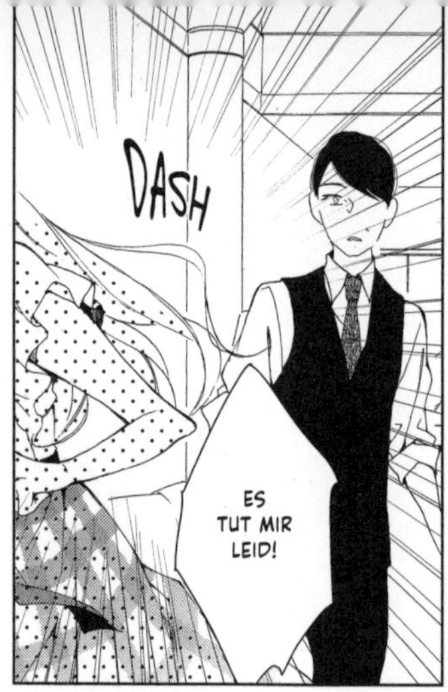
DASH
ES TUT MIR LEID!

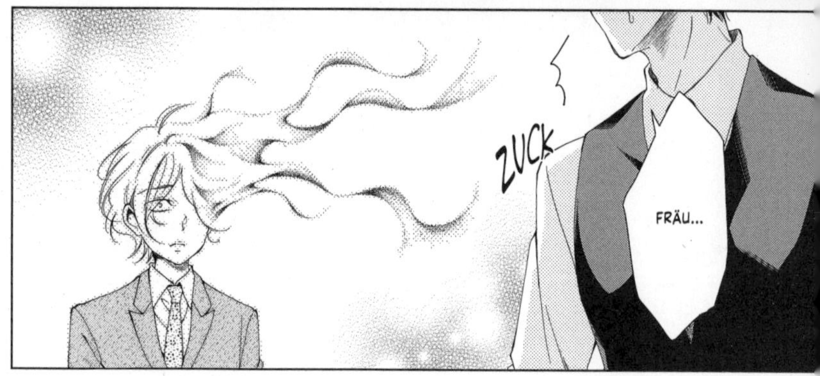
FRÄU...
ZUCK

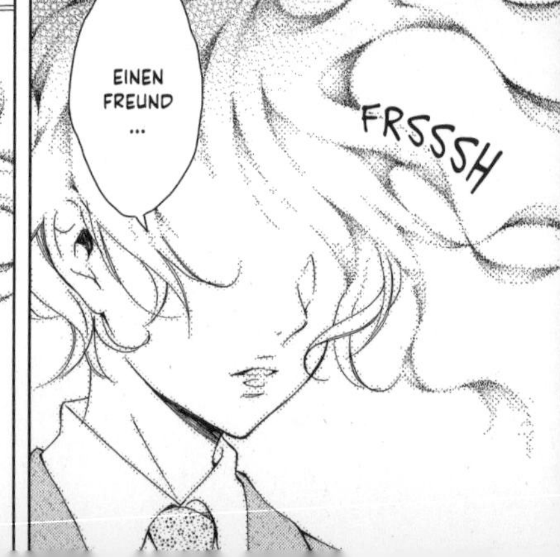
FRSSSH
EINEN FREUND ...

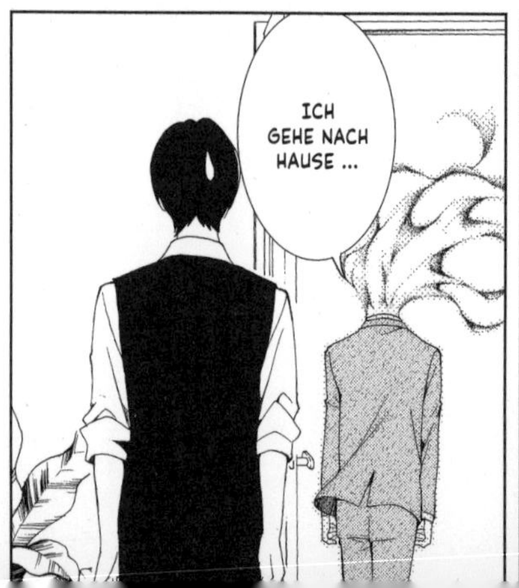
ICH GEHE NACH HAUSE ...

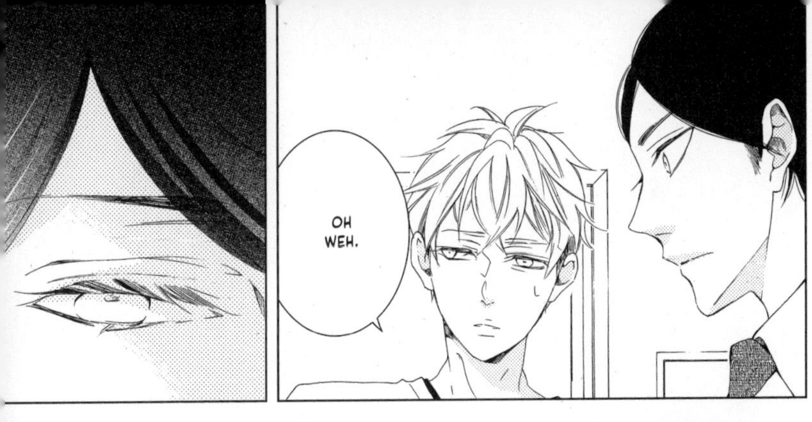
OH WEH.

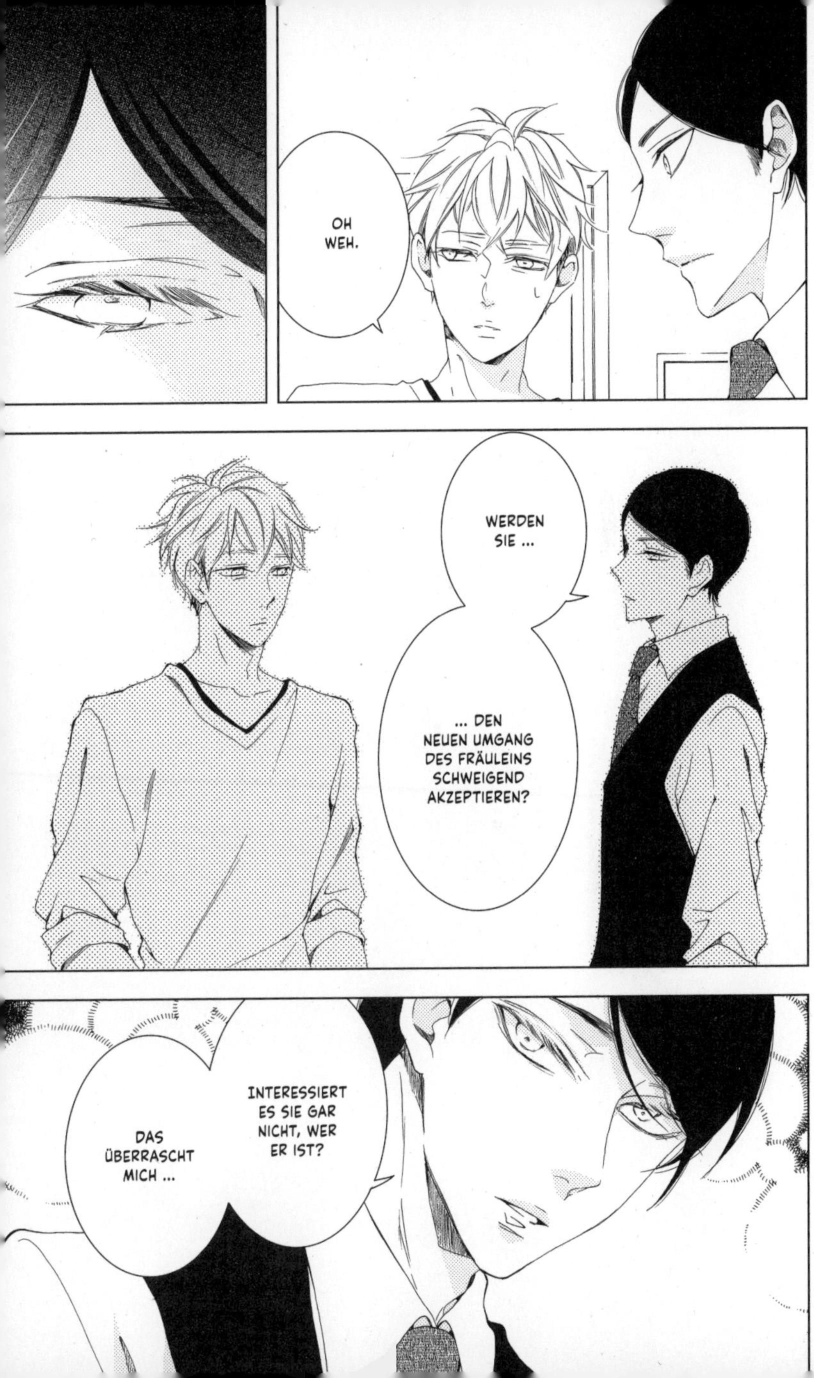

WERDEN SIE ...
... DEN NEUEN UMGANG DES FRÄULEINS SCHWEIGEND AKZEPTIEREN?

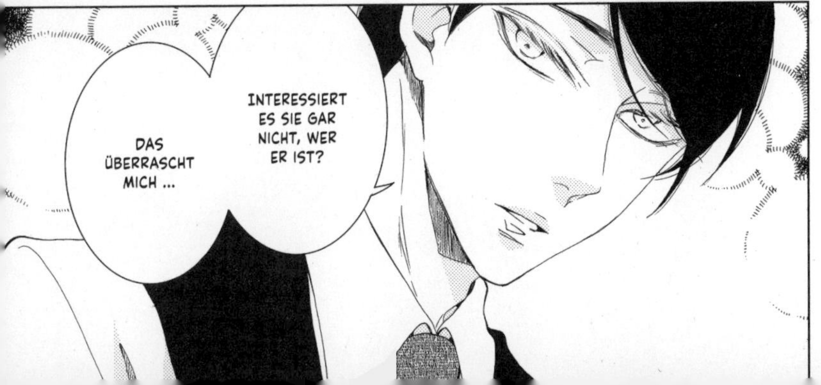
INTERESSIERT ES SIE GAR NICHT, WER ER IST?
DAS ÜBERRASCHT MICH ...

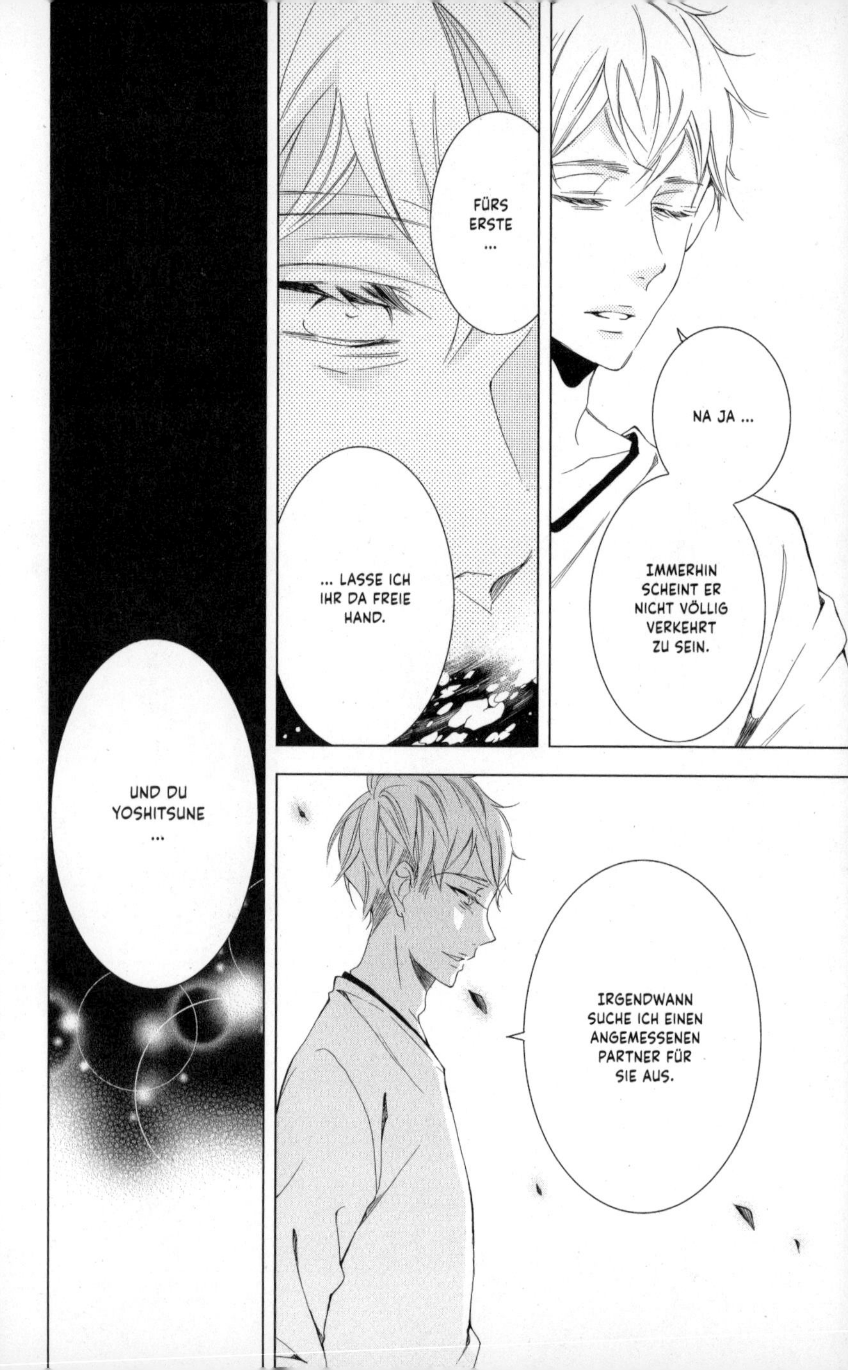
NA JA ...
IMMERHIN SCHEINT ER NICHT VÖLLIG VERKEHRT ZU SEIN.
FÜRS ERSTE ...
... LASSE ICH IHR DA FREIE HAND.
IRGENDWANN SUCHE ICH EINEN ANGEMESSENEN PARTNER FÜR SIE AUS.
UND DU YOSHITSUNE ...

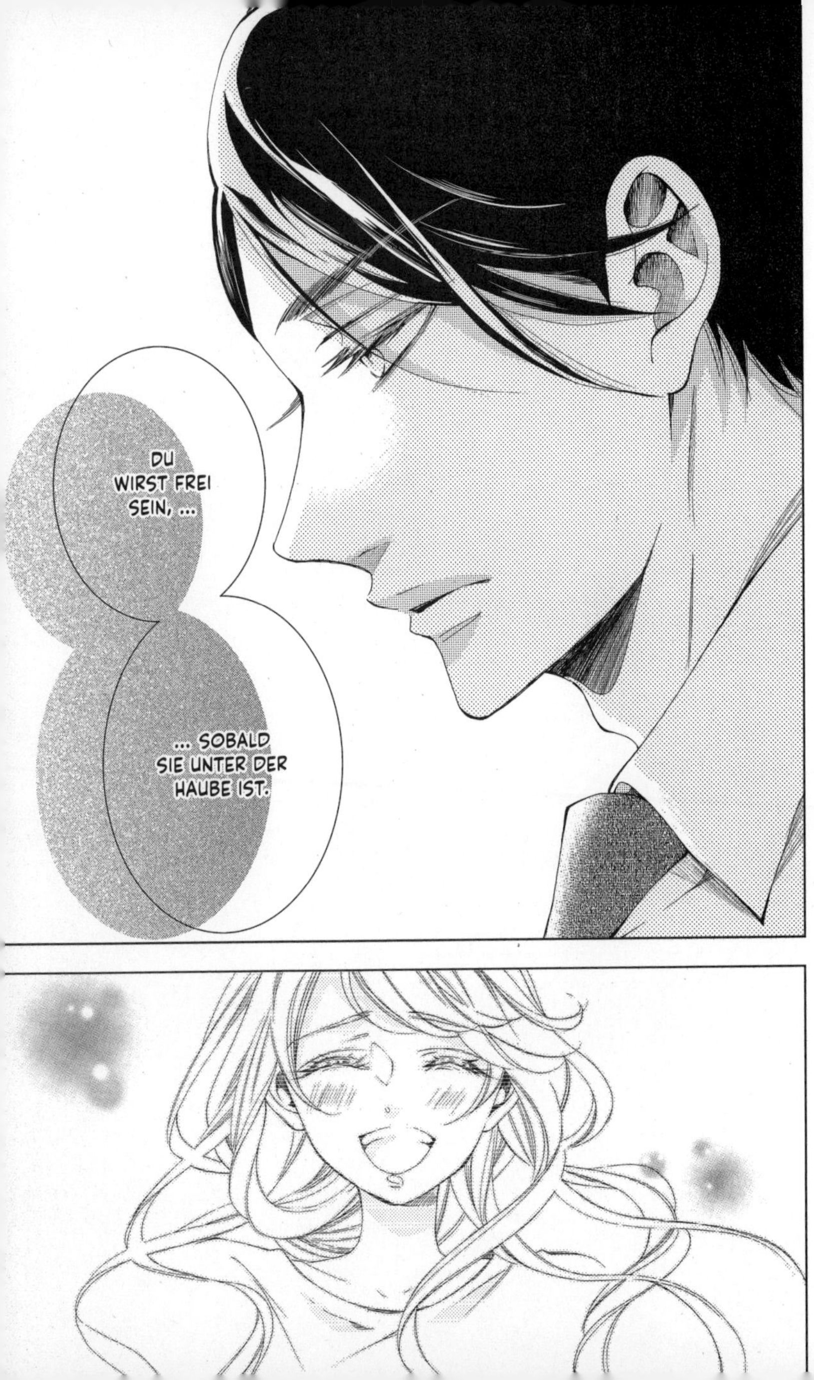

DU WIRST FREI SEIN, ...

... SOBALD SIE UNTER DER HAUBE IST.

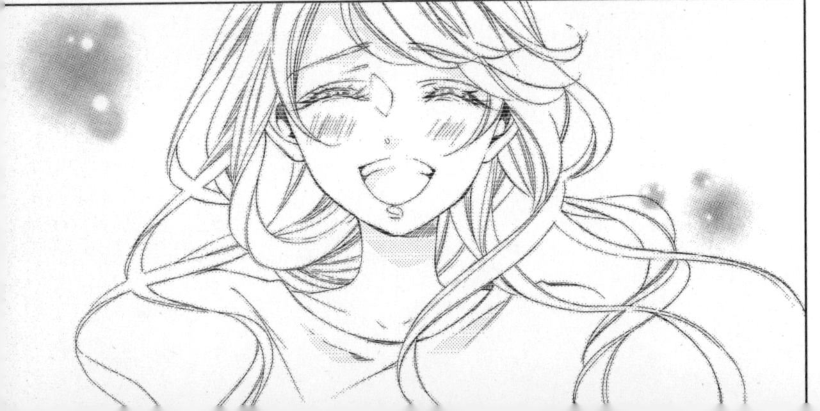

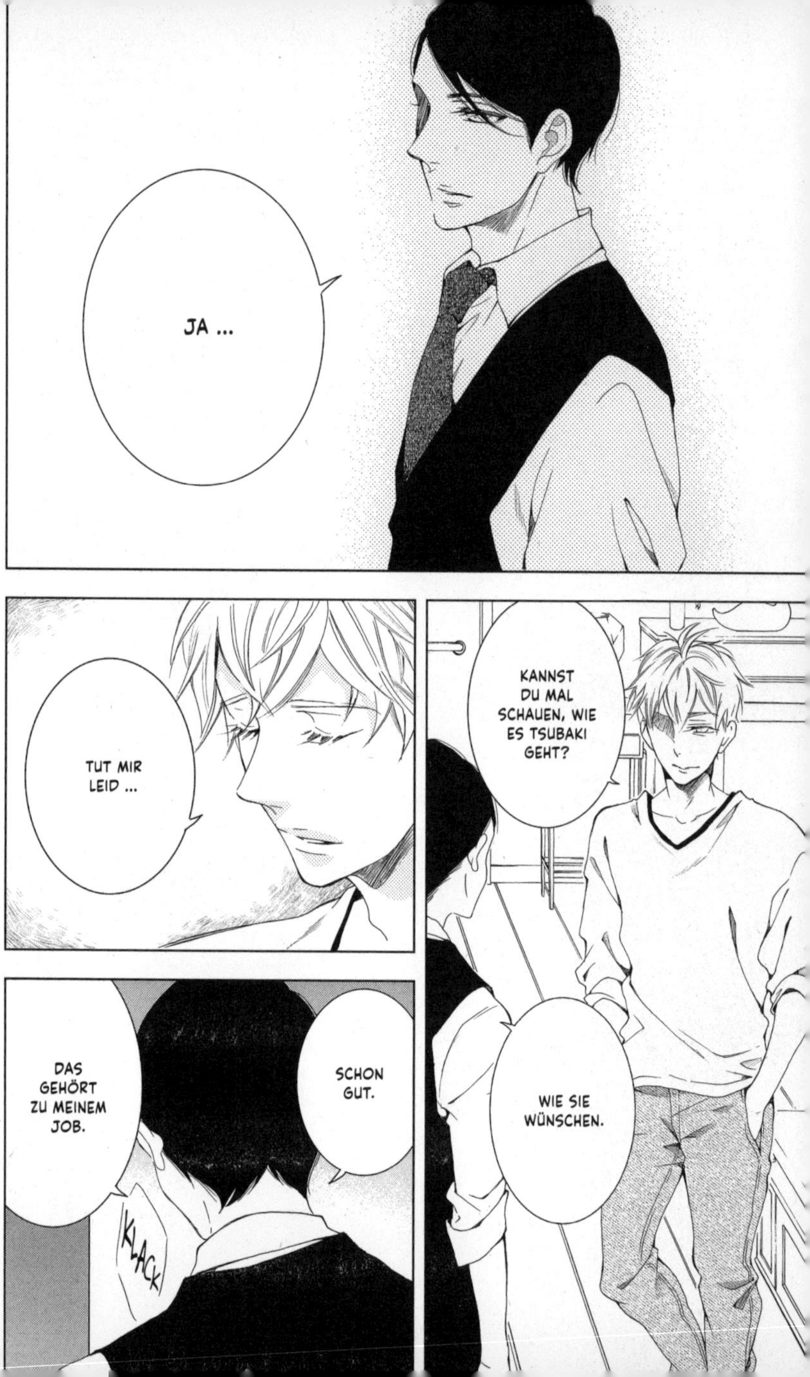

JA ...

KANNST DU MAL SCHAUEN, WIE ES TSUBAKI GEHT?

WIE SIE WÜNSCHEN.

TUT MIR LEID ...

SCHON GUT.

DAS GEHÖRT ZU MEINEM JOB.

KLACK

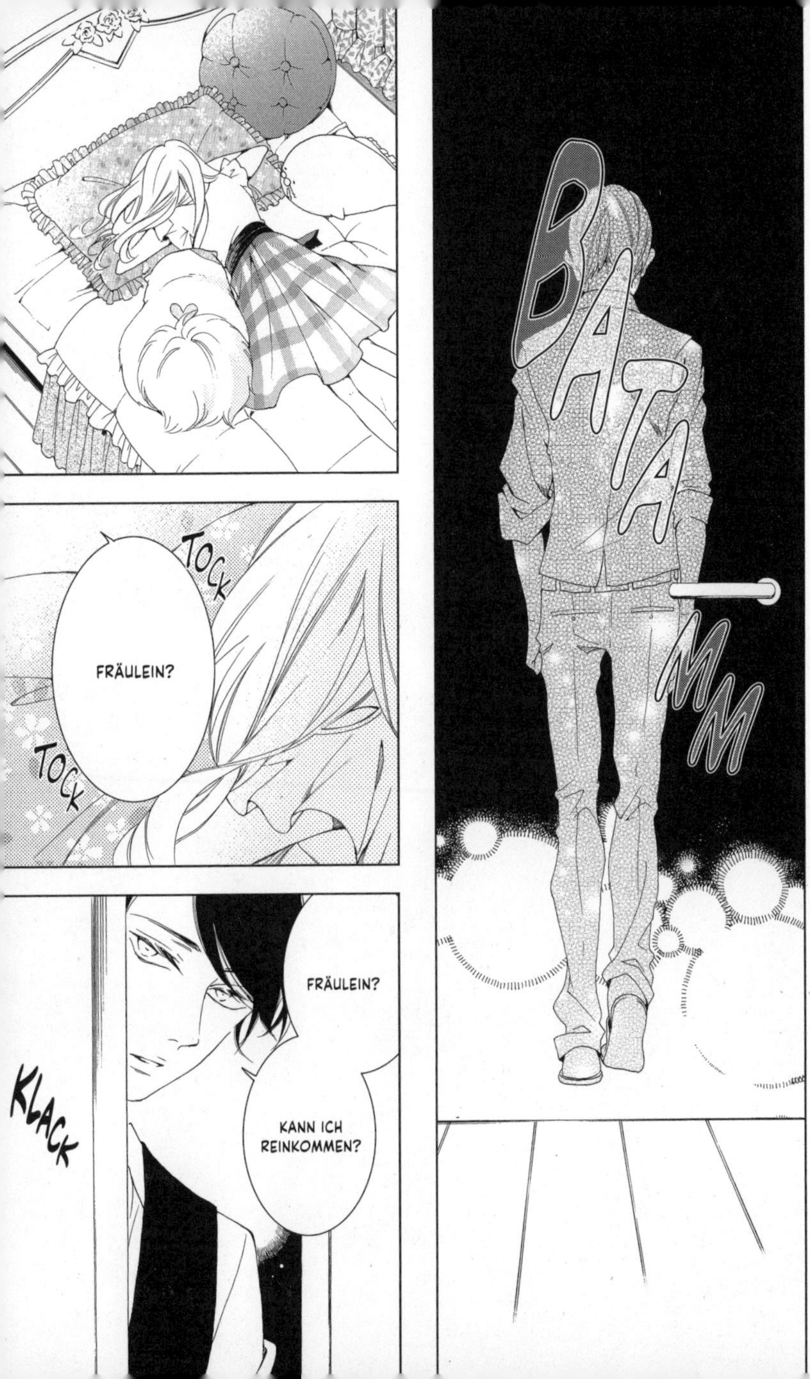

BATAMM

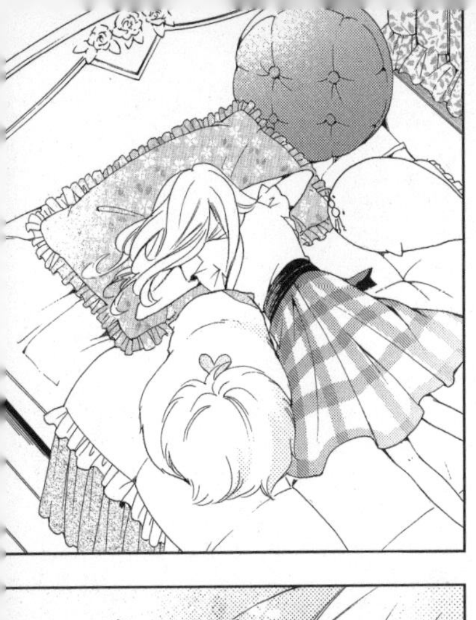

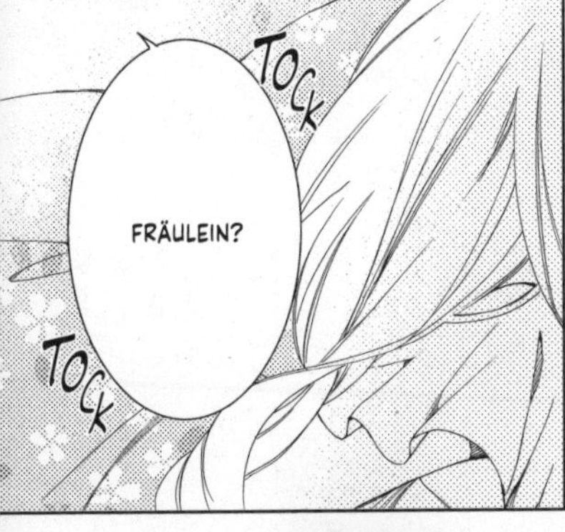

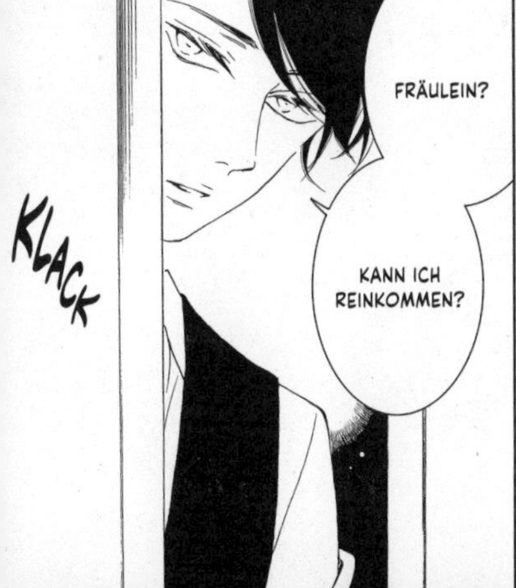

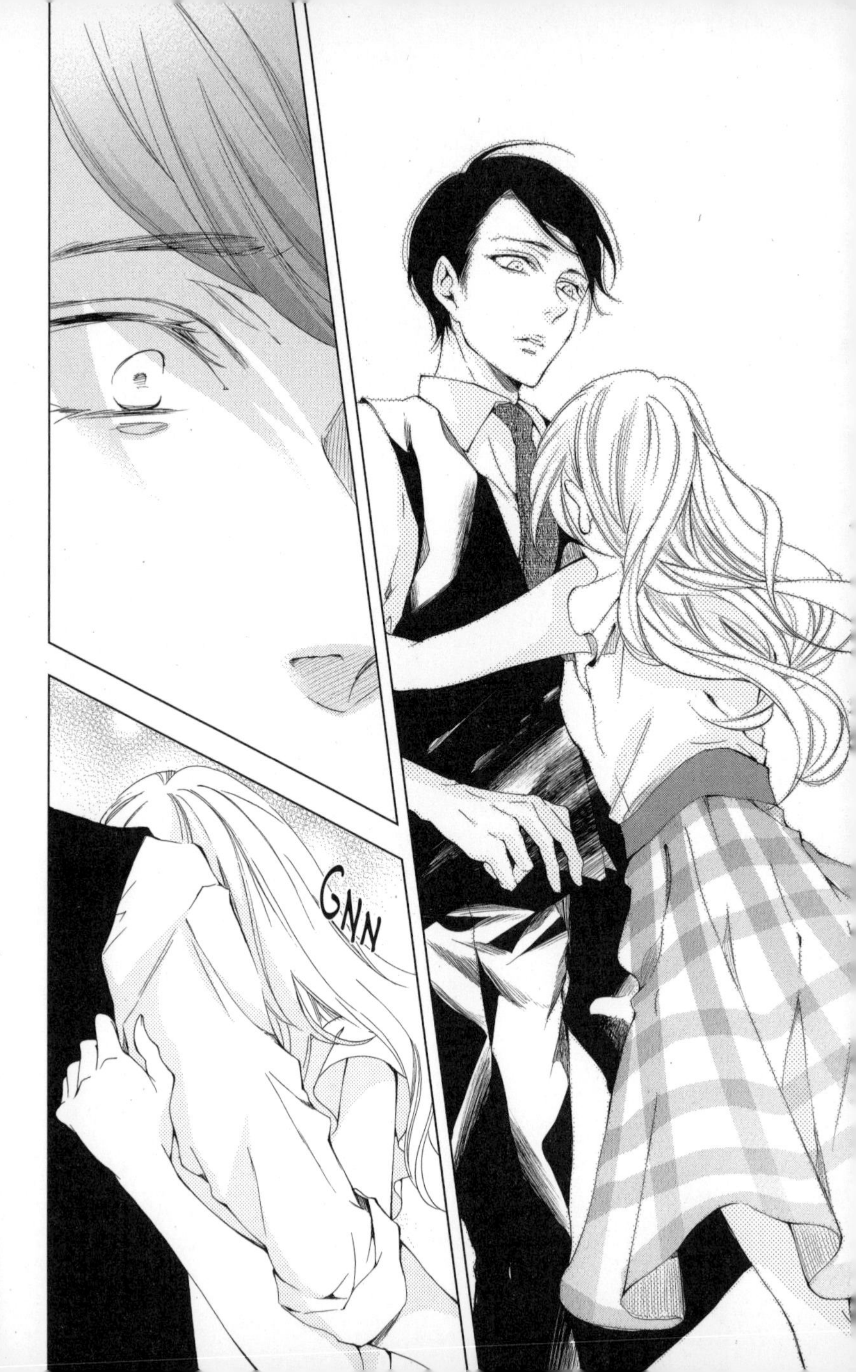
GNN

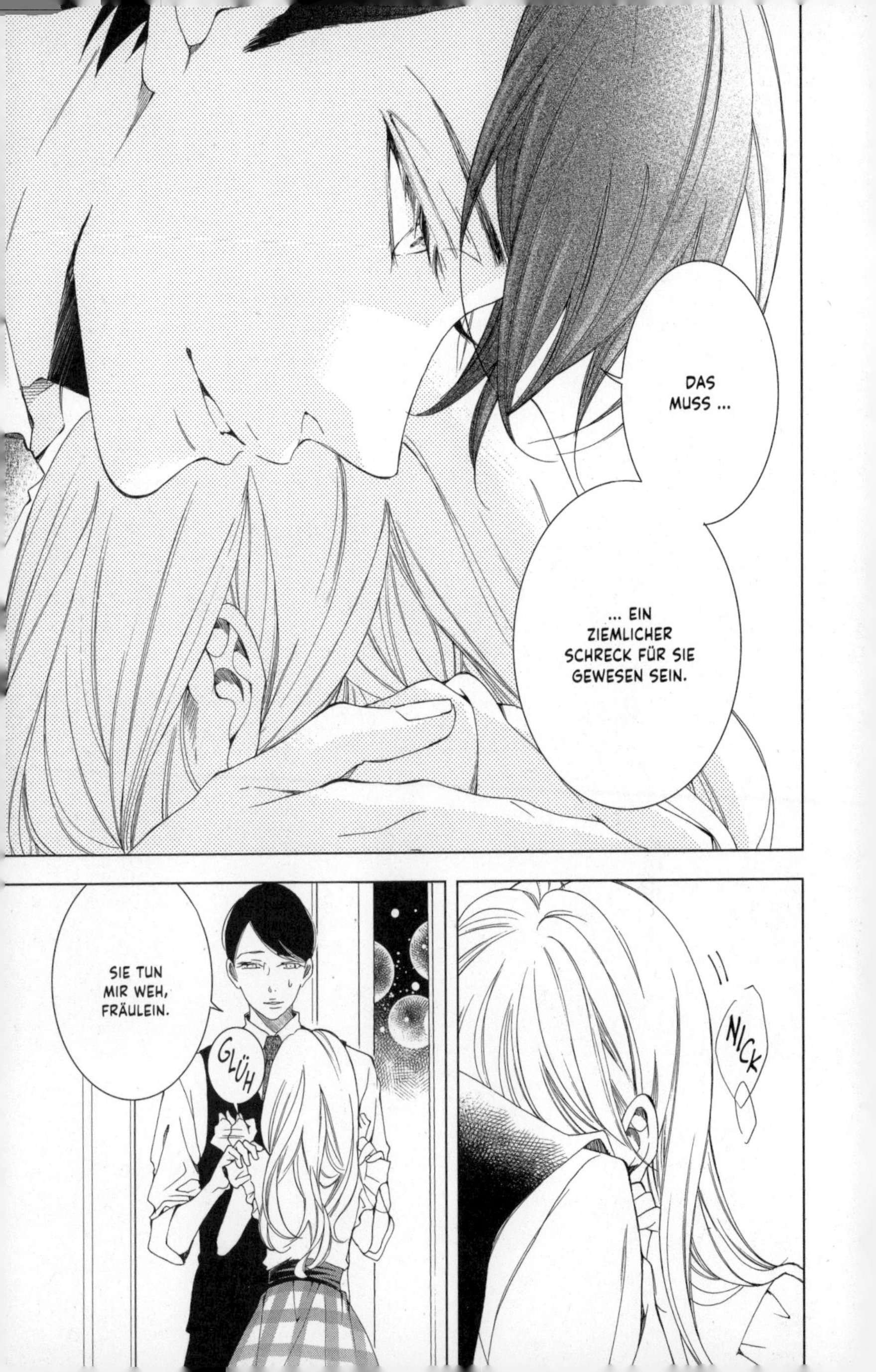

DAS MUSS ...

... EIN ZIEMLICHER SCHRECK FÜR SIE GEWESEN SEIN.

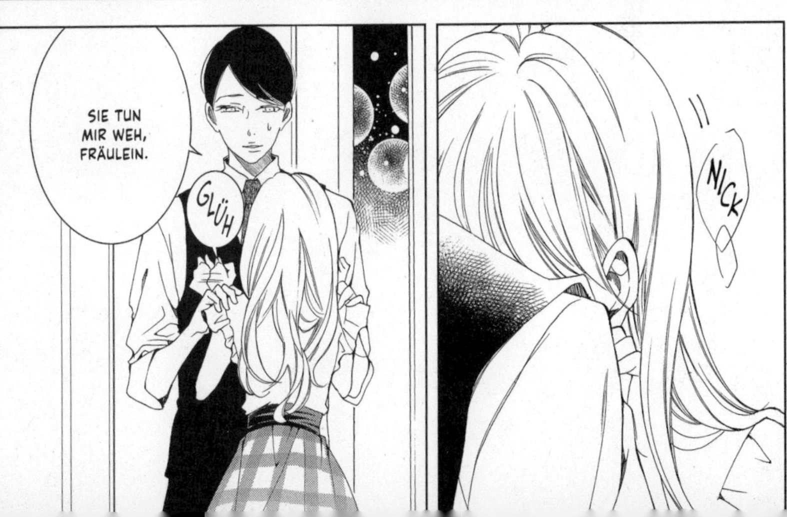

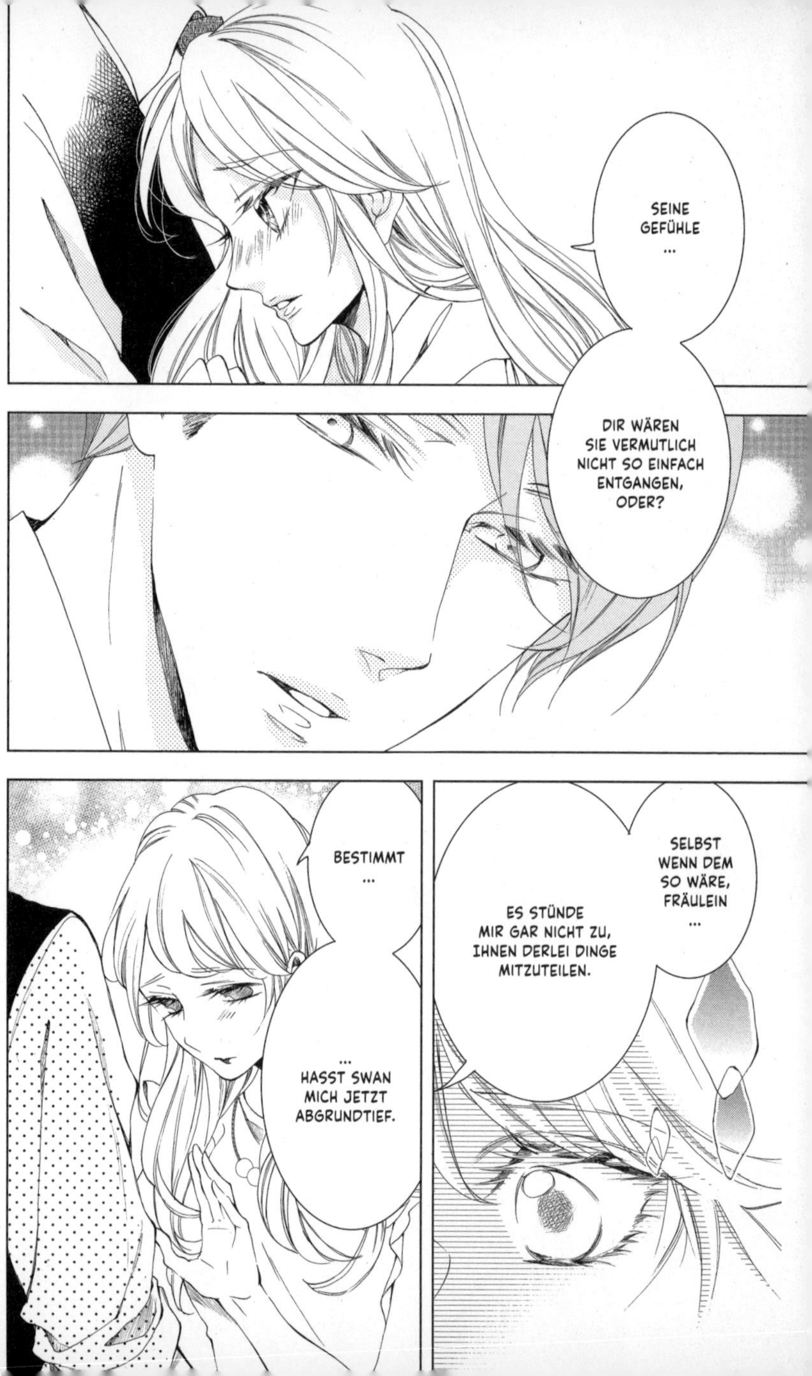

SEINE GEFÜHLE ...

DIR WÄREN SIE VERMUTLICH NICHT SO EINFACH ENTGANGEN, ODER?

SELBST WENN DEM SO WÄRE, FRÄULEIN ...

ES STÜNDE MIR GAR NICHT ZU, IHNEN DERLEI DINGE MITZUTEILEN.

BESTIMMT ...

... HASST SWAN MICH JETZT ABGRUNDTIEF.

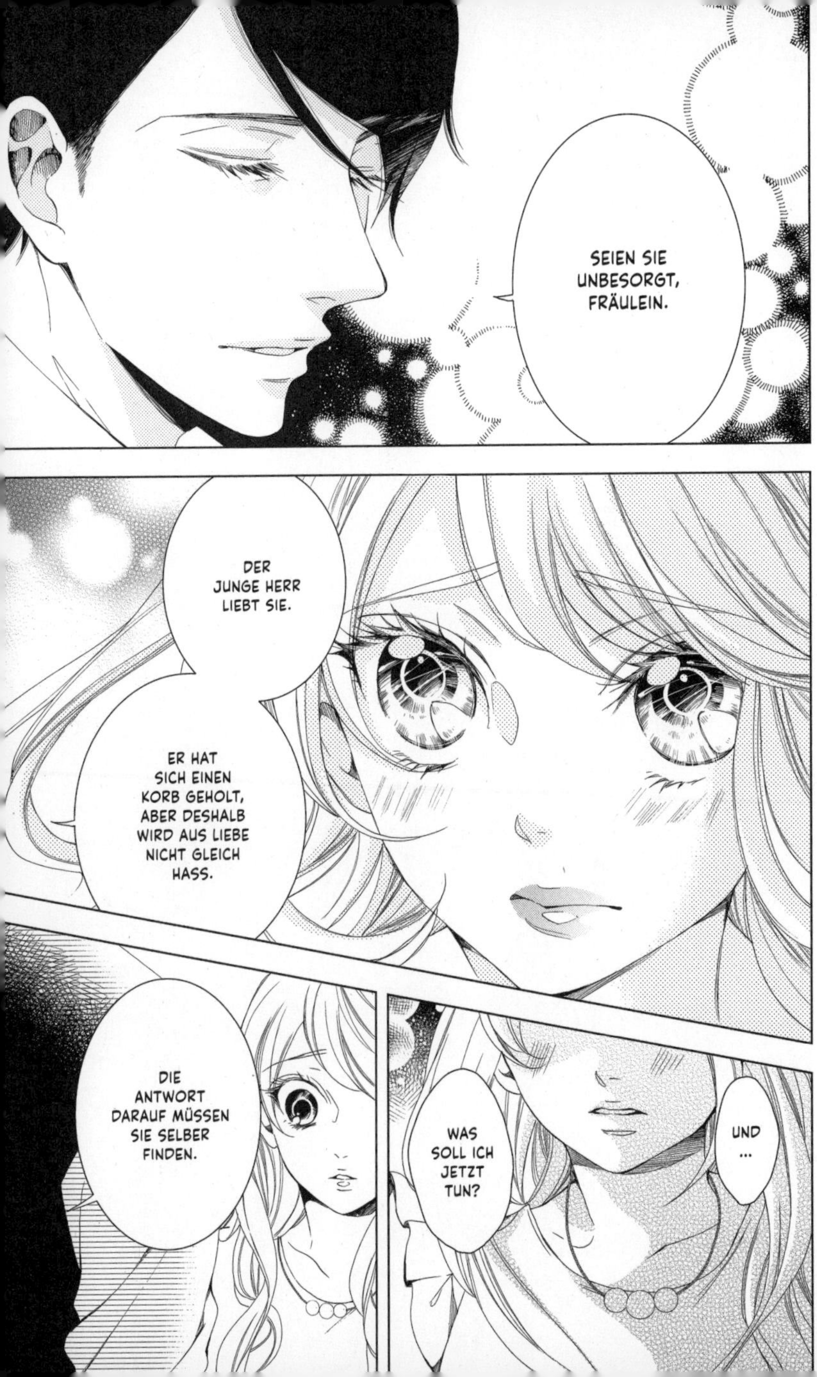

SEIEN SIE UNBESORGT, FRÄULEIN.

DER JUNGE HERR LIEBT SIE.

ER HAT SICH EINEN KORB GEHOLT, ABER DESHALB WIRD AUS LIEBE NICHT GLEICH HASS.

UND ...

WAS SOLL ICH JETZT TUN?

DIE ANTWORT DARAUF MÜSSEN SIE SELBER FINDEN.

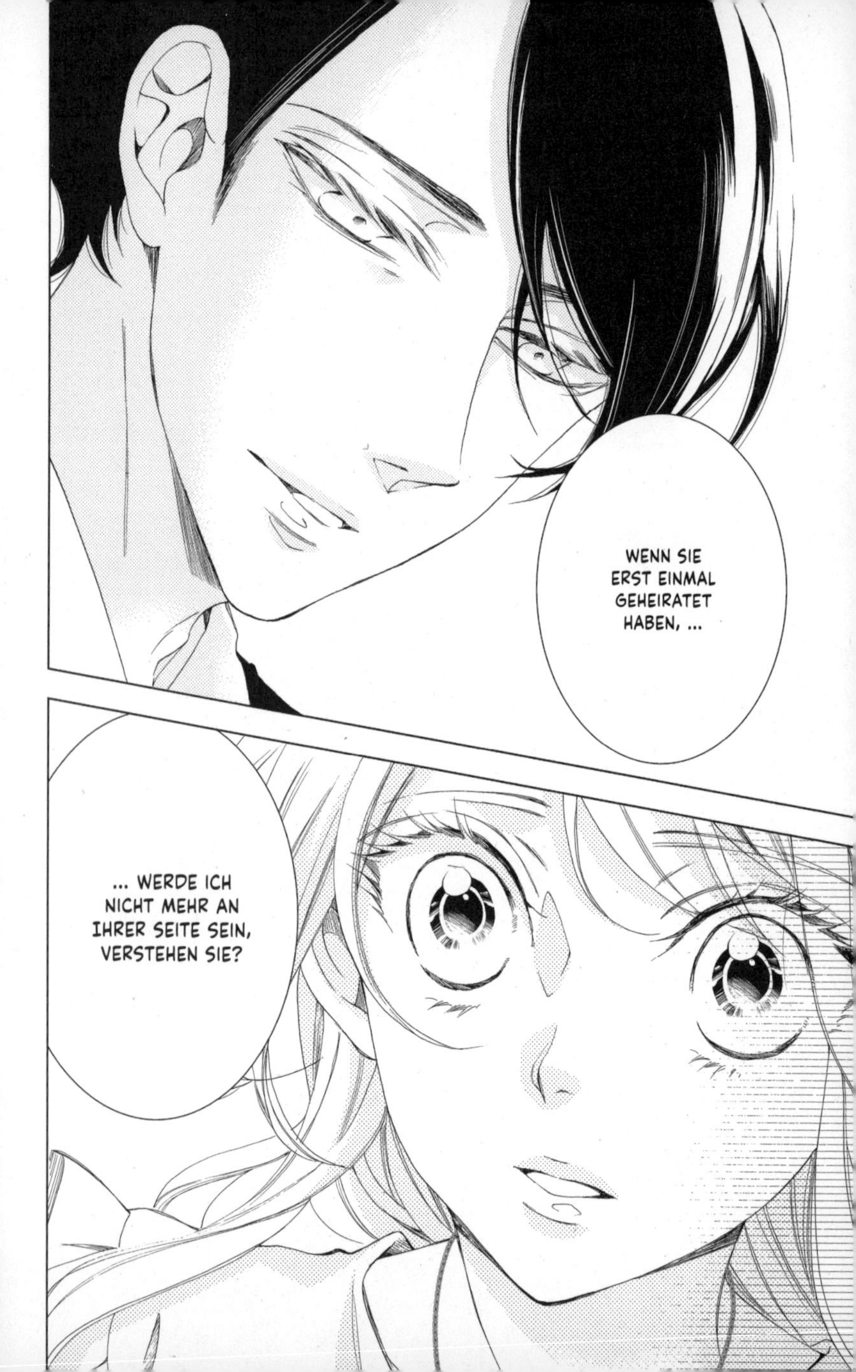
WENN SIE ERST EINMAL GEHEIRATET HABEN, ...
... WERDE ICH NICHT MEHR AN IHRER SEITE SEIN, VERSTEHEN SIE?

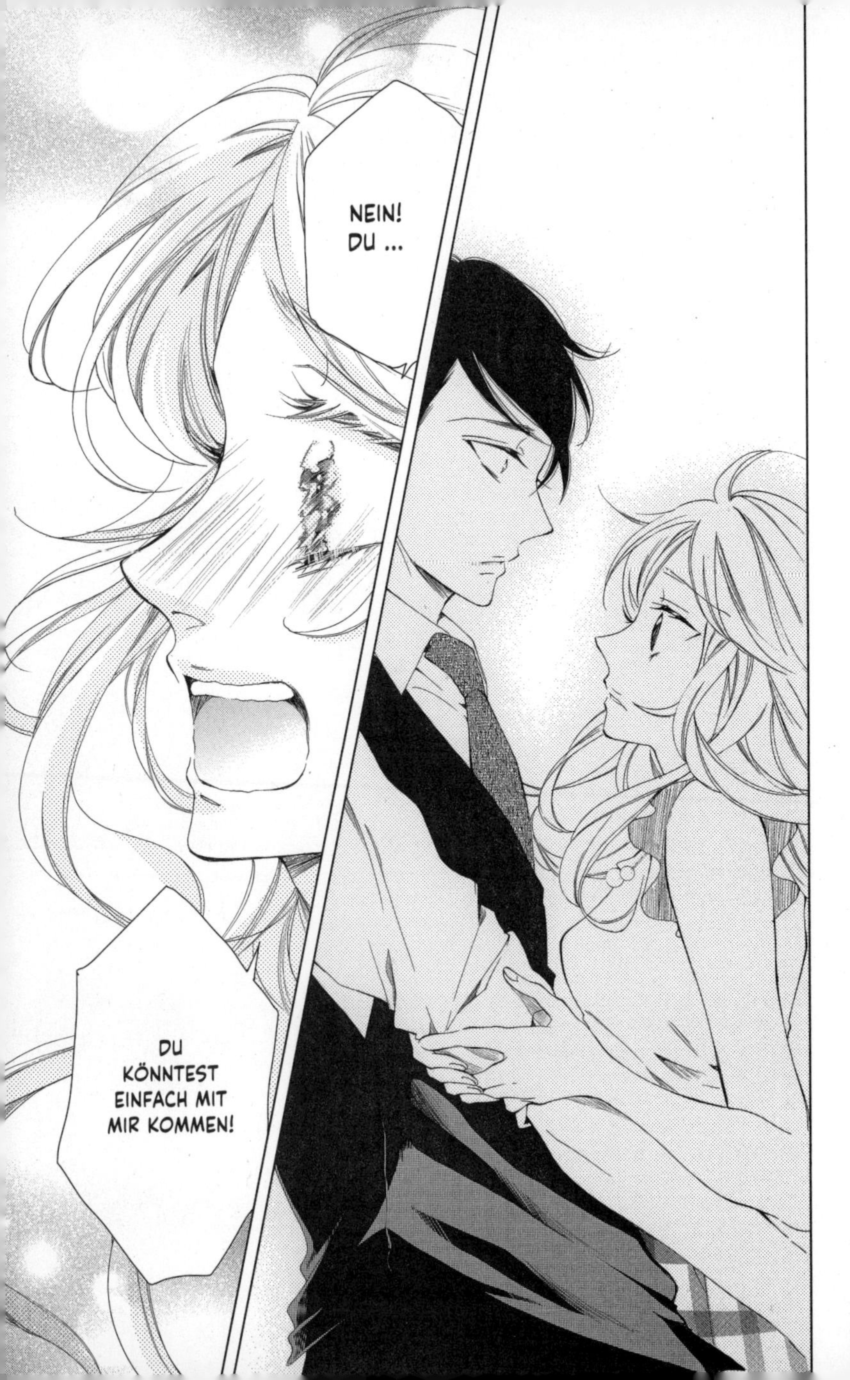
NEIN! DU ...
DU KÖNNTEST EINFACH MIT MIR KOMMEN!

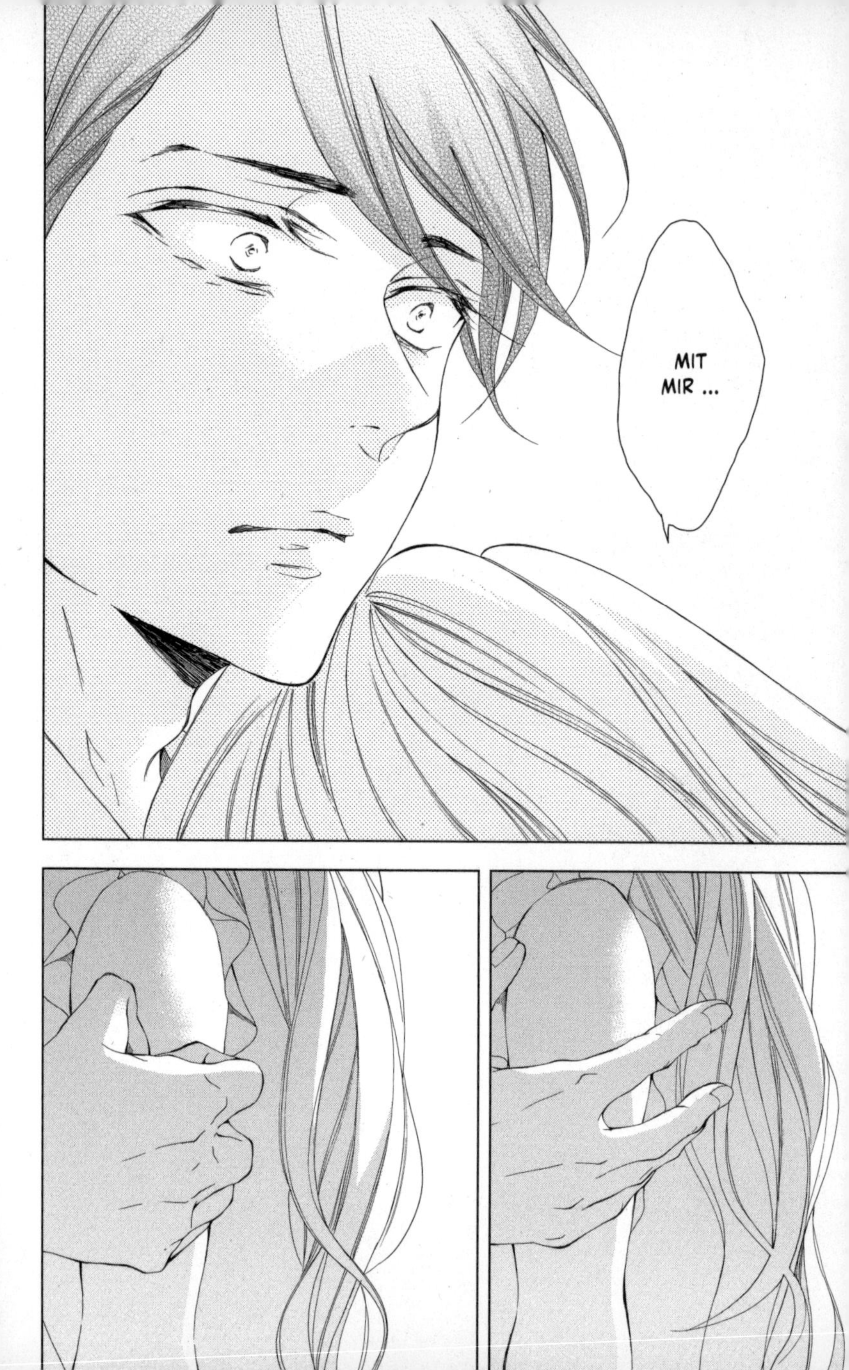
MIT
MIR ...

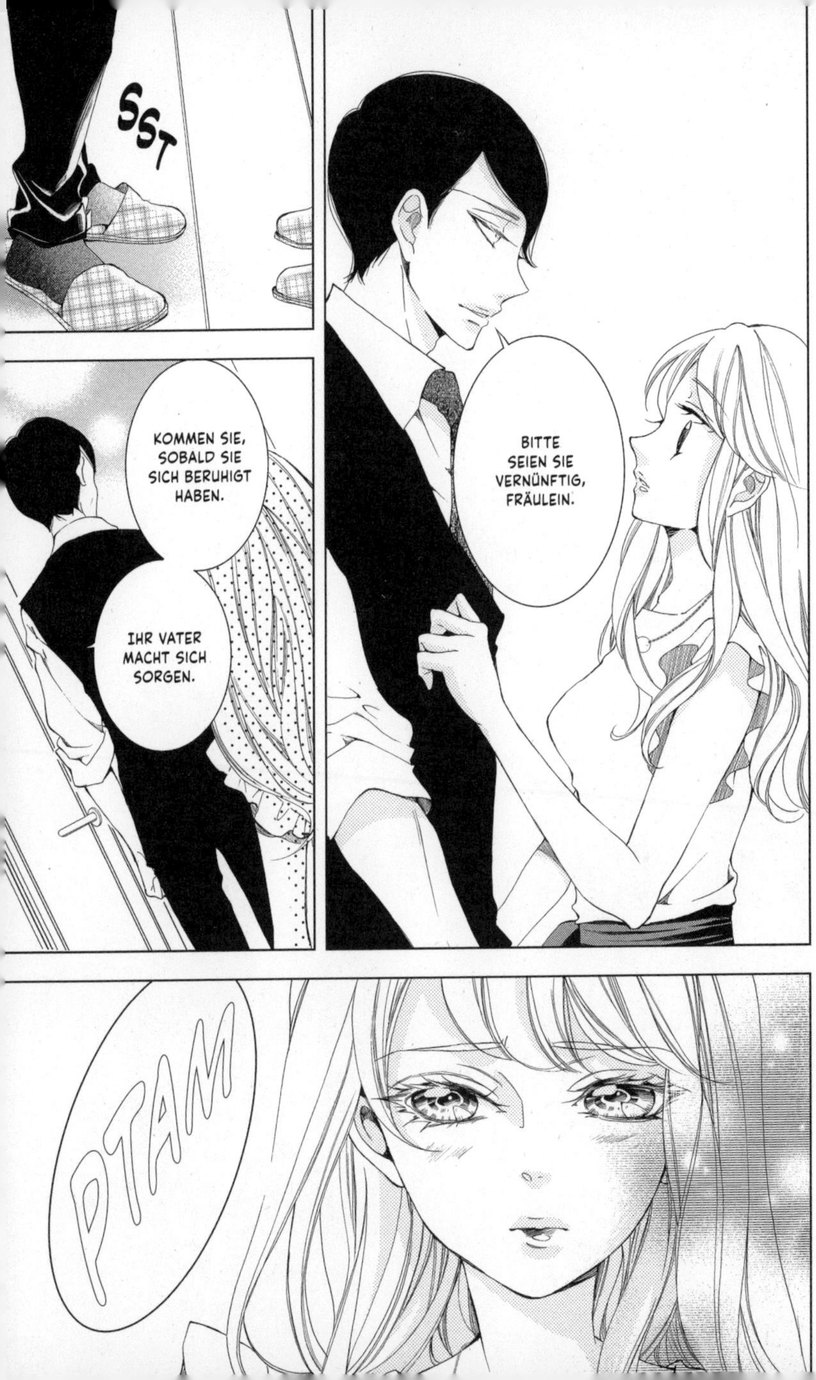

BITTE SEIEN SIE VERNÜNFTIG, FRÄULEIN.

SST

KOMMEN SIE, SOBALD SIE SICH BERUHIGT HABEN.

IHR VATER MACHT SICH SORGEN.

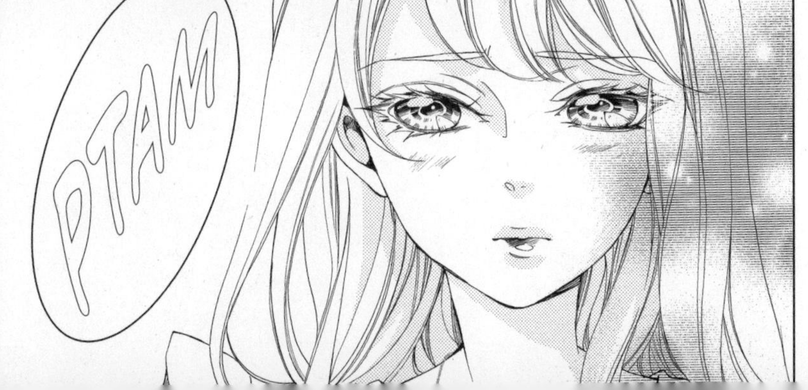

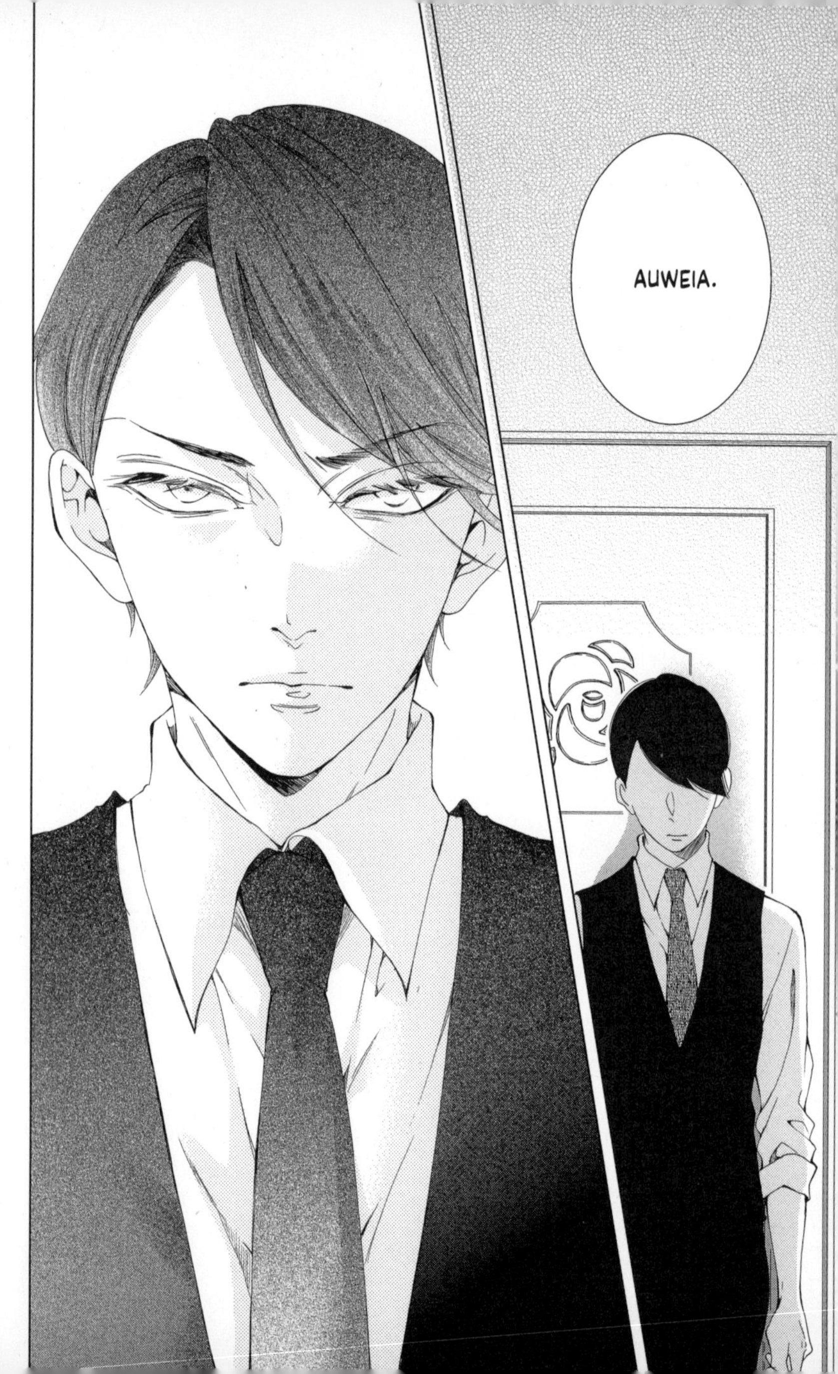
AUWEIA.

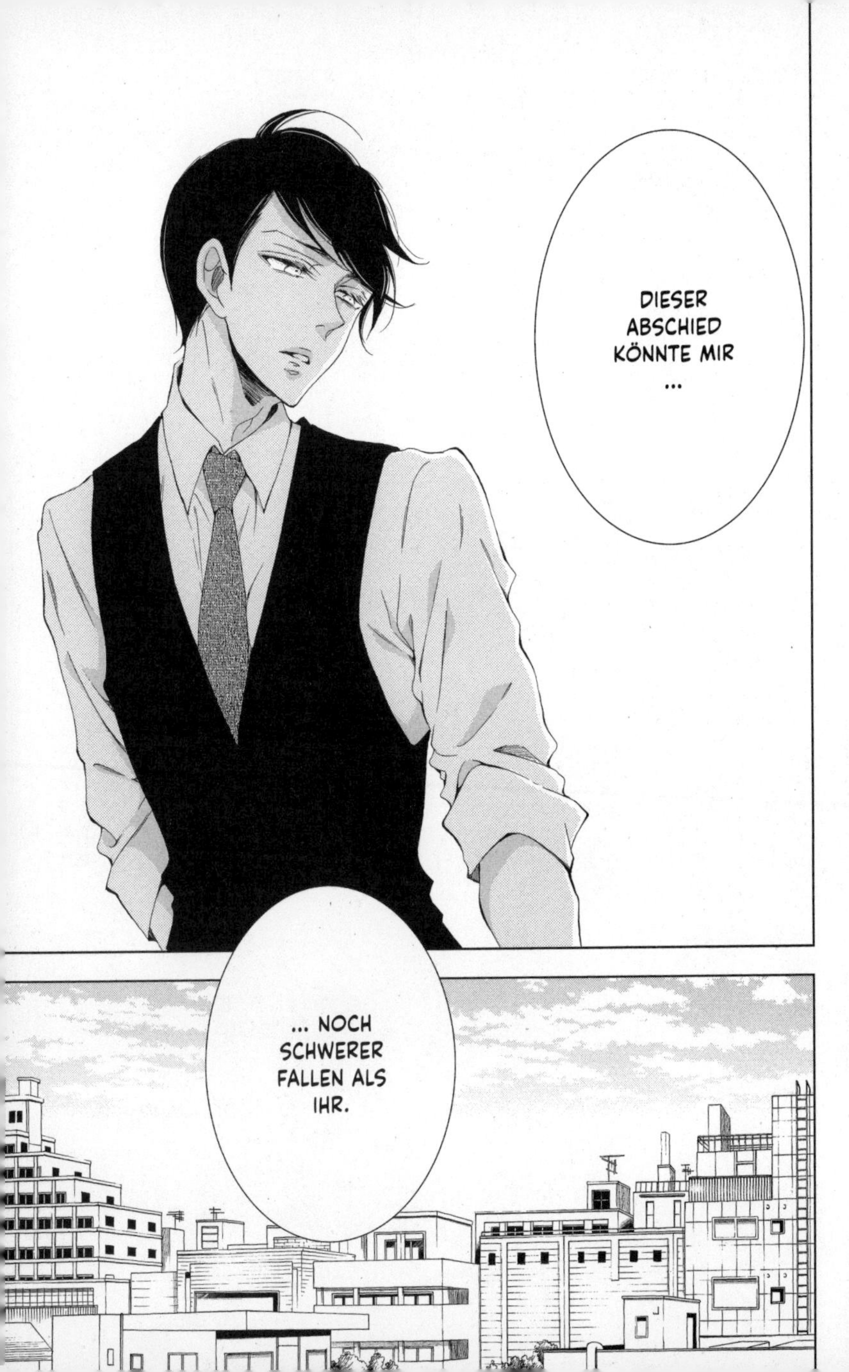
DIESER ABSCHIED KÖNNTE MIR ...
... NOCH SCHWERER FALLEN ALS IHR.

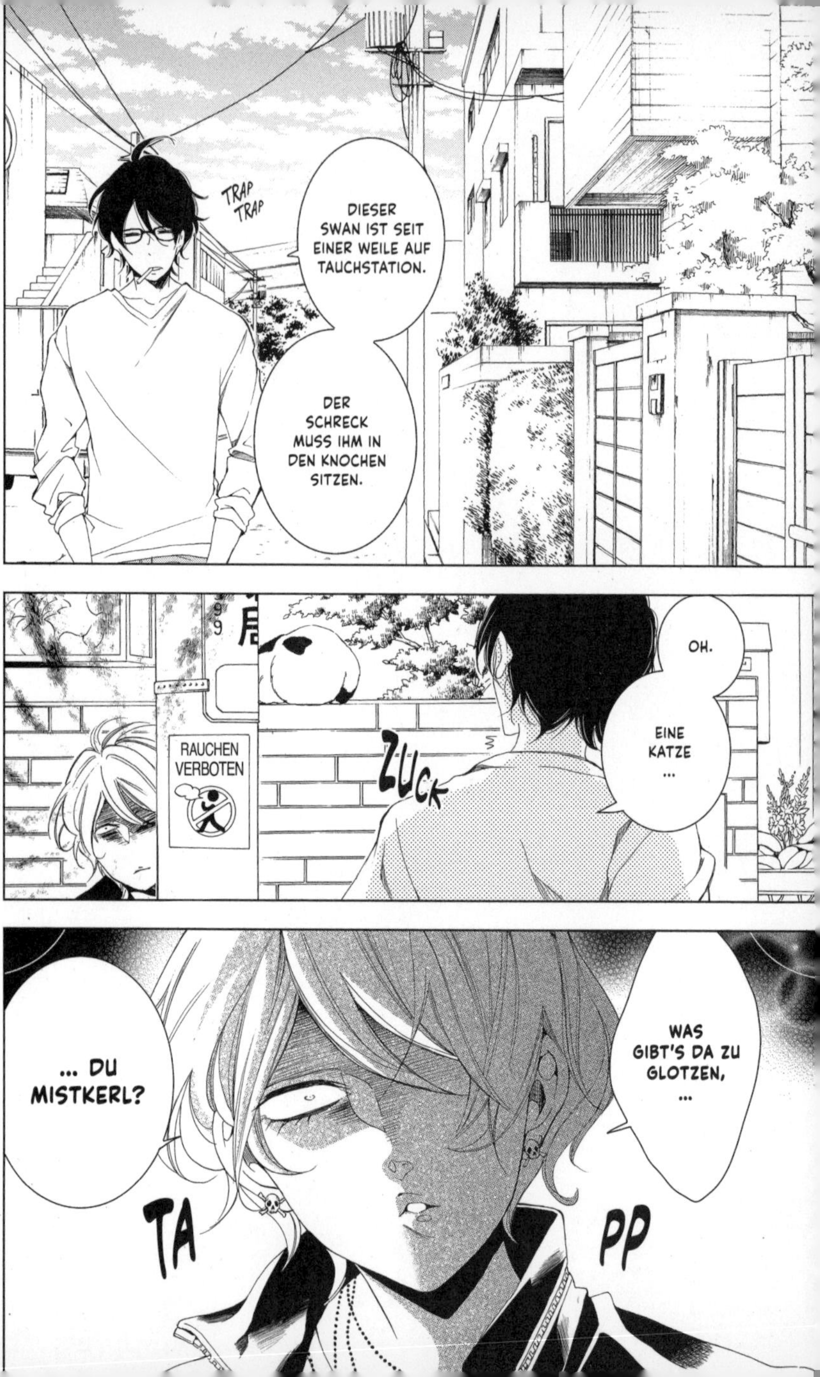

DIESER SWAN IST SEIT EINER WEILE AUF TAUCHSTATION.

DER SCHRECK MUSS IHM IN DEN KNOCHEN SITZEN.

TRAP TRAP

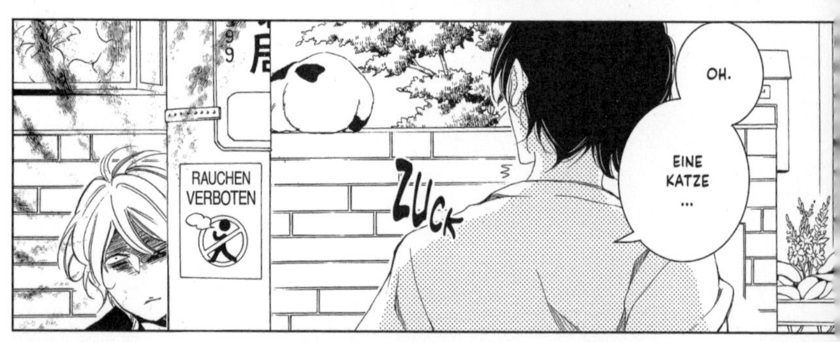

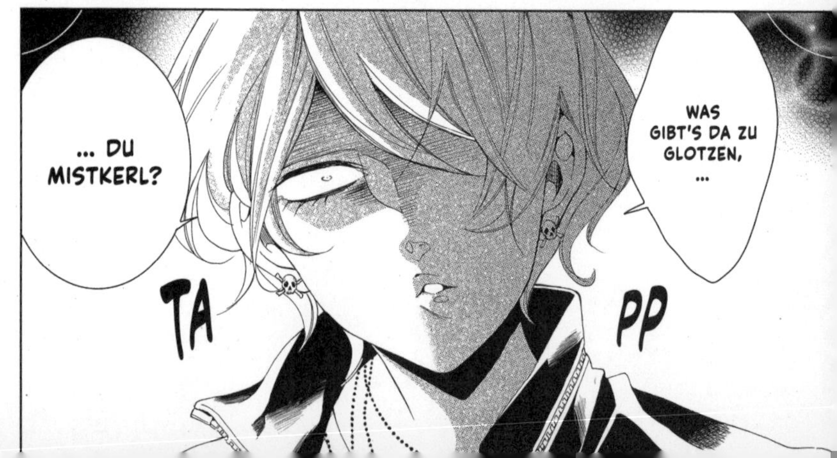

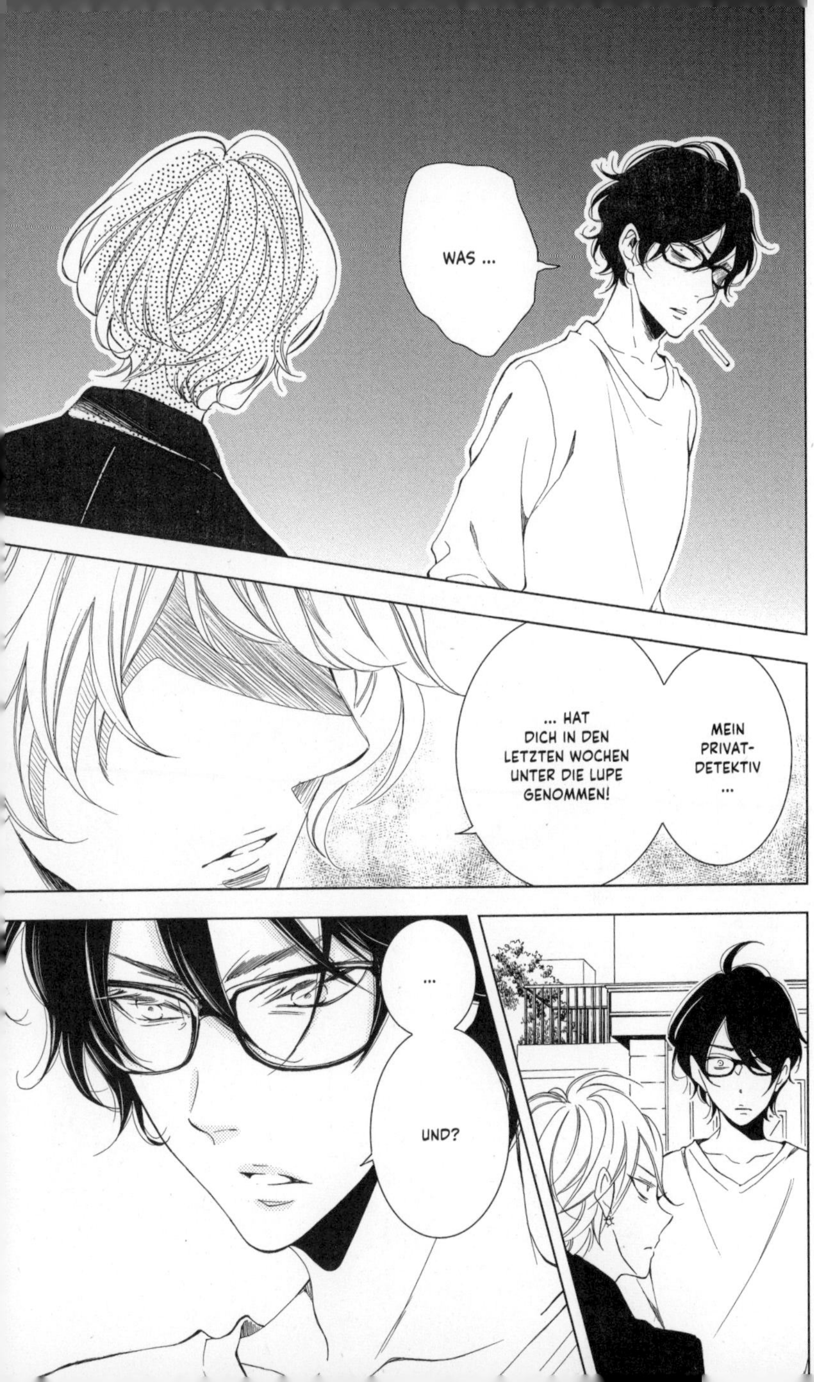

WAS ...

MEIN PRIVATDETEKTIV ...

... HAT DICH IN DEN LETZTEN WOCHEN UNTER DIE LUPE GENOMMEN!

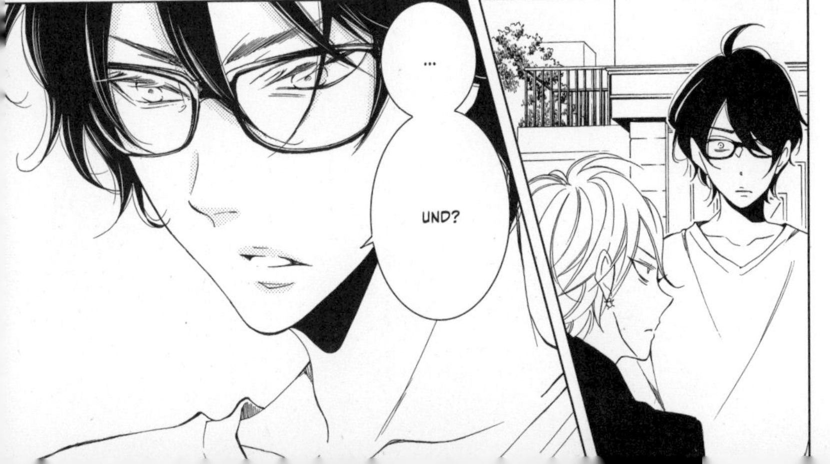

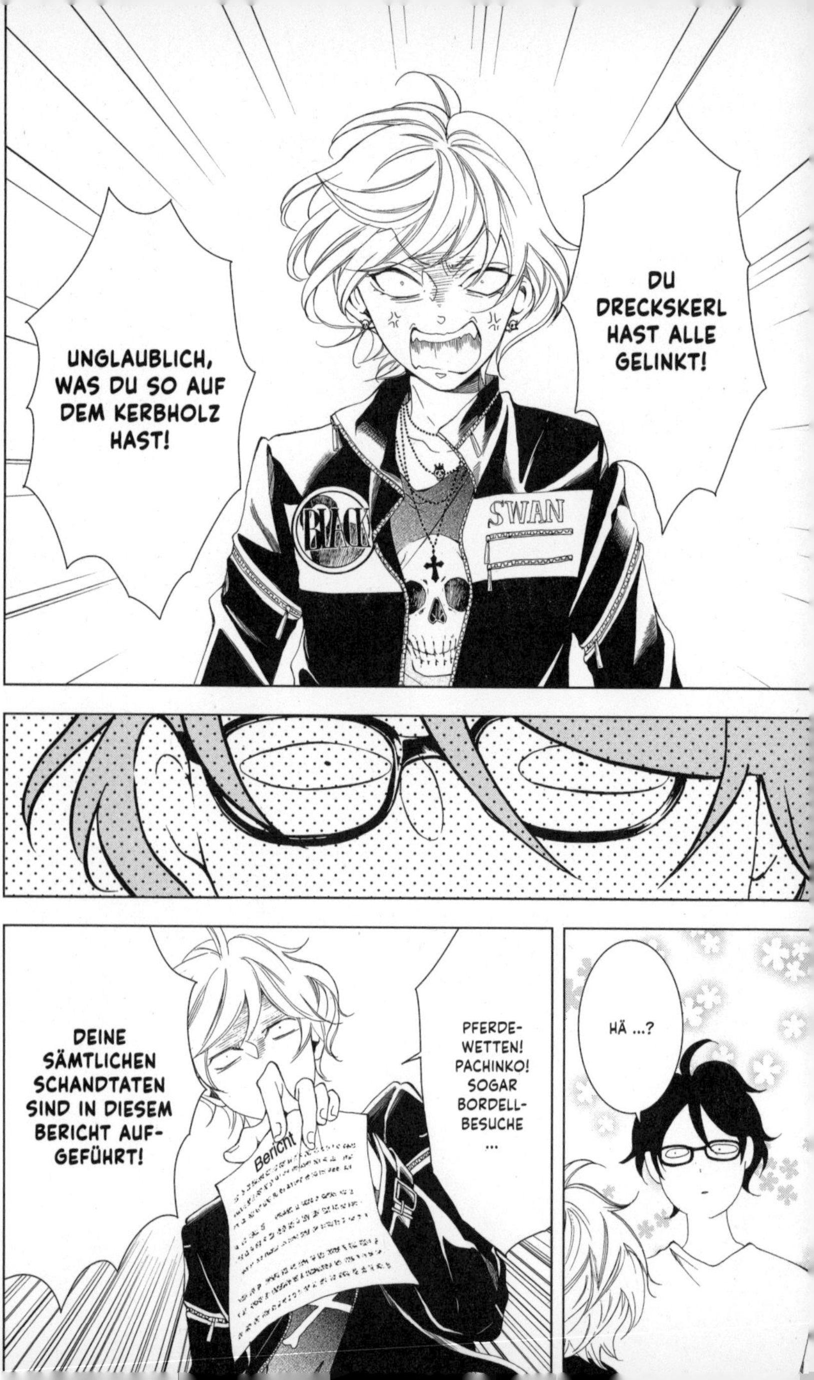

DU DRECKSKERL HAST ALLE GELINKT!

UNGLAUBLICH, WAS DU SO AUF DEM KERBHOLZ HAST!

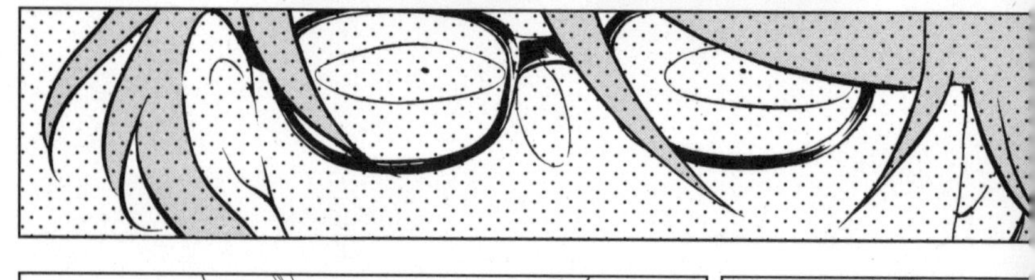

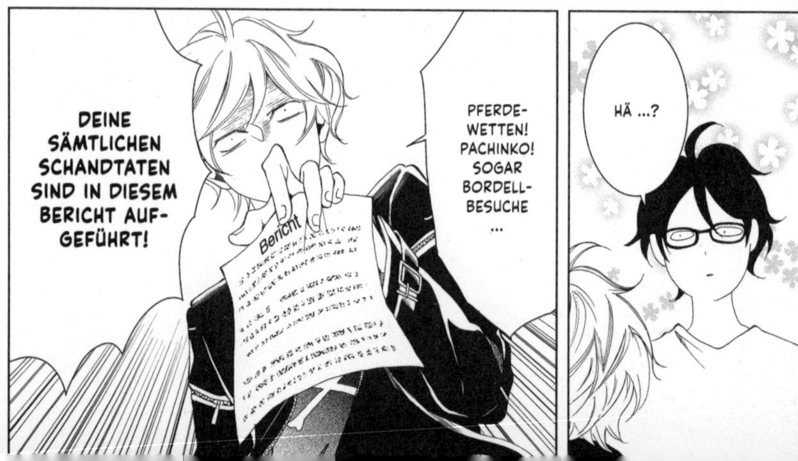

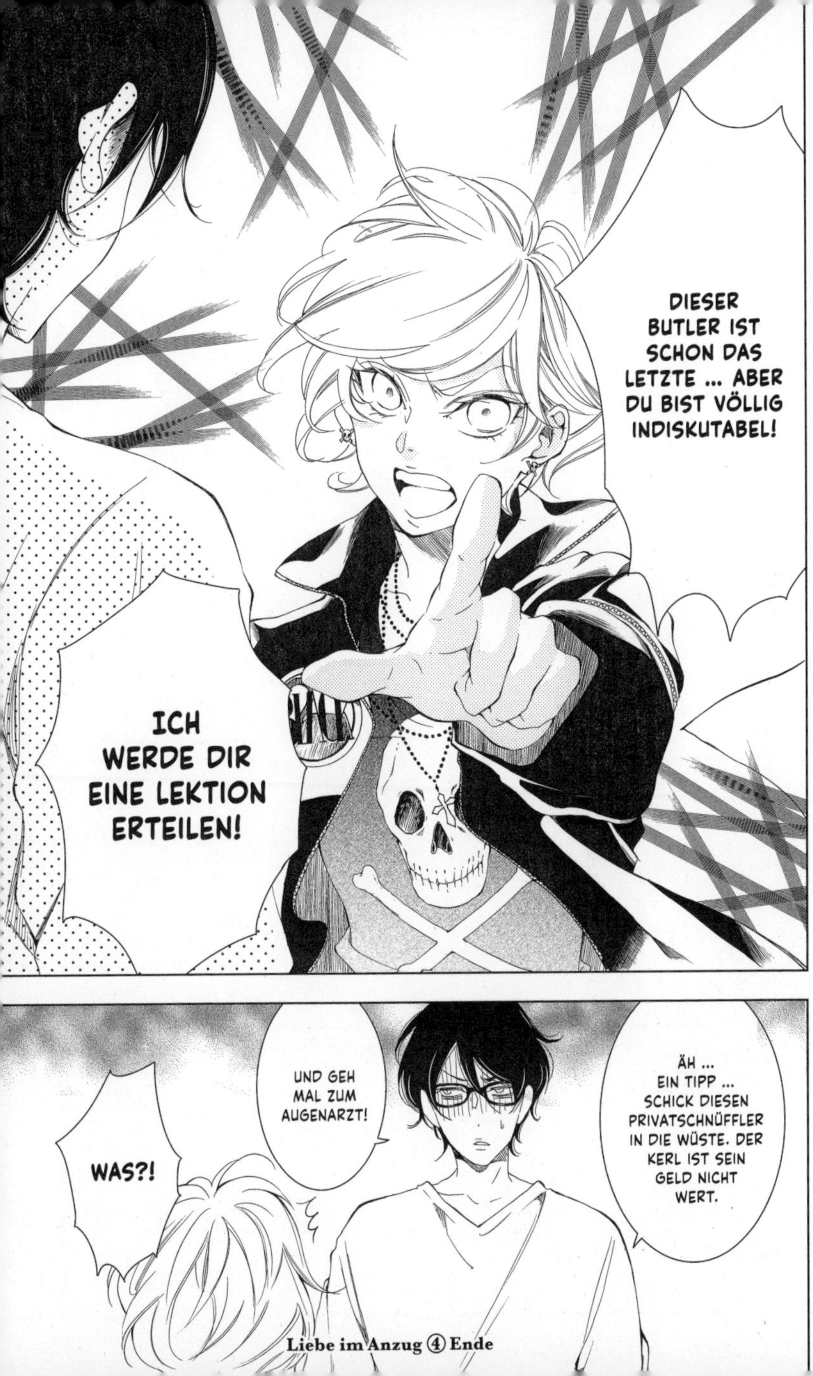

DIESER BUTLER IST SCHON DAS LETZTE ... ABER DU BIST VÖLLIG INDISKUTABEL!

ICH WERDE DIR EINE LEKTION ERTEILEN!

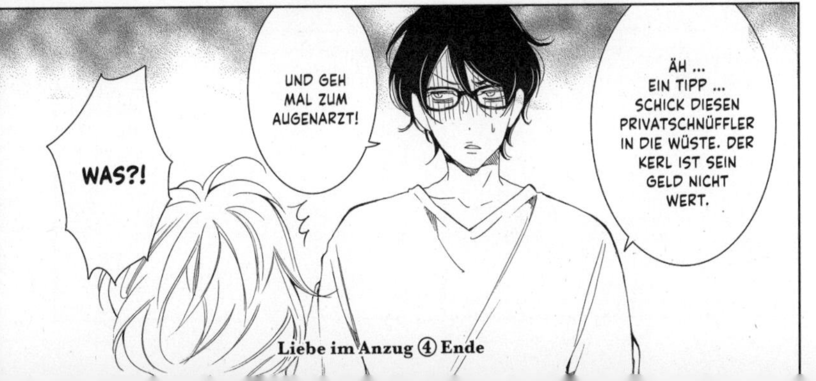

Liebe im Anzug ④ Ende

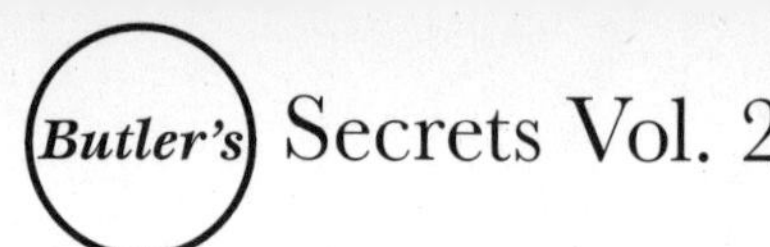

Was Katzen fühlen

Toshizo! Ein Souvenir für dich aus Amerika!
BLINZEL
Luxus-Bio-Katzenfutter!
VEGGIE OHNE ZUSATZSTOFFE

Das hat wenig Kalorien …
KULLER
… und ist sehr gesund!
Ich hoffe, du magst es!
VEGGIE OHNE ZUSATZSTO

Neiiiin!

Toshizo ist…
Toshizo ist …
TADAAA
Neiiiin!
VEGGIE OHNE ZUSATZSTOFFE

Toshizo …
HUSCH
Auch mir bricht es das Herz.

Hier, bitte!
TOCK
Dein bewährtes Futter!
Toshizo

BANG

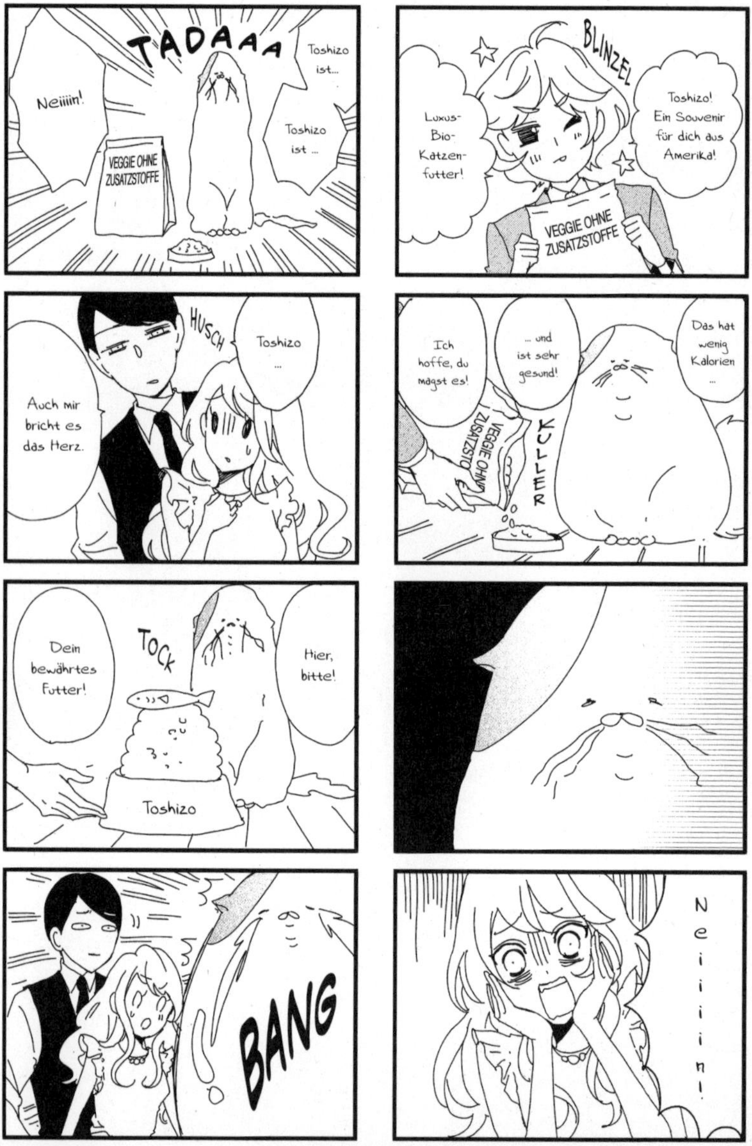

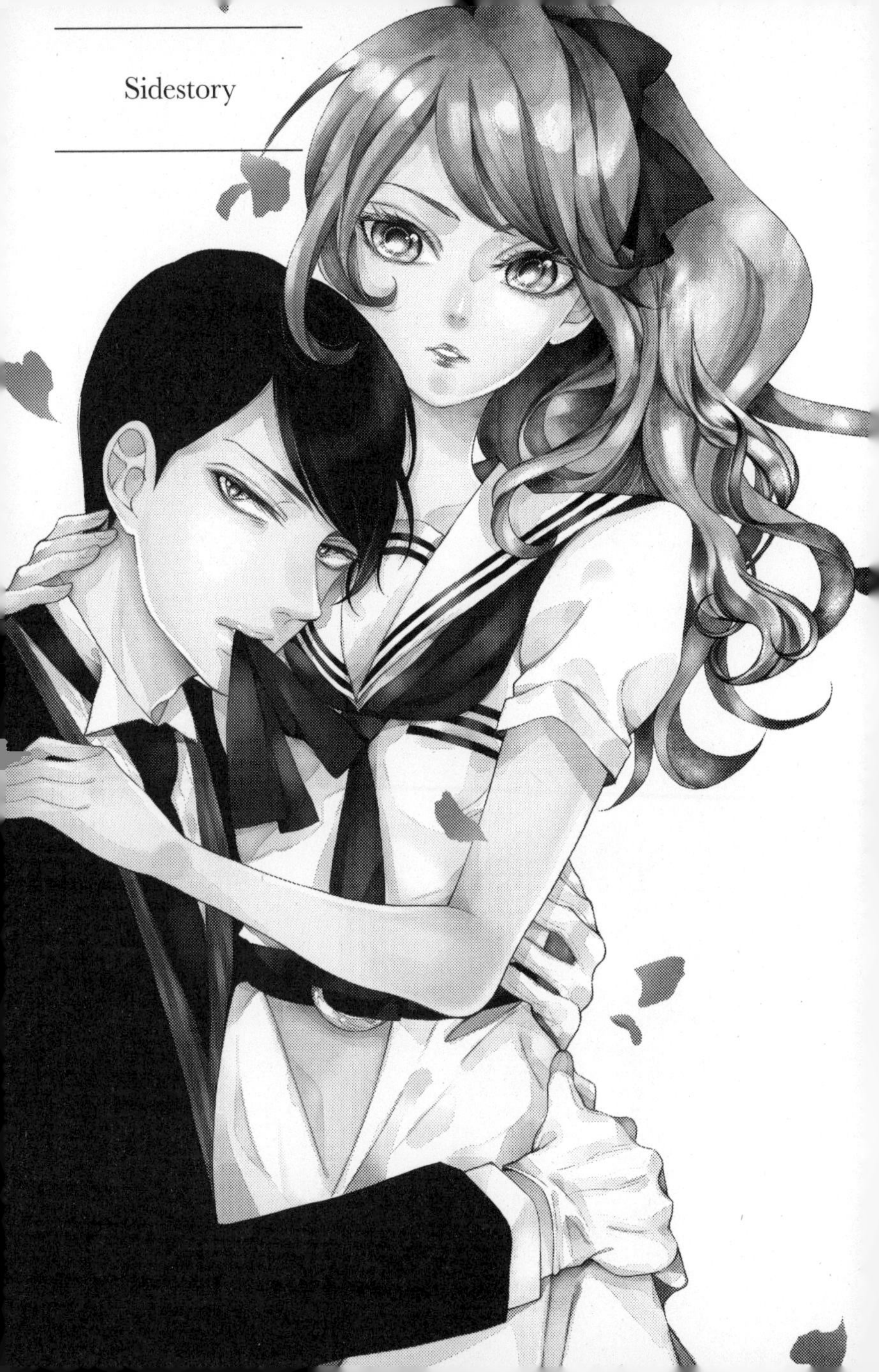
Sidestory

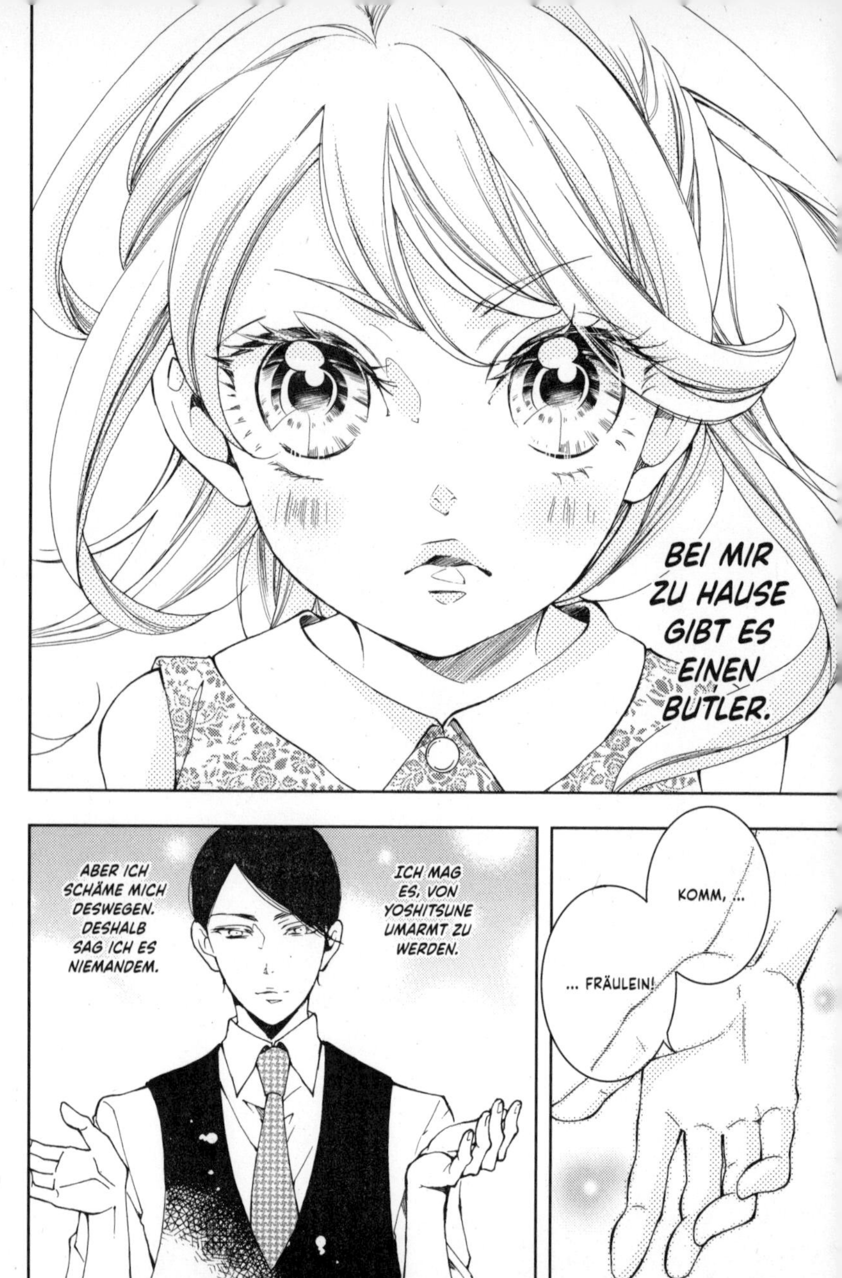
BEI MIR ZU HAUSE GIBT ES EINEN BUTLER.
KOMM, ...
... FRÄULEIN!
ICH MAG ES, VON YOSHITSUNE UMARMT ZU WERDEN.
ABER ICH SCHÄME MICH DESWEGEN. DESHALB SAG ICH ES NIEMANDEM.

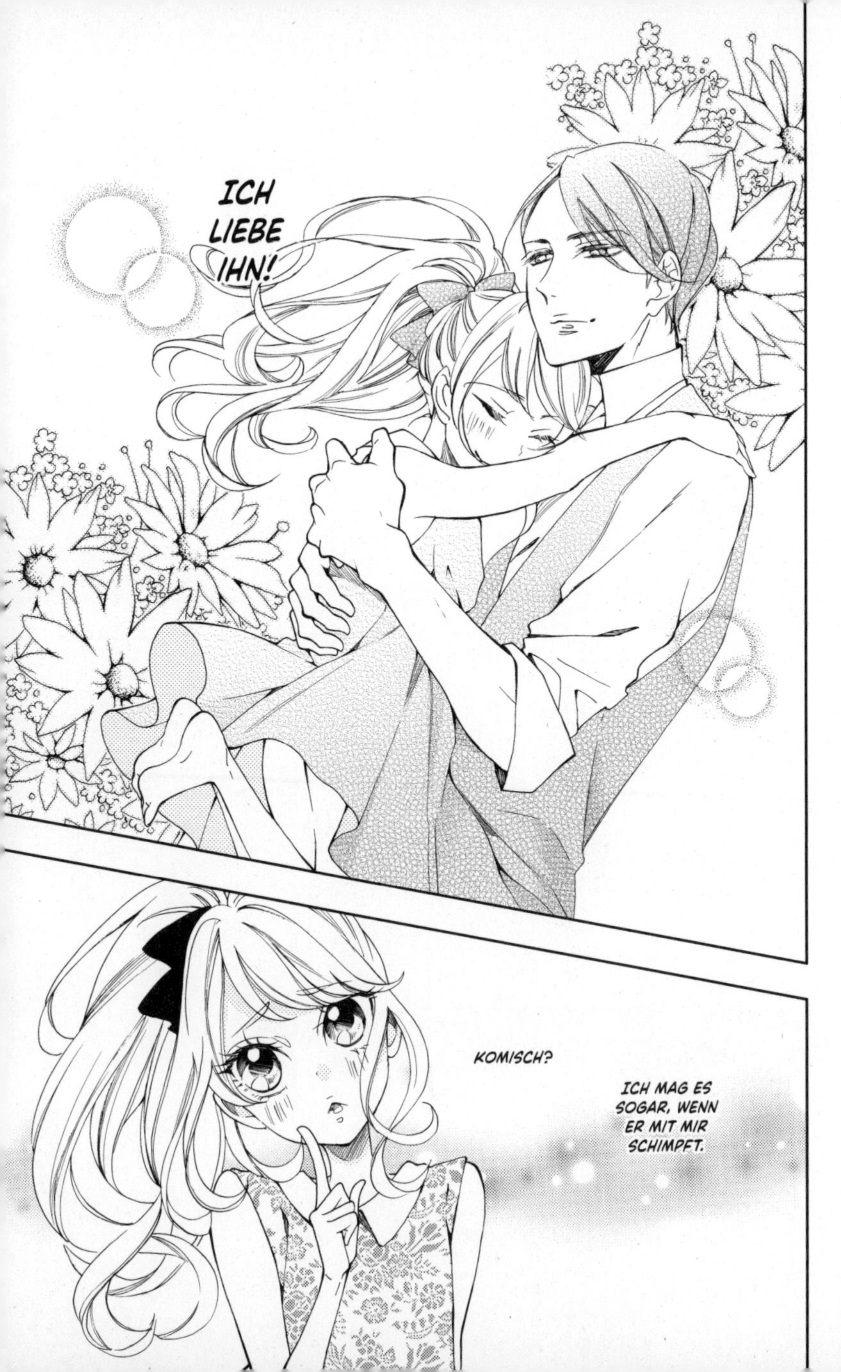
ICH LIEBE IHN!
KOMISCH?
ICH MAG ES SOGAR, WENN ER MIT MIR SCHIMPFT.

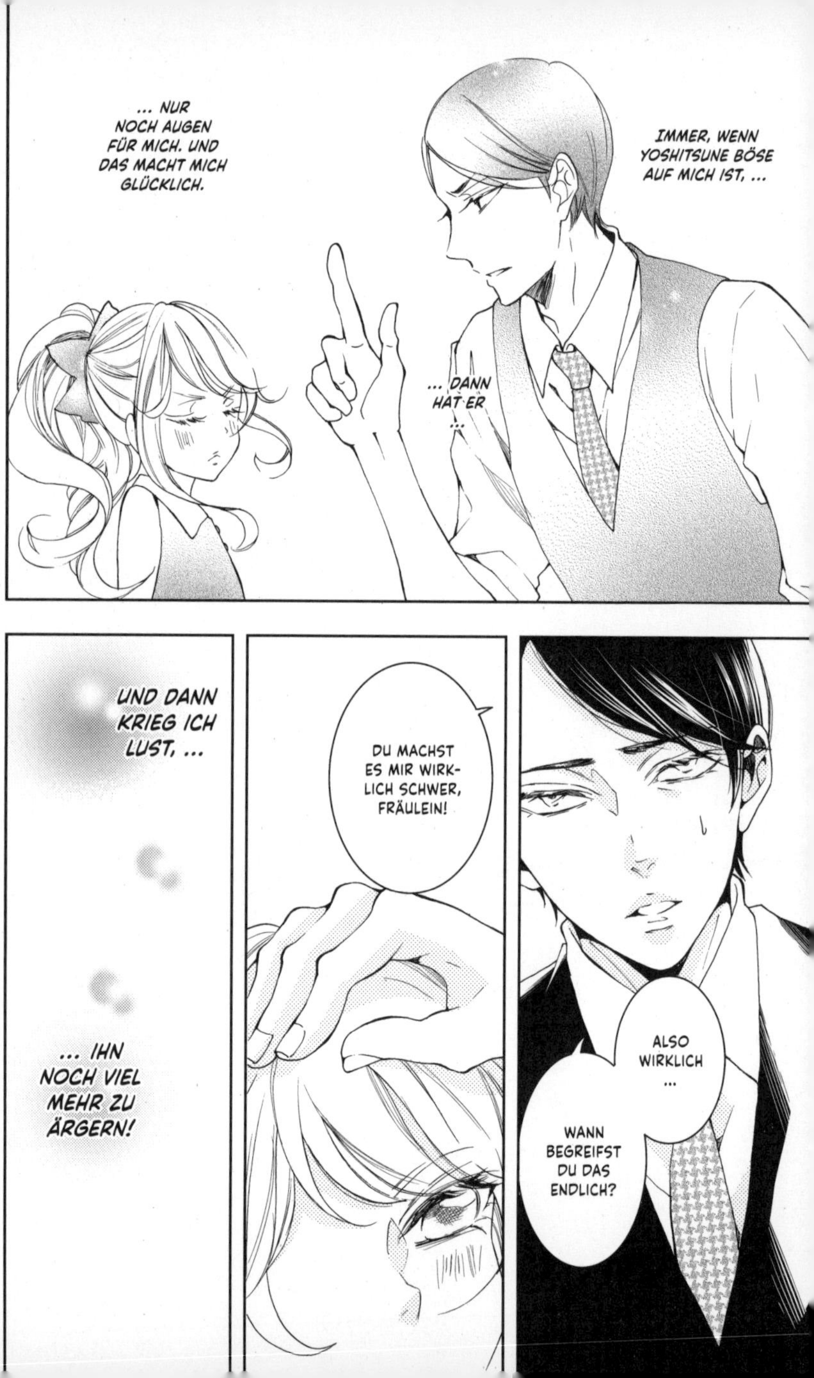

IMMER, WENN YOSHITSUNE BÖSE AUF MICH IST, ...
... DANN HAT ER ...
... NUR NOCH AUGEN FÜR MICH. UND DAS MACHT MICH GLÜCKLICH.

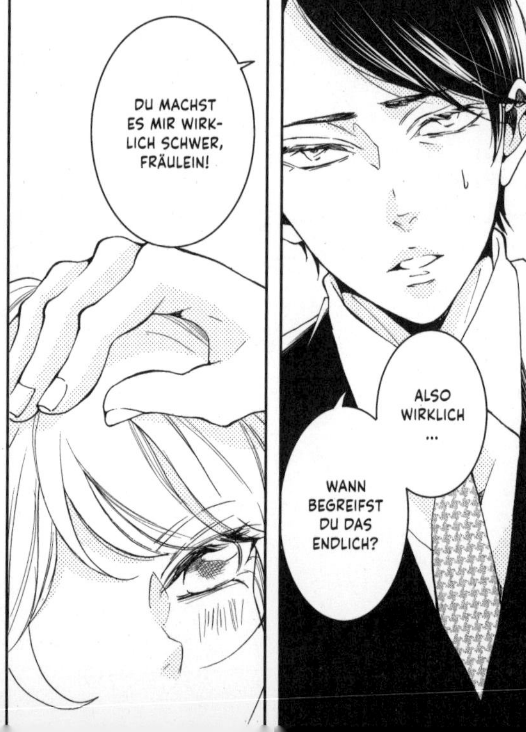

UND DANN KRIEG ICH LUST, ...
... IHN NOCH VIEL MEHR ZU ÄRGERN!

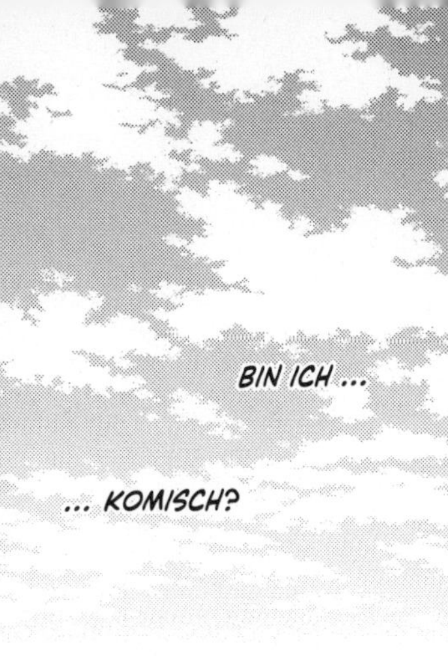
BIN ICH ...
... KOMISCH?

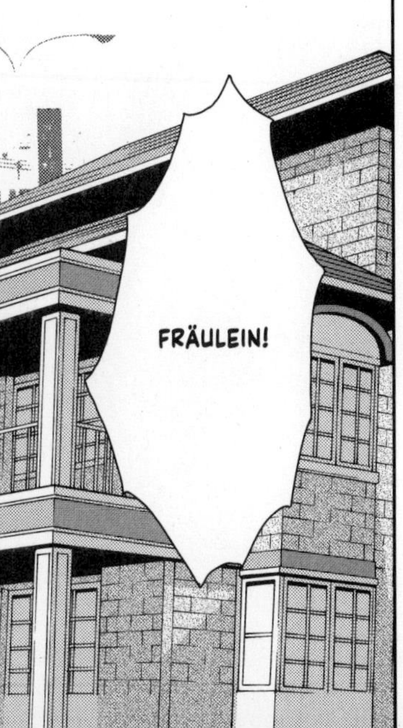
FRÄULEIN!

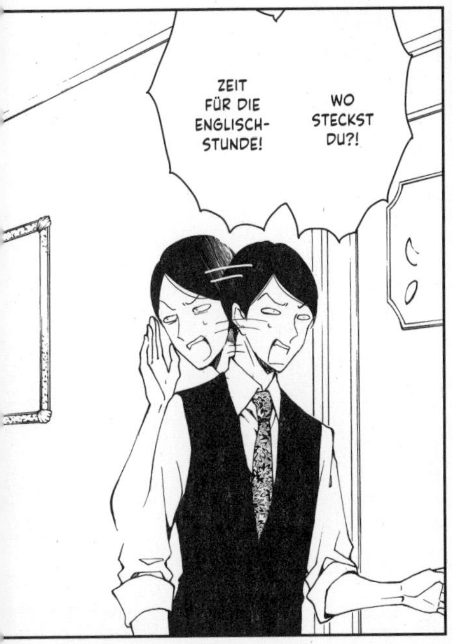
WO STECKST DU?!
ZEIT FÜR DIE ENGLISCH-STUNDE!

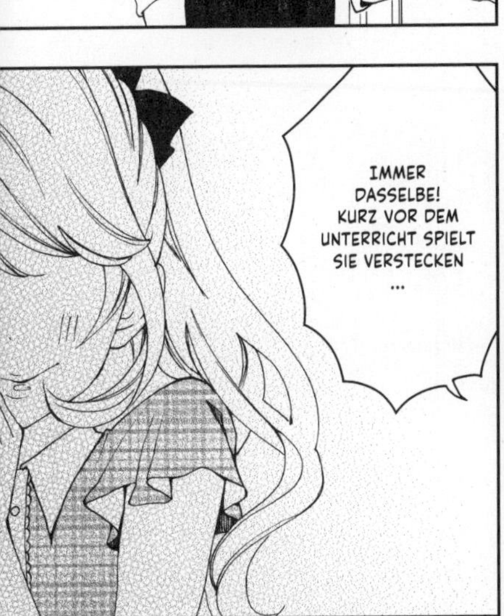
IMMER DASSELBE! KURZ VOR DEM UNTERRICHT SPIELT SIE VERSTECKEN ...

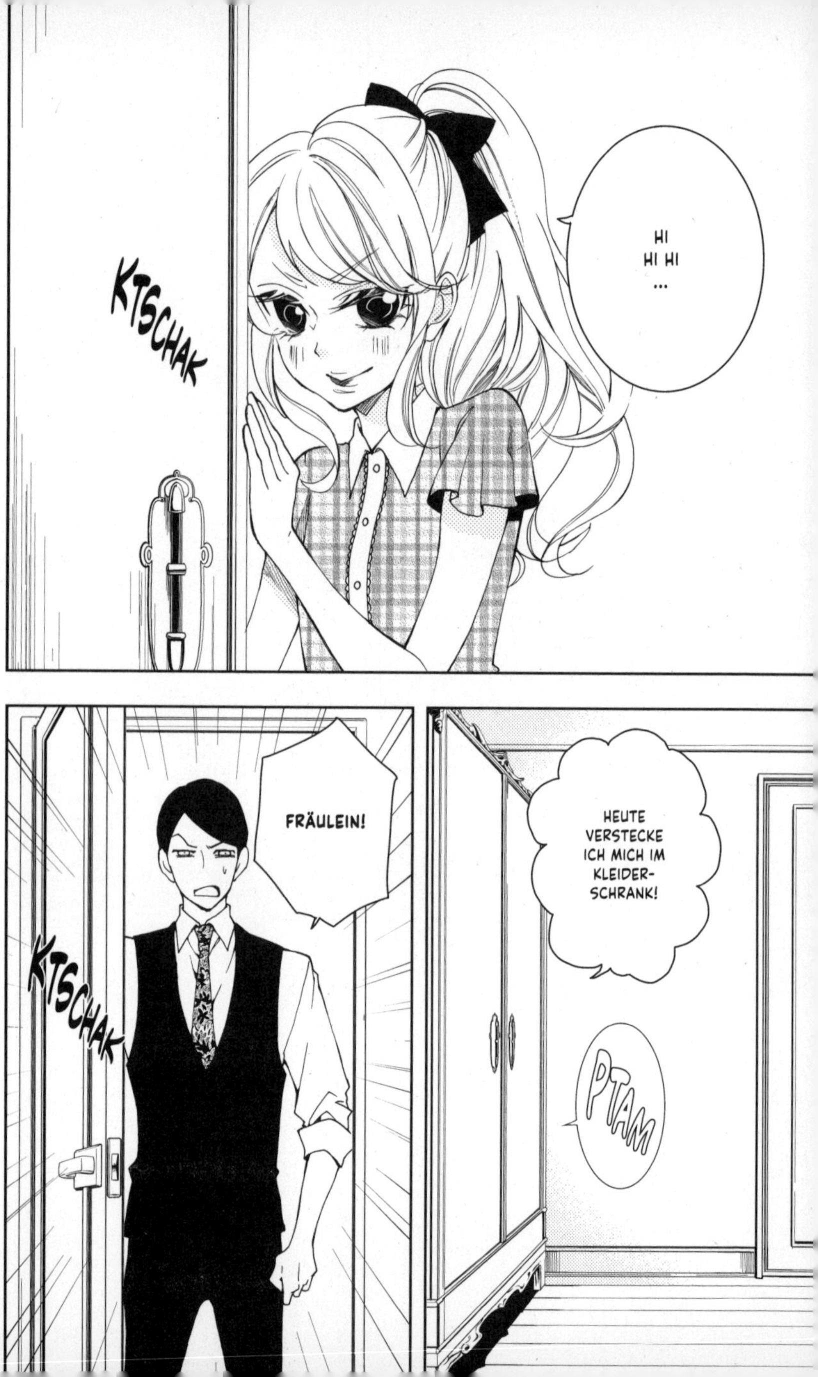

HI
HI HI
...

KTSCHAK

HEUTE VERSTECKE ICH MICH IM KLEIDER-SCHRANK!

PTAM

FRÄULEIN!

KTSCHAK

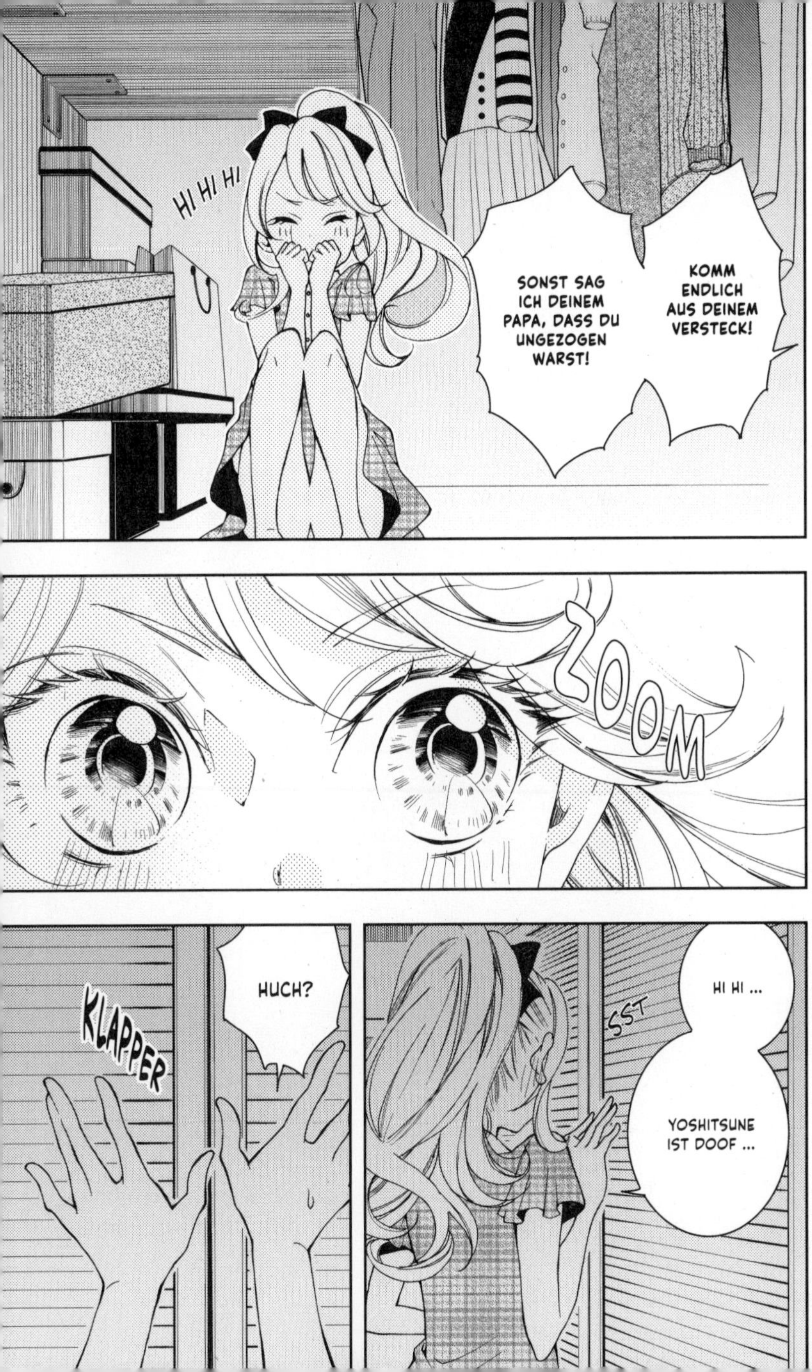

KOMM ENDLICH AUS DEINEM VERSTECK!
SONST SAG ICH DEINEM PAPA, DASS DU UNGEZOGEN WARST!
HI HI HI

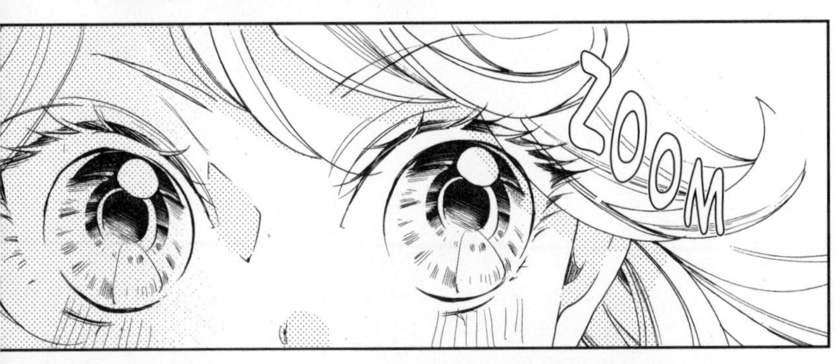

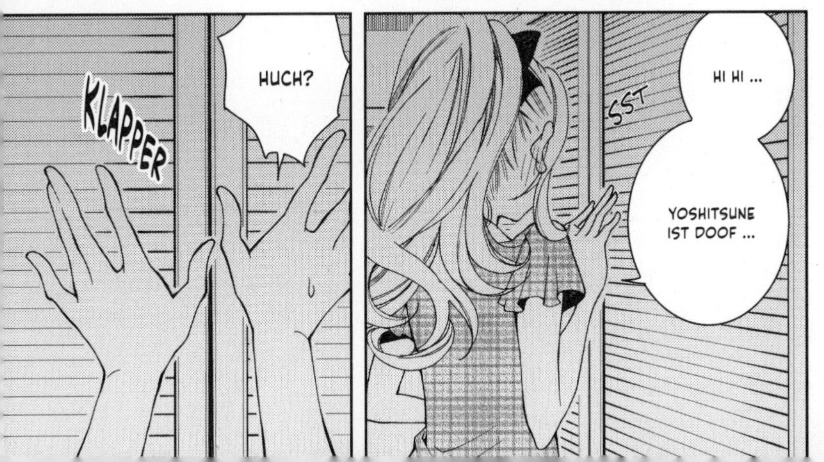

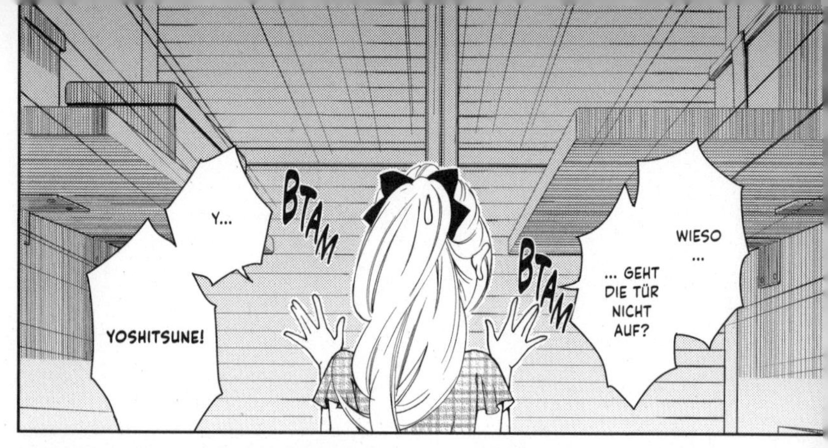

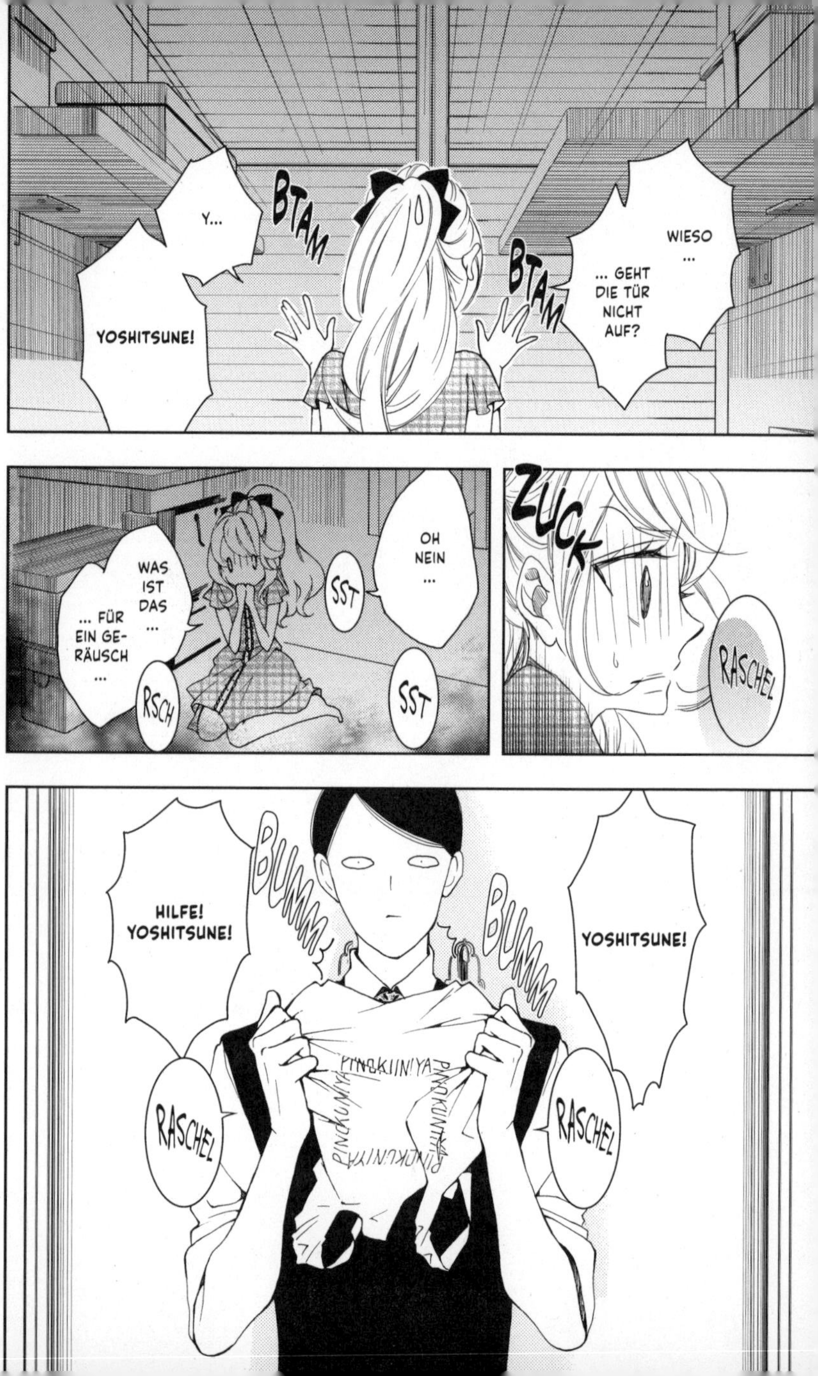

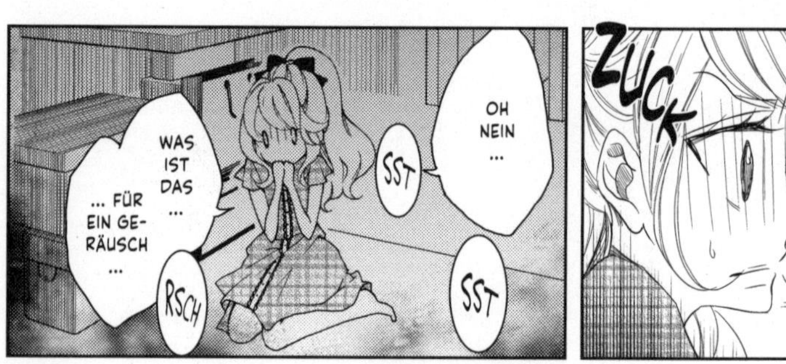

YOSHITSUNE!

BUMM

BUMM

HILFE! YOSHITSUNE!

RASCHEL

RASCHEL

PINOKUNIYA

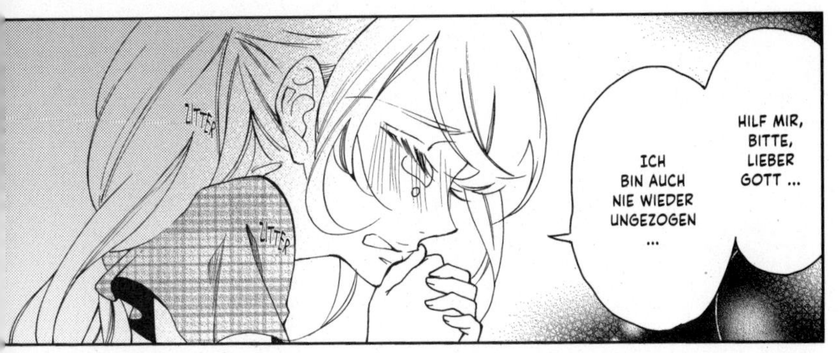
HILF MIR, BITTE, LIEBER GOTT ...
ICH BIN AUCH NIE WIEDER UNGEZOGEN ...
ZITTER
ZITTER

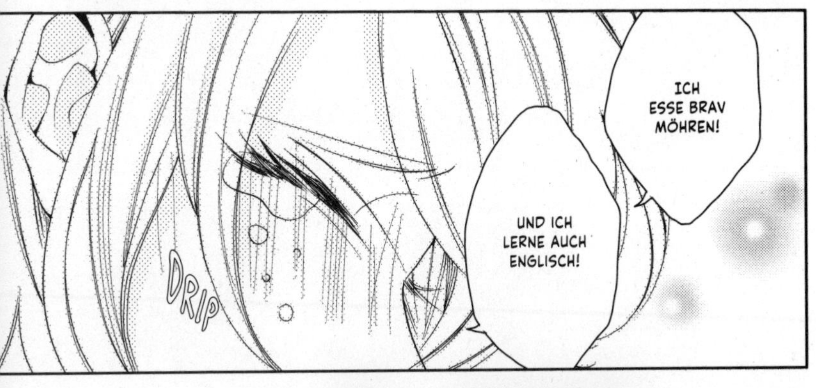
ICH ESSE BRAV MÖHREN!
UND ICH LERNE AUCH ENGLISCH!
DRIP

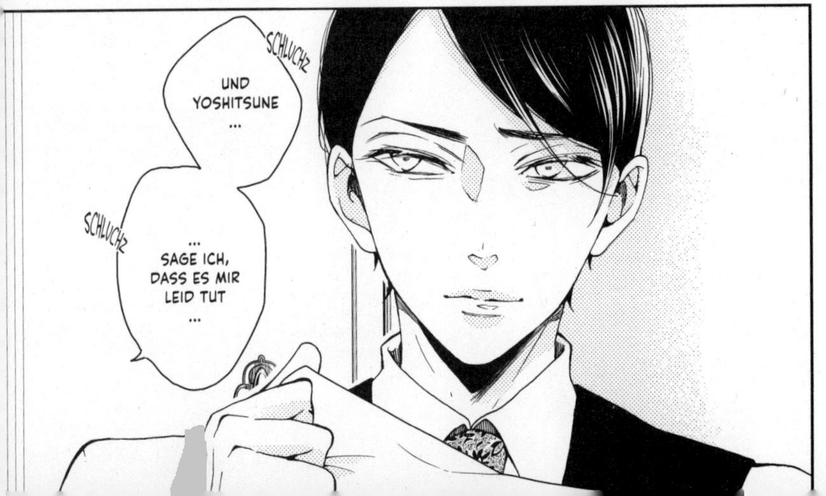
SCHLUCHZ
UND YOSHITSUNE ...
SCHLUCHZ
... SAGE ICH, DASS ES MIR LEID TUT ...

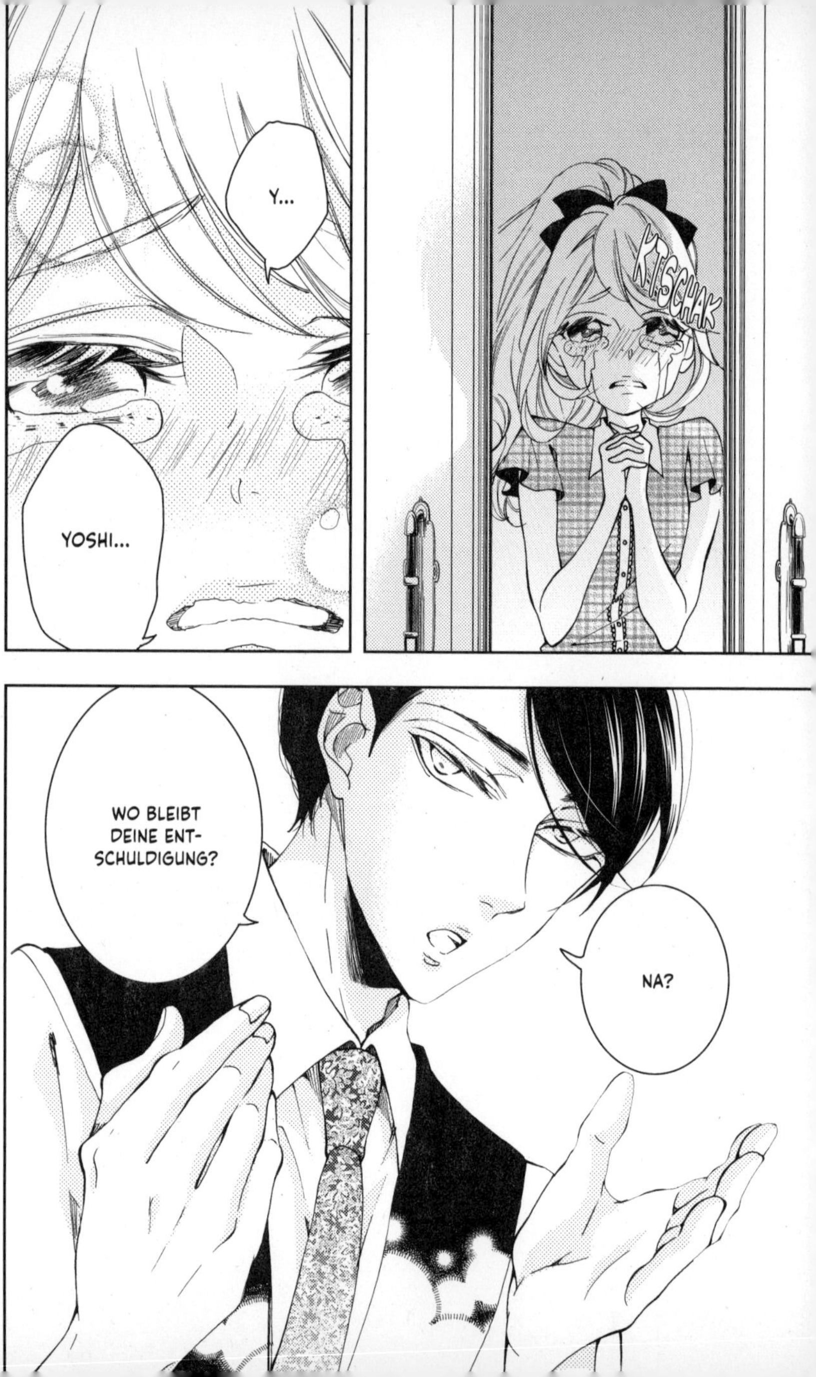

KTSCHAK
Y...
YOSHI...
WO BLEIBT DEINE ENT-SCHULDIGUNG?
NA?

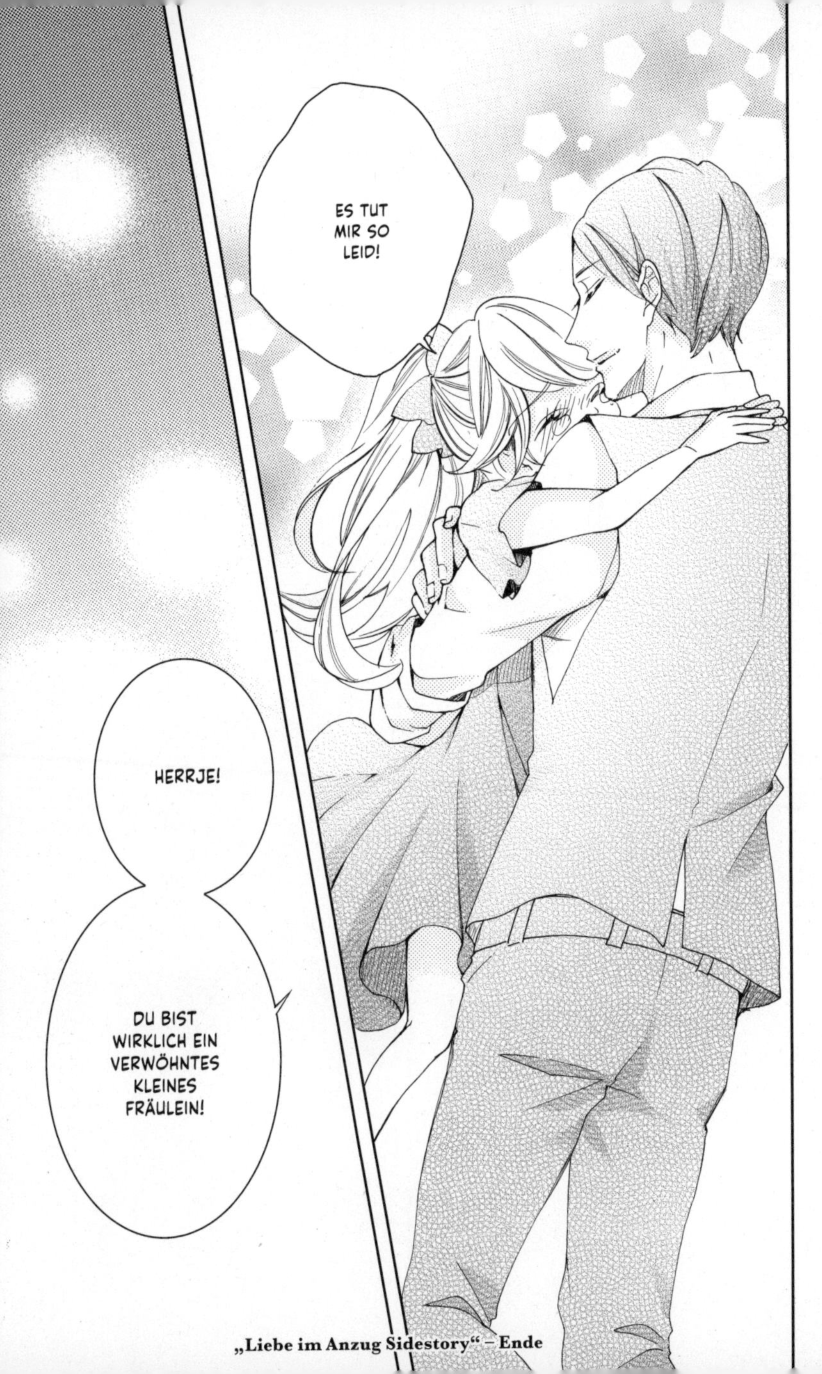

„Liebe im Anzug Sidestory“ – Ende

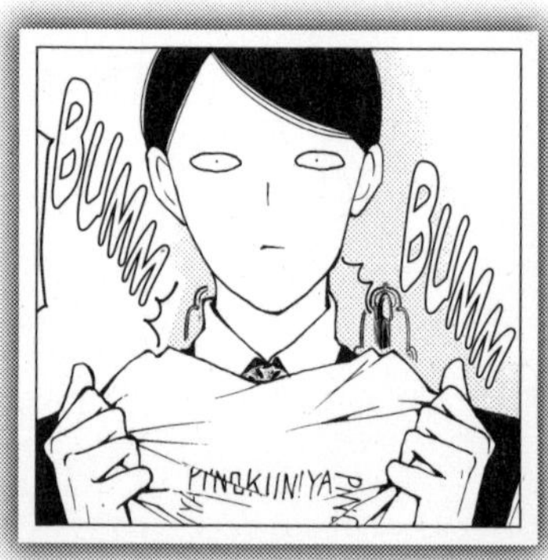
BUMM
BUMM

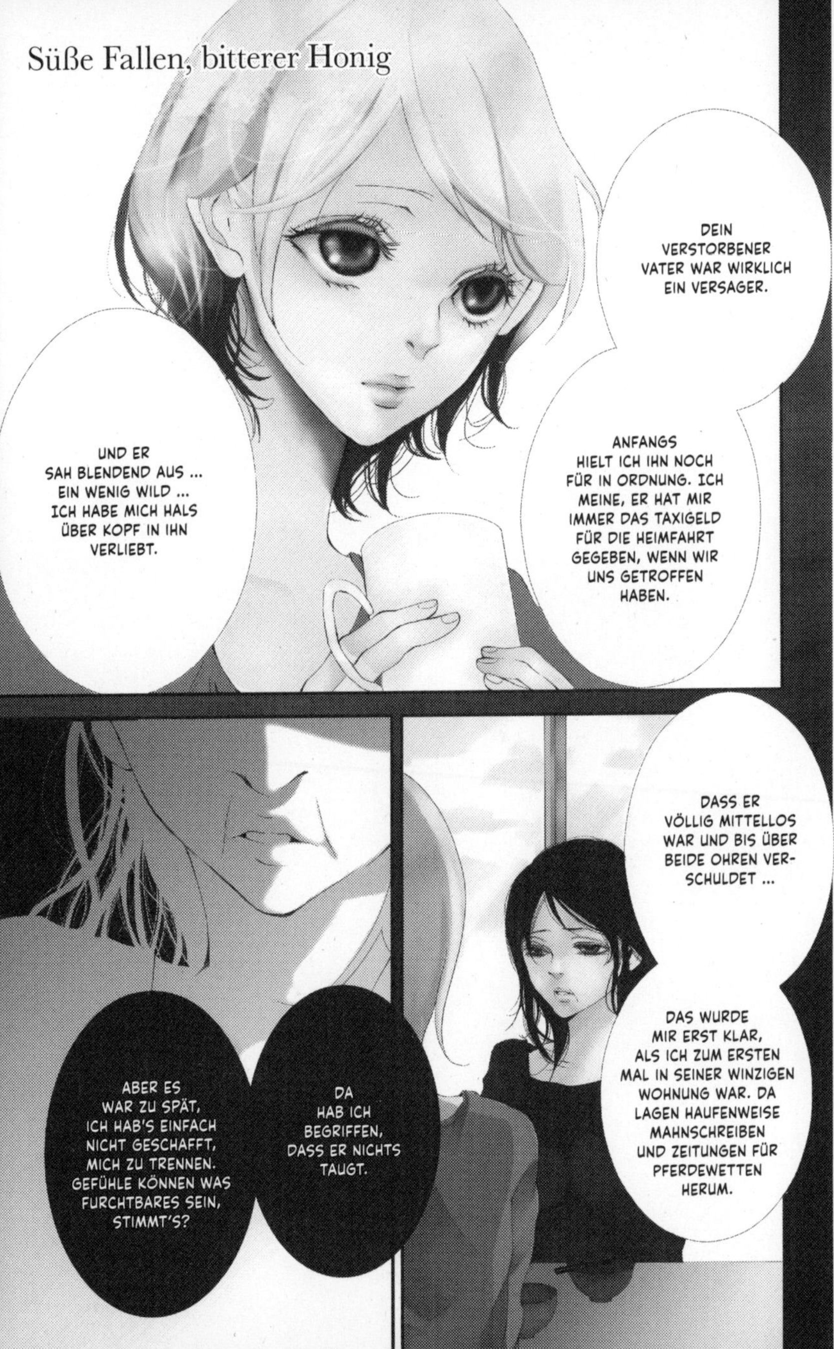
DEIN VERSTORBENER VATER WAR WIRKLICH EIN VERSAGER.
ANFANGS HIELT ICH IHN NOCH FÜR IN ORDNUNG. ICH MEINE, ER HAT MIR IMMER DAS TAXIGELD FÜR DIE HEIMFAHRT GEGEBEN, WENN WIR UNS GETROFFEN HABEN.
UND ER SAH BLENDEND AUS ... EIN WENIG WILD ... ICH HABE MICH HALS ÜBER KOPF IN IHN VERLIEBT.
DASS ER VÖLLIG MITTELLOS WAR UND BIS ÜBER BEIDE OHREN VER-SCHULDET ...
DAS WURDE MIR ERST KLAR, ALS ICH ZUM ERSTEN MAL IN SEINER WINZIGEN WOHNUNG WAR. DA LAGEN HAUFENWEISE MAHNSCHREIBEN UND ZEITUNGEN FÜR PFERDEWETTEN HERUM.
DA HAB ICH BEGRIFFEN, DASS ER NICHTS TAUGT.
ABER ES WAR ZU SPÄT, ICH HAB'S EINFACH NICHT GESCHAFFT, MICH ZU TRENNEN. GEFÜHLE KÖNNEN WAS FURCHTBARES SEIN, STIMMT'S?

bitterer Honig

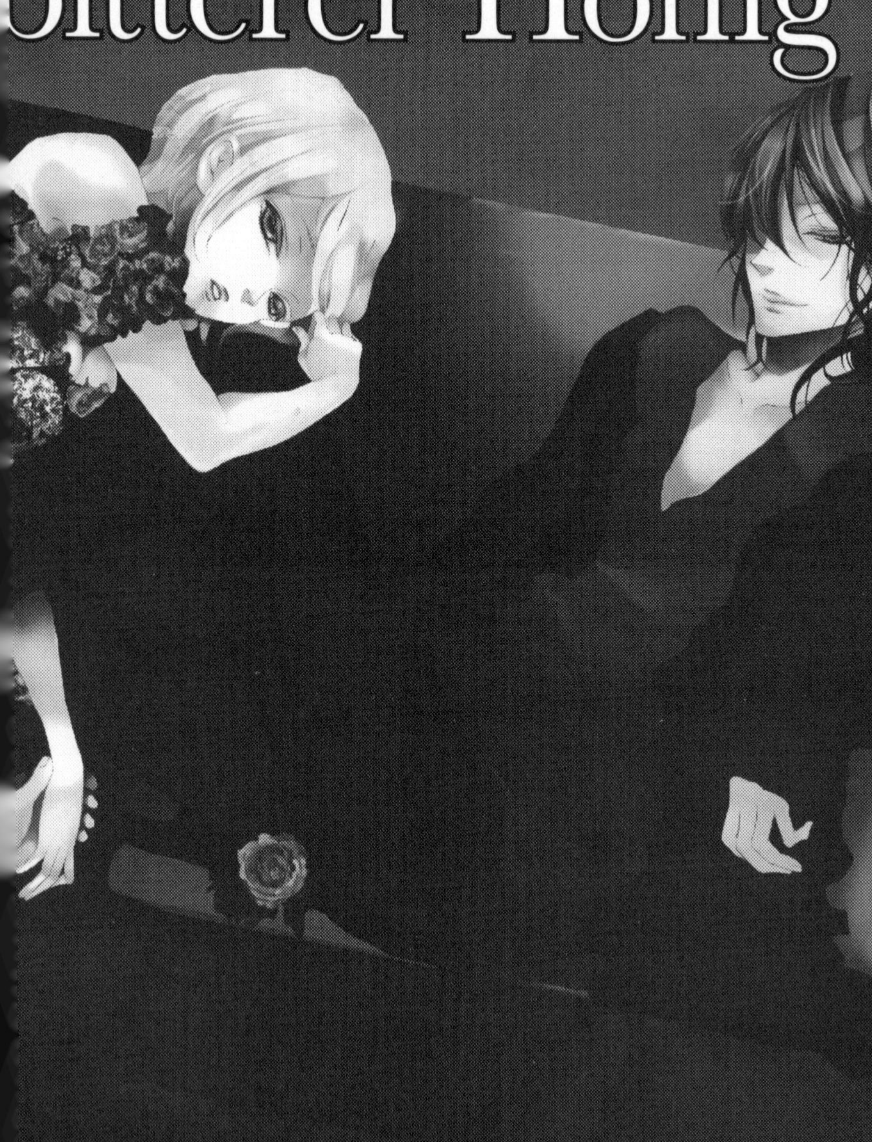

Süße Fallen,

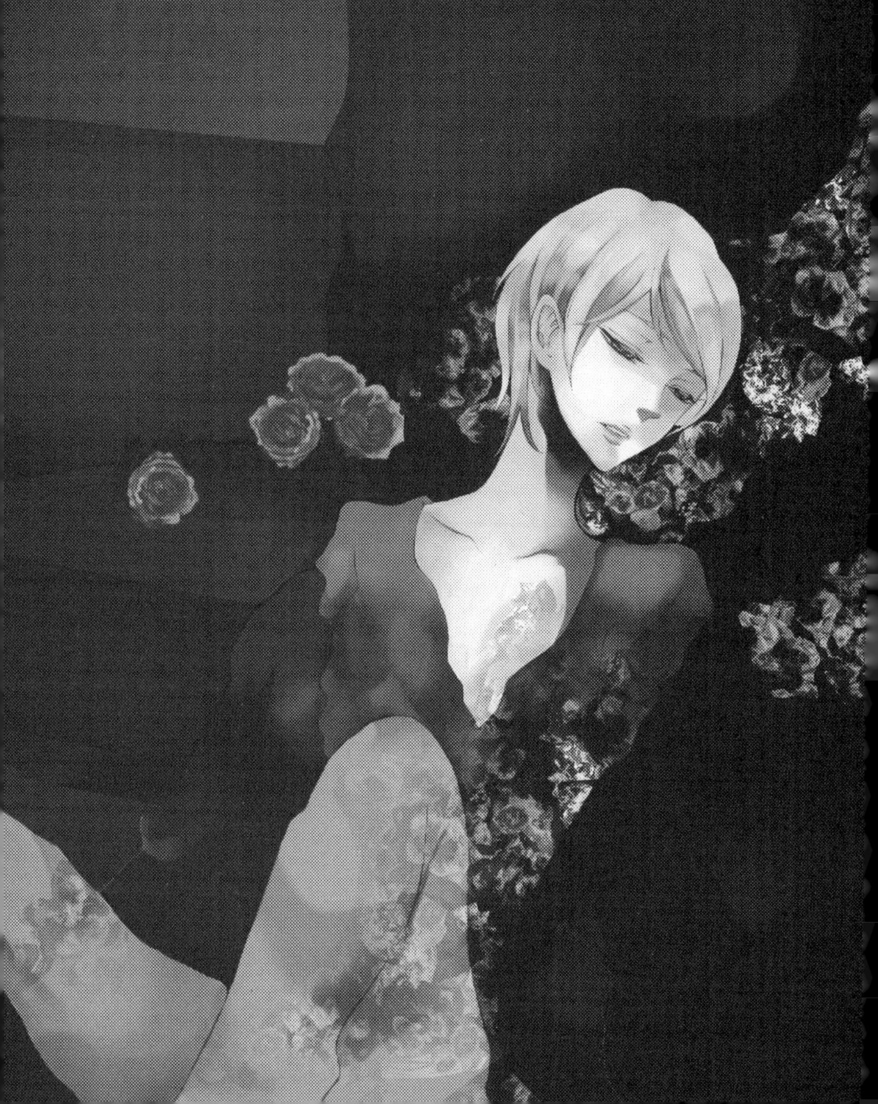

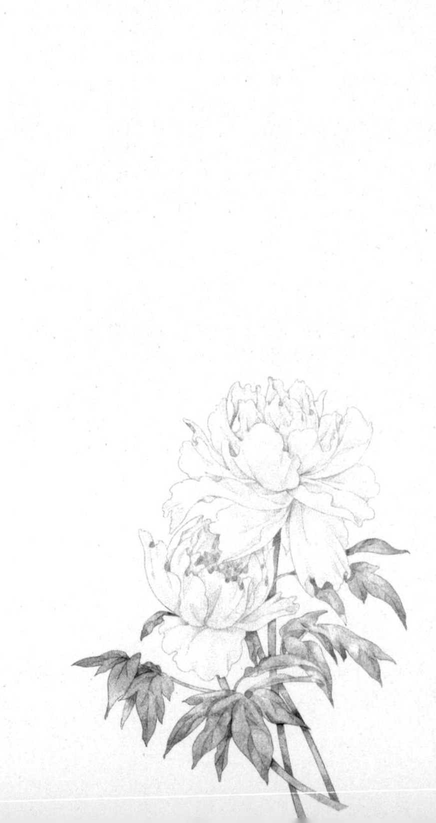

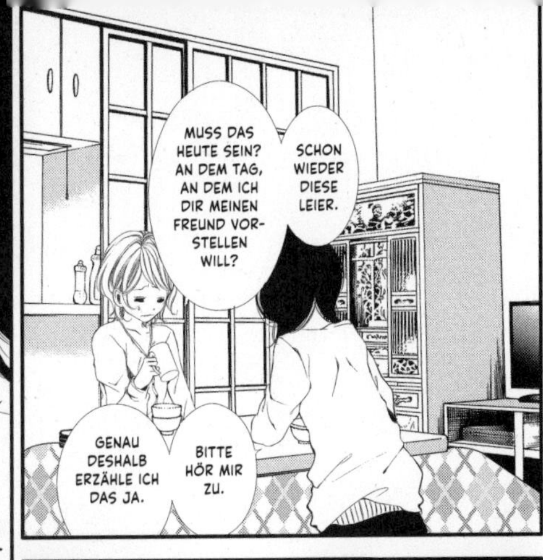
SCHON WIEDER DIESE LEIER.
MUSS DAS HEUTE SEIN? AN DEM TAG, AN DEM ICH DIR MEINEN FREUND VORSTELLEN WILL?
BITTE HÖR MIR ZU.
GENAU DESHALB ERZÄHLE ICH DAS JA.

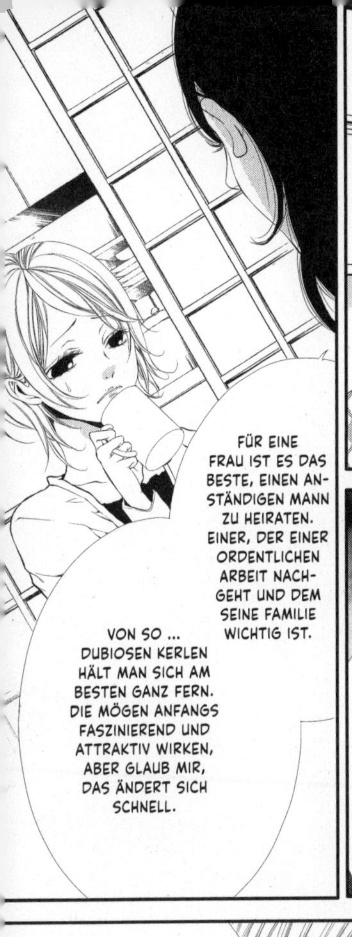
FÜR EINE FRAU IST ES DAS BESTE, EINEN ANSTÄNDIGEN MANN ZU HEIRATEN. EINER, DER EINER ORDENTLICHEN ARBEIT NACHGEHT UND DEM SEINE FAMILIE WICHTIG IST.
VON SO ... DUBIOSEN KERLEN HÄLT MAN SICH AM BESTEN GANZ FERN. DIE MÖGEN ANFANGS FASZINIEREND UND ATTRAKTIV WIRKEN, ABER GLAUB MIR, DAS ÄNDERT SICH SCHNELL.

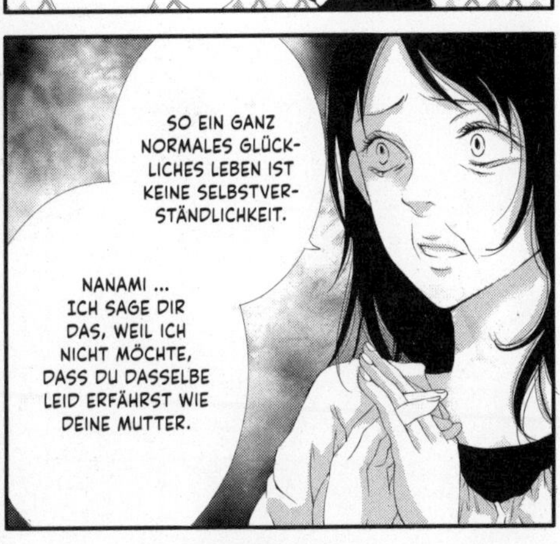
SO EIN GANZ NORMALES GLÜCKLICHES LEBEN IST KEINE SELBSTVERSTÄNDLICHKEIT.
NANAMI ... ICH SAGE DIR DAS, WEIL ICH NICHT MÖCHTE, DASS DU DASSELBE LEID ERFÄHRST WIE DEINE MUTTER.

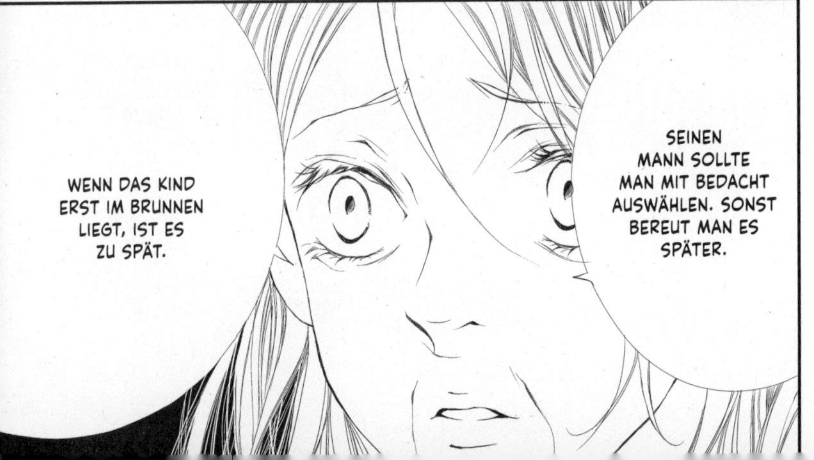
SEINEN MANN SOLLTE MAN MIT BEDACHT AUSWÄHLEN. SONST BEREUT MAN ES SPÄTER.
WENN DAS KIND ERST IM BRUNNEN LIEGT, IST ES ZU SPÄT.

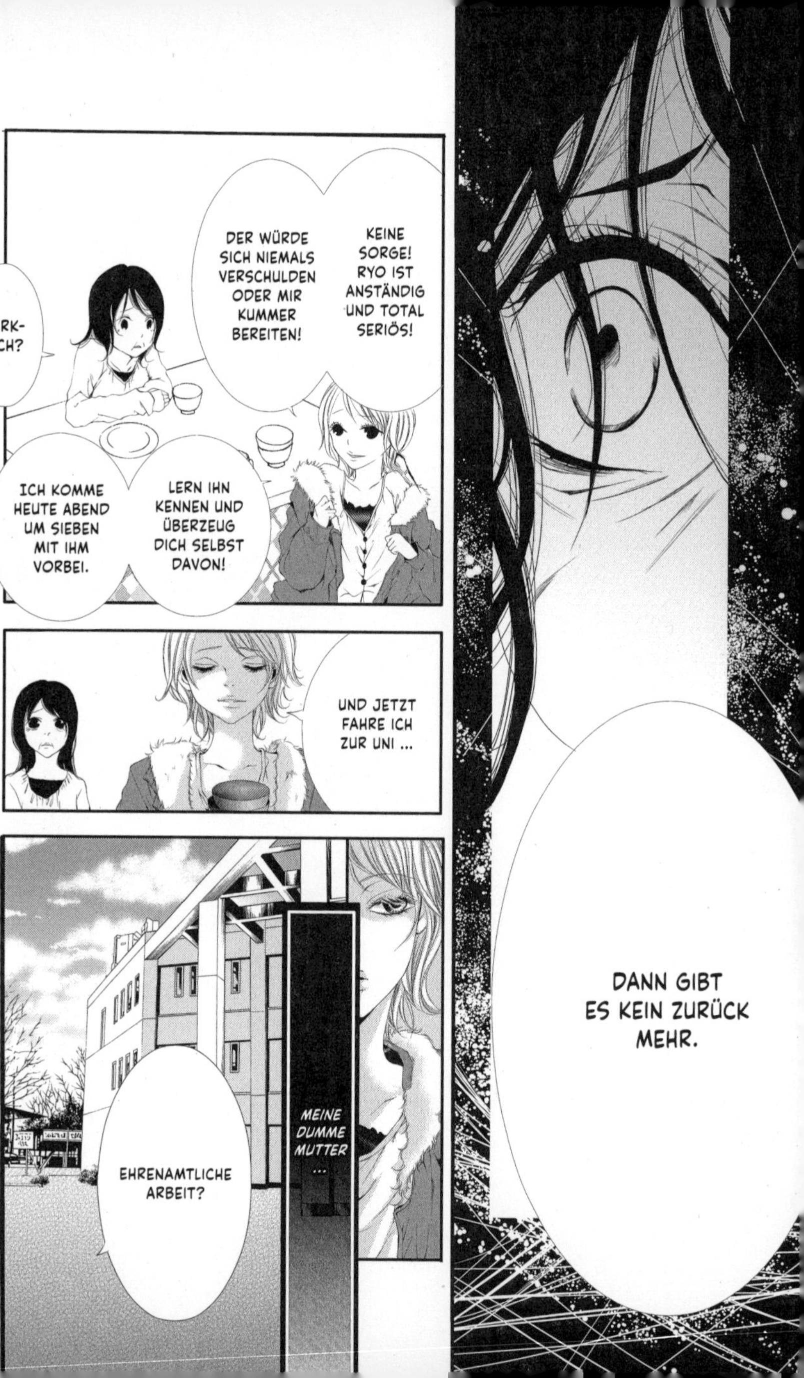

DANN GIBT ES KEIN ZURÜCK MEHR.

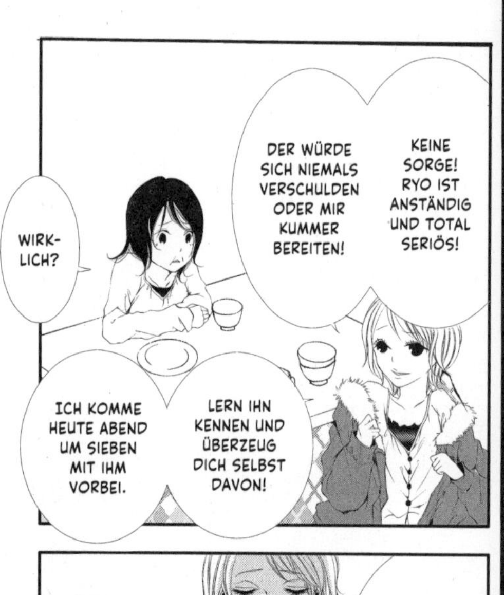

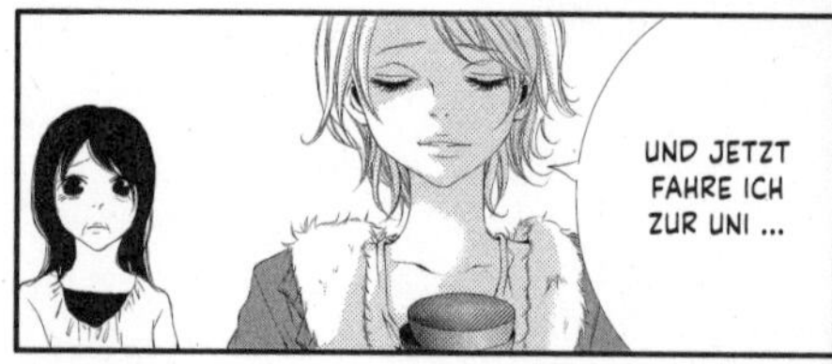

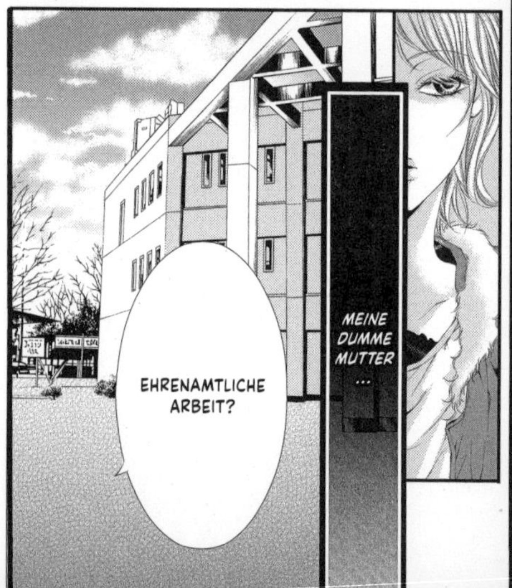

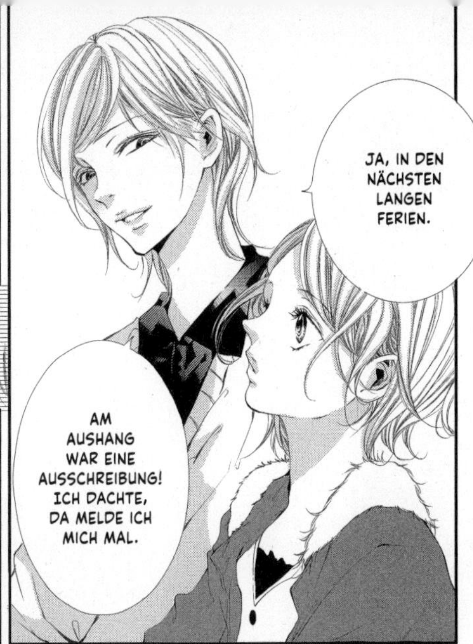
JA, IN DEN NÄCHSTEN LANGEN FERIEN.
AM AUSHANG WAR EINE AUSSCHREIBUNG! ICH DACHTE, DA MELDE ICH MICH MAL.

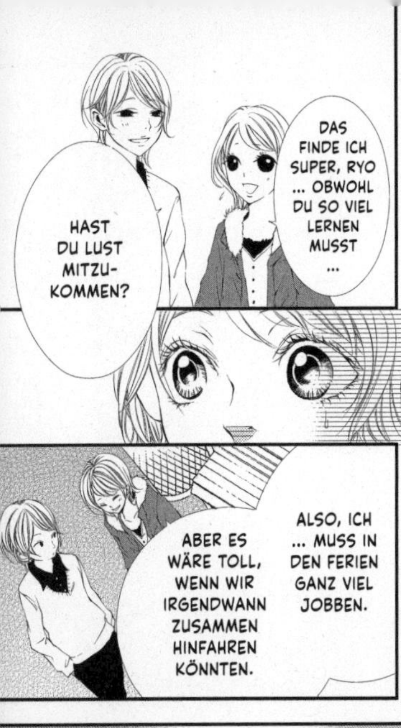
DAS FINDE ICH SUPER, RYO ... OBWOHL DU SO VIEL LERNEN MUSST ...
HAST DU LUST MITZU-KOMMEN?
ALSO, ICH ... MUSS IN DEN FERIEN GANZ VIEL JOBBEN.
ABER ES WÄRE TOLL, WENN WIR IRGENDWANN ZUSAMMEN HINFAHREN KÖNNTEN.

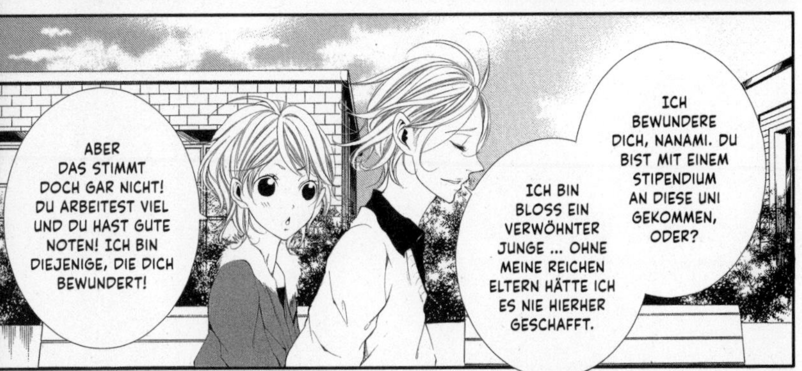
ICH BEWUNDERE DICH, NANAMI. DU BIST MIT EINEM STIPENDIUM AN DIESE UNI GEKOMMEN, ODER?
ICH BIN BLOSS EIN VERWÖHNTER JUNGE ... OHNE MEINE REICHEN ELTERN HÄTTE ICH ES NIE HIERHER GESCHAFFT.
ABER DAS STIMMT DOCH GAR NICHT! DU ARBEITEST VIEL UND DU HAST GUTE NOTEN! ICH BIN DIEJENIGE, DIE DICH BEWUNDERT!

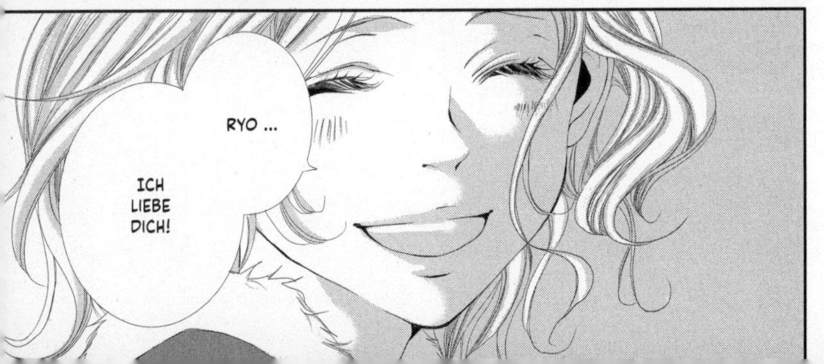
RYO ...
ICH LIEBE DICH!

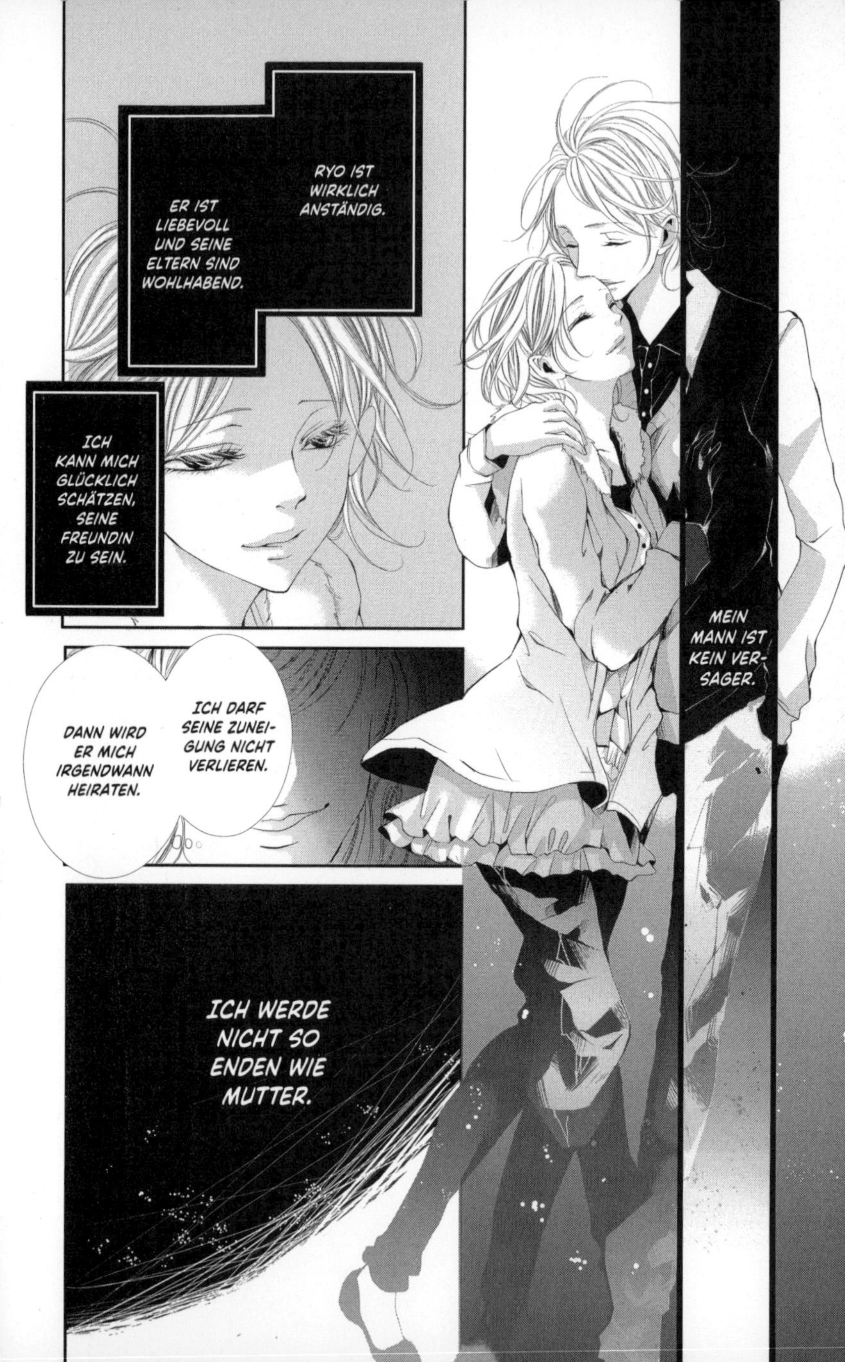
RYO IST WIRKLICH ANSTÄNDIG.
ER IST LIEBEVOLL UND SEINE ELTERN SIND WOHLHABEND.
ICH KANN MICH GLÜCKLICH SCHÄTZEN, SEINE FREUNDIN ZU SEIN.
ICH DARF SEINE ZUNEI-GUNG NICHT VERLIEREN.
DANN WIRD ER MICH IRGENDWANN HEIRATEN.
MEIN MANN IST KEIN VER-SAGER.
ICH WERDE NICHT SO ENDEN WIE MUTTER.

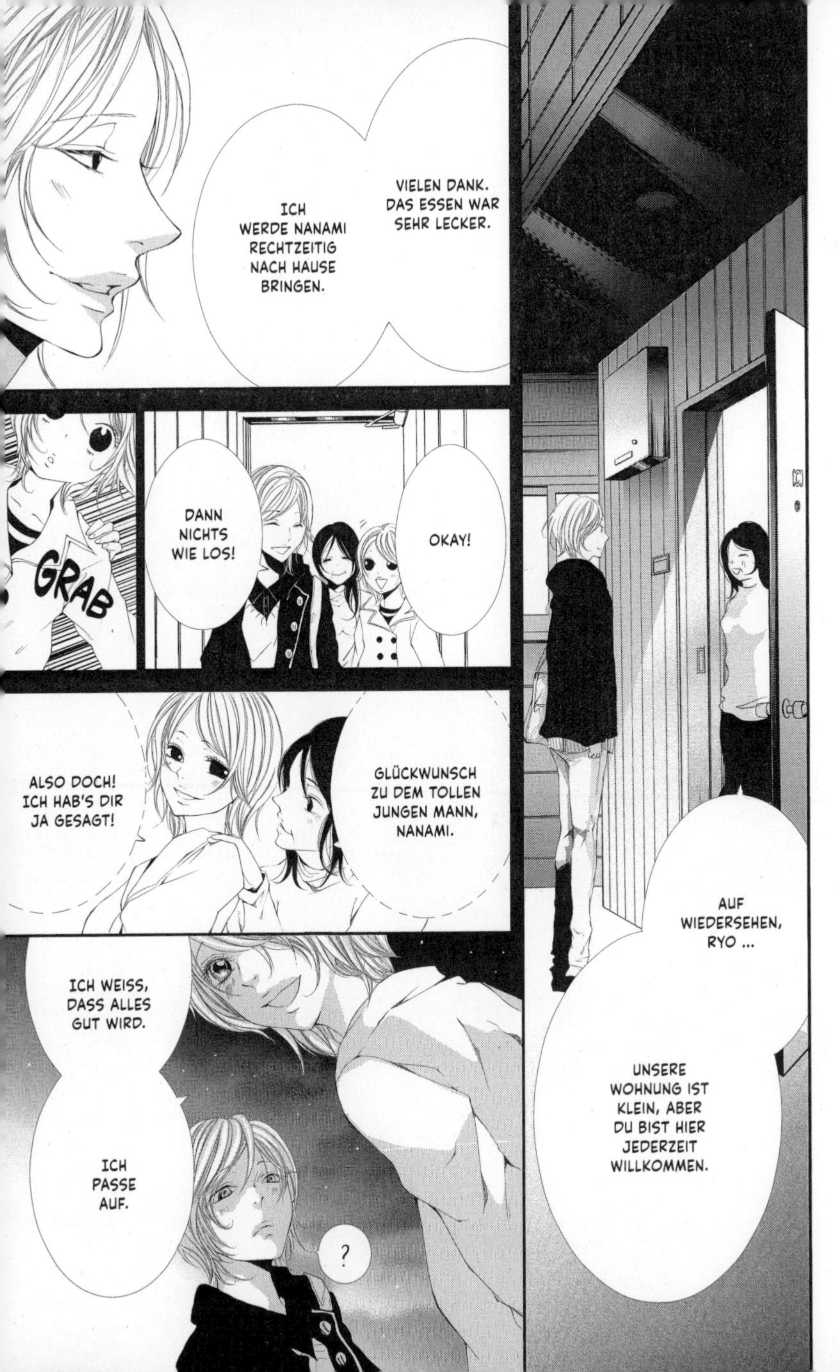
AUF WIEDERSEHEN, RYO ...
UNSERE WOHNUNG IST KLEIN, ABER DU BIST HIER JEDERZEIT WILLKOMMEN.
VIELEN DANK. DAS ESSEN WAR SEHR LECKER.
ICH WERDE NANAMI RECHTZEITIG NACH HAUSE BRINGEN.
OKAY!
DANN NICHTS WIE LOS!
GRAB
GLÜCKWUNSCH ZU DEM TOLLEN JUNGEN MANN, NANAMI.
ALSO DOCH! ICH HAB'S DIR JA GESAGT!
ICH WEISS, DASS ALLES GUT WIRD.
ICH PASSE AUF.
?

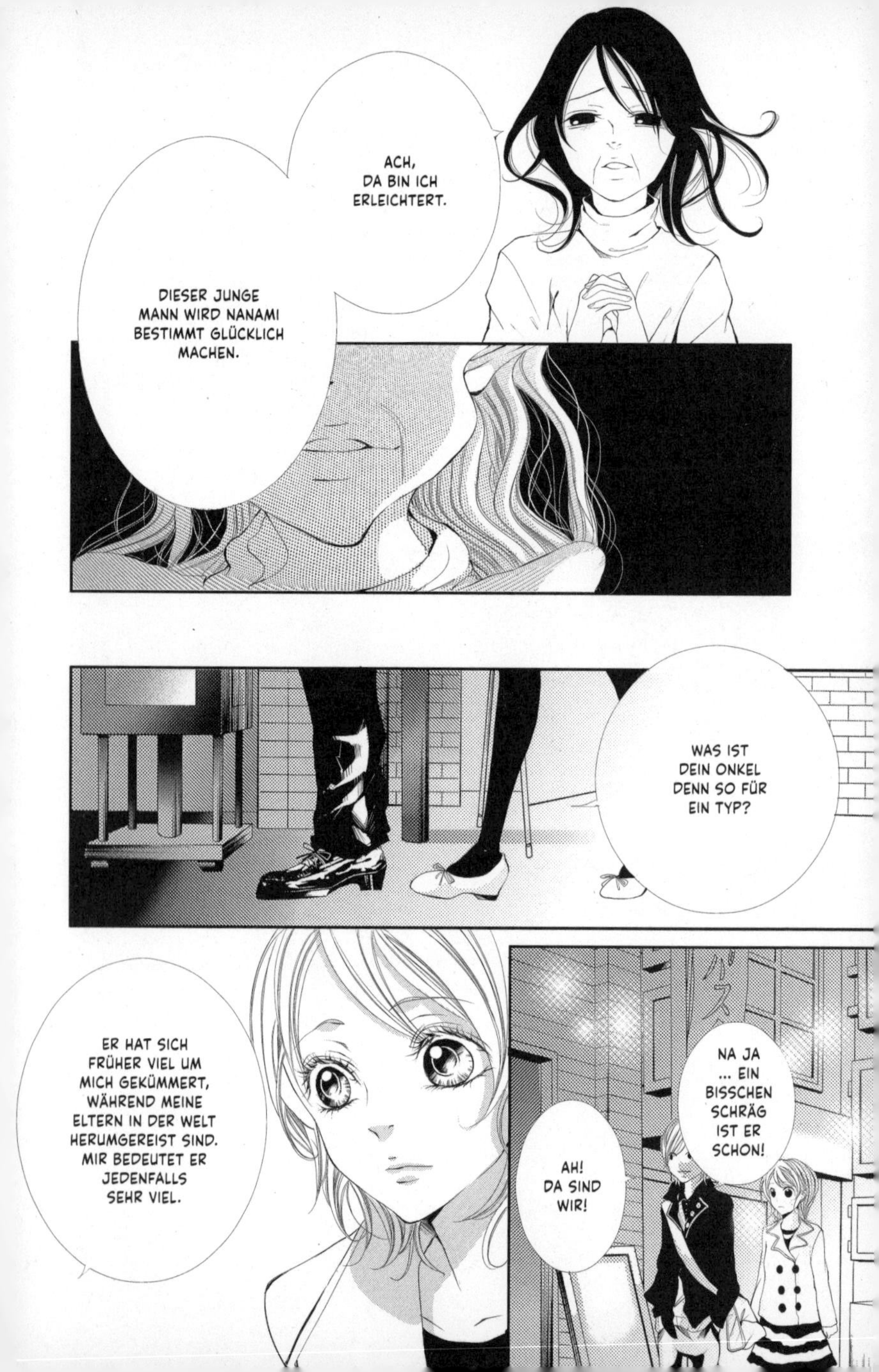

ACH,
DA BIN ICH
ERLEICHTERT.

DIESER JUNGE
MANN WIRD NANAMI
BESTIMMT GLÜCKLICH
MACHEN.

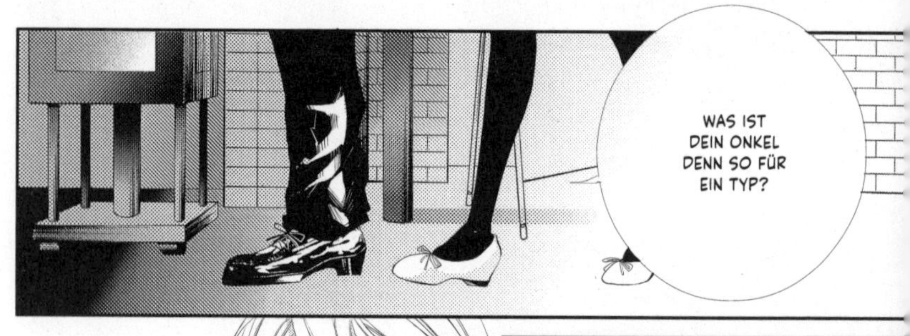

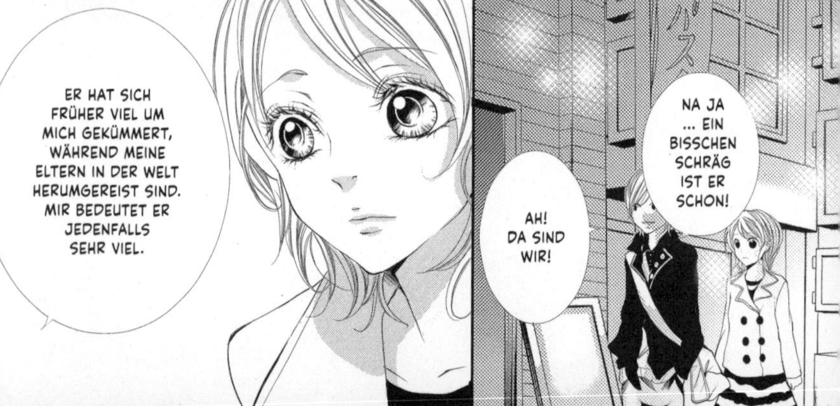

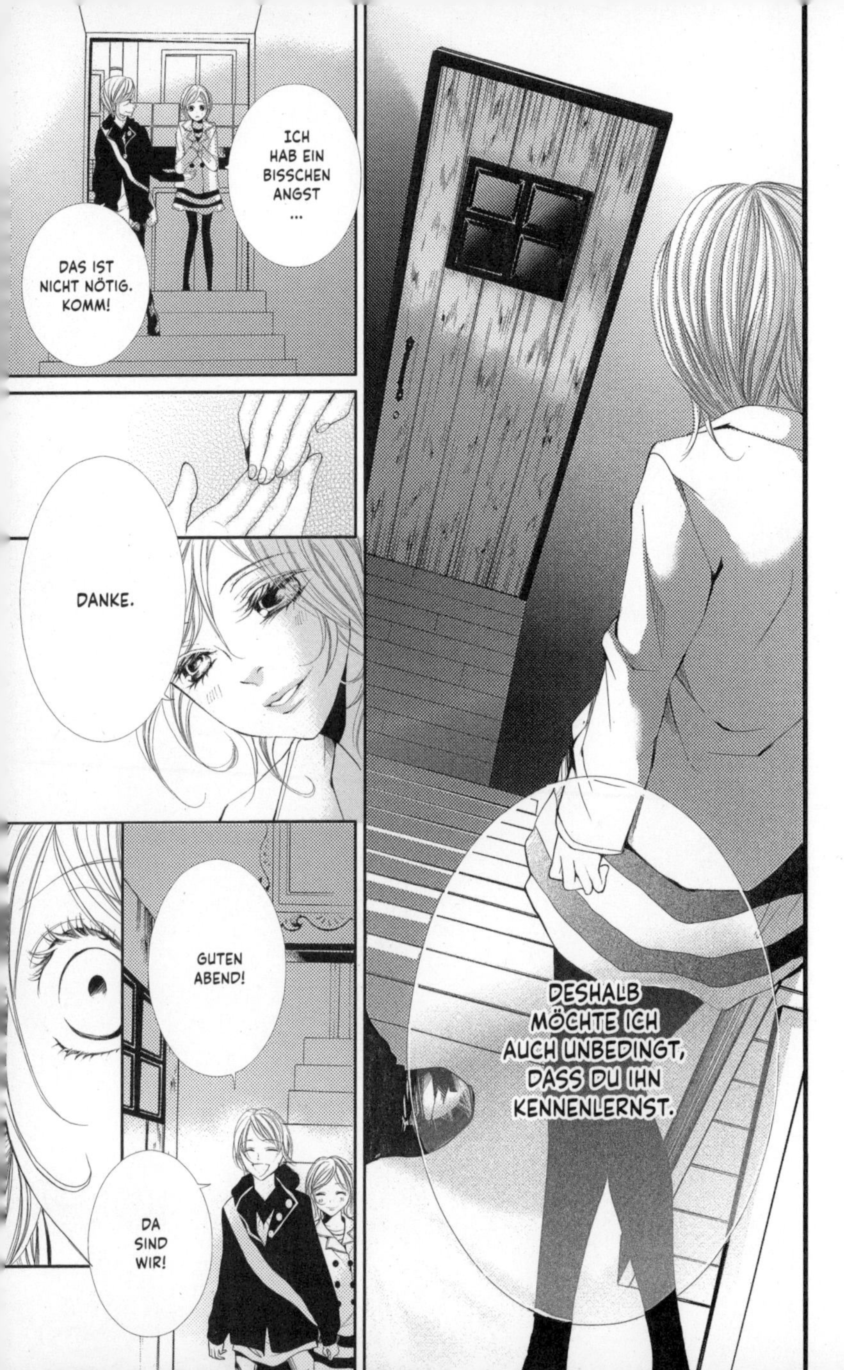
DESHALB MÖCHTE ICH AUCH UNBEDINGT, DASS DU IHN KENNENLERNST.
ICH HAB EIN BISSCHEN ANGST ...
DAS IST NICHT NÖTIG. KOMM!
DANKE.
GUTEN ABEND!
DA SIND WIR!

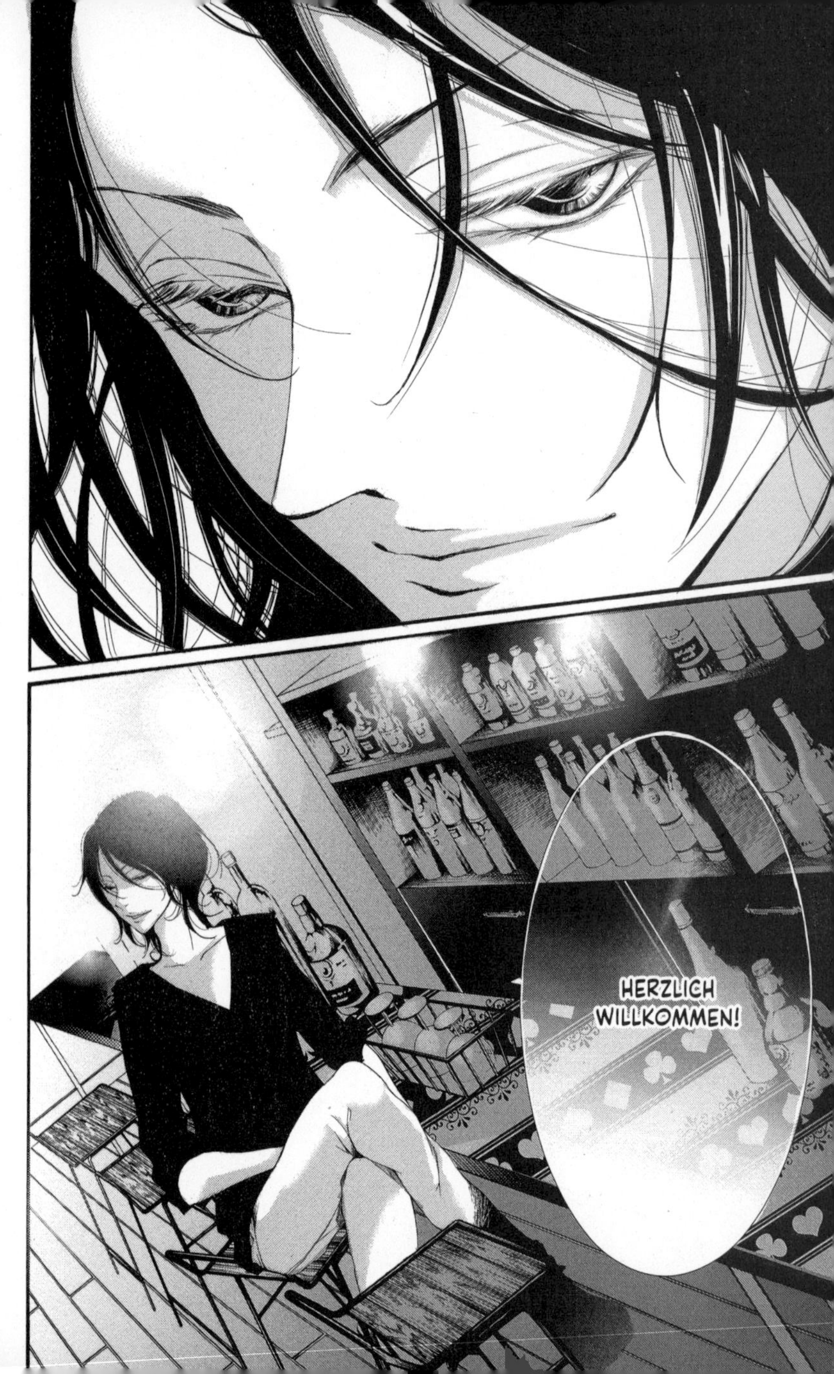
HERZLICH WILLKOMMEN!

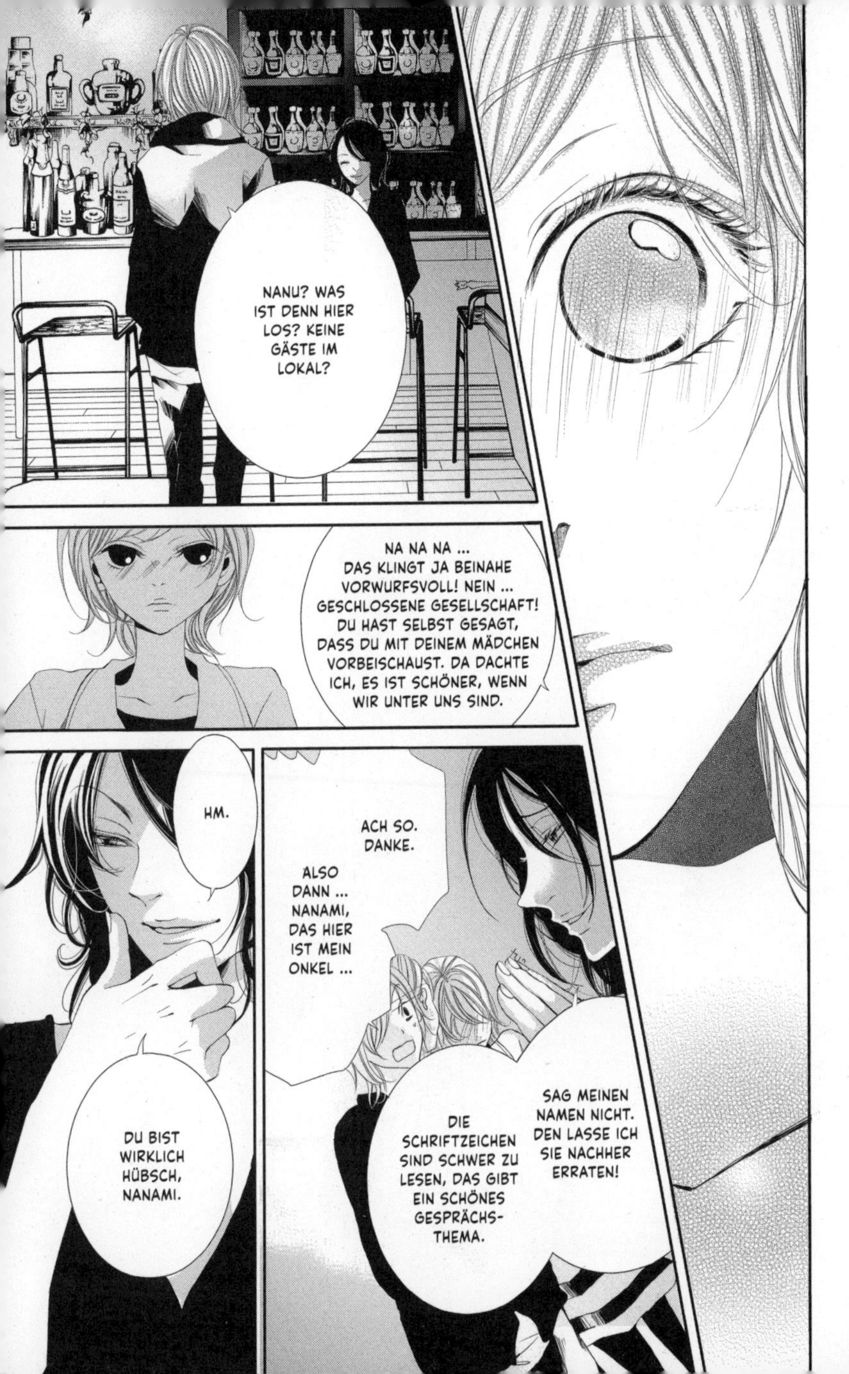
NANU? WAS IST DENN HIER LOS? KEINE GÄSTE IM LOKAL?
NA NA NA ... DAS KLINGT JA BEINAHE VORWURFSVOLL! NEIN ... GESCHLOSSENE GESELLSCHAFT! DU HAST SELBST GESAGT, DASS DU MIT DEINEM MÄDCHEN VORBEISCHAUST. DA DACHTE ICH, ES IST SCHÖNER, WENN WIR UNTER UNS SIND.
ACH SO. DANKE.
ALSO DANN ... NANAMI, DAS HIER IST MEIN ONKEL ...
SAG MEINEN NAMEN NICHT. DEN LASSE ICH SIE NACHHER ERRATEN!
DIE SCHRIFTZEICHEN SIND SCHWER ZU LESEN, DAS GIBT EIN SCHÖNES GESPRÄCHS-THEMA.
HM.
DU BIST WIRKLICH HÜBSCH, NANAMI.

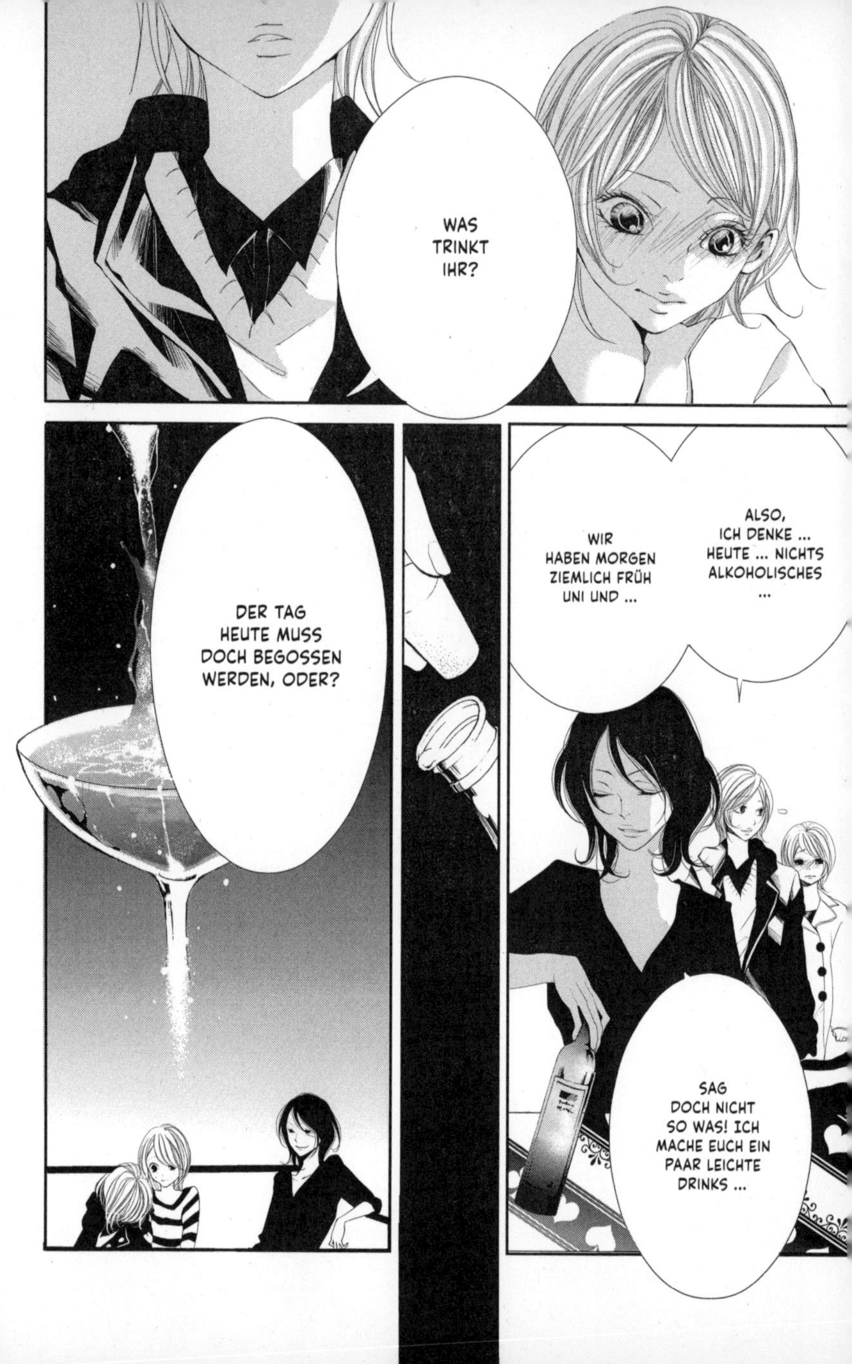
WAS TRINKT IHR?
ALSO, ICH DENKE ... HEUTE ... NICHTS ALKOHOLISCHES ...
WIR HABEN MORGEN ZIEMLICH FRÜH UNI UND ...
SAG DOCH NICHT SO WAS! ICH MACHE EUCH EIN PAAR LEICHTE DRINKS ...
DER TAG HEUTE MUSS DOCH BEGOSSEN WERDEN, ODER?

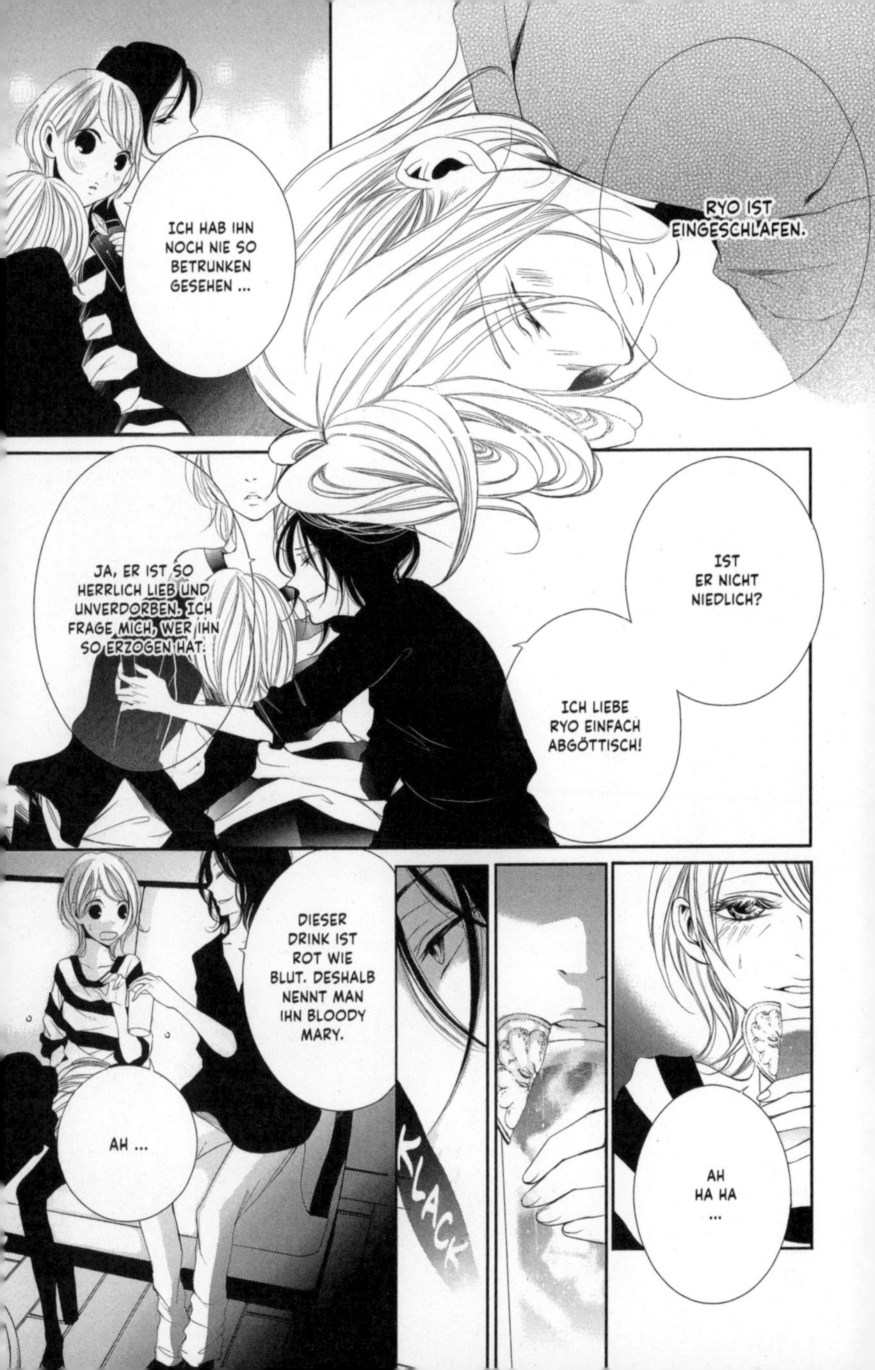
RYO IST EINGESCHLAFEN.
ICH HAB IHN NOCH NIE SO BETRUNKEN GESEHEN ...
IST ER NICHT NIEDLICH?
ICH LIEBE RYO EINFACH ABGÖTTISCH!
JA, ER IST SO HERRLICH LIEB UND UNVERDORBEN. ICH FRAGE MICH, WER IHN SO ERZOGEN HAT.
AH HA HA ...
KLACK
DIESER DRINK IST ROT WIE BLUT. DESHALB NENNT MAN IHN BLOODY MARY.
AH ...

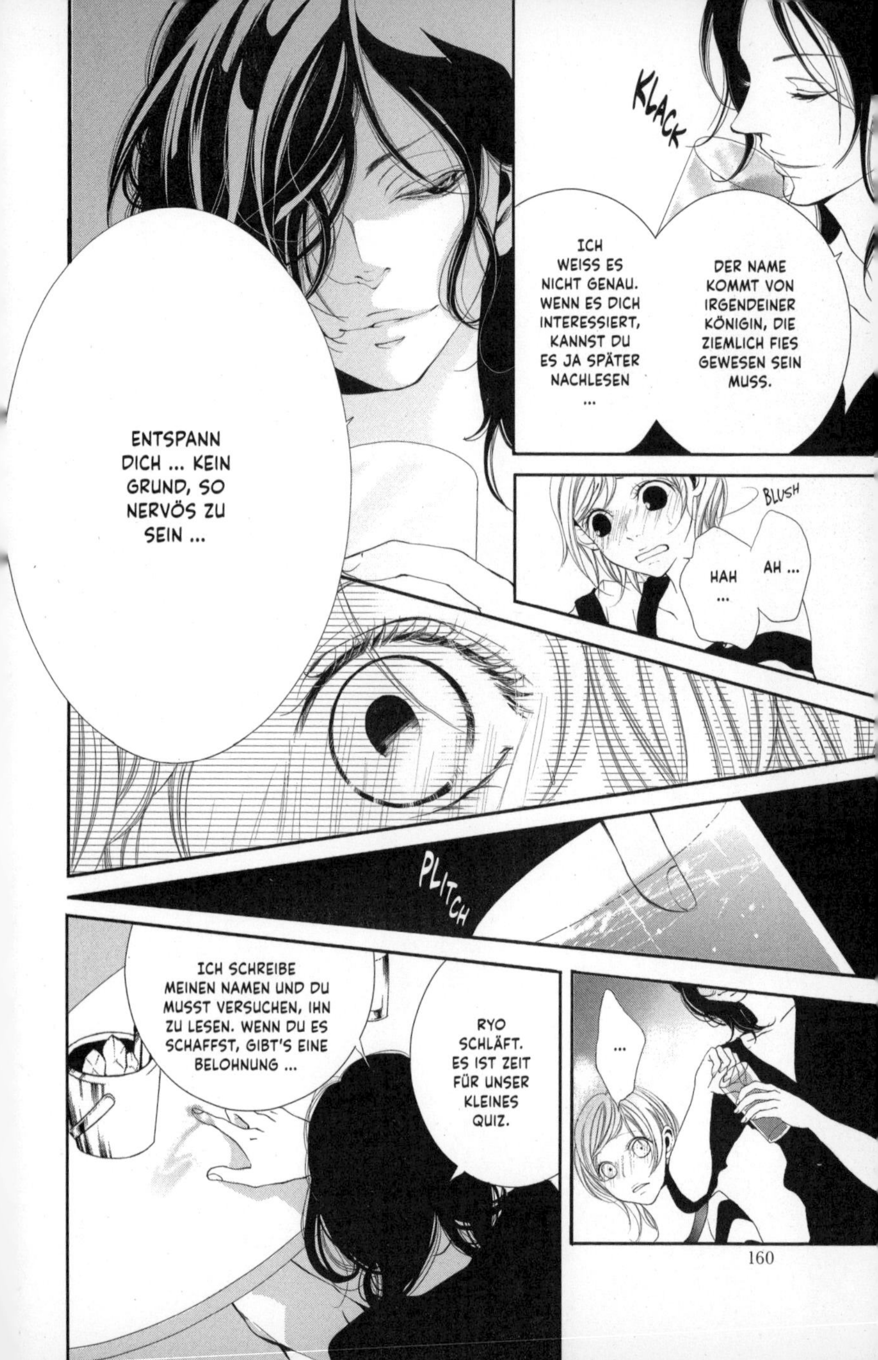
KLACK
DER NAME KOMMT VON IRGENDEINER KÖNIGIN, DIE ZIEMLICH FIES GEWESEN SEIN MUSS.
ICH WEISS ES NICHT GENAU. WENN ES DICH INTERESSIERT, KANNST DU ES JA SPÄTER NACHLESEN ...
ENTSPANN DICH ... KEIN GRUND, SO NERVÖS ZU SEIN ...
BLUSH
AH ...
HAH ...
PLITCH
...
RYO SCHLÄFT. ES IST ZEIT FÜR UNSER KLEINES QUIZ.
ICH SCHREIBE MEINEN NAMEN UND DU MUSST VERSUCHEN, IHN ZU LESEN. WENN DU ES SCHAFFST, GIBT'S EINE BELOHNUNG ...

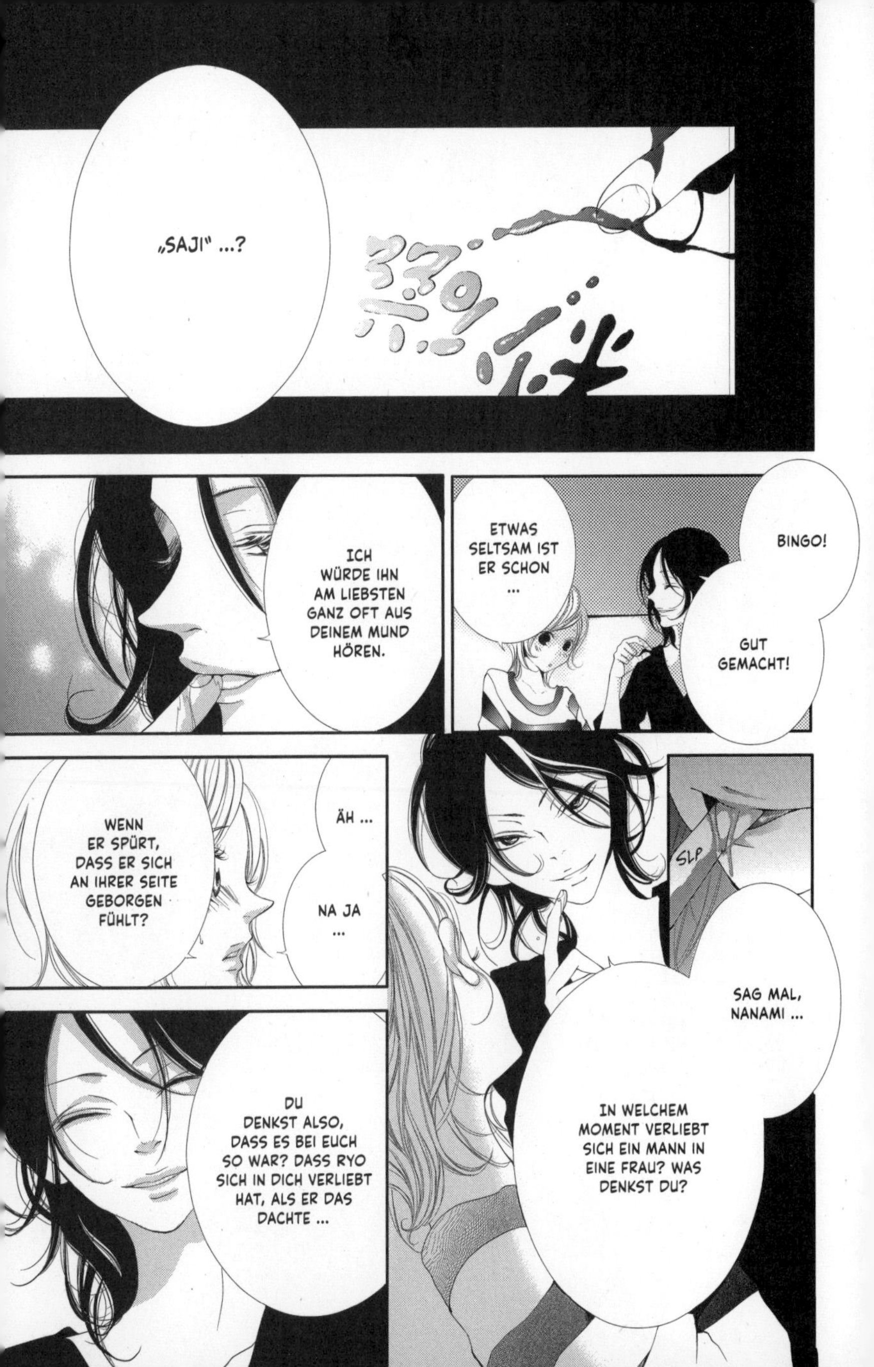
„SAJI" ...?
BINGO!
GUT GEMACHT!
ETWAS SELTSAM IST ER SCHON ...
ICH WÜRDE IHN AM LIEBSTEN GANZ OFT AUS DEINEM MUND HÖREN.
SLP
SAG MAL, NANAMI ...
IN WELCHEM MOMENT VERLIEBT SICH EIN MANN IN EINE FRAU? WAS DENKST DU?
ÄH ...
NA JA ...
WENN ER SPÜRT, DASS ER SICH AN IHRER SEITE GEBORGEN FÜHLT?
DU DENKST ALSO, DASS ES BEI EUCH SO WAR? DASS RYO SICH IN DICH VERLIEBT HAT, ALS ER DAS DACHTE ...

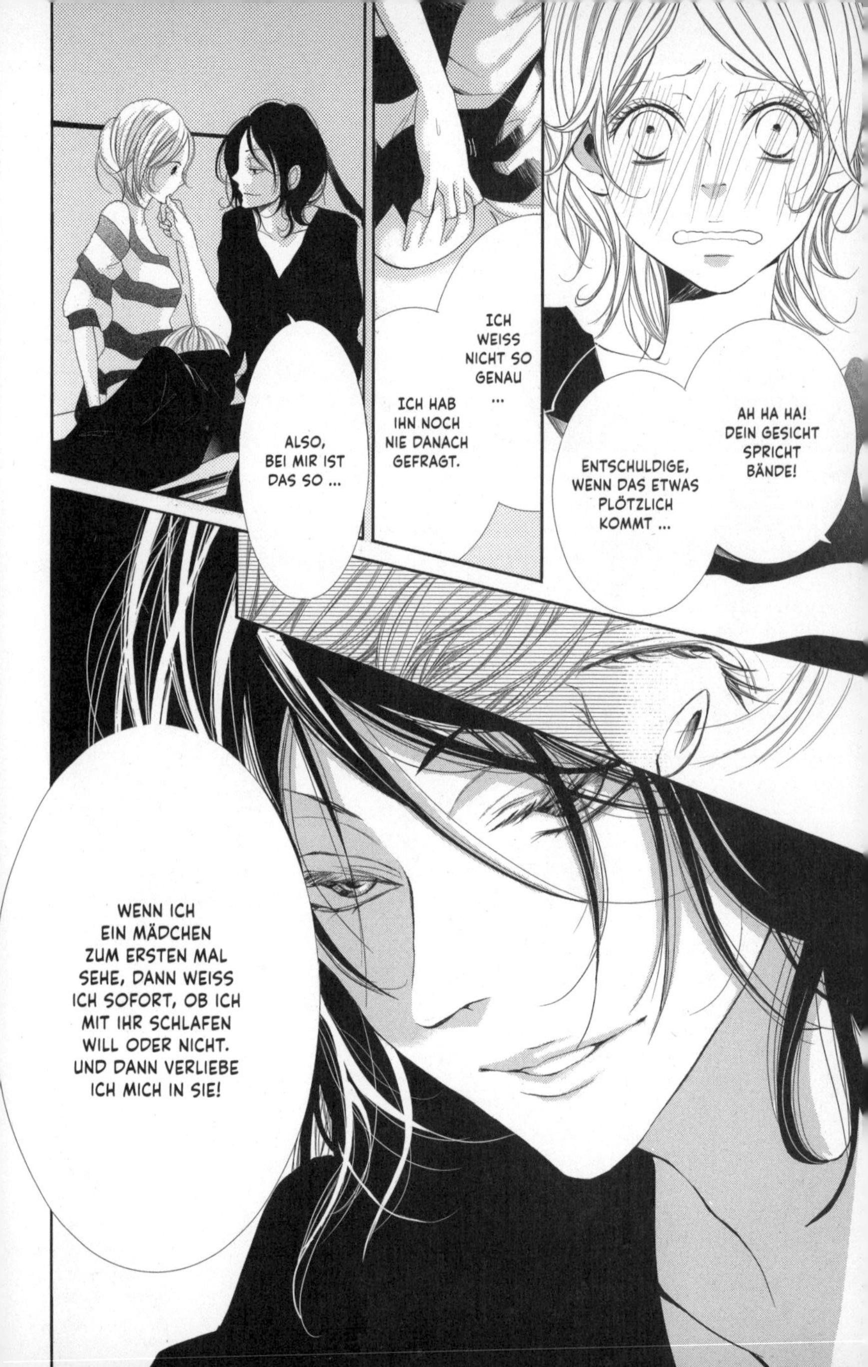
AH HA HA! DEIN GESICHT SPRICHT BÄNDE!
ENTSCHULDIGE, WENN DAS ETWAS PLÖTZLICH KOMMT ...
ICH WEISS NICHT SO GENAU ...
ICH HAB IHN NOCH NIE DANACH GEFRAGT.
ALSO, BEI MIR IST DAS SO ...
WENN ICH EIN MÄDCHEN ZUM ERSTEN MAL SEHE, DANN WEISS ICH SOFORT, OB ICH MIT IHR SCHLAFEN WILL ODER NICHT. UND DANN VERLIEBE ICH MICH IN SIE!

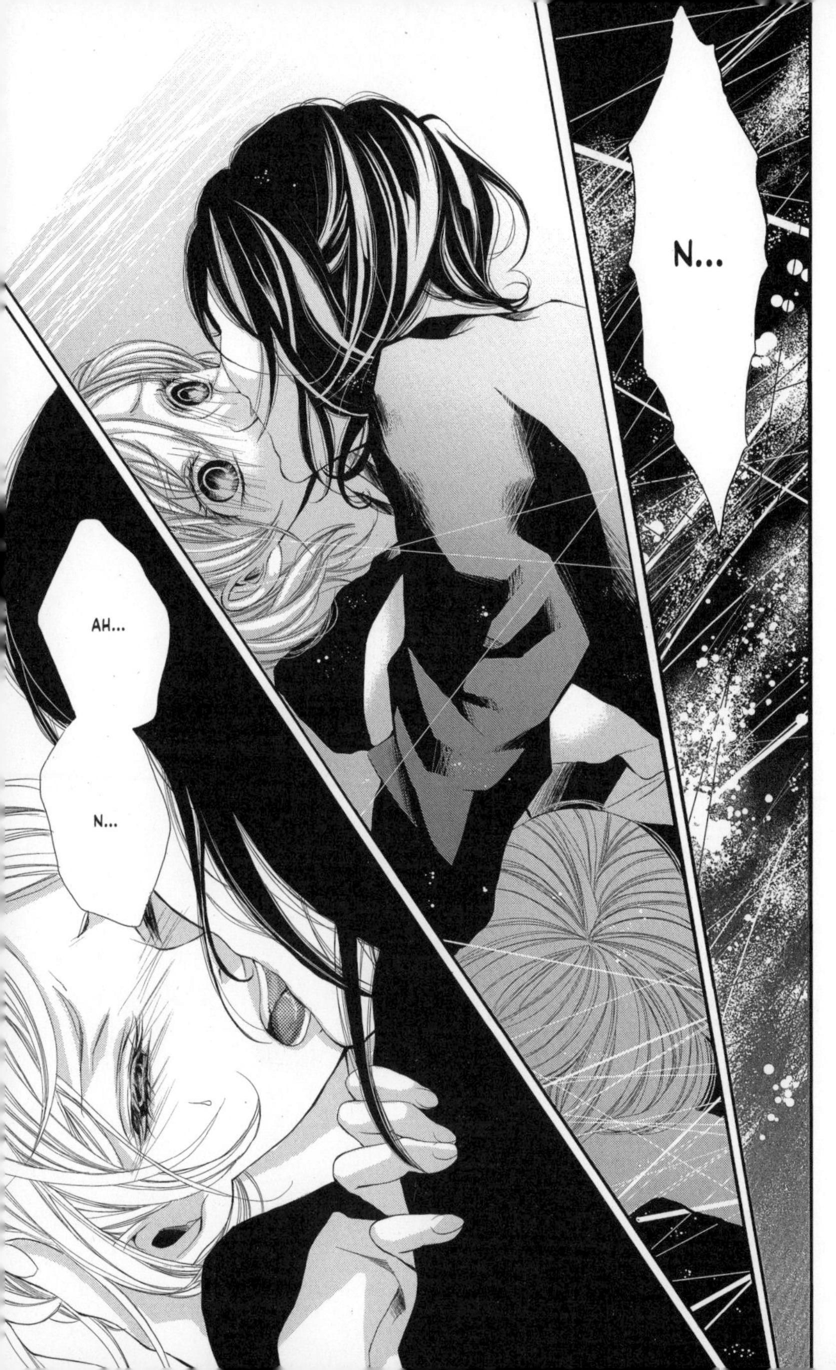
N...
AH...
N...

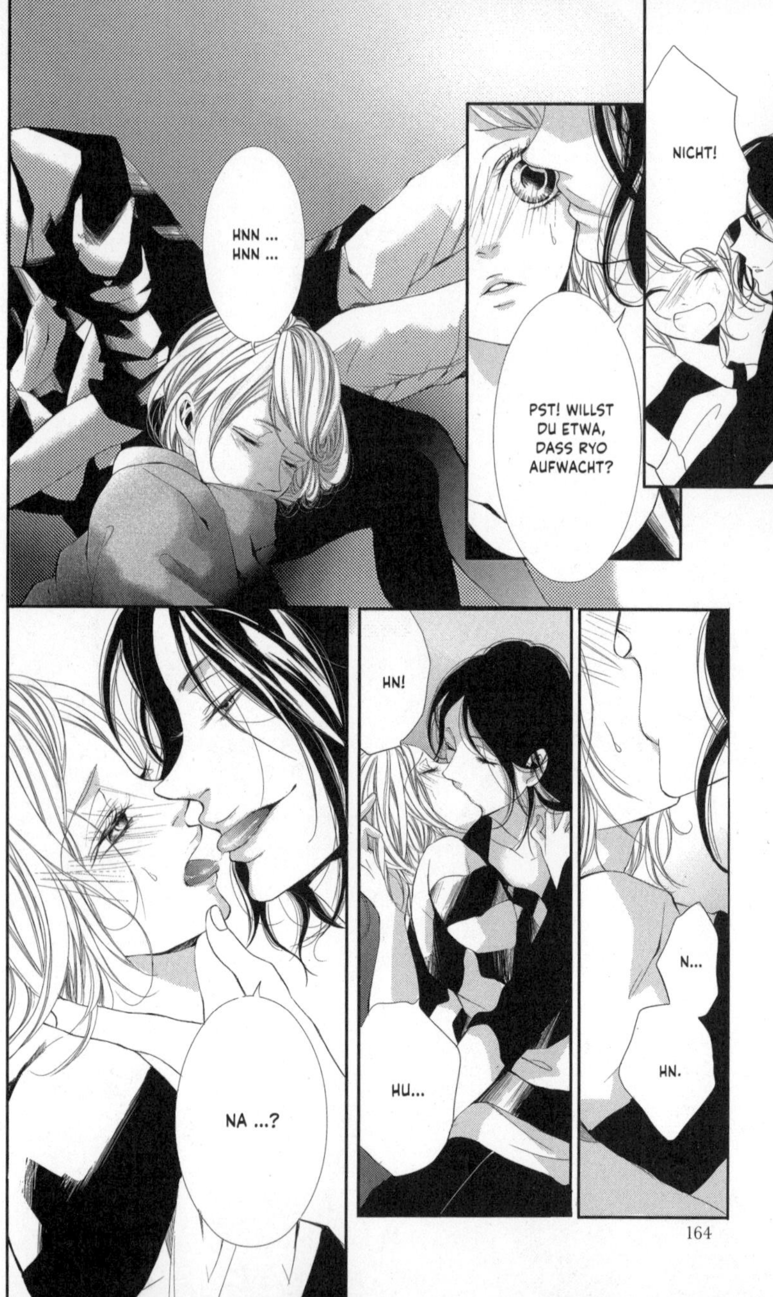
NICHT!
PST! WILLST DU ETWA, DASS RYO AUFWACHT?
HNN ... HNN ...
N...
HN.
HN!
HU...
NA ...?

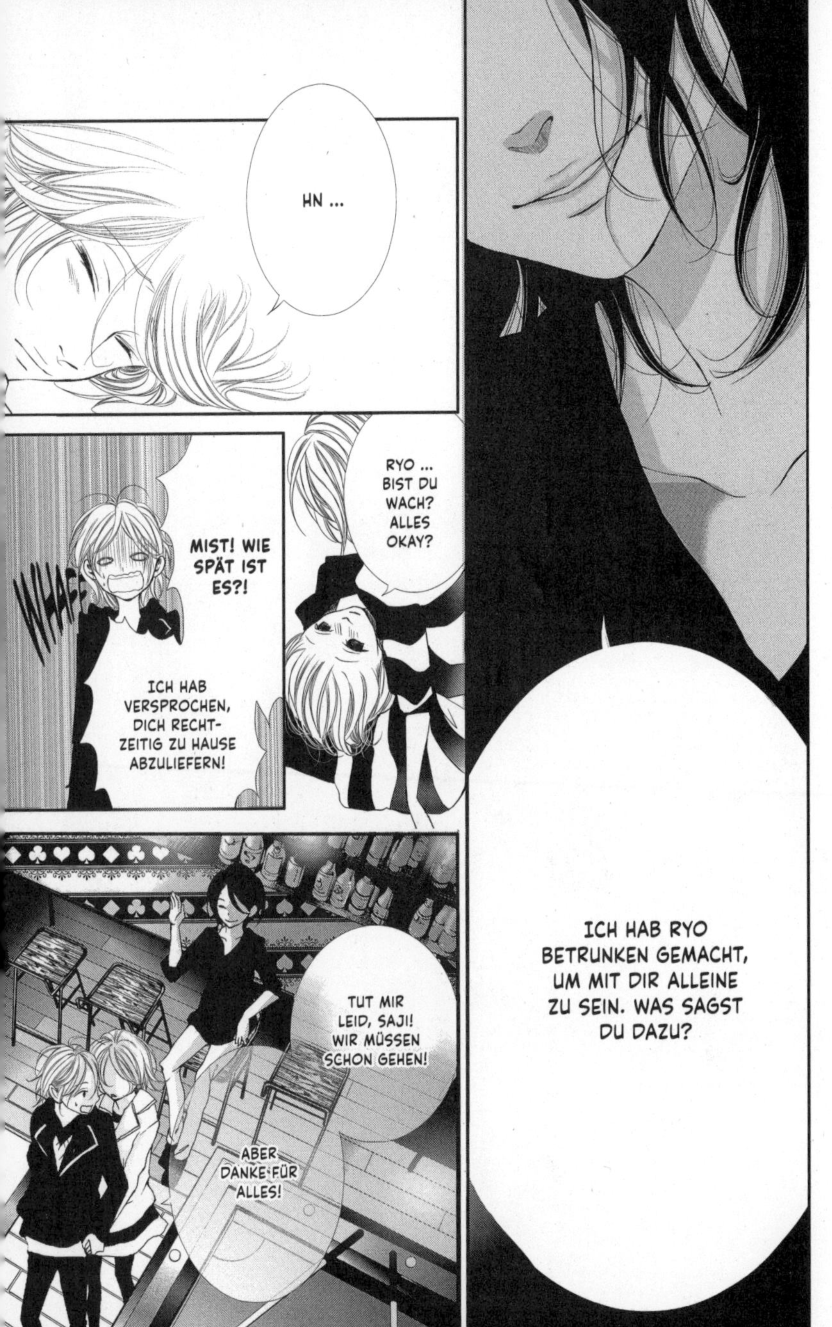
ICH HAB RYO BETRUNKEN GEMACHT, UM MIT DIR ALLEINE ZU SEIN. WAS SAGST DU DAZU?
HN ...
RYO ... BIST DU WACH? ALLES OKAY?
MIST! WIE SPÄT IST ES?!
ICH HAB VERSPROCHEN, DICH RECHT-ZEITIG ZU HAUSE ABZULIEFERN!
TUT MIR LEID, SAJI! WIR MÜSSEN SCHON GEHEN!
ABER DANKE FÜR ALLES!

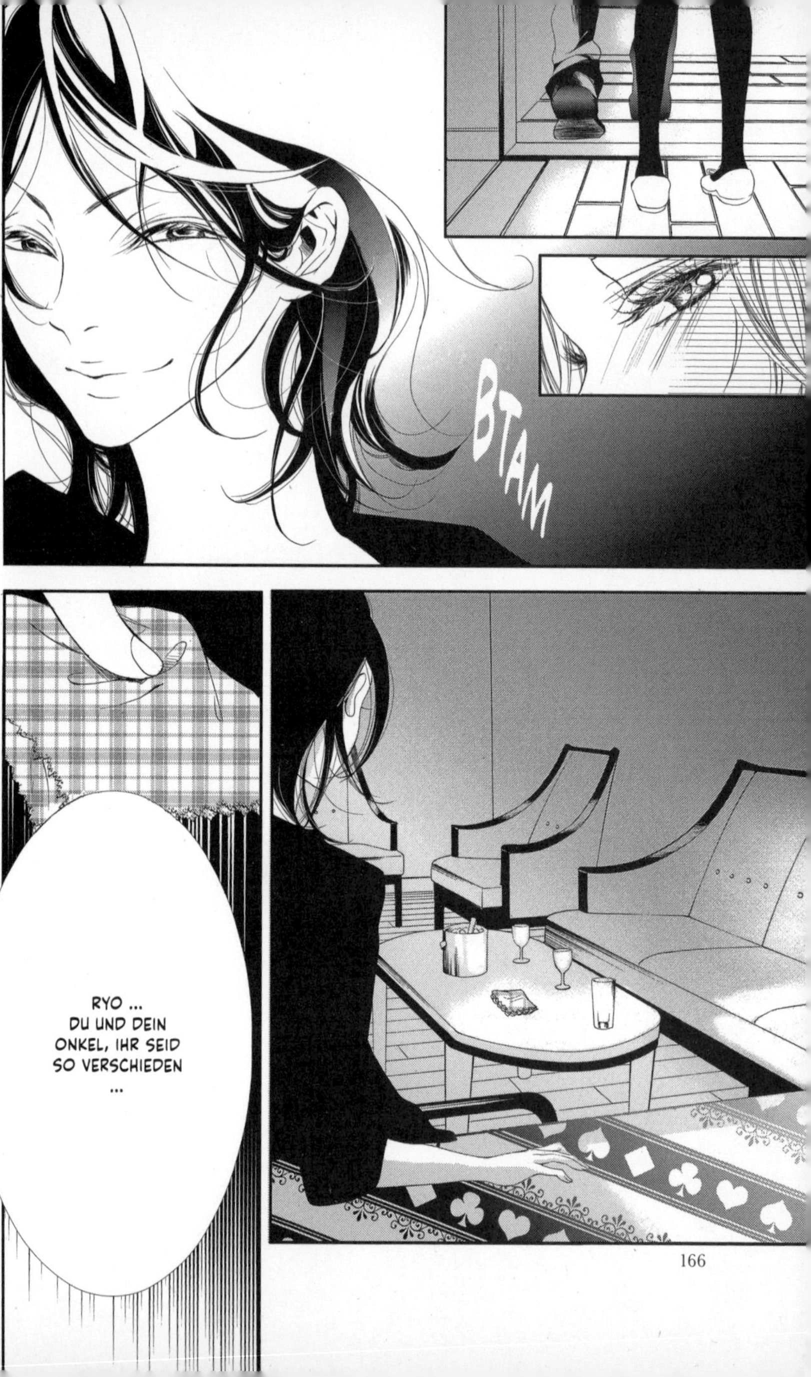

BTAM

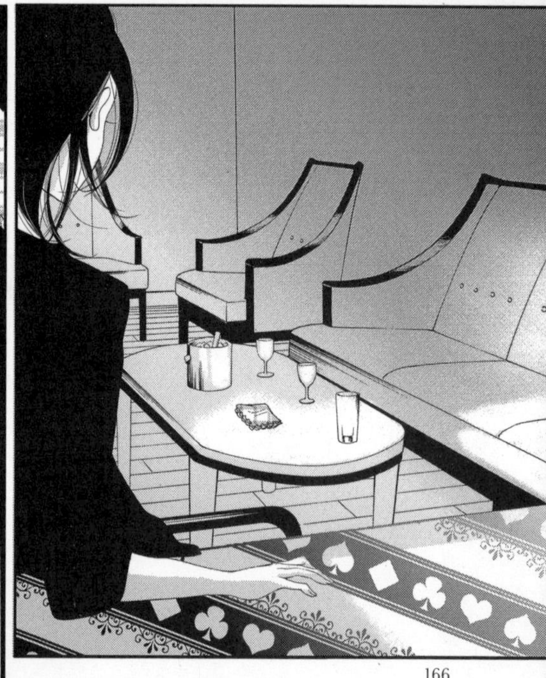

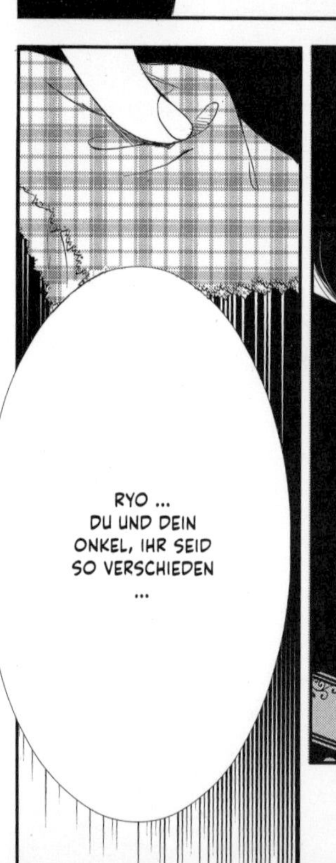

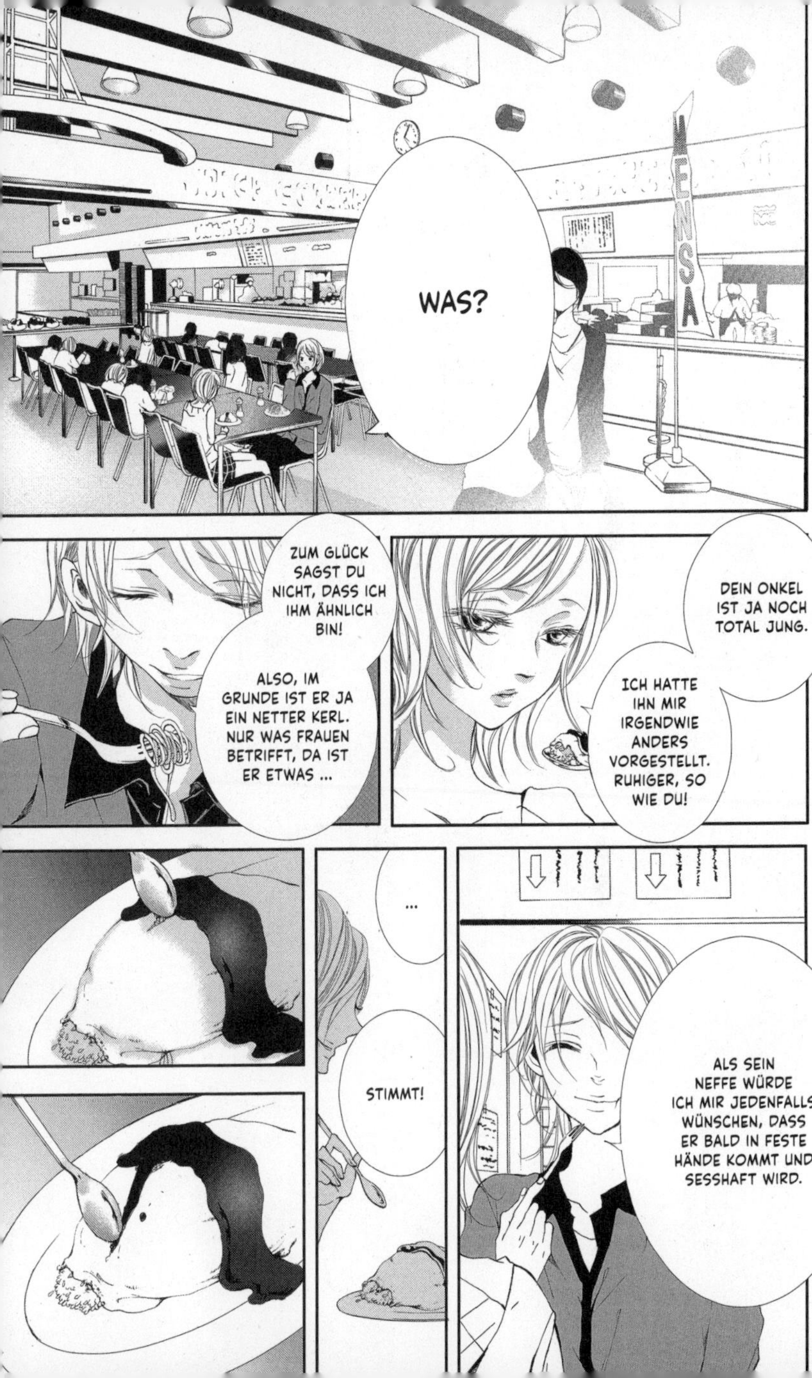

WAS?

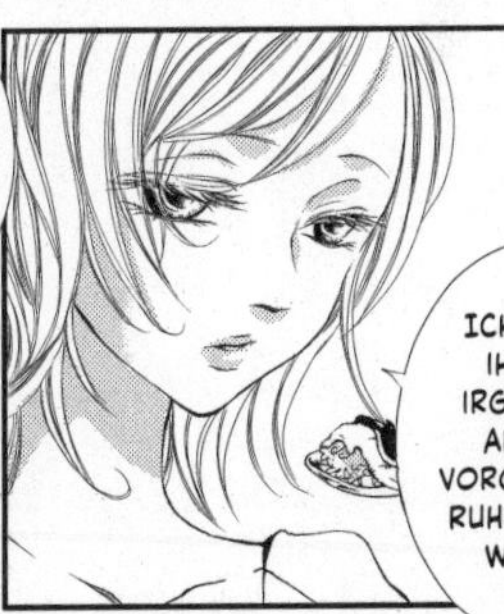
DEIN ONKEL IST JA NOCH TOTAL JUNG.
ICH HATTE IHN MIR IRGENDWIE ANDERS VORGESTELLT. RUHIGER, SO WIE DU!

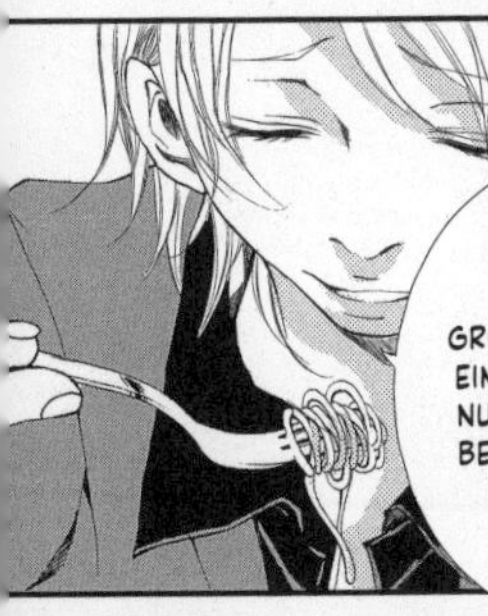
ZUM GLÜCK SAGST DU NICHT, DASS ICH IHM ÄHNLICH BIN!
ALSO, IM GRUNDE IST ER JA EIN NETTER KERL. NUR WAS FRAUEN BETRIFFT, DA IST ER ETWAS ...

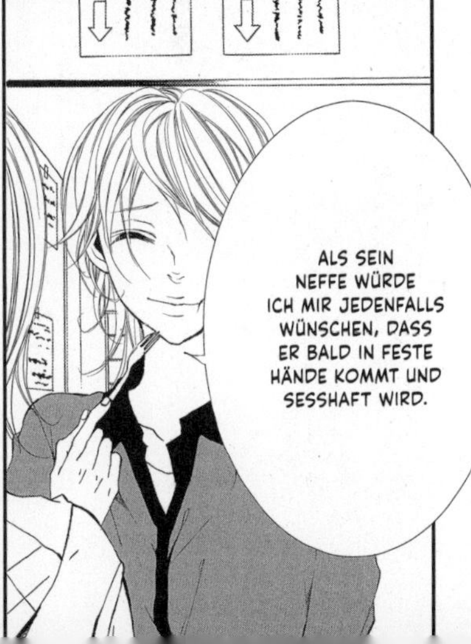
ALS SEIN NEFFE WÜRDE ICH MIR JEDENFALLS WÜNSCHEN, DASS ER BALD IN FESTE HÄNDE KOMMT UND SESSHAFT WIRD.

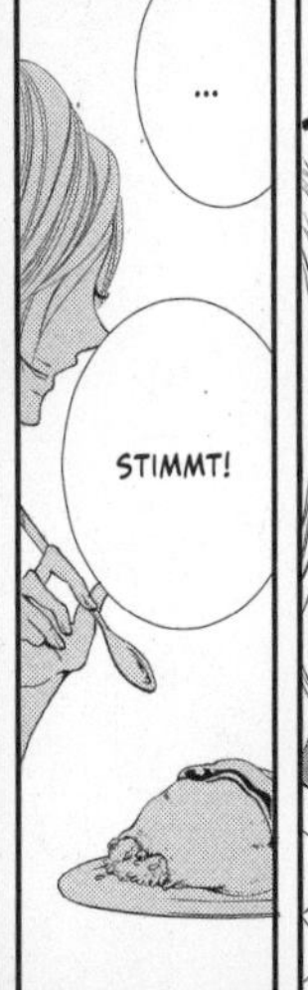
...
STIMMT!

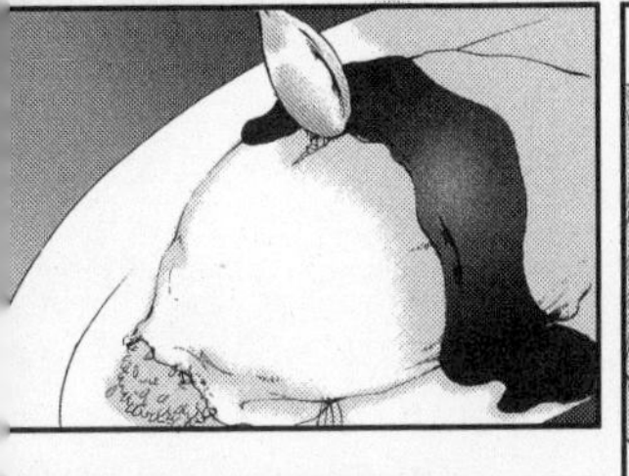

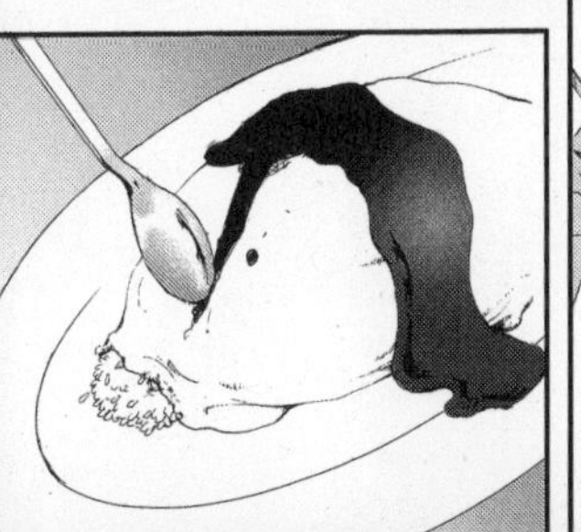

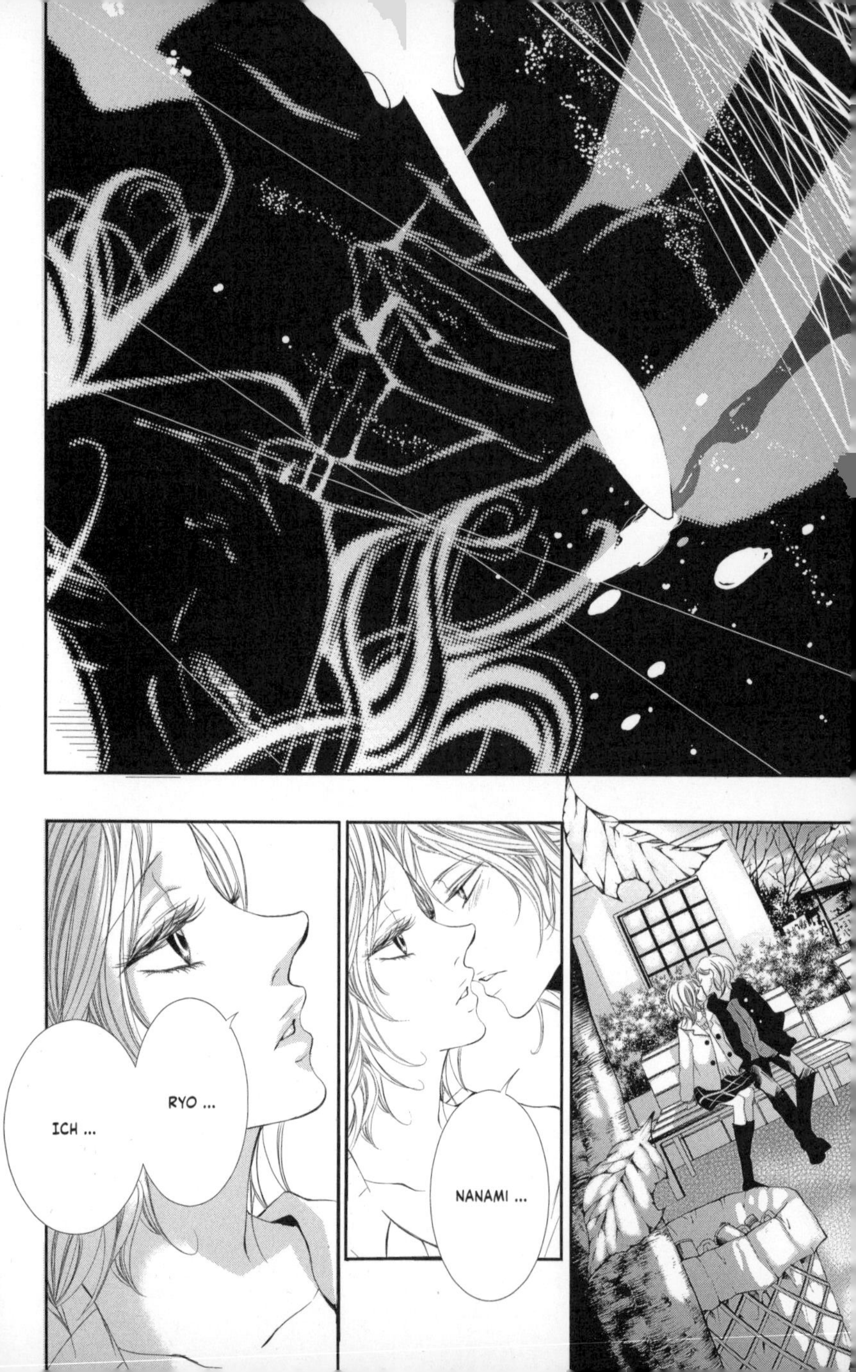
NANAMI ...
RYO ...
ICH ...

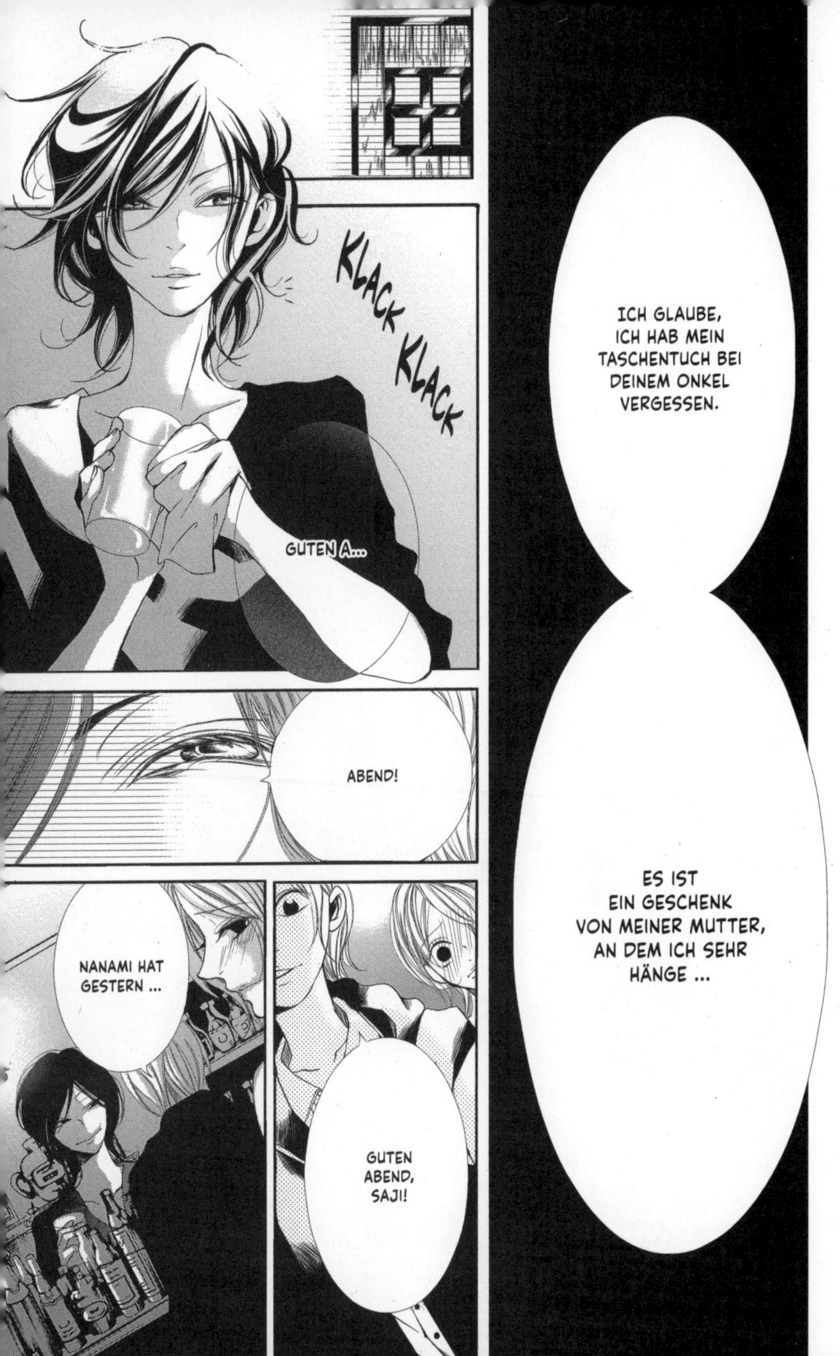
ICH GLAUBE, ICH HAB MEIN TASCHENTUCH BEI DEINEM ONKEL VERGESSEN.
ES IST EIN GESCHENK VON MEINER MUTTER, AN DEM ICH SEHR HÄNGE ...
KLACK KLACK
GUTEN A...
ABEND!
GUTEN ABEND, SAJI!
NANAMI HAT GESTERN ...

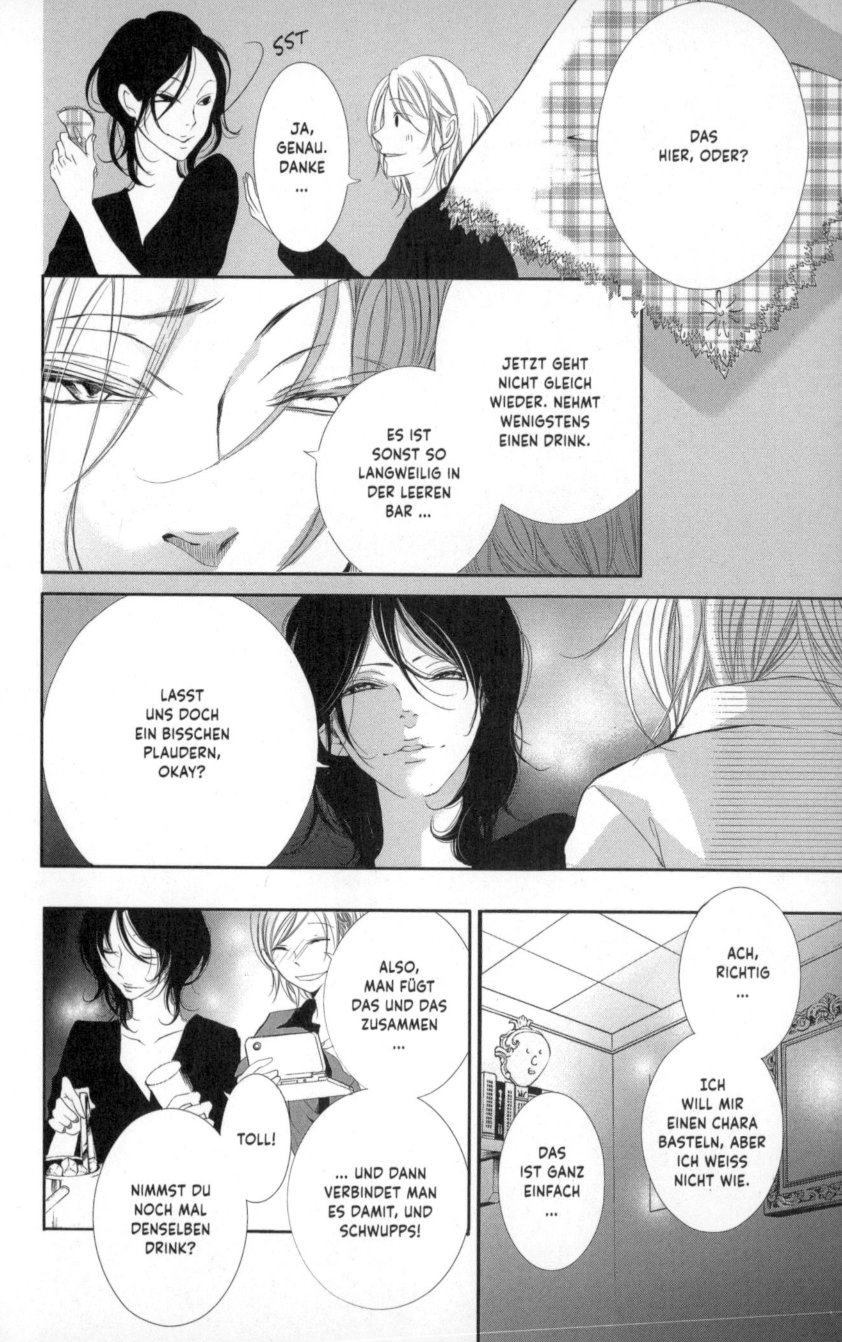
DAS HIER, ODER?
SST
JA, GENAU. DANKE ...
JETZT GEHT NICHT GLEICH WIEDER. NEHMT WENIGSTENS EINEN DRINK.
ES IST SONST SO LANGWEILIG IN DER LEEREN BAR ...
LASST UNS DOCH EIN BISSCHEN PLAUDERN, OKAY?
ACH, RICHTIG ...
ICH WILL MIR EINEN CHARA BASTELN, ABER ICH WEISS NICHT WIE.
DAS IST GANZ EINFACH ...
ALSO, MAN FÜGT DAS UND DAS ZUSAMMEN ...
... UND DANN VERBINDET MAN ES DAMIT, UND SCHWUPPS!
TOLL!
NIMMST DU NOCH MAL DENSELBEN DRINK?

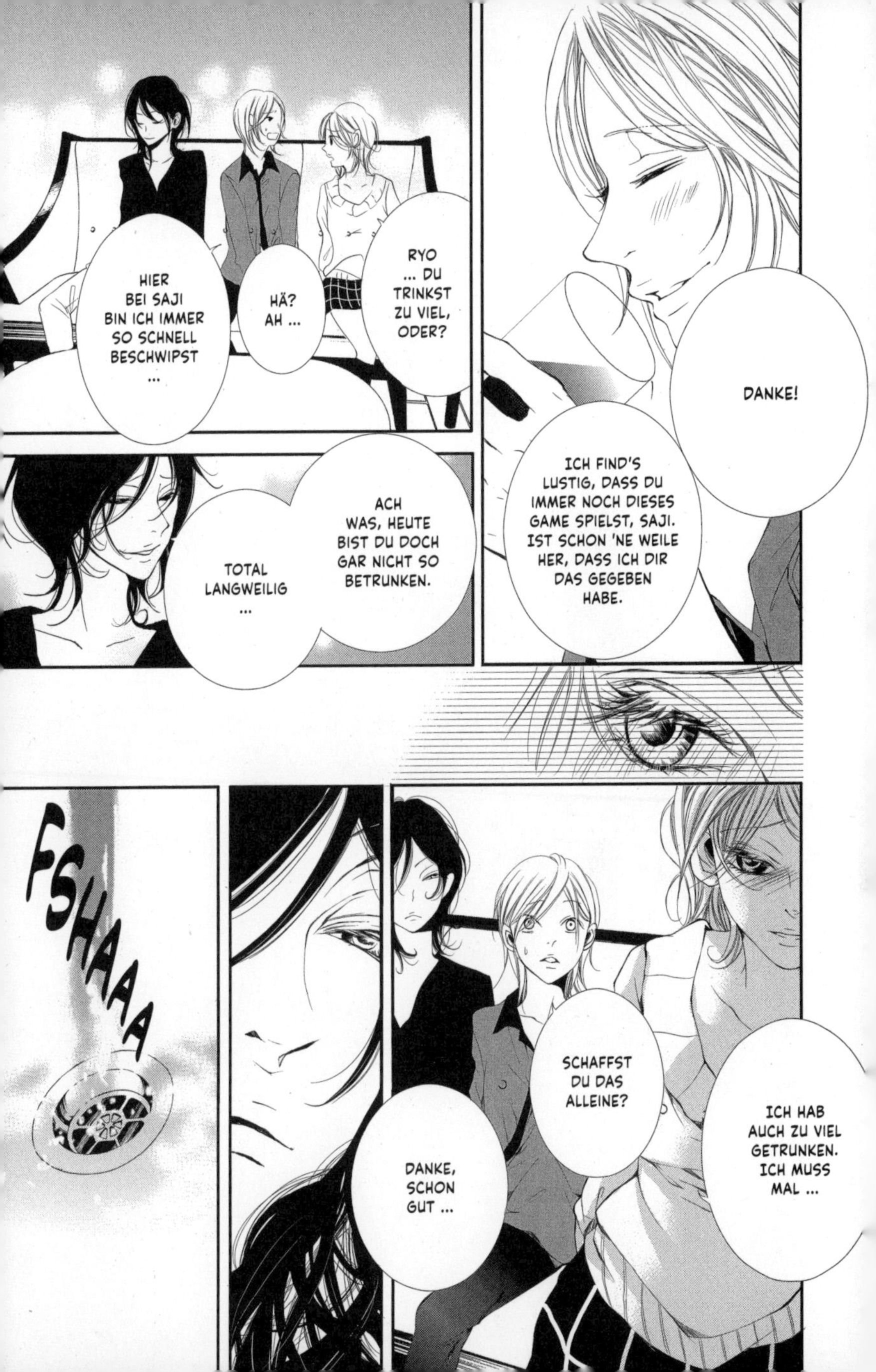
DANKE!
ICH FIND'S LUSTIG, DASS DU IMMER NOCH DIESES GAME SPIELST, SAJI. IST SCHON 'NE WEILE HER, DASS ICH DIR DAS GEGEBEN HABE.
RYO ... DU TRINKST ZU VIEL, ODER?
HÄ? AH ...
HIER BEI SAJI BIN ICH IMMER SO SCHNELL BESCHWIPST ...
ACH WAS, HEUTE BIST DU DOCH GAR NICHT SO BETRUNKEN.
TOTAL LANGWEILIG ...
ICH HAB AUCH ZU VIEL GETRUNKEN. ICH MUSS MAL ...
SCHAFFST DU DAS ALLEINE?
DANKE, SCHON GUT ...
FSHAAA

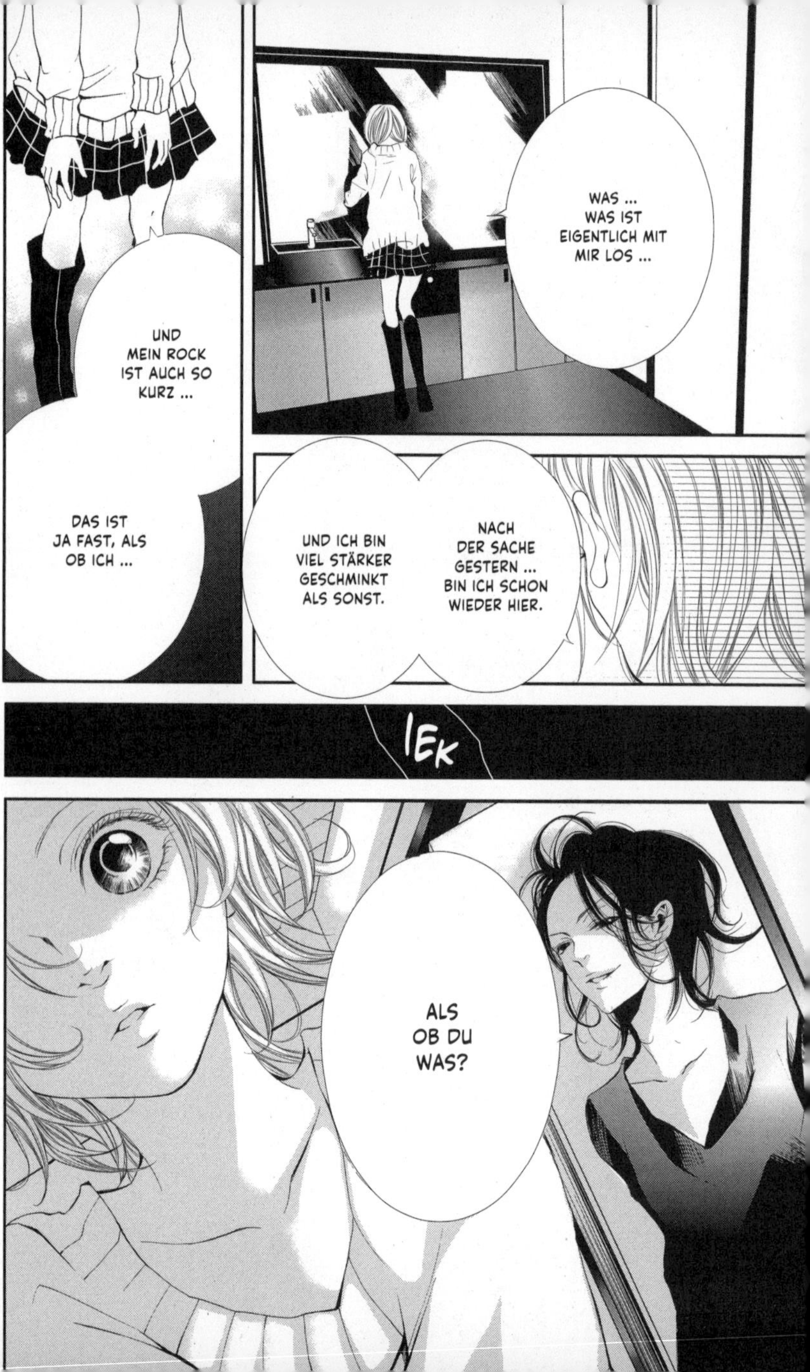

WAS ...
WAS IST EIGENTLICH MIT MIR LOS ...

NACH DER SACHE GESTERN ... BIN ICH SCHON WIEDER HIER.

UND ICH BIN VIEL STÄRKER GESCHMINKT ALS SONST.

UND MEIN ROCK IST AUCH SO KURZ ...

DAS IST JA FAST, ALS OB ICH ...

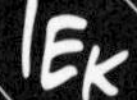

ALS OB DU WAS?

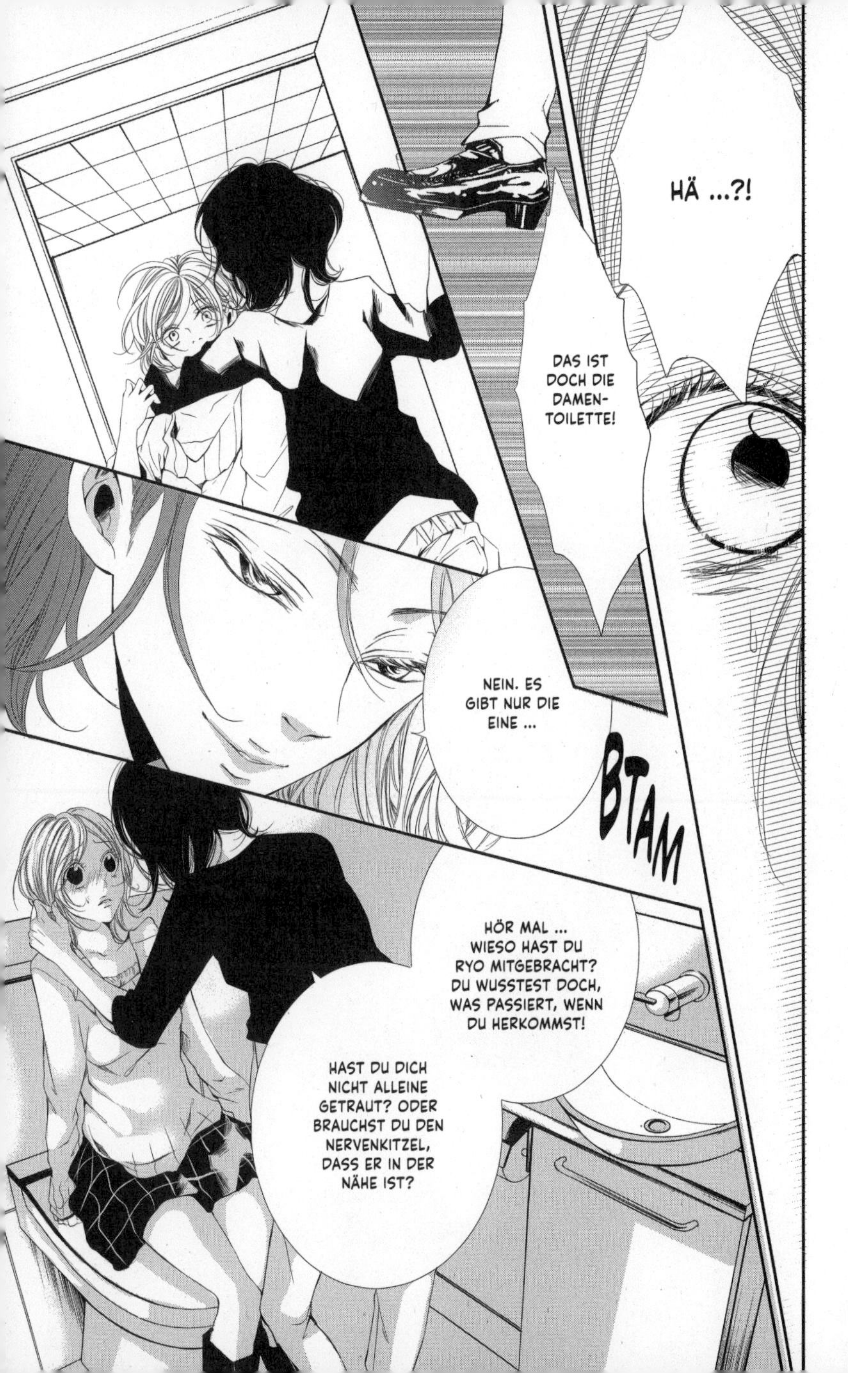
HÄ ...?!
DAS IST DOCH DIE DAMEN-TOILETTE!
NEIN. ES GIBT NUR DIE EINE ...
BTAM
HÖR MAL ... WIESO HAST DU RYO MITGEBRACHT? DU WUSSTEST DOCH, WAS PASSIERT, WENN DU HERKOMMST!
HAST DU DICH NICHT ALLEINE GETRAUT? ODER BRAUCHST DU DEN NERVENKITZEL, DASS ER IN DER NÄHE IST?

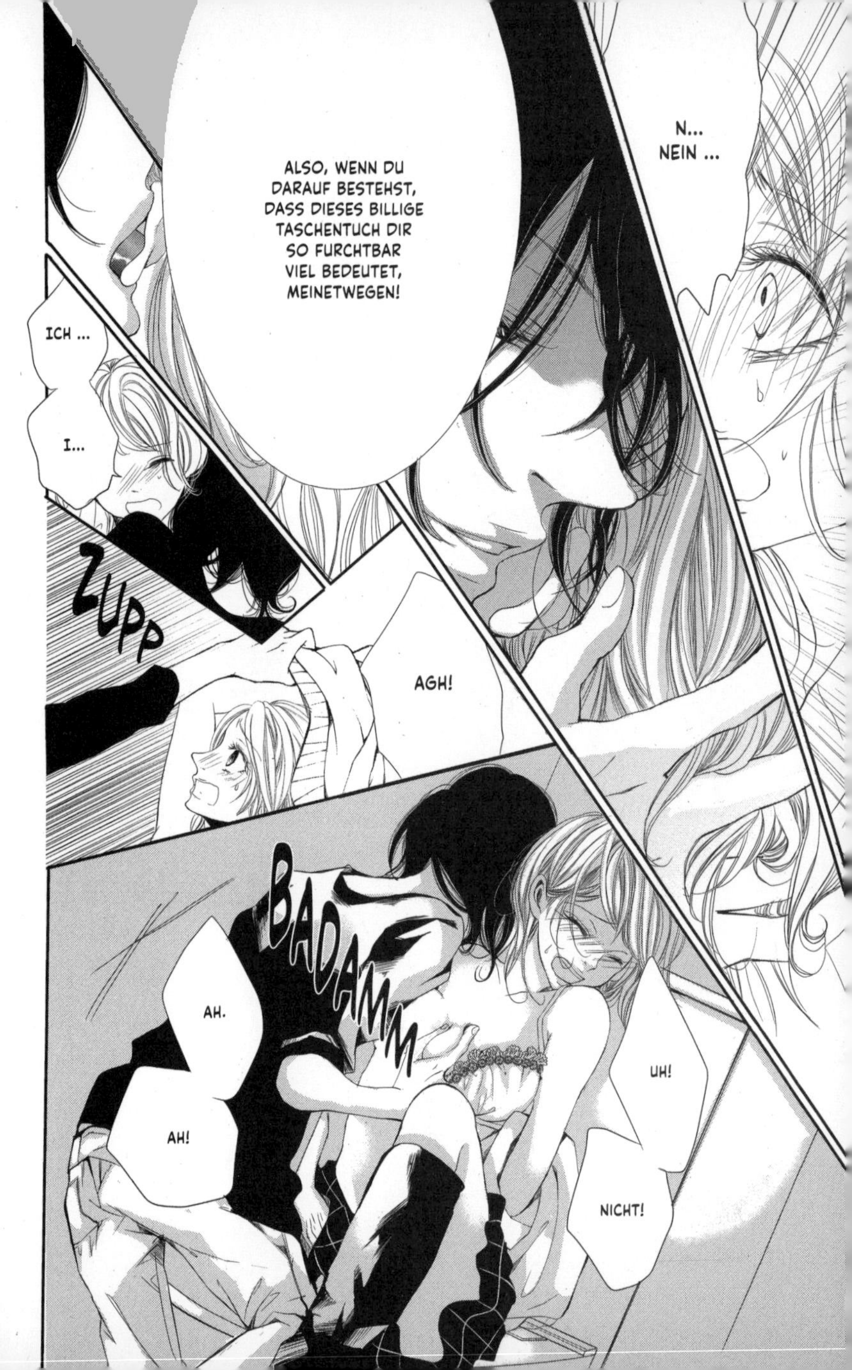
N...
NEIN ...
ALSO, WENN DU DARAUF BESTEHST, DASS DIESES BILLIGE TASCHENTUCH DIR SO FURCHTBAR VIEL BEDEUTET, MEINETWEGEN!
ICH ...
I...
AGH!
ZUPP
BADAMM
UH!
NICHT!
AH.
AH!

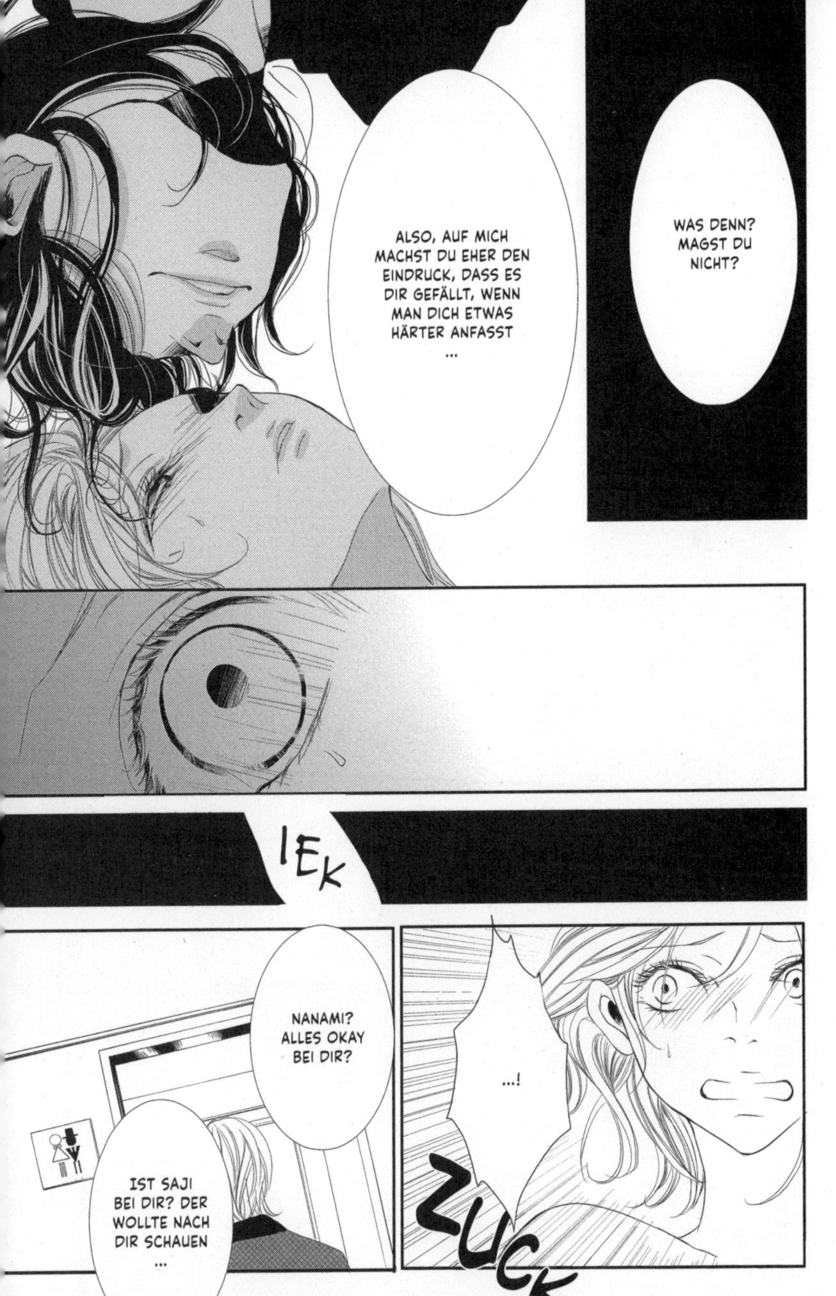
WAS DENN? MAGST DU NICHT?
ALSO, AUF MICH MACHST DU EHER DEN EINDRUCK, DASS ES DIR GEFÄLLT, WENN MAN DICH ETWAS HÄRTER ANFASST ...
IEK
ZUCK
...!
NANAMI? ALLES OKAY BEI DIR?
IST SAJI BEI DIR? DER WOLLTE NACH DIR SCHAUEN ...

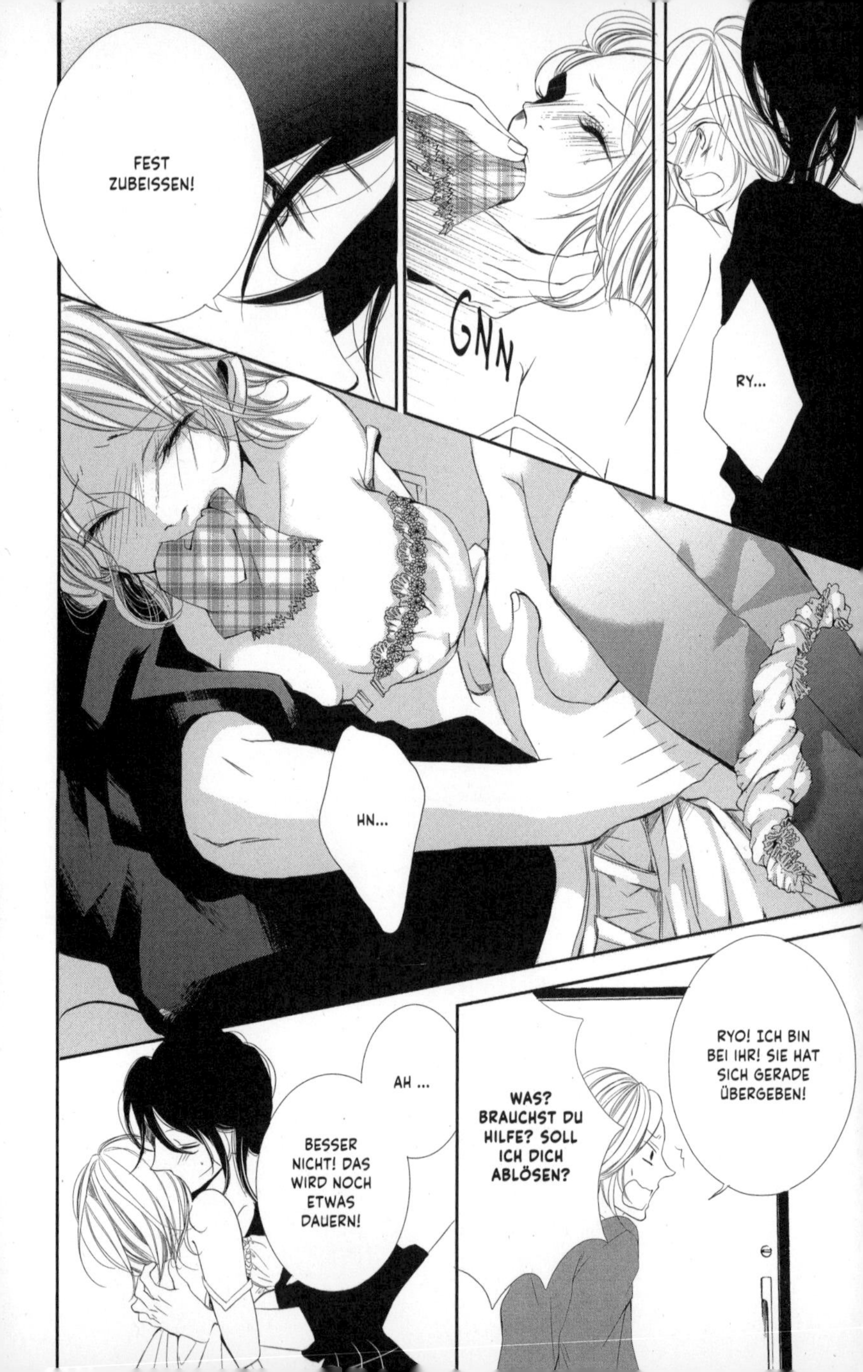
RY...
GNN
FEST ZUBEISSEN!
HN...
RYO! ICH BIN BEI IHR! SIE HAT SICH GERADE ÜBERGEBEN!
WAS? BRAUCHST DU HILFE? SOLL ICH DICH ABLÖSEN?
AH ...
BESSER NICHT! DAS WIRD NOCH ETWAS DAUERN!

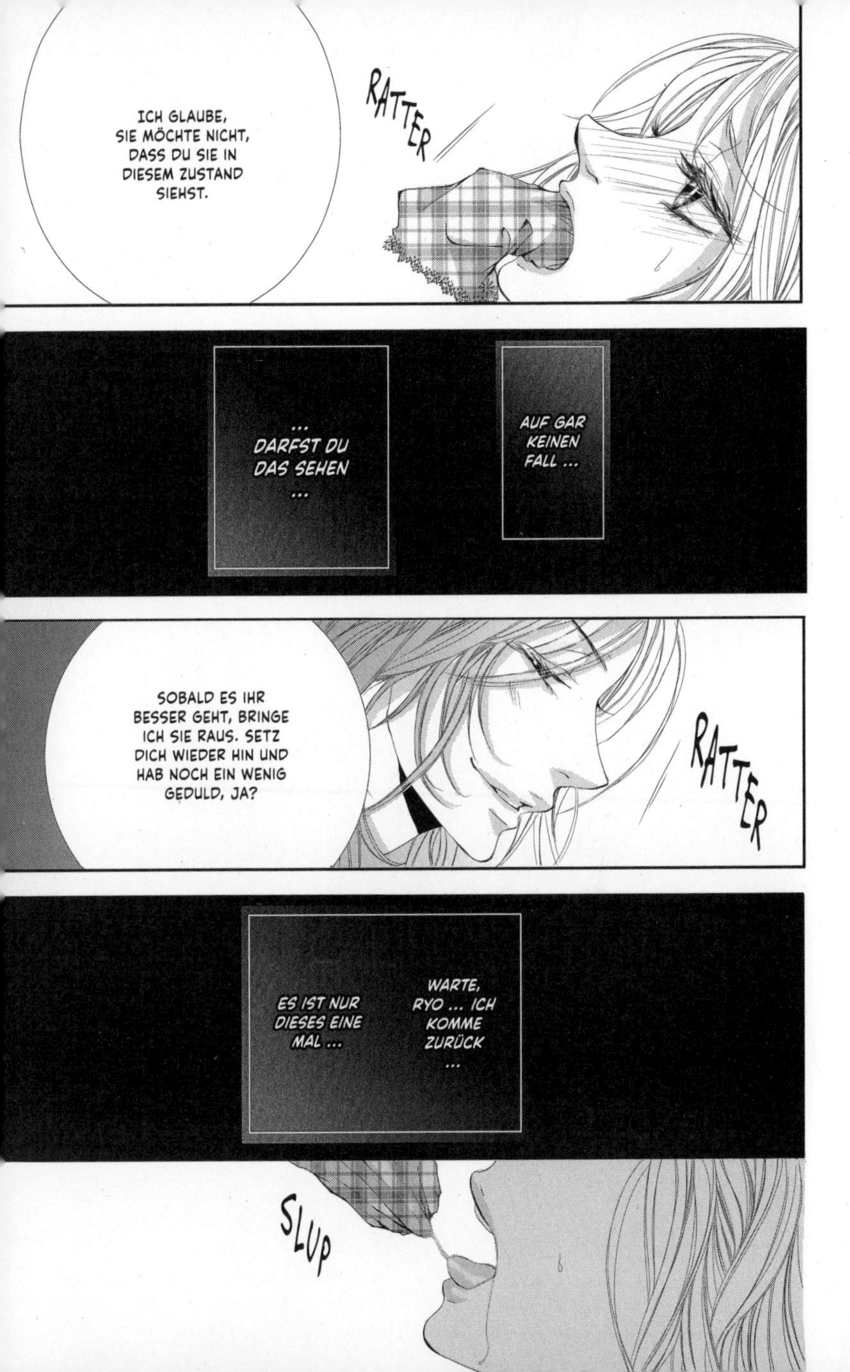
RATTER
ICH GLAUBE, SIE MÖCHTE NICHT, DASS DU SIE IN DIESEM ZUSTAND SIEHST.
AUF GAR KEINEN FALL ...
... DARFST DU DAS SEHEN ...
RATTER
SOBALD ES IHR BESSER GEHT, BRINGE ICH SIE RAUS. SETZ DICH WIEDER HIN UND HAB NOCH EIN WENIG GEDULD, JA?
WARTE, RYO ... ICH KOMME ZURÜCK ...
ES IST NUR DIESES EINE MAL ...
SLUP

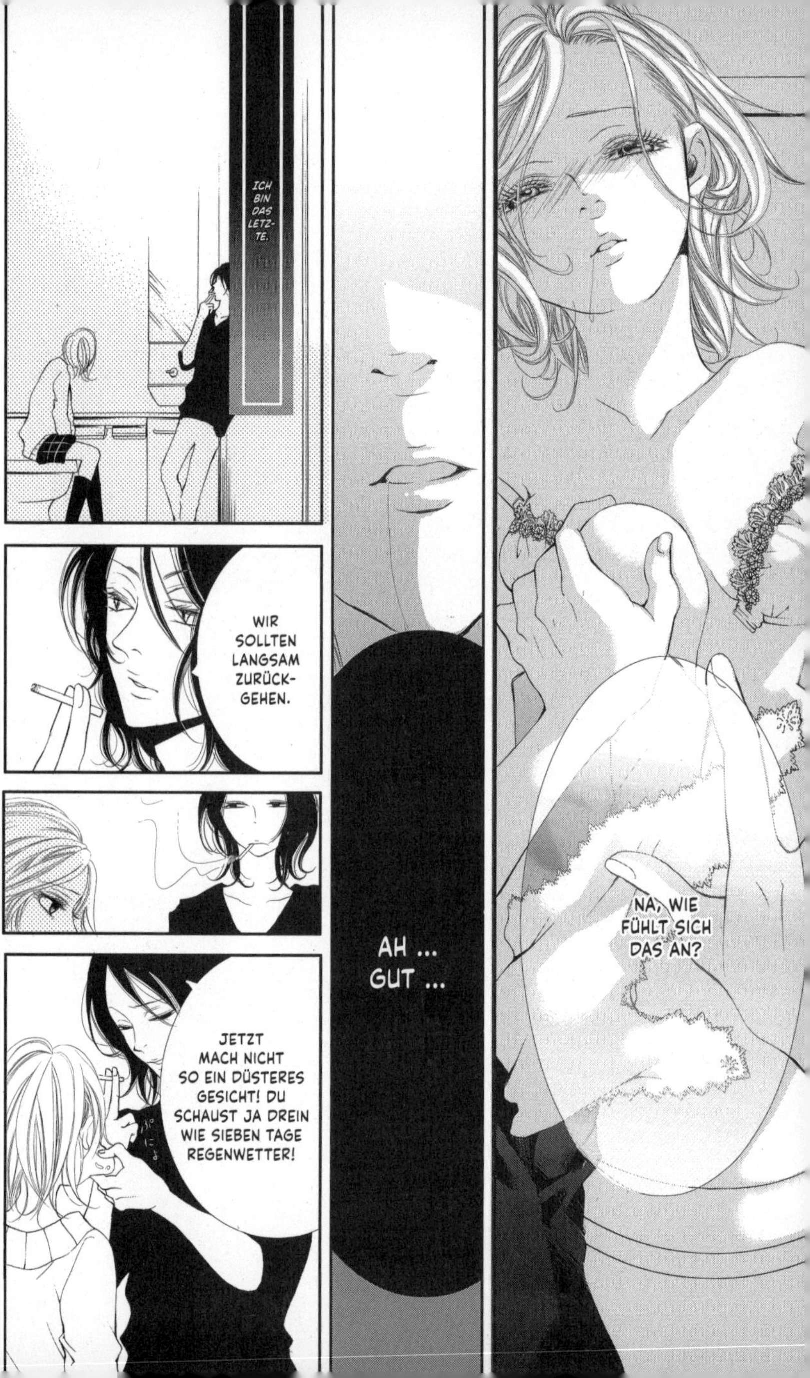

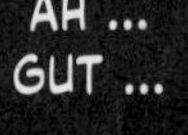
NA, WIE FÜHLT SICH DAS AN?
AH ... GUT ...

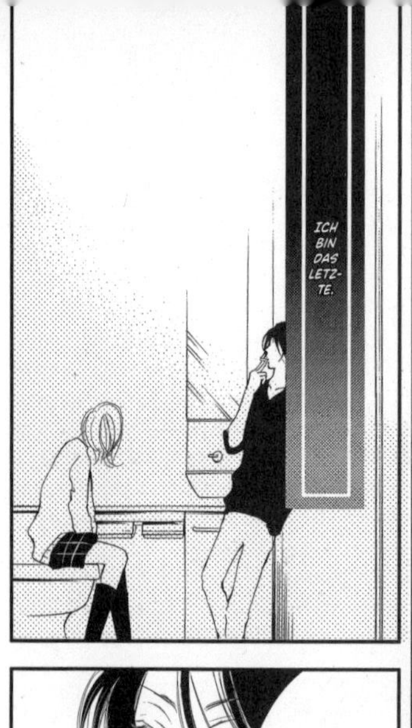
ICH BIN DAS LETZ-TE.

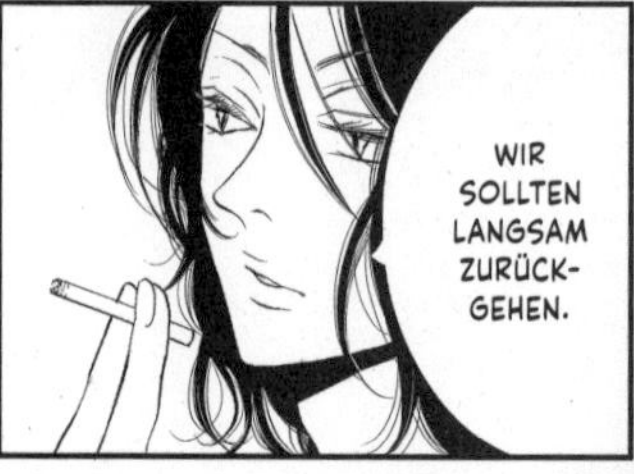
WIR SOLLTEN LANGSAM ZURÜCK-GEHEN.

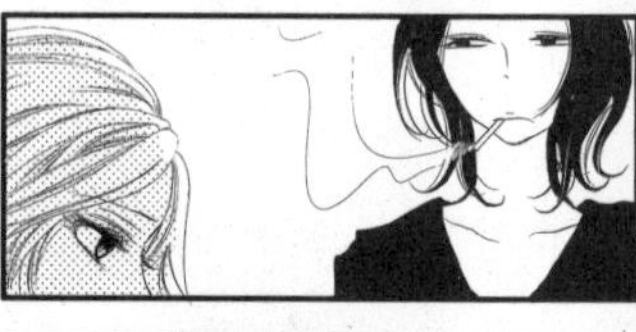

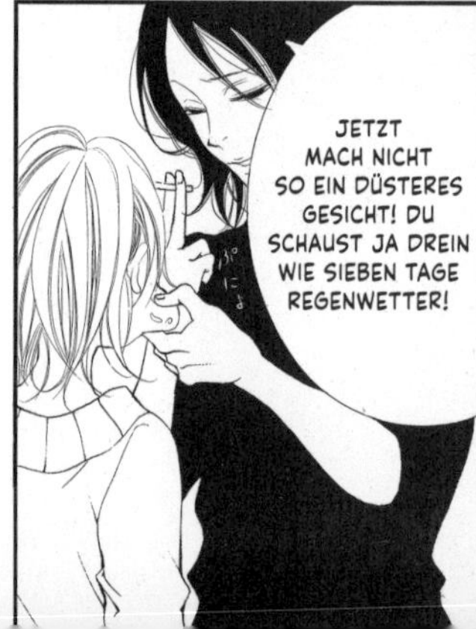
JETZT MACH NICHT SO EIN DÜSTERES GESICHT! DU SCHAUST JA DREIN WIE SIEBEN TAGE REGENWETTER!

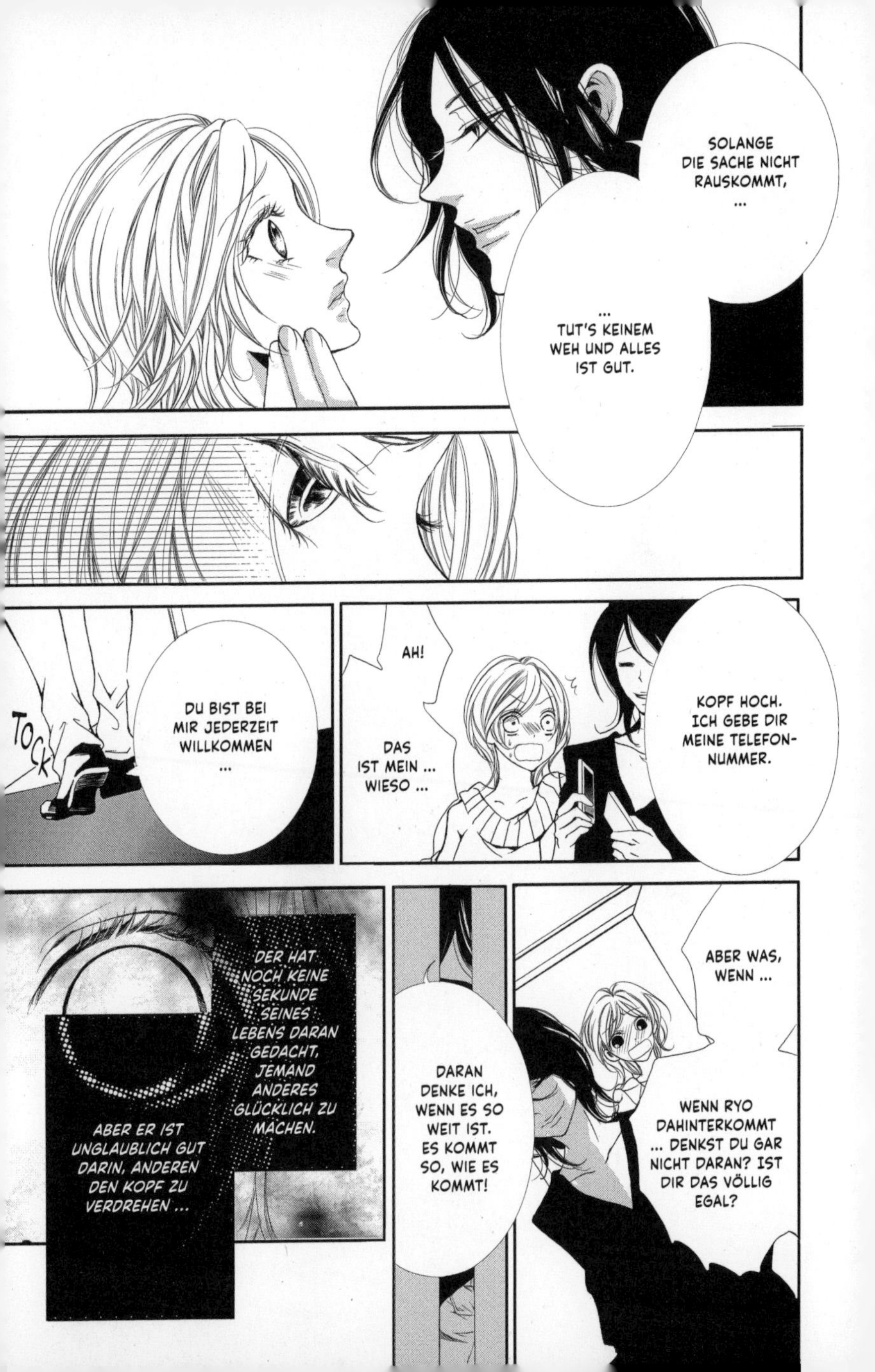

SOLANGE DIE SACHE NICHT RAUSKOMMT, ...
... TUT'S KEINEM WEH UND ALLES IST GUT.
KOPF HOCH. ICH GEBE DIR MEINE TELEFONNUMMER.
AH!
DAS IST MEIN ... WIESO ...
DU BIST BEI MIR JEDERZEIT WILLKOMMEN ...
TOCK

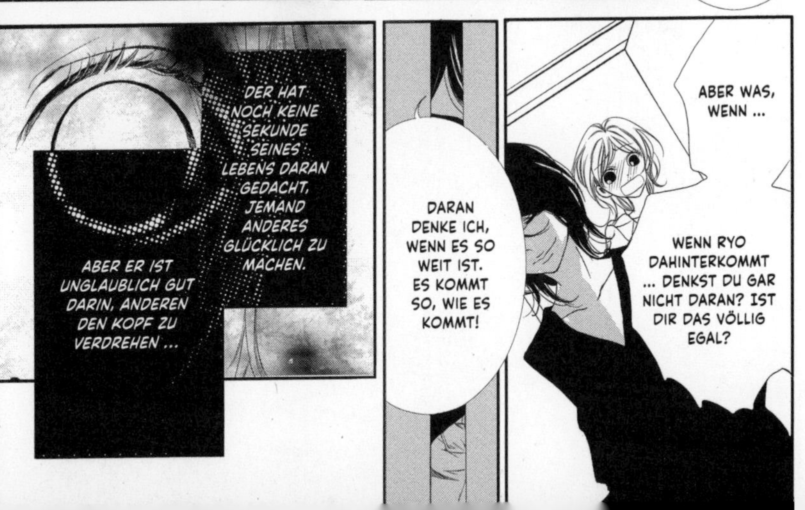

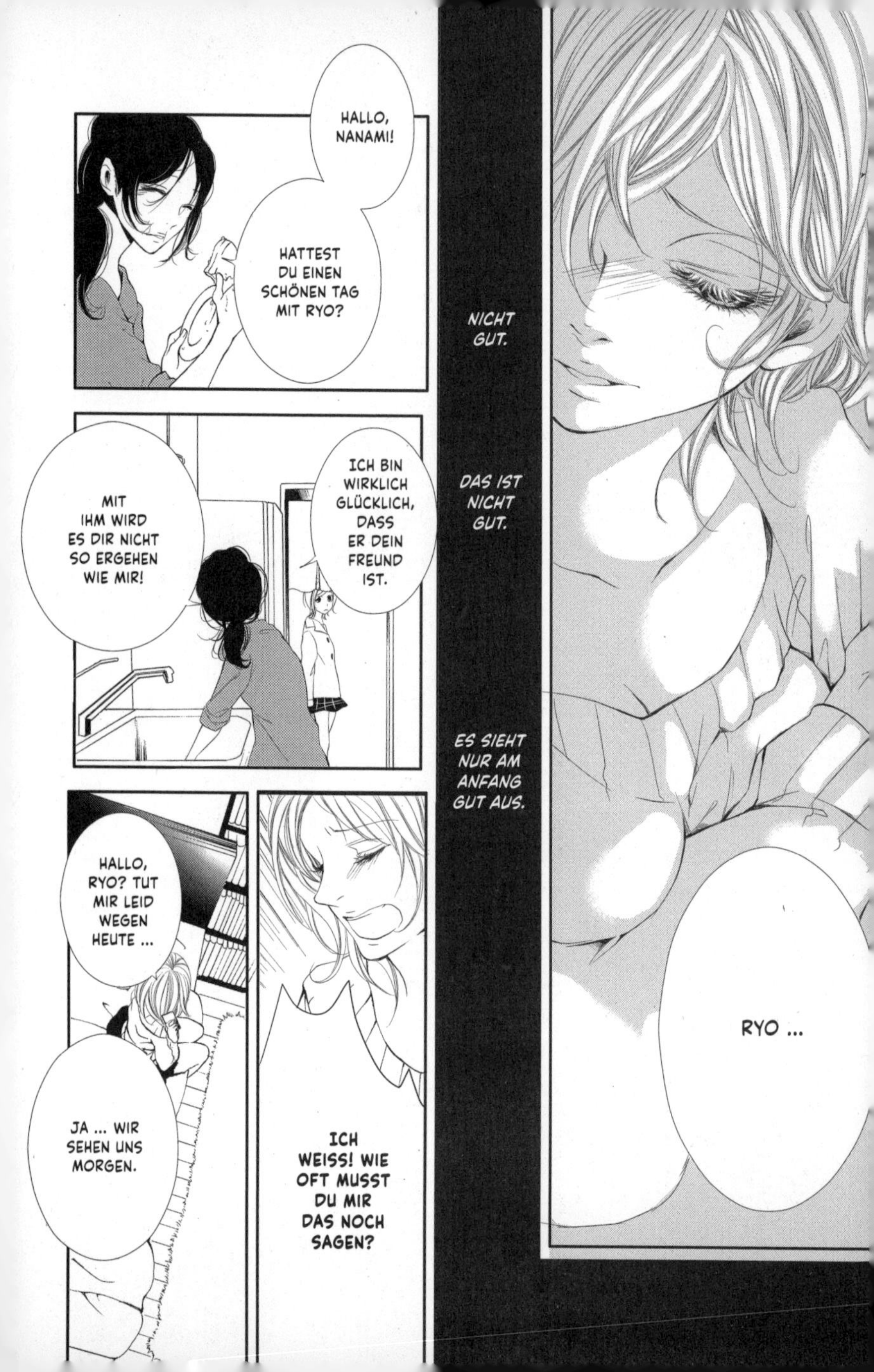

NICHT GUT.

DAS IST NICHT GUT.

ES SIEHT NUR AM ANFANG GUT AUS.

RYO ...

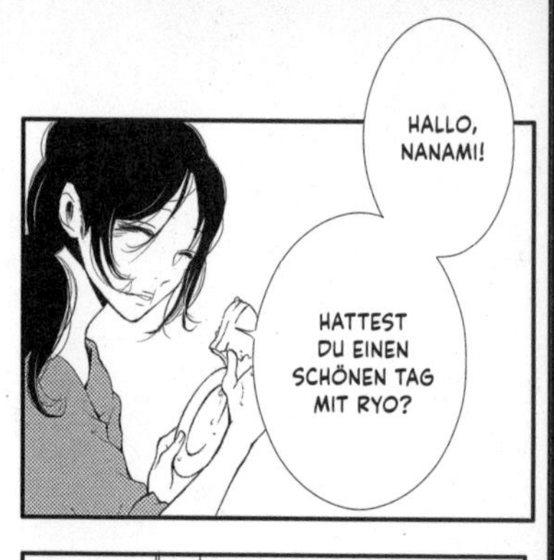

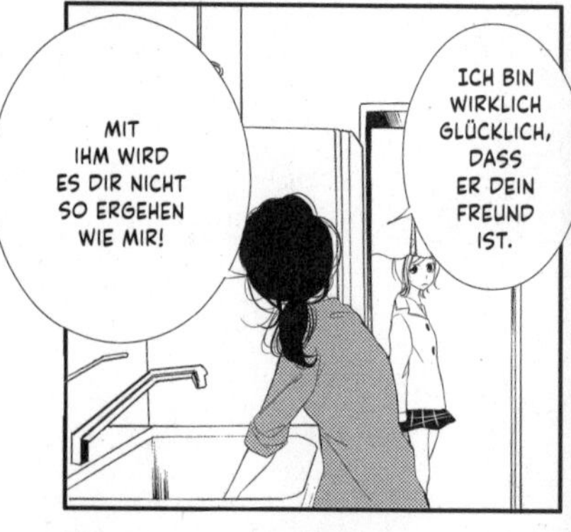

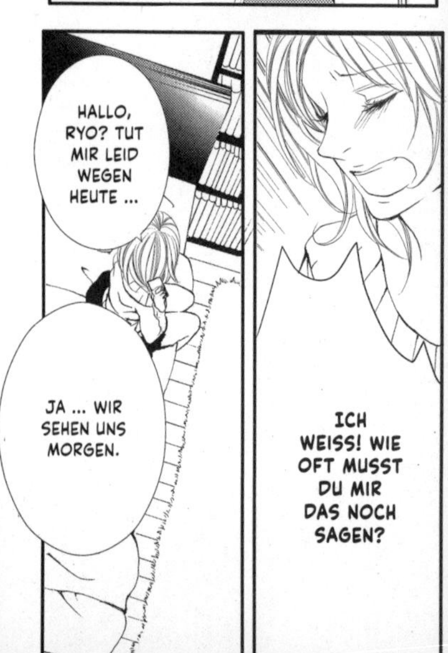

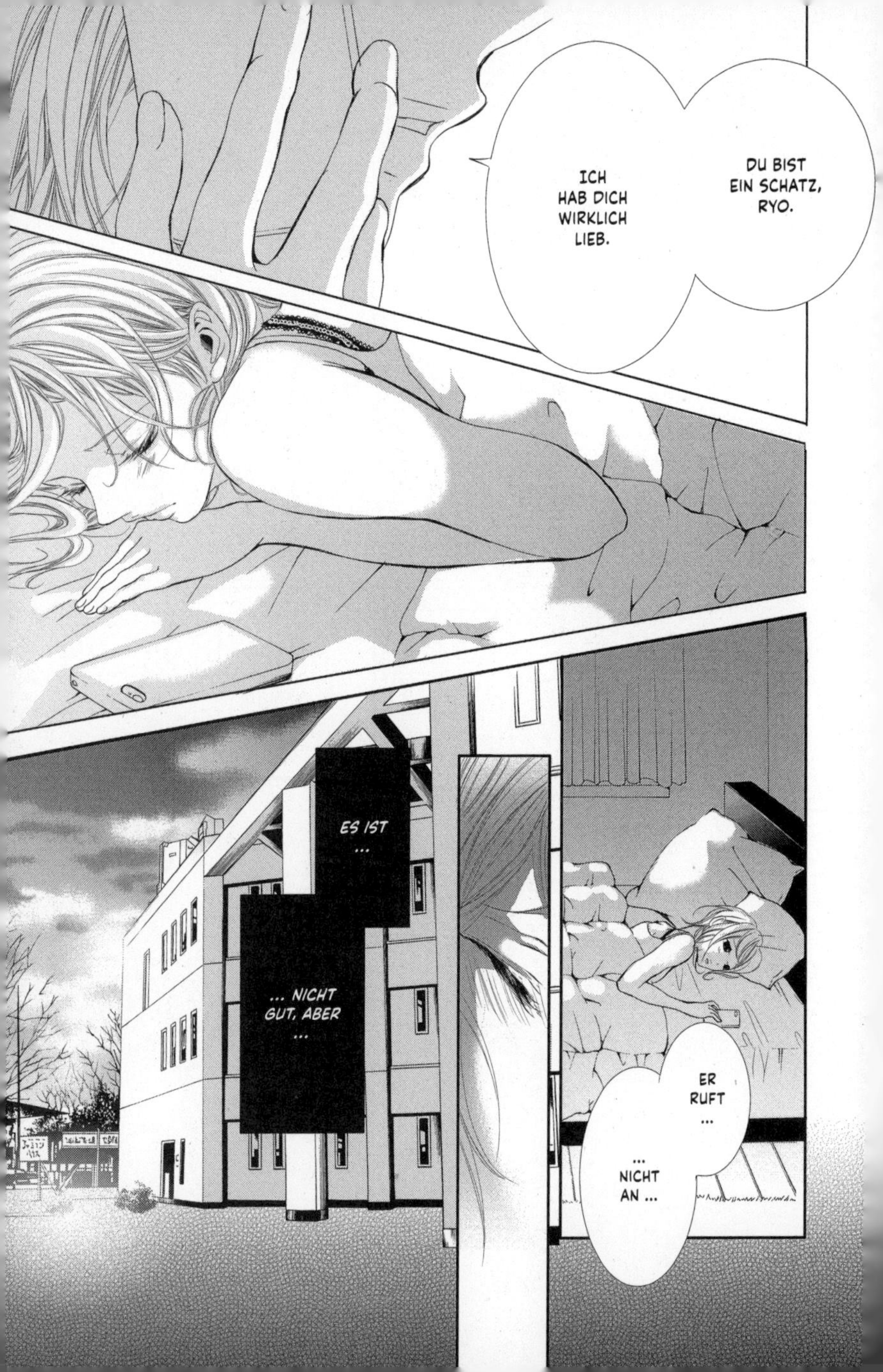
DU BIST EIN SCHATZ, RYO.
ICH HAB DICH WIRKLICH LIEB.
ER RUFT ...
... NICHT AN ...
ES IST ...
... NICHT GUT, ABER ...

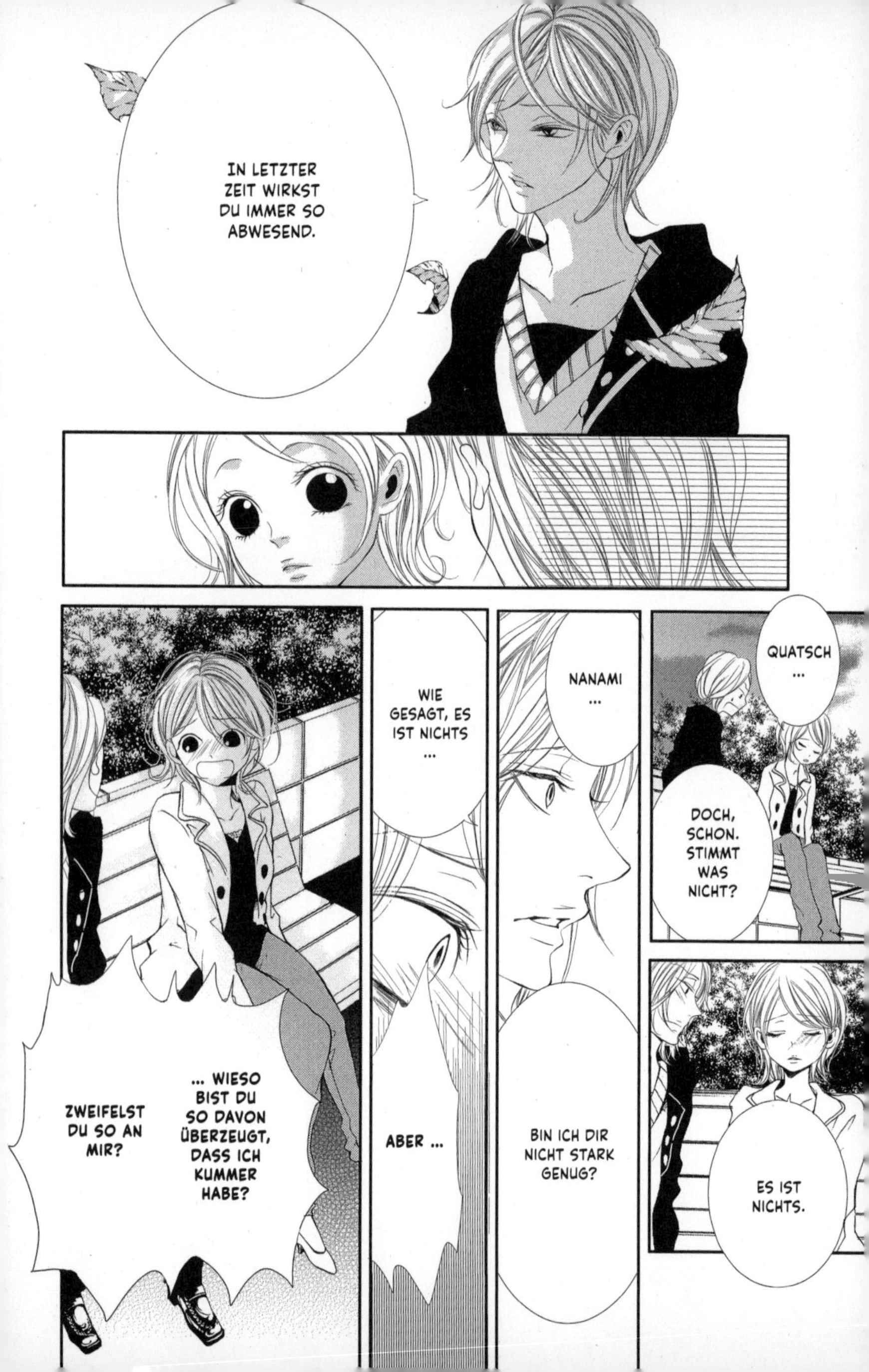
IN LETZTER ZEIT WIRKST DU IMMER SO ABWESEND.
QUATSCH ...
DOCH, SCHON. STIMMT WAS NICHT?
ES IST NICHTS.
NANAMI ...
BIN ICH DIR NICHT STARK GENUG?
WIE GESAGT, ES IST NICHTS ...
ABER ...
... WIESO BIST DU SO DAVON ÜBERZEUGT, DASS ICH KUMMER HABE?
ZWEIFELST DU SO AN MIR?

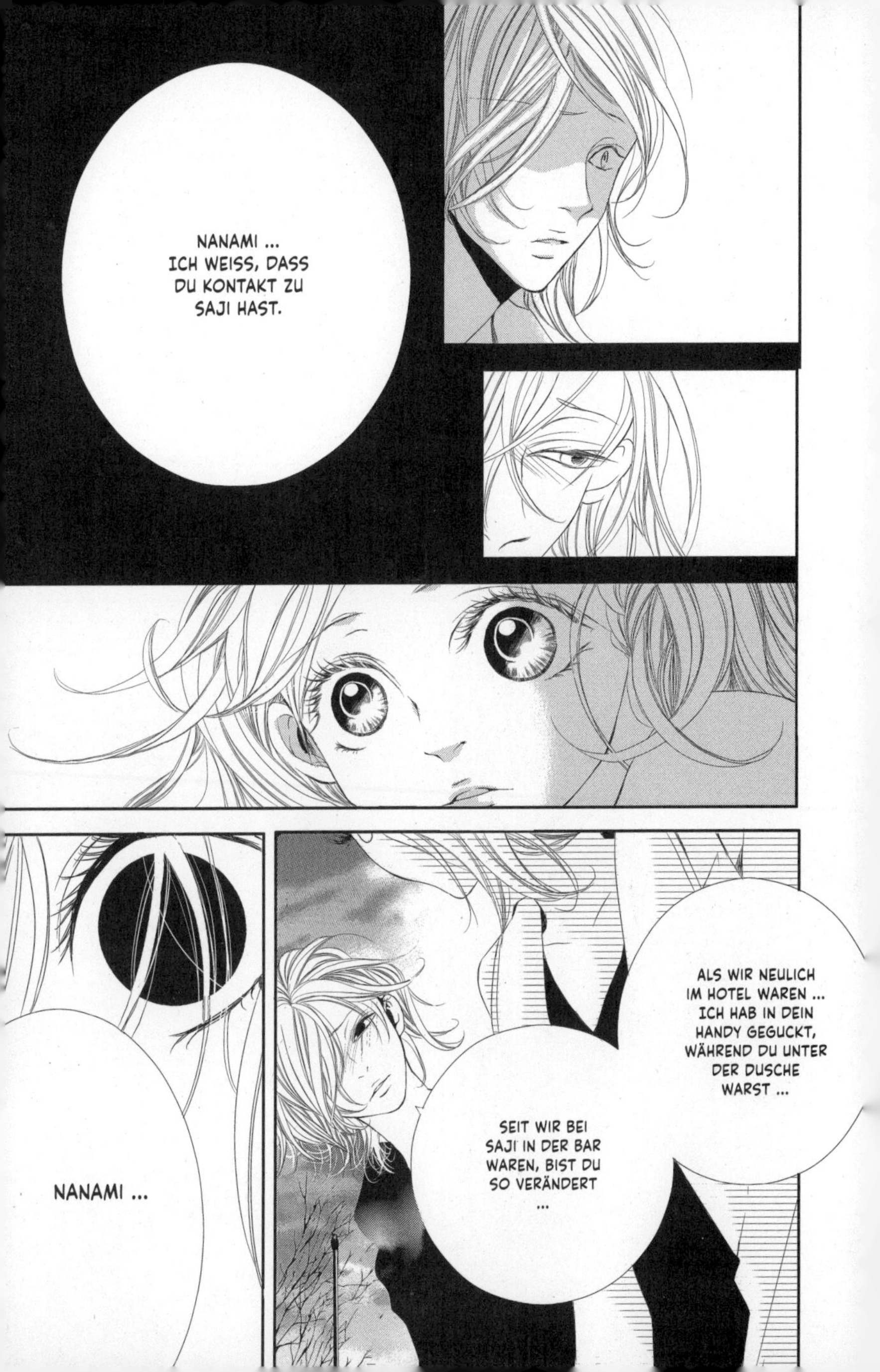

NANAMI ...
ICH WEISS, DASS
DU KONTAKT ZU
SAJI HAST.

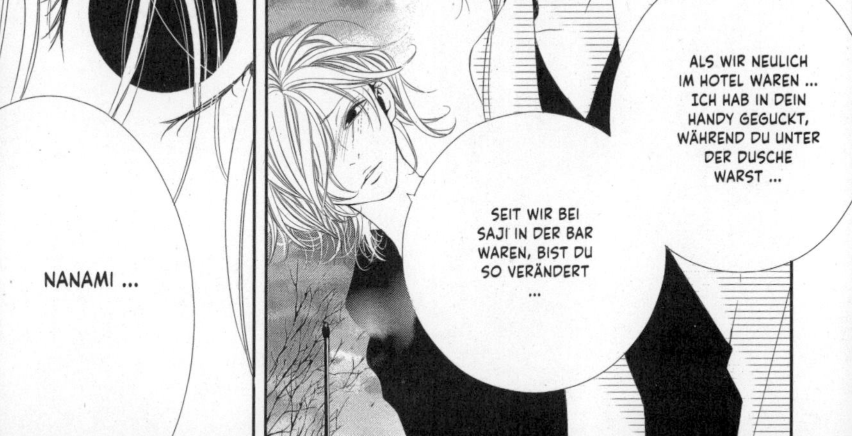

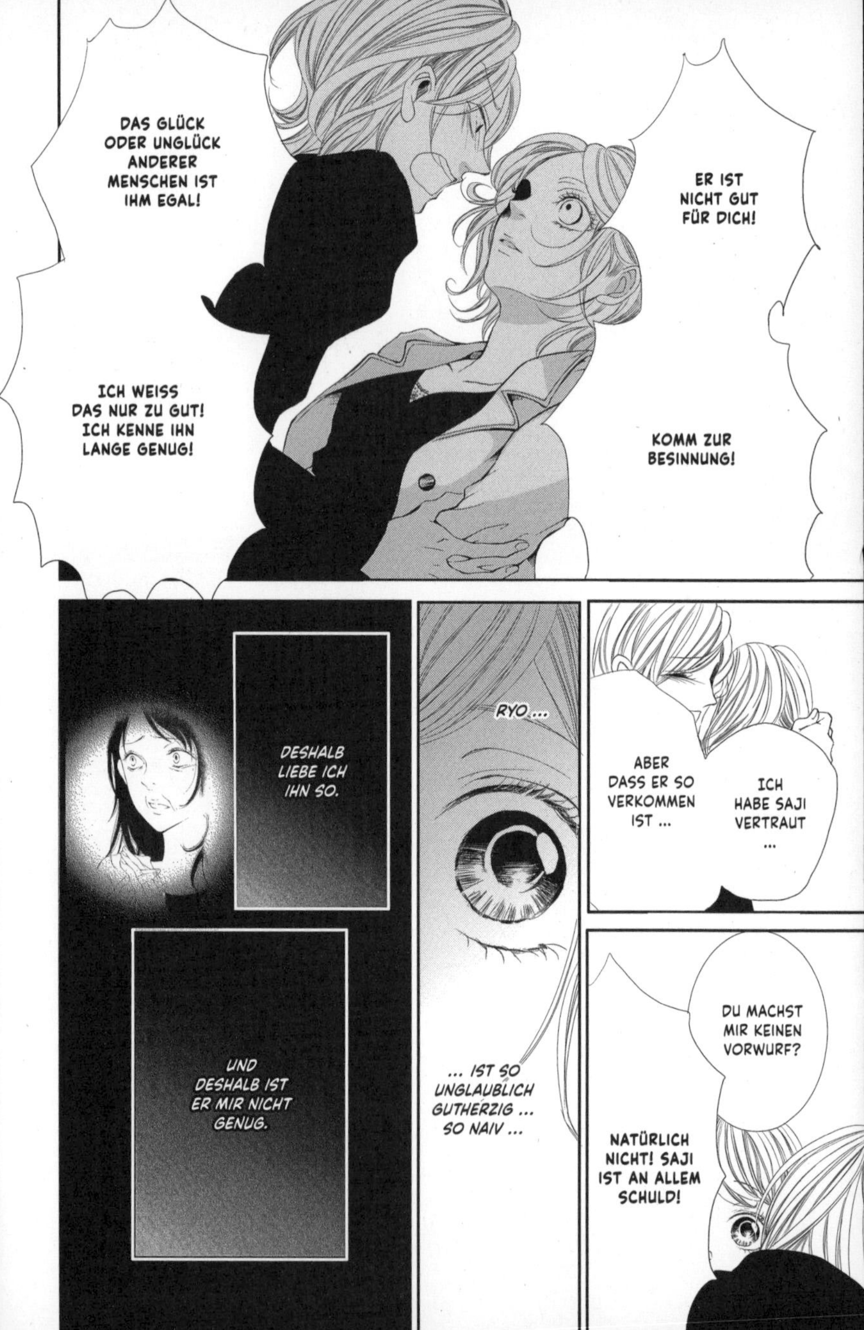
ER IST NICHT GUT FÜR DICH!
KOMM ZUR BESINNUNG!
DAS GLÜCK ODER UNGLÜCK ANDERER MENSCHEN IST IHM EGAL!
ICH WEISS DAS NUR ZU GUT! ICH KENNE IHN LANGE GENUG!
ICH HABE SAJI VERTRAUT ...
ABER DASS ER SO VERKOMMEN IST ...
DU MACHST MIR KEINEN VORWURF?
NATÜRLICH NICHT! SAJI IST AN ALLEM SCHULD!
RYO ...
... IST SO UNGLAUBLICH GUTHERZIG ... SO NAIV ...
DESHALB LIEBE ICH IHN SO.
UND DESHALB IST ER MIR NICHT GENUG.

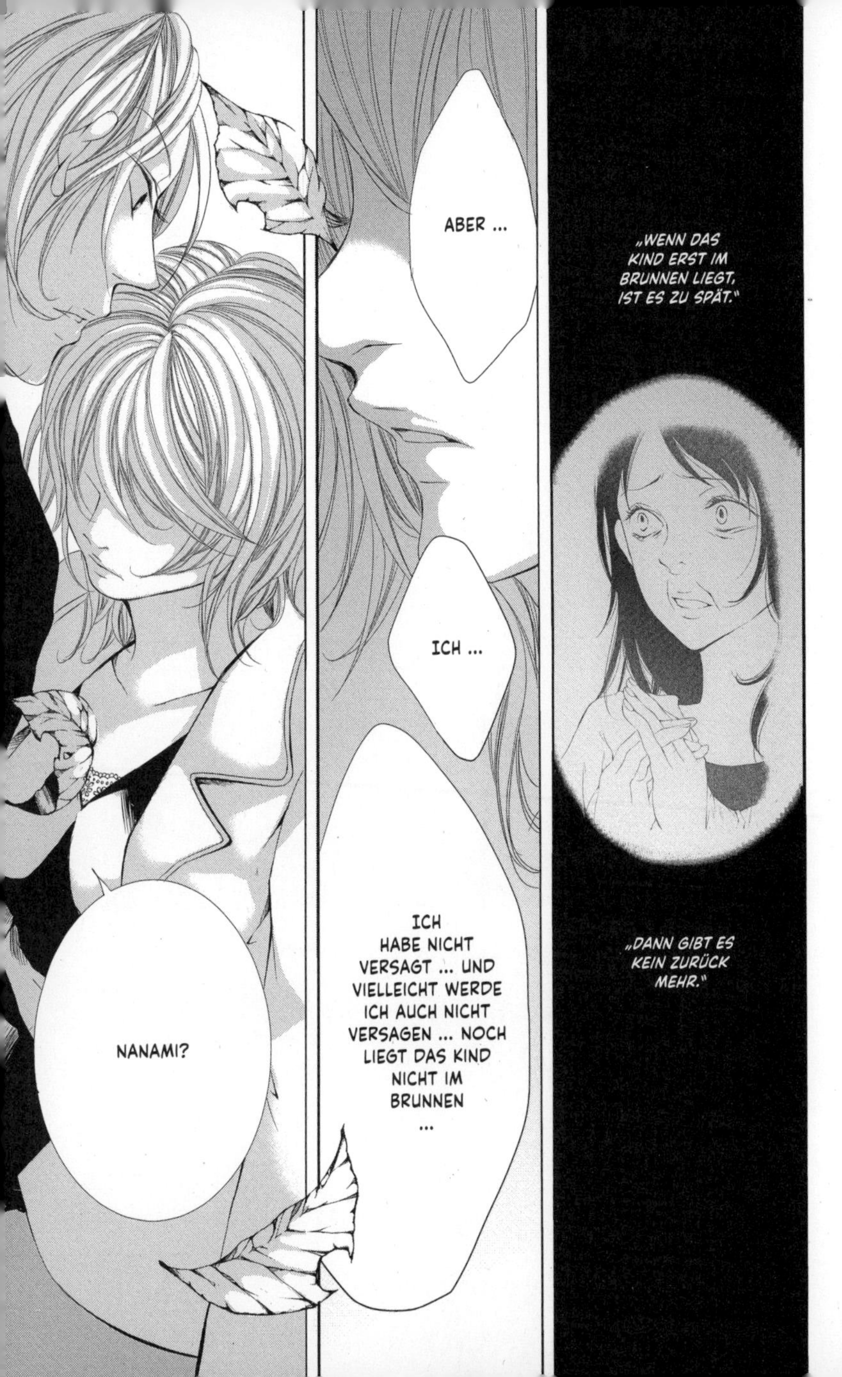
„WENN DAS KIND ERST IM BRUNNEN LIEGT, IST ES ZU SPÄT."
„DANN GIBT ES KEIN ZURÜCK MEHR."
ABER ...
ICH ...
ICH HABE NICHT VERSAGT ... UND VIELLEICHT WERDE ICH AUCH NICHT VERSAGEN ... NOCH LIEGT DAS KIND NICHT IM BRUNNEN ...
NANAMI?

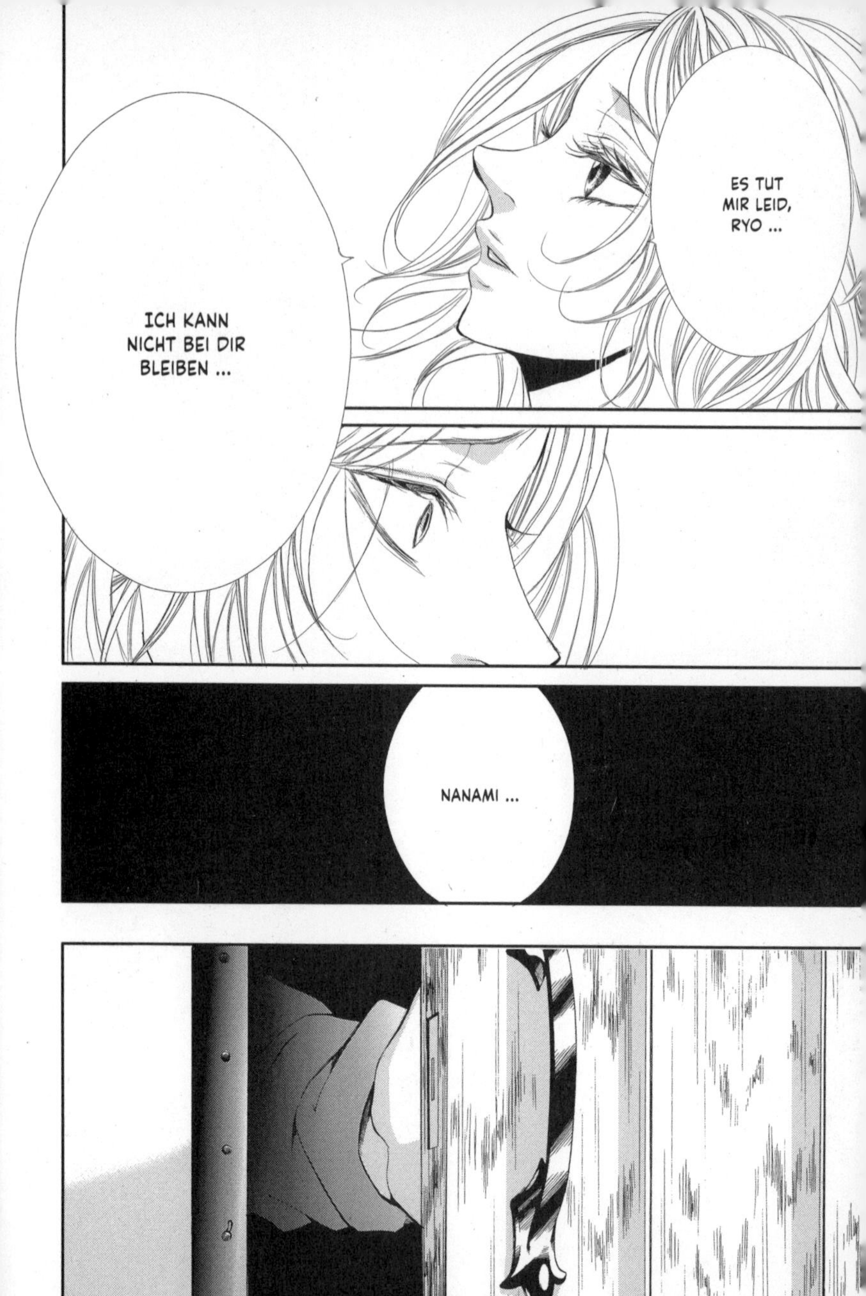
ES TUT MIR LEID, RYO ...
ICH KANN NICHT BEI DIR BLEIBEN ...
NANAMI ...

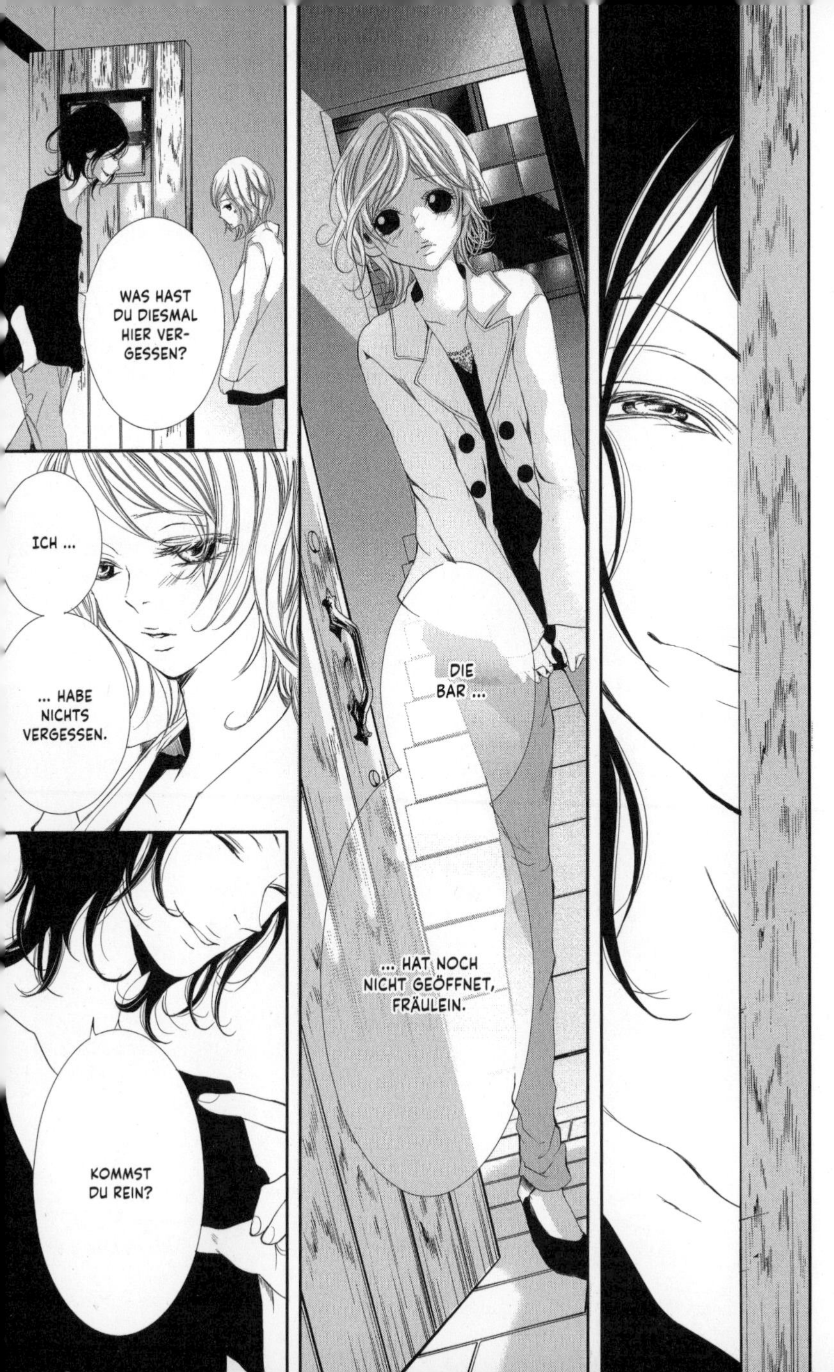
WAS HAST DU DIESMAL HIER VERGESSEN?
ICH ...
... HABE NICHTS VERGESSEN.
KOMMST DU REIN?
DIE BAR ...
... HAT NOCH NICHT GEÖFFNET, FRÄULEIN.

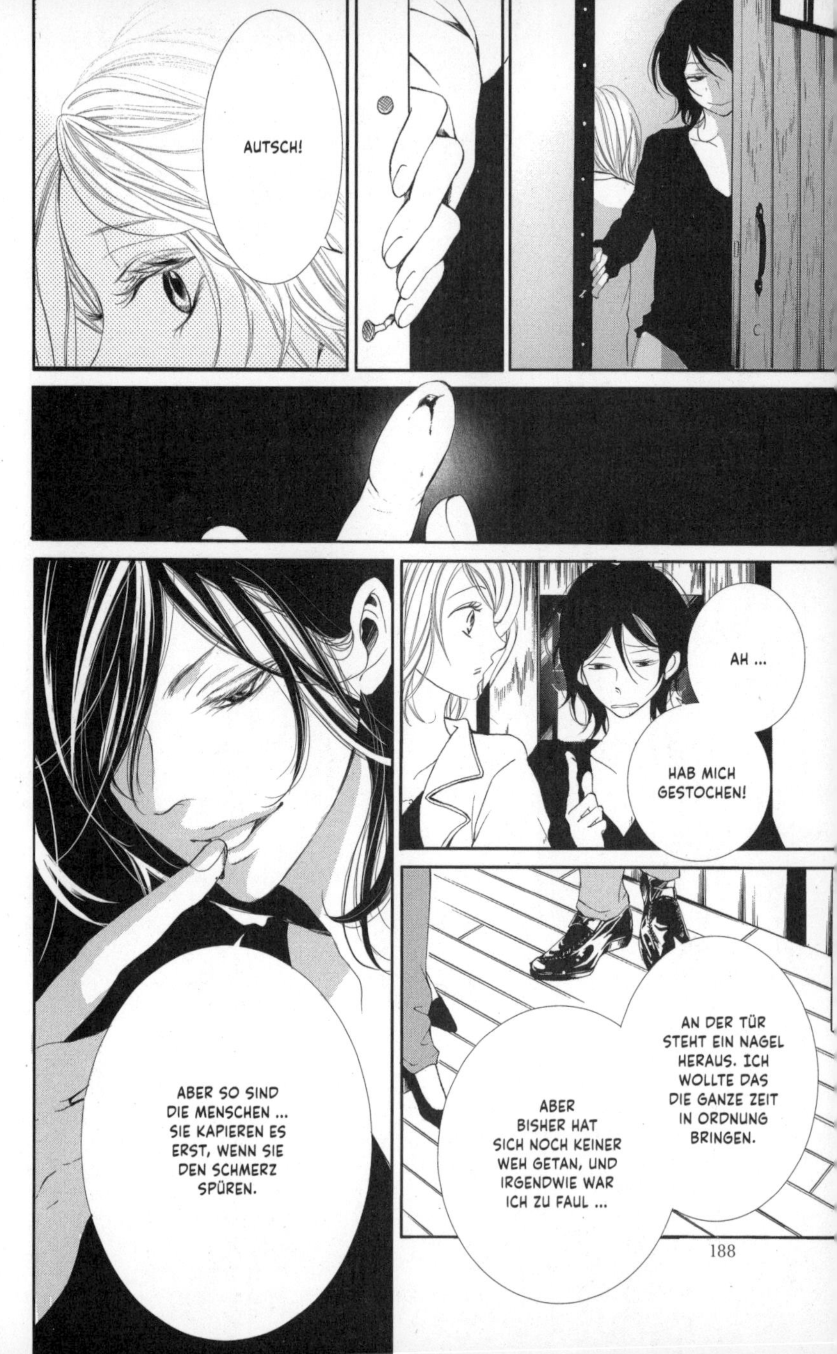
AUTSCH!
AH ...
HAB MICH GESTOCHEN!
AN DER TÜR STEHT EIN NAGEL HERAUS. ICH WOLLTE DAS DIE GANZE ZEIT IN ORDNUNG BRINGEN.
ABER BISHER HAT SICH NOCH KEINER WEH GETAN, UND IRGENDWIE WAR ICH ZU FAUL ...
ABER SO SIND DIE MENSCHEN ... SIE KAPIEREN ES ERST, WENN SIE DEN SCHMERZ SPÜREN.

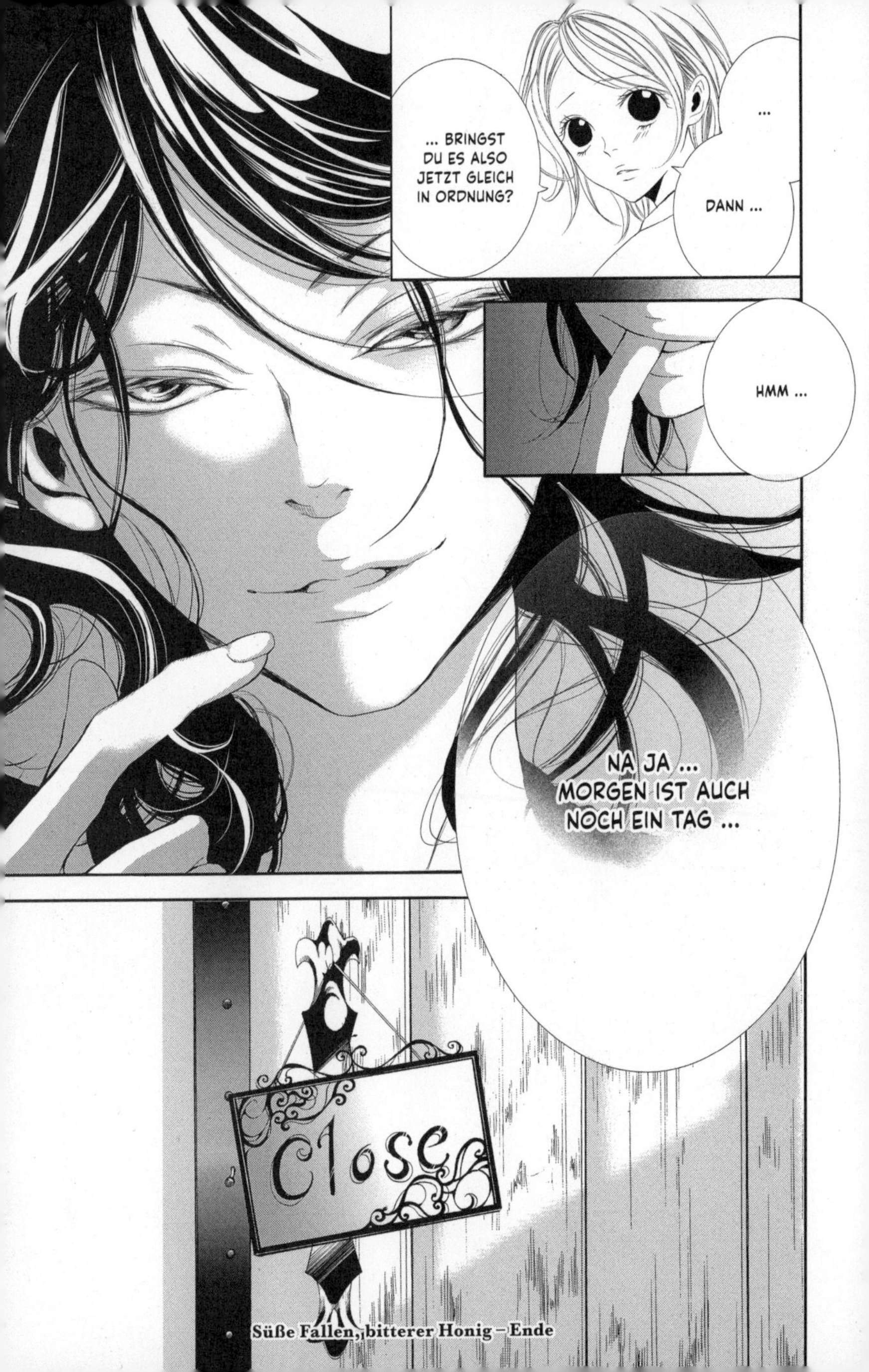

Süße Fallen, bitterer Honig – Ende

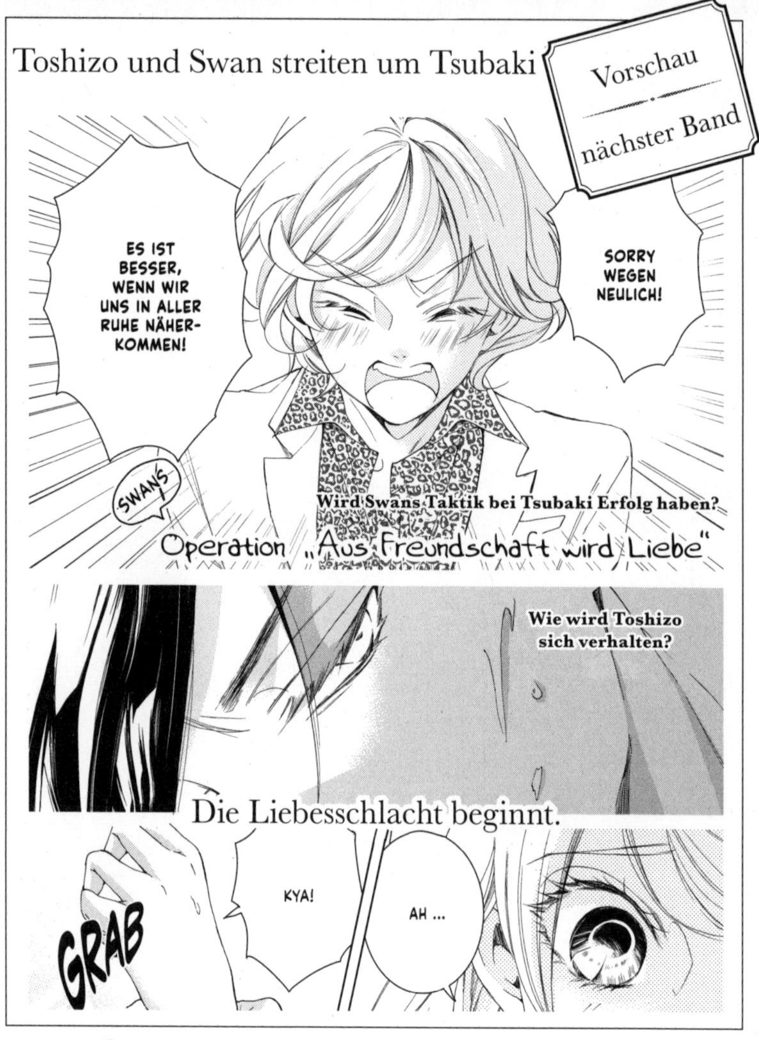

Liebe im Anzug 5

Ab Juli 2021 im Handel

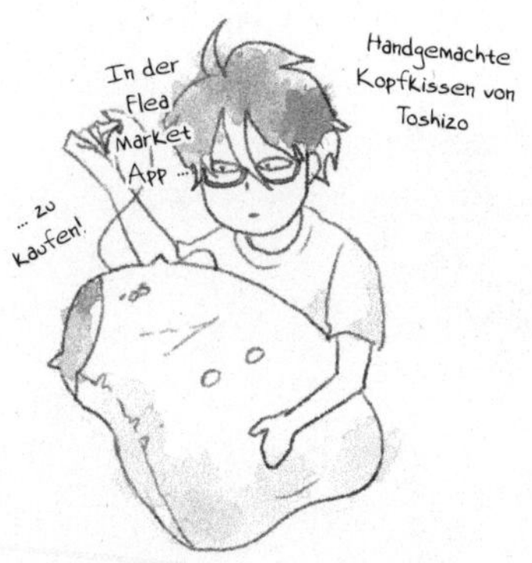

Das sagt die Künstlerin

Ich hoffe, Band 4 hat euch auch gefallen!

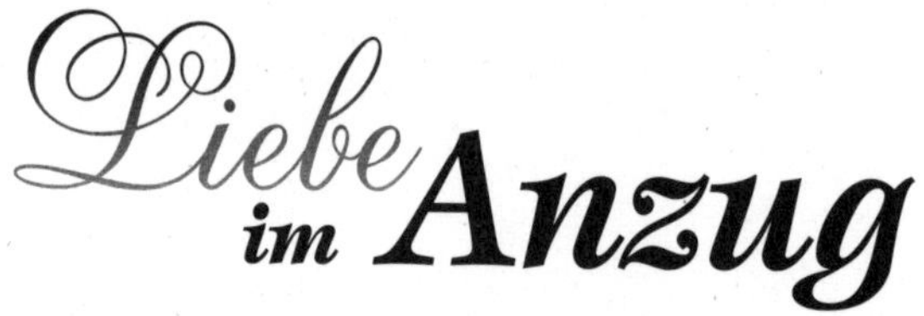

SHITSUJI-TACHI NO CHINMOKU Vol. 4
by Hina SAKURADA

Original Japanese edition published by SHOGAKUKAN.
German translation rights arranged with SHOGAKUKAN.

Deutschsprachige Ausgabe / German Edition

CH-1007 Lausanne

Verlegt unter dem Label KAZÉ MANGA
durch Crunchyroll SA

Aus dem Japanischen von John Schmitt-Weigand

Redaktion: Christin Tewes
Herstellung: Sonja Lesch
Lettering: Datagrafix Inc.
Druck und Bindung: GGP Media GmbH, Pößneck

ISBN: 978-2-88951-333-8